LOS ESENCIALES DE LA FILOSOFÍA

Colección fundada por Manuel Garrido

Director:
Luis Valdés

Humano, demasiado humano
Un libro para espíritus libres

VOLUMEN SEGUNDO

Fotografía de Friedrich Nietzsche hacia 1885. Durante el último lustro de la década iniciada en 1880, el autor de *Humano, demasiado humano* abordará nuevos planteamientos filosóficos en lo que los estudiosos de su vida y obra definen como etapa de madurez. © Anaya.

FRIEDRICH NIETZSCHE

Humano, demasiado humano
Un libro para espíritus libres

VOLUMEN SEGUNDO

EDICIÓN, ESTUDIO INTRODUCTORIO,
TRADUCCIÓN Y NOTAS DE
MARCO PARMEGGIANI

Reservados todos los derechos. El contenido de esta obra está protegido por la Ley, que establece penas de prisión y/o multas, además de las correspondientes indemnizaciones por daños y perjuicios, para quienes reprodujeren, plagiaren, distribuyeren o comunicaren públicamente, en todo o en parte, una obra literaria, artística o científica, o su transformación, interpretación o ejecución artística, fijada en cualquier tipo de soporte o comunicada a través de cualquier medio, sin la preceptiva autorización.

Créditos fotográficos:
Cubierta © Archivo Anaya

© de la edición, estudio introductorio, traducción y notas, Marco Parmeggiani Rueda, 2022
© EDITORIAL TECNOS (GRUPO ANAYA, S. A.), 2022

Juan Ignacio Luca de Tena, 15 - 28027 Madrid
ISBN: 978-84-309-8461-9
Depósito legal: M-26728-2022

Printed in Spain

Índice

ESTUDIO INTRODUCTORIO, por Marco Parmeggiani ....*Pág.* 9

1. LA FILOSOFÍA DEL CAMINANTE 9
   1.1. Un nuevo enfoque 9
   1.2. Las cosas más cercanas como punto de partida ... 13
   1.3. La figura del sabio antiguo 20
   1.4. El camino del conocimiento y el escepticismo .. 26
   1.5. La ética de la alegría 33
   1.6. Arte y ciencia: apariencia y verdad 39
   1.7. Una nueva estética musical: la música como lenguaje simbólico.. 49
2. GÉNESIS DE LA COMPOSICIÓN DE *HUMANO, DEMASIADO HUMANO II* A PARTIR DE LOS MANUSCRITOS 62
3. ESTRUCTURA DE LA OBRA... 74
4. NIETZSCHE Y SU ENFERMEDAD: PROBLEMA Y POSIBILIDAD 91
5. EDICIONES CRÍTICAS Y CRITERIOS DE LA PRESENTE EDICIÓN: CUESTIONES TEXTUALES 97

SIGLAS 99

HUMANO, DEMASIADO HUMANO

Prólogo	103
Primera sección. *Opiniones y sentencias diversas*..........	111
Segunda sección. *El caminante y su sombra*.................	259

Estudio introductorio

1. LA FILOSOFÍA DEL CAMINANTE

1.1. Un nuevo enfoque

En la primera edición, *Opiniones y sentencias diversas* y *El caminante y su sombra* se presentaron como anexos, pero en realidad no poseen un carácter meramente complementario y constituyen dos obras independientes[1]. Aunque internamente reexaminan las mismas temáticas, externamente no presentan la clara estructuración del primer volumen, y se desenvuelven de manera menos sistemática, en una especie de recorrido deambulatorio. Además, el tono general ha cambiado. Ya no es un «proyecto filosófico» dirigido principalmente a filósofos, sino una propuesta de simple «filosofía de vida», para cualquiera que se preocupe por buscar un camino de vivir la vida, en las condiciones del mundo contemporáneo. No es que la

---

[1] Para una contextualización de estas obras en el conjunto de esta época, cfr. D. Sánchez Meca, *El itinerario intelectual de Nietzsche*, Tecnos, Madrid, 2018.

filosofía, para llegar a ser lo que es, deba ser, ante todo, una filosofía de vida, sino que ya no necesita estar dirigida a los «filósofos», que han dejado de ser el público prioritario, sobre todo los filósofos académicos. La filosofía del caminante va dirigida al individuo, al individuo que quiera vivir en su singularidad. Su cese en la universidad permitió a Nietzsche situarse fuera de todo lo que era la filosofía como disciplina, su propia filosofía, e incluida, en fin, su última filosofía hasta ese momento, el proyecto de una «filosofía científica». Esto favoreció, después de publicar *El caminante y su sombra*, su transformación anímica ulterior en aquello que quedará «registrado» en *Aurora* y *La gaya ciencia*.

La filosofía del caminante se presenta así como una especie de «filosofía concreta»: una filosofía de vida para que los individuos se vivan como individuos, propuesta por un individuo[2]. Para ello esta filosofía concreta que el caminante debe llevar consigo se reconfigura en una «filosofía menor», frente a las «filosofías mayores» del pasado: las filosofías metafísicas e idealistas, su propia filosofía de la época schopenhaueriana, y hasta su proyecto de «filosofía histórica». «Menor» no significa que tenga menos fuerza, sino todo lo contrario, acaso sea la mejor manera de llegar lejos en la vida. Lo que la distingue de los grandes proyectos de las filosofías mayores es la inversión en la premisa de partida acerca de la relación vida-pensamiento: la vida va siempre por delante de nuestro pensamiento, por lo que este, como el pensamiento de un caminante, tiene que ir haciéndose y renovándose sobre la marcha.

A menudo, cuando el lego se dirige a la filosofía, va en busca de lecturas que lo ayuden a plantearse las grandes cuestiones de la vida y a obtener las grandes respuestas. En contra de ello, estas obras reivindican que el pensamiento deje de tratar sobre ellas, las critica y ridiculiza[3]. No son una necesidad metafísica que tiene todo ser humano, a la que la filosofía, como las religiones, intenta responder, como defendía

---

[2] Cfr. el epígrafe «Una ética de la alegría».
[3] Cfr. OSD § 12, «La mochila de los metafísicos».

Schopenhauer[4]. Es la tradición la que nos ha acostumbrado a esta necesidad de vivir con las grandes explicaciones a las grandes preguntas metafísicas. En estos libros se muestra que quizá estas filosofías mayores sean las más superficiales y las más erróneas, y que lo que la filosofía debe enseñar a partir de ahora, al individuo que se acerca a ella, es que lo importante, lo fundamental de la vida, está en todas esas pequeñas cuestiones, observaciones, ideas, que hacen el día a día. No se trata de dejar el ejercicio del pensamiento, sino de darse cuenta de que no consiste en tratar grandes preguntas que no conducen a ninguna parte, que donde su ejercicio se vuelve más intenso, porque es su mayor reto, es en esa práctica «concreta» que toma como objeto todas las cosas más cercanas de la vida cotidiana. Si el pensamiento debe consistir en deshilvanar el «tejido de las cosas» y deshacer su entramado, las filosofías mayores hacen todo lo contrario, lo anudan y entretejen en las grandes teorías, hasta el punto de transformar «lo comprendido en incomprendido, y posiblemente en incomprensible»[5]. El intento de las filosofías mayores de elaborar una «imagen de la vida», sea negativa o positiva, es arbitrario y subjetivo, porque está enraizado al final en una existencia concreta[6]. Pues no se es más reflexivo, y filósofo, por dedicarse a las grandes ideas y preguntas, sino que representan una falta de reflexividad, un extraviamiento de la reflexividad, eso que se ha practicado siempre en la filosofía metafísica antigua y moderna. Esas filosofías mayores que, aparentemente conducen la vida a grados cada vez más elevados de reflexividad y claridad conceptual, producen en realidad el efecto contrario, hacia un pensamiento más oscuro e irreflexivo[7].

---

[4] Cfr. A. Schopenhauer, *El mundo como voluntad y representación*, vol. II, ed. P. López de Santa María, Madrid, Trotta, 2005, cap. 17: «Sobre la necesidad metafísica del hombre», pp. 198-228.
[5] OSD § 30, «Al telar».
[6] Cfr. OSD § 19, «La imagen de la vida».
[7] Cfr. OSD § 7, «Aversión a la luz», y § 27, «Los oscurantistas». En OSD § 2 se describe como una especie de revolotear sin saber volar ni apresar.

Todo esto no significa que Nietzsche abandone el enfoque que está en la raíz del primer volumen, el de una «filosofía histórica», basada en una «química de los conceptos y sentimientos», sino que, más bien, lo radicaliza[8]. Todas las grandes ideas, pensamientos, creencias, tesis, teorías, instituciones, etc. son reenfocados ahora como expresión de un individuo o un grupo determinado, no en el aire, o «en sí», y, por tanto, elementos con los que persiguen fines muy concretos. Esa especie de lema contenido en la expresión «humano, demasiado humano» adquiere ahora un significado más radical aún: significa que hay que ir, detrás de todas las actividades humanas, al individuo que se esconde tras ellas, y desentrañar sus móviles más personales y elementales: observar y analizar lo que dice, para escrutar, tras la cáscara de las grandes ideas y cuestiones de su lenguaje, las pequeñas y duras verdades[9].

Es toda una tarea de «excavación» que empieza por el lenguaje de las grandes palabras al que nos tiene acostumbrados la tradición, en todo el terreno de las ideas, la filosofía, la religión, la política, el arte. Un lenguaje construido sobre una cadena ininterrumpida de hipérboles, para darle mayor importancia a aquello que para el individuo en realidad ni la tiene ni puede tenerla: «Los filósofos se han apropiado en todas las épocas de las tesis de todos los examinadores del ser humano (moralistas) y las han corrompido, tomándolas en un sentido absoluto y queriendo demostrar como necesario lo que estos solo entendían como una indicación aproximada o incluso como verdad solo de un decenio, para cierto país o cierta ciudad»[10].

El auge progresivo de la ciencia ha supuesto la absorción por parte de ella de cada vez más campos que pertenecían a

---

[8] OSD § 31, donde los «sistemas filosóficos» son retratados como espejismos que con su atracción terminan sumergiendo en el desierto al individuo.

[9] «Hallaréis sobre ella unos granos pequeños y duros, — son las verdades», CS § 213. Cfr. «En lugar de una gran verdad, tan discutible, tan insegura siempre, más vale un puñado de duras pequeñas verdades», HH I § 3.

[10] OSD § 5. Cfr. OSD § 14, «Necesidades del filisteo», en referencia al metafísico y su lenguaje.

la filosofía. Pero, para Nietzsche, la reacción que ha representado la «filosofía alemana» ha sido un intento chapucero para remediarlo. La solución ha consistido en reservar el ámbito de las grandes palabras y las grandes ideas para la filosofía, sea en la metafísica, sea en la ética o la filosofía política. Más aún, ese lenguaje hiperbólico de la maximalización de toda idea y pensamiento se ha convertido en el lenguaje propio de la filosofía. Con ello se conseguía dar salida a un enésimo atavismo de la cultura humana, una vez que la religión había perdido crédito en el mundo contemporáneo, y así revitalizar el ejercicio y el prestigio de la filosofía en la sociedad: «Por el contrario, el aprecio de las "cosas más importantes" casi nunca es del todo auténtico: los curas y los metafísicos nos han habituado efectivamente con este fin a un *uso del lenguaje* hipócritamente excesivo»[11]. Este intento ha perjudicado tanto al pensamiento como a la vida misma, y Nietzsche lo denuncia como una auténtica lacra de la cultura del siglo XIX. Por ejemplo, un examen, «humano, demasiado humano», revela cómo toda la filosofía moral en Alemania desde Kant no ha aportado nada, sino que solo ha servido para embrollar las cuestiones y generar enormes perjuicios característicos[12]. El problema es que en este proceso la filosofía es solo un signo, el indicio más visible, de un fenómeno característico de toda la cultura y sociedad de la segunda mitad del XIX, que ha afectado a todo el terreno de las ideas, empezando por la política, y acabando en la literatura y la música. Este lenguaje hiperbólico —«hipócritamente excesivo»— se vuelve tan dominante que exige que cualquier idea, propuesta, y obra artística deba expresarse bajo su forma para tener valor.

1.2. Las cosas más cercanas como punto de partida

Frente al discurso maximalista e hiperbólico, esta nueva filosofía concreta se basa en el lema «tenemos que volver a con-

---

[11] Cfr. CS § 5, «Uso del lenguaje y realidad».
[12] CS § 216.

vertirnos en buenos vecinos de las cosas *más cercanas*»[13]. ¿Qué significa esta expresión que aparece repetidamente en esta segunda parte de *Humano*? Las cosas más cercanas se oponen a las más lejanas, que tienen que ver con lo tratado en la primera sección del primer volumen de *Humano*, «De las primeras y últimas cosas». ¿Qué cosas son las más cercanas? En primer lugar, todas aquellas que se presentan en el día a día de nuestra existencia cotidiana. Nietzsche insiste en que prestemos más consideración y nos preocupemos más por ellas. Es fácil dar más importancia a todo lo que se presenta en las experiencias extraordinarias de la vida, porque es más llamativo, con su elemento extraordinario rompen el tedio de la existencia cotidiana[14]. Pero insiste en que no por ello son más importantes: lo esencial y que termina determinando nuestra vida, en el bien y el mal, son todas esas pequeñas cosas que se presentan en la existencia cotidiana. Es decir, todas las que se presentan en nuestro entorno más directo, en contraposición a las que se dan en entornos más alejados, sociales, políticos, culturales, etc. Aquellas tienen un impacto inmediato en nosotros: aunque sea poco intensivo y llamativo, sin embargo al final terminan influyendo mucho más en nuestra vida. Otra razón para darle mayor importancia, según Nietzsche, es que al estar en nuestro entorno directo nos afectan con mucha más frecuencia, que aquellas que pertenecen a ámbitos alejados. Es el tiempo y la frecuencia, y no la intensidad, los factores determinantes en la capacidad de influjo. Las cosas más cercanas son también las más concretas, en todas sus clases. Es decir, se trata de prestar más atención no solo en el simple plano físico a los objetos y sucesos más concretos, sino también en el plano mental. En lugar de irse a las cuestiones y problemas generales, a las grandes ideas y principios, usar, aplicar y plantear ideas y problemas más concretos[15].

Pero es en el ámbito valorativo donde este giro de Nietzsche tiene una mayor repercusión, pues en el estudio de la vida

---

[13] CS § 16, que vuelve a aparecer en el «Diálogo final».
[14] Cfr. el símil de las montañas en CS § 201.
[15] Estos distintos aspectos podemos hallarlos sintetizados en CS § 6, «La fragilidad terrenal y su causa principal».

humana se sustituye la consideración de los valores generales, por la de las valoraciones concretas y particulares de los seres humanos. El ser humano, llevado por el atavismo de la religión y ese sucedáneo suyo que es la metafísica, no se da cuenta de que las cosas más lejanas, siendo más generales y abstractas, son también las menos observables[16]. Si la observación de sucesos, características, fenómenos debe pasar a ser la base, cuanto más se dirija a las cosas más cercanas, más puede afinar en la captación de detalles. Las cosas más cercanas son las que presentan una mayor individualidad y una mayora variedad de fenómenos, son también las más variables y, por tanto, incluso requieren esa observación más cuidadosa y detallada. Las ideas y cuestiones generales, esas grandes cosas tan alejadas siempre del individuo, parecen más constantes y, por tanto, más controlables. En cambio en el entorno más directo del individuo domina lo fortuito en esa variabilidad y pluralidad. Pero Nietzsche anota que es un efecto ilusorio óptico de la lejanía: no por estar aquellas más lejos están menos sometidas a lo fortuito, las grandes ideas y cuestiones parecen más persistentes y seguras, pero al abarcar tantos casos particulares, en realidad se les escapan mucho más, esos casos particulares son dejados a merced de lo fortuito en mayor grado. Esto es observable claramente en la incapacidad de los valores y normas generales para encajar en sus criterios los casos prácticos particulares. Así, aunque las cosas cercanas y concretas sean variables y variadas, sin embargo, responden mejor a la regla práctica del filósofo estoico Epicteto: al ser más cercanas también están más en nuestro poder, son más controlables, y esos problemas prácticos y particulares que presentan son también más solucionables[17]. La peor ilusión, por sus consecuencias para la vida humana, es creer que puede controlar y solucionar, mediante ideas y problemas tan generales, asuntos que están tan alejados del individuo que no está en su poder ni modificarlos ni darles una solución. Mientras presta toda su atención a esas cosas más lejanas, se le escapan aquellas que

---

[16] Cfr. CS § 16, «Dónde es necesaria la indiferencia».
[17] Cfr. CS § 310, «Los dos principios de la nueva vida».

sí puede controlar y solucionar porque están en su entorno directo. El efecto ilusorio que ataca Nietzsche es siempre el mismo: al ser cosas tan cercanas al individuo y concretas, tan fáciles de controlar, parece que no tienen importancia y repercusión en el individuo, cuando la experiencia de vida enseña justo todo lo contrario.

Mas solo podemos descubrir el enorme efecto de esta regla práctica y cognitiva de Nietzsche si la entendemos estrictamente en su sentido comparativo y superlativo. No deberíamos entender los términos opuestos, cercano / lejano, como términos absolutos, algo que en toda esta época Nietzsche critica como propio del pensamiento metafísico, sino planteándolo como una cuestión de grados, y de direcciones en esta escala de grados. Se trataría de aprender a vivir dando un viraje a la dirección a la que nos tiene acostumbrada la cultura religiosa y metafísica. Ante cualquier suceso, problema o fenómeno de la vida, que tengamos que afrontar o resolver, hay que intentar remitirlo o conectarlo con ideas, problemas o sucesos más concretos y cercanos. Conceptos, problemas y observaciones generales siempre deben ser reenfocados a la busca de conceptos, problemas y observaciones más específicos. El autocultivo del individuo supone seguir siempre con ahínco este movimiento que pasa continuamente de lo más general a lo más concreto.

La «antigua cultura»[18] ha enseñado a proceder siempre en sentido inverso, elevándose siempre a realidades más generales y alejadas, porque se creía que esta era la manera de poder resolver mejor los sucesos y problemas de la vida. Es lo que en esta época denomina «mitología conceptual», en el sentido de una «mistificación». Siguiendo ese sentido contrario a lo más cercano no se termina solucionando nada de manera efectiva, sino que solo se implementan «paliativos», para no tener que cambiar nada donde sí se puede cambiar, en el propio entorno más inmediato del individuo. Para esta «filosofía concreta» no hay soluciones generales, tanto en nuestro conocimiento de la realidad como en nuestra vida práctica. Quizá en esa promesa

---

[18] Cfr. HH I, «La filosofía de la mañana», pp. 29-43.

esté la trampa, que toma, sobre todo, la forma de una regla de felicidad general. Las soluciones serán siempre concretas e individuales, es decir, referidas a unos individuos concretos, siempre distintos de otros individuos concretos.

Esta es la razón por la que Nietzsche sitúa en el centro de esta observación la experiencia directa, frente a la experiencia que podamos obtener a través de otras personas o incluso, con toda su importancia, de la ciencia. El replegamiento sobre sí mismo que representan estos años se ve expresado en el tono general de estas obras[19]. A la vez que esta filosofía pasa a ser «concreta», se reorienta totalmente desde la primera persona, de una manera tan marcada que ni siquiera ocurría en la primera parte de *Humano*. Una reflexión que busca una y otra vez desarrollarse en primera persona, es una reflexión propia del individuo que quiere descubrirse como tal realidad individual. De aquí que Nietzsche la contraponga a todo conocimiento proveniente de otros individuos. La experiencia que debe servirle al individuo para esa especie de «autoexcavación» que hallamos en estos textos es la experiencia directa en primera persona. Solo a partir de ella puede llegar a conocer «con contenido» las experiencias de otros seres humanos. La intensa reflexión sobre la propia es insustituible, nadie puede hacerla por nosotros, y todo conocimiento simplemente derivado de fuera pecará de insustancial e irrelevante mientras no lo remitamos a nuestras propias experiencias[20]. Pero esto no significa que para Nietzsche lo importante sea obtener una gran riqueza de experiencia de manera «extensiva» o cuantitativa, es decir, según la lógica del mayor número. El caminante errante no es el individuo de la experiencia extensa, sino intensiva: «errante» no indica el recorrer espacios siempre nuevos, validado por un deambular sin destino; sino algo mucho

---

[19] G. Colli, *Scritti su Nietzsche*, Adelphi, Milán, 1986, pp. 79-84.

[20] «Mi manera de contar lo histórico consiste propiamente en relatar las propias *vivencias* con ocasión de personas y épocas pasadas. Nada coherente – los detalles particulares [*einzelnes*: cosas singulares] me han surgido, lo demás no. Nuestros historiadores de la literatura son aburridos, porque se esfuerzan en hablar y juzgar de todo, incluso ahí donde no han vivenciado nada», FP II, 1.ª, 30[60].

más específico: el asumir todas las experiencias que se presentan en la vida, por muy fortuitas que sean, y no dejar ninguna sin trabajar bajo una intensa reflexión[21].

La posición de Nietzsche al respecto es tan radical que este autotrabajo con las vivencias debe ser aplicado al mismo proyecto filosófico-científico de la primera fase de *Humano, demasiado humano*. Todo el conocimiento científico debe ser reenfocado y reelaborado desde esta primera persona. Solo la automaduración del individuo puede ser ya el criterio definitivo, basada en el ejercicio de la reflexión y la observación de lo que una y otra vez contradice nuestras creencias establecidas.

Esta reorientación brota de un tema conocido en la obra de Nietzsche, y que ya aquí llama la atención: su crítica al mundo de la prensa en la época contemporánea. No responde tanto a una mera posición elitista, sino al problema, típico de la sociedad contemporánea, de la hipersaturación de información y comunicación. Frente a esta condición social, la mera libertad de pensamiento se ve impotente, el espíritu libre se ve obligado a «reconvertirse» de alguna manera. La libertad de pensamiento y expresión se revela, paradójicamente, como una carga para la autorrealización individual, en la medida en que es ella principalmente la que provoca esa hipersaturación[22]. La libre discusión pública no puede funcionar de criba si cualquier opinión puede ser emitida y difundida sin un filtro previo. El espíritu libre se ve hundido en la paradoja de tener que atender y valorar una cantidad enorme y creciente de «opiniones libres», muchas de las cuales no tienen fundamento alguno. Se ve entregado a la discusión y refutación de opiniones vanas que no merecen el tiempo empleado en ellas, y que desde el punto de vista del conocimiento es absurdo tener que refutar. Ni la libre discusión pública, ni el consenso pueden nada contra ello, sino únicamente el instilar la necesidad de una maduración individual en la reflexión. Nada puede sustituir a la autodisciplina de la reflexión crítica del individuo sobre sí mismo. En contra de lo que cada vez se ha ido

---

[21] CS § 203, «Mucho y poco en exceso».
[22] Cfr. OSD § 321, «La prensa».

ESTUDIO INTRODUCTORIO 19

Caminante sobre un mar de nubes, un óleo sobre lienzo pintado en 1818 por Caspar David Friedrich, un pintor de paisajes que trabajó este tema como representación de la subjetividad y la emoción que contemplaba. De este cuadro se han hecho muchas interpretaciones y en casi todas se advierte sobre el simbolismo de sus elementos. Así, el hombre contempla el mundo delante de él como prolongación de su propio ser, bajo una perspectiva amplia y serena que roza con lo sublime. Es el sujeto el que contempla al mundo como una proyección de sí mismo y lo identifica solo por sus propias ideas, sentimientos e ilusiones © Wikipedia.

asumiendo más como un tópico, nada externo, ni consenso, ni discusión, puede tener la fuerza de control y criba que puede ejercer el individuo que se pone por sí mismo frente a sí mismo y a la realidad.

El famoso «consenso científico», al que Nietzsche aún apelaba en el primer volumen, ya no puede servir por sí mismo, porque el individuo solo puede ponerse en juego, en el camino de conocimiento, como individuo, no como comunidad. Este es otro de los aspectos del fuerte espíritu escéptico que destilan estas páginas, que también aparece como una novedad. Y que casi parece estar en contradicción con el proyecto de filosofía científica de *Humano, demasiado humano*, si no se lee entre líneas.

El punto de partida debe ser siempre el individuo. No hay auténtico conocimiento, para Nietzsche, si el individuo no tiene esta voluntad de ponerse en juego a sí mismo en su ejercicio. Nada puede contrarrestar cuando esta voluntad falta, y no hay recurso mejor, para quien teme ponerse en juego, que ampararse en la comunidad y el consenso, que tantas veces degeneran en el corporativismo. Para Nietzsche, no es la discusión pública sino únicamente la realidad la que puede suponer una puesta en juego para nuestro conocimiento, una vez que la voluntad individual esté dispuesta a asumirla como tal (de esta manera es cómo también la discusión pública solo puede tener fuerza, pero no en sí misma). Quizá en parte esta sea una de las motivaciones de su crítica al pensamiento metafísico. Su carácter ilusorio ha demostrado cuán impotente es la comunidad del saber, incluso a lo largo de siglos, mientras no se enfrenta con lo único que puede ponerlo a prueba: la realidad[23].

1.3. La figura del sabio antiguo

Frente a las figuras del metafísico y del artista, que había reivindicado con tanta intensidad en su período schopenhaue-

---

[23] Cfr. más adelante, «Arte y ciencia: apariencia y verdad», y nota 94.

riano, aparece en estos libros la figura alternativa del «sabio»; incluso frente a la del científico, que tanta relevancia había tenido en el primer volumen. Ahora ya no parece ser suficiente para Nietzsche la «filosofía histórica». Al hombre contemporáneo le hace falta ver la sabiduría encarnada en una persona[24], y esto solo lo puede encontrar en los sabios de la Antigüedad. Es en Epicuro donde Nietzsche encuentra sintetizadas y culminadas la gran variedad de aspectos de esta sabiduría antigua de vida[25]. Lo que supone darle la vuelta a la famosa caracterización de Aristóteles en la *Ética a Nicómaco*: sabio no es el que se ocupa únicamente de lo importante, prodigioso y divino, sino el que pone toda su atención y su sensibilidad en esas cosas más cercanas, en lo más pequeño[26]. Epicuro reúne en sí mismo las cualidades morales más importantes de los otros tres grandes referentes en estos libros. El Sócrates de Jenofonte representa el objetivo vital de conseguir realizar la alegría de vivir a través de la razón y el hábito[27]. El estoico Epicteto enseña cómo eliminar el sentimiento de culpa de toda la existencia humana[28]. El sofista Hipias de Elis, cómo alcanzar el mayor grado posible de libertad de espíritu mediante una forma de vida basada en la autosuficiencia[29]. Aún el escepticismo de Pirrón de Elis[30] no es central en estos libros (como les ha parecido a algunos lectores[31]): la filosofía del «callar y reír», mejor que el dedicarse a elaborar sofisticadas racionalizaciones del mundo, también está al servicio de

---

[24] Cfr. OSD § 224.

[25] Al inicio de la nueva época de *Humano*, así anota: «*Elogio de Epicuro*. – La sabiduría no ha avanzado ni un solo paso más allá de Epicuro – y a menudo ha retrocedido muchos miles de pasos respecto a él.» FP II, 1.ª, 23[56].

[26] FP II, 1.ª, 23[5]. Se refiere a Aristóteles, *Ética nicomáquea*, 1141 a20 – b8, *op. cit.*, pp. 275-276.

[27] CS § 86.

[28] OSD §§ 224 y 386.

[29] CS § 318, «Signos de libertad y de no-libertad».

[30] CS § 213.

[31] Jessica N. Berry defiende la posición escéptica de fondo en esta época y en todo el pensamiento maduro de Nietzsche, cfr. *Nietzsche and the Ancient Skeptical Tradition*, Oxford Univ. Press, 2011, pp. 68-103.

ese ideal superior de Epicuro. ¿Pero en qué aspecto podemos descubrir cómo la sabiduría de Epicuro hace esa síntesis? Hay un aforismo del *Caminante y su sombra* que puede pasar desapercibido porque parece poco relevante. De todas las virtudes, propone como objetivo último la consecución de la «afabilidad»[32]. Apasionado lector de Diógenes Laercio, Nietzsche debió reparar en la extrema importancia de una breve anotación al final del capítulo dedicado a Pirrón: «Algunos dicen que el fin que proclaman los escépticos es la impasibilidad, otros la afabilidad»[33]. El ideal de la impasibilidad (*apátheia*) es interpretable de muchos modos, incluso en una línea ascética. Sin embargo, aquí se identifica con un tipo más específico de impasibilidad, la afabilidad (*praótēs*). En la *Ética a Nicómaco*, en el capítulo dedicado a esta virtud, se la caracteriza como el término medio entre la irascibilidad y su contrario, que no tiene nombre[34]. Ya el mismo Aristóteles opone la afabilidad más al exceso, que al defecto, por ser más frecuente. En la variedad de anécdotas que cuenta Diógenes Laercio sobre Pirrón[35], vemos que esa impasibilidad e imperturbabilidad (*ataraxía*)[36], de las que tanto se ha hablado, consisten concretamente en la capacidad de no irritarse por nada de lo que ocurre, por muy molesto o doloroso que sea. En esas anécdotas no hay casos de impasibilidad frente a emociones positivas. Es esa afabilidad, capacidad de no irritarse por los aconteci-

---

[32] CS § 339, «La afabilidad del sabio».

[33] Diógenes Laercio, *Vidas y opiniones de los filósofos ilustres*, ed. C. García Gual, Alianza, Madrid, 2013, libro IX, «Pirrón», 108, p. 555.

[34] Aristóteles, *Ética nicomáquea*, aparece en 1108a, y luego en el capítulo 5, en 1125b, *op. cit.*, pp. 172 y 225-226. Esta traducción es desorientadora, traduce el mismo término (*praótēta - praótēs*) unas veces por apacibilidad y otras por mansedumbre (oscilación parecida ocurre con otros términos como *orgilótēs*, irascibilidad, o el famoso *melancholía*). Ninguno de ellos se acerca tanto al sentido propio en la psicología de la época como el de «afabilidad», como bien traduce García Gual en su edición citada de Diógenes Laercio (entendida como la capacidad de no irritarse).

[35] Diógenes Laercio, *Vidas y opiniones de los filósofos ilustres*, *op. cit.*, libro IX, «Pirrón», 63-71, pp. 535-538, y 107-108, pp. 554-555.

[36] Diógenes Laercio, *Vidas y opiniones de los filósofos ilustres*, *op. cit.*, libro IX, «Pirrón», 107, p. 554.

Reconstrucción por Klaus Fittschen de una estatua de Epicuro entronizado, que probablemente fue erigida después de su muerte. Universidad de Göttingen. «*Elogio de Epicuro*. —La sabiduría no ha avanzado ni un solo paso más allá de Epicuro— y a menudo ha retrocedido muchos miles de pasos respecto a él.» Fragmento póstumo 23[56], 1876-1877 © Wikipedia.

mientos imprevistos, grandes y pequeños, que acosan en la vida, la que permite todo lo demás: el no asignar culpas y responsabilidades, el profundo aprecio por las cosas más cercanas, y en fin, la alegría de vivir convertida en hábito.

Pero si una disposición tan afectiva como la afabilidad ocupaba el centro de esta sabiduría antigua, es porque no estaba hecha solo de razón y pensamiento. Nietzsche descubre el elemento último en «el gusto», recurriendo a la raíz etimológica del antiguo término griego para sabio, *sophós*: «por eso los griegos, que en estas cosas eran muy sutiles, designaban al sabio con un término que significa el hombre de gusto, y llamaban a la sabiduría, tanto en el arte como en el conocimiento, «gusto» (*sophía*)»[37]. Si el mismo sentido moral comienza siendo siempre una forma de gusto[38], Nietzsche piensa que quizá no haya otro secreto para ser sabio que el conseguir forjar un gusto muy definido[39]. Igual que cualquier otro fenómeno natural, también el gusto tiene una génesis, una evolución, en la que se puede distinguir cuando el gusto es maduro o inmaduro, cuando está sano o enfermo, cuando se ha estropeado o cuando está completado, distinguir entre buen gusto y mal gusto, y detectar dónde se da un fariseísmo del gusto[40].

El gusto es visto por Nietzsche como propiamente una forma del deseo, una forma superior, en la que el deseo no es mero «hambre». Como todo deseo tiene como condición de base el apetito, sin el cual no habría deleite. Pero a partir de ahí la intensificación y reforzamiento del apetito va en una dirección alternativa, la del placer frente a la del hambre, mediante la aplicación casuística de la razón y el pensamiento, que proporcionan el conocimiento concreto de lo conseguido y lo no-conseguido[41]. Por tanto, el gusto es en sí propiamente una forma de

---

[37] OSD § 170.

[38] CS § 44, «Grados de la moral».

[39] OSD § 170: «¡Bienaventurados los que tienen gusto, aunque sea un mal gusto! —Y no solo bienaventurado, sino incluso sabio puede llegar a ser uno gracias solo a esa cualidad».

[40] Cfr. CS §§ 127, 129, 139 y 157.

[41] «Actitud del sabio ante el arte. Los griegos, *más refinados* que nosotros. El sabio, el hombre de gusto. / No solo crea necesidad el hambre (aun-

saber, una de las más profundas, porque se basa en un intensísimo ejercicio de selección: tener gusto es ser capaz de ser tremendamente selectivo[42], y es así que Nietzsche lo ve en Epicuro, en contra de la tradición. El gusto como capacidad selectiva se convierte en necesidad, tanto como el hambre o el amor (esa forma evolucionada de hambre)[43], porque ese ejercicio de selección afina al máximo la capacidad de hallar placer hasta en las cosas más nimias[44]. No necesita de grandes ocasiones, acciones o cosas, el hombre de gusto —el sabio— escogiendo, tamizando convierte cualquier cosa en grande. La necesidad significa que a medida que se va moldeando ese gusto definido, se va desechando poco a poco todo elemento arbitrario, caprichoso.

Lo que no significa que el gusto definido tenga que ser «monolítico», que no pueda variar, pues es en la variabilidad y el contraste donde afina su capacidad. Incluso necesita aprender a «degustar» la norma, lo normal, para así poder hallar verdadero placer (no «fariseo») en eso raro que contrasta con la norma[45]. Todas estas nuevas reflexiones sobre el sabio como hombre de gusto hacen que termine reemplazando a la figura del «espíritu libre», del primer volumen. El sabio (epicúreo) incluye la «libertad de espíritu» y «de sentimientos» pero elevada a un grado mayor en el que alcanza la «libertad de gusto»[46]. Esta libertad superior no está reñida, sino que es el indicio claro de un gusto definido, porque es el único que en ese ejercicio selectivo, extremadamente casuístico, no se deja llevar, ni condicionar, por las fáciles conclusiones y los juicios burdos del entorno.

---

que esta no debe se demasiado ávida) – "amor", dicen los visionarios: – sino el gusto. Sí, el gusto ya supone el apetito – de lo contrario, nada nos gusta. La critica es el placer de lo bueno, con INCREMENTO DEL PLACER a través del conocimiento de lo fracasado», FP II 1.ª, 30[93]. Seguramente inspirado en el *nēphōn logismós* (sobrio cálculo) de la *Carta a Meneceo* de Epicuro, 132, en C. García Gual, Epicuro, Alianza, Madrid, 2002, p. 144.

[42] Cfr. OSD § 114, CS §§ 135, 111, y FP II, 1.ª, 42[15].
[43] Cfr. FP II, 1.ª, 30[93] y 42[15]: «El gusto es *hambre adaptada y selectiva*».
[44] CS § 192, donde se habla de la opulencia de las cosas más pequeñas.
[45] CS § 100.
[46] CS § 302.

Así se entiende que Nietzsche termine descubriendo en Epicuro al inventor de un modo de vida que conjuga dos caracteres tan diferentes como el «idílico» y el «heroico», que luego el artista plasmaría[47]. Su heroísmo refinado[48], basado en ese gusto fraguado, que es libertad de gusto, no solo se manifiesta ante la muerte y los males de la vida —manera usual de entender el *tetraphármakos*[49]—, sino en la práctica del día a día, en todas las pequeñas cosas. Un modo de vida es heroico solo si «lleva siempre consigo el desierto», pues su gusto le permite no solo hacer algo grande, resultado de la superación de un gran obstáculo —en ello no reside el heroísmo, como suele creerse—, sino en no hacerlo ante un público, ni para la galería[50].

1.4. El camino del conocimiento y el escepticismo

A partir de este momento, el pensamiento de Nietzsche se hace cargo de una tarea crítica que seguirá desarrollando en sus obras posteriores, y cada vez se irá haciendo más radical. Pero en este segundo volumen alcanza ya el fondo del escepticismo radical, del pirronismo. Tras haber desmontado y cuestionado cada una de las mitologías conceptuales en las que vivimos, parece que a la filosofía no le queda ninguna tarea constructiva. Frente a ella y sus entusiastas, debe limitarse al silencio del escéptico, al «callar y reír»[51]. Esta filosofía tan mínima «no sería la más mala», por lo que tampoco es la mejor, ni siquiera en la medida extrema de una especie de «filosofía para náufragos». Porque el escepticismo no es el punto de llegada, el resultado. Encontrar en él la «solución», teórica o práctica, sería incongruente con el espíritu escéptico que cues-

---

[47] «Nicolas Poussin», cfr. CS § 295, «*Et in Arcadia ego*».
[48] Cfr. FP II, 1.ª, 28[15].
[49] Para una visión de conjunto sobre las últimas investigaciones sobre Epicuro, cfr. Francesco Verde, *Epicuro*, Carocci, Roma, 2013.
[50] CS § 337.
[51] CS § 213.

tiona toda solución. Sino el punto de partida insoslayable de toda filosofía, de todo pensamiento que, honestamente, se quiera radical. Nietzsche reivindica la necesidad de la confrontación directa, sin reparo alguno, pero también sin subterfugios, sin trampas, con el escepticismo radical. El pensador debe ser al mismo tiempo un escéptico, lo que no significa que sea *solo* un escéptico, sino que al pensar tenga siempre frente a sí a esa conciencia escéptica radical.

Todo el desarrollo de la filosofía griega no se puede entender sin esta confrontación continua con el escéptico. Fue lo que la hizo tan fructífera y tan capaz de llegar a las cuestiones últimas de la existencia humana[52]. Ese gran y proteico desarrollo del pensamiento de Platón se ve provocado bajo la presión de la dialéctica eleática y el escepticismo de los sofistas. Los sistemas de la Academia Antigua y Aristóteles por la intensísima carga escéptica de los cirenaicos y megáricos. Las dos grandes filosofías del helenismo, epicureísmo, y estoicismo, por su cuestionamiento radical de Pirrón y sus discípulos, y por la Academia Nueva[53]. La refundación filosófica y enciclopédica de la medicina por Galeno, gracias a que se tomó muy en serio las críticas de los médicos empíricos a los dogmáticos[54]. Cuando esa confrontación termina, el pensamiento antiguo pierde vitalidad y se apaga poco a poco[55].

---

[52] Puesto en evidencia desde un punto de vista sociológico por Randall Collins, *Sociología de las filosofías: una teoría global del cambio intelectual*, tr. J. Quesada Navidad, Editorial Hacer, Barcelona, 2005, pp. 85-127.

[53] Así es analizada y sintetizada, por temáticas y cuestiones, la filosofía posaristotélica en la obra de referencia actual sobre ese período: J. Barnes y otros (eds.), *The Cambridge History of Hellenistic Philosophy*, Cambridge Univ. Press, 2008.

[54] Cfr. L. Perilli, *Menodoto di Nicomedia. Contributo a una storia galeniana della medicina empirica*, Saur, München-Leipzig, 2004. Para una historia general del último período, cfr. L. P. Gerson (ed.), *The Cambridge History of Philosophy in Late Antiquity*, 2 vols., Cambridge Univ. Press, 2010.

[55] Quedaría el caso del enorme desarrollo del neoplatonismo, en una época en la que las corrientes escépticas habían prácticamente desaparecido. Seguramente, en su lugar esa función la cumplió el cristianismo, que con su priorización de la fe, respecto a la razón, pudo cumplir las funciones

De los múltiples aspectos de esta confrontación, es importante destacar, en primer lugar, que los dogmáticos asumían totalmente las críticas de los escépticos. No eran meramente exteriores, se interiorizaban tanto que suscitaban nuevos desarrollos para confutarlas. En segundo lugar, cabe destacar otro aspecto crucial: la prioridad del enfoque gnoseológico. Todas las corrientes más vitales de la Antigüedad tienen su punto de partida en un minucioso y extenso análisis gnoseológico, que sirve de fundamento al desarrollo ulterior del estudio físico, ético y teológico, desde los presocráticos a los últimos neoplatónicos[56]. Esto fue exigido imperiosamente por su confrontación con el escepticismo, y a esta base se ven obligados a volver una y otras vez, para nuevos análisis y desarrollos, discípulo, tras discípulo, para asegurar los sucesivos embates.

Esta confrontación, esta priorización de la gnoseología, demostraba que para el conocimiento filosófico era evidente e imprescindible que no se podían separar las teorías o pensamientos, respecto de los procedimientos o métodos epistemológicos específicos que conducen a ellos. A pesar de la apariencia que les ha otorgado la posteridad, nada más lejos de ellos que el ontologismo, la postulación gratuita de ontologías, sin el fundamento en una epistemología previa rigurosamente examinada. Sin haber pasado por una carrera académica ortodoxa, Nietzsche se sentía filósofo porque se sentía heredero de esta tradición genuina. No es necesario recurrir a la filosofía moderna. Siendo más cercana, no lo era tanto para Nietzsche, de la que tenía un conocimiento directo mucho más escaso (salvo Schopenhauer), que de la Antigüedad. Y porque no hay tal diferencia entre la filosofía moderna y la antigua en la prioridad del conocimiento. Sino en cierta modalidad reductiva de enfocarlo, centrándolo en la subjetividad y en un modo muy

---

de un escepticismo no menos radical, cfr. R. Collins, *Sociología de las filosofías, op. cit.*, pp. 128-136.

[56] Esta necesidad es tan imperiosa que aún persiste con fuerza en las últimas filosofías paganas. A pesar del largo camino recorrido por el neoplatonismo, Damascio se vio impelido a su refundamentación, cfr. Damascius, *Problems and Solutions Concerning First Principles*, ed. S. Ahbel-Rappe, Oxford Univ. Press, 2010.

específico de entender la razón, contra los que Nietzsche desde este momento reacciona drásticamente.

La necesidad de la tarea crítica y autocrítica, presente con tanta fuerza en *Humano, demasiado humano*, nace de esta necesidad para el pensamiento y para la vida: de tener una base firme en el análisis en profundidad del conocimiento humano, de sus elementos, de su funcionamiento. Esto vuelve problemático todo intento de construir ontologías, y es lo que hace que desde el primer volumen sea tan crítico con todo proyecto ontológico. En la interpretación actual de Nietzsche se ha perdido de vista poco a poco este enfoque, que antaño era tan importante. Aunque el sesgo se ha hecho extensivo al resto de la historia de la filosofía, y a la filosofía en general. Como en el caso de Nietzsche, se llega a aplicar a autores, como Hegel o Heidegger, en los que el planteamiento gnoseológico es prioritario y siempre dominante. Todo es posible, plantear nuevas ontologías, por la simple razón de que son alternativas a las existentes, sin plantearse sus condiciones de posibilidad y de validez (en términos kantianos). Sea con un estilo analítico, o más «continental», se desgajan las tesis y teorías de los problemas epistemológicos. Si esto se hace cuando se trata de proponer nuevas ontologías o corrientes filosóficas, más legítimo parece cuando se trata simplemente de interpretar a los filósofos del pasado. En la inflación de publicaciones, que ya Nietzsche denunciaba en su momento, no suscita reparo alguno la arbitrariedad de este procedimiento heurístico. Podemos con toda libertad reformular con procedimientos analíticos, ajenos, el trascendentalismo kantiano, y seguir hablando de Kant. No se cura este ontologismo con el recurso a la subjetividad, como pretenden algunos autores de moda. Esgrimiendo que la subjetividad se sustrae por naturaleza a todo intento de objetivación científica. En el fondo, si se observa bien qué se hace con los problemas y los procedimientos epistemológicos, se sigue aplicando un enfoque ontologista a autores de la filosofía de la subjetividad, tan totalmente epistémicos como un Hegel. El supuesto análisis de la subjetividad, saltando por encima de los problemas gnoseológicos, es tan ontologista como cuando se reduce a la consideración del objeto. El ontologismo es aquello que Nietzsche ataca al hablar en el primer volumen de «metafísica» y aquí ahora de «mitologías conceptuales».

La crítica nietzscheana, y luego heideggeriana al concepto moderno de subjetividad, ha hecho creer que con la eliminación del sujeto se eliminaba al mismo tiempo el papel central y prioritario de la gnoseología. Y que así se abrían las puertas a una nueva libertad, sin cohibiciones, para la más atrevida formulación de ontologías nuevas o redescubrimiento de antiguas, enterradas bajo el fango de la gnoseología. Cuando en realidad era exactamente lo contrario: el desmontaje de toda ontología y de los últimos reductos ontologistas en la misma teoría del conocimiento. Visto ahora, con los ojos de Nietzsche, quizá la situación se haya agravado tanto en las últimas décadas, porque ha ido faltando cada vez más ese elemento de confrontación radical que es el escepticismo. El relativismo, tantas veces denostado en el posmodernismo, ese mismo que tanto se ha remitido a Nietzsche, se revela, desde este punto de vista, no con poca carga escéptica, sino casi la negación misma del escepticismo, no directa sino mediante su parodia auto-irónica. Solo quizá Wittgenstein ha podido cumplir ese cometido en la filosofía del siglo xx y la filosofía analítica estricta que lo continuaba, hasta cuando se ha venido abajo frente al naturalismo.

Y quizá esta carencia, la carencia actual de una escuela escéptica rigurosa sea la causa del progresivo apagamiento del pensamiento filosófico, tan denunciado por las voces más diversas. La lectura de estos libros, más allá de los temas patentes, nos puede revelar la urgencia de la revitalización de ese escepticismo radical solo con el cual el pensamiento filosófico puede recobrar esa vitalidad que ha tenido en la historia, y en especial en la Antigüedad. La misma tradición analítica, una vez abandonada la matriz wittgensteiniana, ha reorientado las poderosísimas herramientas fraguadas del análisis conceptual, hacia la postulación y construcción de todo tipo de entidades o «procesos», en todos los campos de estudio, desde la filosofía social y la teoría de la acción, a la metafísica, la psicología y la filosofía del tiempo. Hipostasiar entidades mediante el análisis conceptual, y luego sobre ellas volver a aplicarlo para obtener propiedades, condiciones, argumentos, es la definición misma de lo que llamará Nietzsche filosofía vacía de la metafísica[57].

Acaso la famosa promulgación del fracaso del proyecto ilustrado ha sido tanto más realizada en la práctica que en la teoría. Lo que explica que, en contra de lo previsto por Nietzsche, la epidemia del ontologismo se haya extendido y propagado en los ámbitos más insólitos y menos sospechosos, como la historiografía filosófica continental. Observada de cerca, nos encontramos una vez más con ese proceder que desgaja las teorías y tesis de un autor de los procedimientos epistémicos (con sus problemas) que conducen a ellas. El extremado contextualismo, aparentando ser el mayor enemigo del más mínimo pensamiento ontológico o metafísico, esconde, bajo la apariencia opuesta, este proceder arbitrario. Reformula a nivel de unos meta-procedimientos los procedimientos concretos del filósofo, abstrayendo de sus particularidades y características diferenciales, para así poder establecer a voluntad influencias, derivaciones y coincidencias entre los autores. El lenguaje cargado de contextos y procedimientos no hace más que ocultar lo contrario, la desatención a los contextos y procedimientos epistémicos específicos, que, como decía Hegel, solo se pueden conocer recorriéndolos por dentro, y no sobrevolándolos gracias a la «magia» del metalenguaje académico.

El proyecto de *Humano, demasiado humano* se abría con una «química de los conceptos y sentimientos»[58]. Así introducía una ruptura neta con la época schopenhaueriana anterior. A pesar de todas las teorías tan arriesgadas que ésta había propuesto, se mantenía en un marco gnoseológico, asumido como establecido, la teoría del conocimiento de Schopenhauer, sin someterlo a examen. Esta gnoseología dio lugar a un sinnúmero de «mitologías conceptuales». El nuevo proyecto consiste en sacarlas a la luz y cuestionarlas, mediante una filosofía histórica. Por eso, al mismo tiempo, Nietzsche descubre la nece-

---

[57] Cfr. CI, «La razón en la filosofía», en OC IV, pp. 630-634.
[58] HH I § 1.

sidad de reexaminar continuamente la gnoseología que sirve de base, y no darla nunca por establecida. La gnoseología establecida definitivamente se vuelve dogmática, y entonces da alas al ontologismo: a ese impulso a la hipóstasis de mitologías conceptuales, al que tan inclinado está el ser humano[59]. Para evitar la caída en el dogmatismo, la cuestión del conocimiento, de sus medios, sus condiciones de posibilidad y validez, siempre tiene que estar en primer plano. Así hará Nietzsche a partir de ahora, una y otra vez, llegando a desarrollos que lo llevarán muy lejos, hasta el concepto de interpretación y perspectiva. Sus reflexiones sobre la moral, la cultura, la sociedad, la psicología humana, el sentido de la existencia irán siempre en paralelo al enfoque gnoseológico. La pasión por el conocimiento[60], a pesar de todos sus problemas, nunca disminuirá en él, y será tanto mayor cuanto más asuma estos problemas (no en la medida en que los disuelva, como cree el entendimiento contemporáneo). Para ello necesita tener siempre delante, hasta el final, la honestidad radical del escéptico[61]. A partir de este momento ninguna de sus propuestas, análisis, planteamientos filosóficos deberán entenderse nunca como cierto tipo de ontología, incluida la voluntad de poder. Llegará el tiempo en su pensamiento en que se vuelva legítima la elaboración de una interpretación global de la existencia[62], pero será siempre partiendo de un análisis al máximo nivel de profundidad de su estatus epistemológico.

---

[59] Cfr. «Alrededor de nosotros, una especie de formación de mitos. La causa: no somos completamente sinceros, nos dejamos llevar por las bellas palabras», FP II, 1.ª, 32[6].

[60] Tema que se volverá dominante en *Aurora* y *La gaya ciencia*. Cfr. D. Sánchez Meca, *El itinerario intelectual de Nietzsche, op. cit.*, pp. 182-214.

[61] «Pongo aparte a unos pocos escépticos, el tipo decente en la historia de la filosofía: pero el resto no conoce las primeras exigencias de la probidad intelectual», AC § 12. Cfr. también AC § 24 y EH «Por qué soy tan inteligente § 3».

[62] Así figura en el primer título de su proyectada obra «La voluntad de poder. Ensayo de una nueva interpretación de todo acontecer», FP III, 39[1] y 40[5]. Cfr. M. Montinari, *op. cit.*, pp. 122-135.

1.5. La ética de la alegría

En estos dos libros podemos hallar una ética del individuo. El hecho de que no sea sistemática, de que solo esté esbozada en fragmentos no disminuye su categoría ética y su importancia[63]. El fin ético es el autodesarrollo individual, que el individuo debe formular él mismo, para sí mismo, como una regla moral suprema: «*quiere* una individualidad y *llegarás a ser* una individualidad»[64]. Para realizar este imperativo, no sirven tanto reglas generales, como observaciones, análisis puntuales, estrategias, que Nietzsche disemina en estas páginas, como propuestas: en la educación, en la sociedad, la relación con las costumbres y la moda, en el arte, la ciencia, la amistad, etc.[65] La tarea crítica debe ir encaminada a desentrañar todos esos procesos y prácticas en las formas de vida humana, y en particular aquellas en la que la colectividad predomina sobre el individuo. Desde este punto de vista, la democracia se presenta como la posibilidad de construir poco a poco un sistema social que suponga un paso adelante, un dejar atrás el antiguo sistema social, que, fundándose en las antiguas religiones y metafísicas, construía la sociedad y el Estado sobre el aplastamiento del individuo: «La democracia quiere crear y garantizar la independencia para el mayor número posible de personas, independencia de las opiniones, de la forma de vida y de las ganancias»[66]. A pesar de todos los movimientos y contramovimientos, nuestra época: «Sigue siendo aún *el tiempo de los individuos*». El imperativo ético debe tener así su complemen

---

[63] «*Contra los miopes.* — ¿Pensáis que una obra tiene que ser fragmentaria porque se os da (y tiene que darse) en fragmentos?», OSD § 128. Una tesis que habría que aplicar a toda la filosofía de esta época, e incluso posterior. Los intérpretes de su pensamiento no debieron dejar de tenerla presente, como tantas veces ha ocurrido. Bernard Williams ha dejado bastante claro que una ética sin sistema no solo es posible, sino que un «sistema de la moralidad» ni es viable ni deseable, cfr. *La ética y los límites de la filosofía*, tr. S. Rosell Traver, Cátedra, Madrid, 2016.
[64] OSD § 366.
[65] Véase más abajo el tema en la estructura de la obra.
[66] CS § 293, «Fines y medios de la democracia».

Nicolas Pousssin, *Et in Arcadia ego (segunda versión)*, 1638-1640, óleo sobre lienzo, 85 × 121 cms. En esta época, Nietzsche se inclina, sobre todo, por la pintura de Rafael, Claude Lorrain y Nicolas Poussin, en cuyo cuadro *Et in Arcadia ego* ve la plasmación del modo de vida heróico-idílico de Epicuro © Wikipedia.

to en un lema ético solo para individuos, que los oriente entre las circunstancias continuamente cambiantes y a menudo confusas de la vida contemporánea: «paz a mi alrededor y el disfrute de todas las cosas más cercanas»[67].

La ética del individuo está así íntimamente conectada con la ética de la alegría que tiene tanta importancia en estas obras[68]. El fin ético de la alegría de vivir está expresado en la figura de Sócrates, pero un Sócrates en el espíritu de Epicuro, de ahí la importancia radical de las cosas más cercanas y pequeñas. Sobre la base de estos puntos fundamentales, esta

---

[67] CS § 350, «El lema áureo».
[68] Cfr. OSD § 48, «Tener mucha alegría», y CS § 300, «Una sola cosa es necesaria».

ética permite operar una transformación profunda en las pasiones humanas, despojándolas de su carácter oscuro, y convirtiéndolas en alegrías[69]. Las connotaciones espinozistas son muy fuertes, hasta el punto de que son los sentimientos de alegría lo que nos distinguen de los animales, pues es la animalidad en nosotros lo que nos inclina a los sentimientos contrarios, la irritación y el enojo[70]. A pesar de ser la nuestra una época tan diferente, en tantos aspectos, el modelo sigue siendo el mundo antiguo, en el que podemos descubrir esta centralidad de la alegría en la vida privada y la sociedad[71]. La misma tarea crítica y autocrítica, que había puesto en el centro de esta nueva época, debe ser un ejercicio de alegría de vivir, nunca de denostación y lamento[72]. Pero, como hemos dicho, esto exige un intenso y riguroso ejercicio de autodisciplina, nuestra tendencia natural (animal) contraria, y el sabio antiguo es un modelo de cómo utilizar cierto tipo de *áskēsis* en este sentido. Para ello Nietzsche propone una especie de regla práctica, cuyo objetivo es alimentar y aumentar esa alegría de vivir: «No llamar buena a una cosa ni un día más de lo que nos parece y, sobre todo: *ni un día menos*, — este es el único medio para mantener auténtica la propia *alegría*»[73].

Esta filosofía del caminante, si es una filosofía, no es solo para filósofos sino para caminantes. Pues el hombre contemporáneo mismo es un caminante errante en la tierra[74]. ¿Qué valor puede tener una filosofía que no hable también y, sobre todo, a los no-filósofos? Parece sugerir Nietzsche de ahora en adelante en sus páginas. ¿Para qué una filosofía si todo lo más esencial de ella no puede ser entendido y vivido desde fuera de ella? Hay parajes de la vida humana en los que se pone de manifiesto, y en los que toda filosofía seria debe atreverse a

---

[69] Cfr. CS § 37.
[70] CS § 183.
[71] Cfr. OSD § 187.
[72] Cfr. OSD § 149.
[73] OSD § 327.
[74] En HH I § 475 calificaba la forma de vida como «vida nómada», y en OSD § 211 reivindica este «nomadismo del espíritu».

entrar, aquellos que tienen que ver con el dolor y el sufrimiento. En realidad, Nietzsche nunca abandonará esta enseñanza schopenhaueriana. Será siempre la piedra de toque de cualquier filosofía rigurosa, pues solo frente al dolor el pensamiento es una puesta en juego, y no un mero juego de palabras. En el prólogo a la reedición de estas obras en 1886, Nietzsche resalta la crítica al pesimismo romántico y a su «dramatización» del dolor humano contenida en sus obras anteriores. El cambio en el mismo tono de su estilo, esa mesura, sobriedad y «afabilidad» recuerdan al modelo de las cartas de Epicuro: «Quien pone en el papel lo que él *sufre* se vuelve un autor triste: pero *serio* si nos dice lo que *ha sufrido* y por qué ahora descansa en la alegría»[75]. Su crítica al pesimismo no va dirigida contra la tesis de la centralidad del dolor en la vida humana. Así lo interpreta la superficialidad del lector contemporáneo, y así ha ocurrido con la recepción de estas obras. El lector superficial suele entender que solo hay dolor tras el estilo hiperbólico y dramático. Y no se plantea la posibilidad de si esa mesura y afabilidad no esconden quizá el mayor dolor imaginable, si no son la única posible expresión de un ser humano que ha llegado hasta el límite. En el lugar del más profundo dolor, ya no caben las expresiones artísticas y filosóficas del pesimismo[76], solo el silencio sobre él es la única respuesta.

Para Nietzsche fue una experiencia tan consternadora que en estas obras ni siquiera se atreve a hablar de ella, solo aparece fugazmente, en el trasfondo, para quien sepa captarla. Testimonio son las cartas personales a sus amistades más allegadas. Quien ha llegado a ese grado sufrimiento, no puede hablar de ello. El discurso de las filosofías pesimistas, como la de Schopenhauer, acerca del dolor humano, y de cómo descalifica la existencia, en su repetitividad brota de una vida no probada por el dolor crudo y real. El agravamiento de su enfermedad hace que Nietzsche tenga siempre presente esta verdad paradójica, y que de vez en cuando vuelva a recor-

---

[75] CS § 128.
[76] Cfr. Prólogo, § 5.

dársela al lector. Pero este sentir de verdad y en lo profundo el dolor, no tiene por qué ser propio solo del enfermo, como cree trivialmente el hombre contemporáneo. Esta repugnancia a hablar de él podemos hallarla por ejemplo en Stendhal, en Epicuro[77], y por supuesto, en individuos de «grandísima salud» como los antiguos griegos. Esto que fue el punto de partida en su juventud, en su vida, en su filosofía y sus estudios clásicos, solo ahora va revelando su sentido. ¿Cómo es que quien siente de verdad y en el máximo grado el dolor, no está inclinado a denigrar la vida y el mundo, al pesimismo y a la renuncia, sino todo lo contrario: a la máxima afirmación de la vida?

Es en esa retrospectiva personal que hace Nietzsche, donde se descubre la dirección que toma desde este momento su pensamiento y su obra en la cuestión del dolor. El gran problema con el que poco a poco él se irá enfrentando en la sociedad contemporánea es el de un fenómeno que en principio puede extrañar señalarlo, y por ello pasa desapercibido; pero tanto más grave y sintomático de muchas otras cosas: la trivialización del dolor humano. Algo que Nietzsche, situado en ese límite al que ha llegado, percibe instintivamente, «huele», en todas las expresiones, artísticas, intelectuales, del mundo moderno. En las formas políticas, sociales, en las costumbres, incluso en esa actitud de vida que parece hacer lo contrario, el romanticismo. Esta sensación, esta captación del dolor trivializado afecta a Nietzsche en esta época hasta el límite de lo soportable, y lo acompañará ya desde siempre. Es lo que explica sus abruptas explosiones al observar la sociedad, o el arte de su tiempo, que a medida que pase el tiempo se harán cada vez más frecuentes, hasta esas erupciones volcánicas que son *El Anticristo* y *Ecce Homo*. Explica el empeño suyo que se volverá obsesivo en denunciar la compasión y la caridad, en indagar el origen de esta trivialización del dolor en la historia, en denunciar las ideologías, religiones y formas humanas de la historia. Situado en

---

[77] En el aforismo 45 de *La gaya ciencia* podemos hallar sintetizada su interpretación de Epicuro en cuanto a la cuestión del dolor.

ese umbral no puede soportar ver cómo se discurre y se trata con tanta ligereza y banalidad, con tantos tópicos y estereotipos, sobre el dolor humano. Siempre se ha hablado de su defensa de la vida, pero poca atención se ha prestado a que uno de sus puntos nucleares sea la defensa del profundo dolor de la vida humana: su exigencia de respeto, de no mancillarlo con las trivialidades, los tópicos y las fáciles soluciones. Ahora, se inicia con el sabio griego, Sócrates y Epicuro, y más adelante volverá a redescubrirlo en la sabiduría de Dioniso[78].

El descubrimiento de la superficialidad del pesimismo romántico reenfocó su vida y lo condujo a sus mayores consecuencias: la trivialización del dolor en la sociedad moderna es tan grave que sesga prácticamente todas las reflexiones, las manifestaciones artísticas, las formas de organización. Pesimismo, hedonismo, utilitarismo, socialismo se le revelan todas perspectivas parciales y falsas de la vida humana. La misma búsqueda moderna de bienestar, de erradicar el dolor de la enfermedad, de las injusticias sociales, de la pobreza, responden en realidad a todo lo contrario de lo que parece: no a una mayor comprensión y asunción del dolor humano, sino a una falta de sensibilidad real que lleva a verlo y captarlo de manera completamente superficial, trivial y tópica. Cuando cree poder solucionarlo con reformas sociales, con la tecnología, con ideologías, no solo no lo consigue: es que ni ha entendido nada del verdadero dolor, ni esos emprendedores lo están sintiendo o lo han sentido alguna vez. A partir de ahora, ni siquiera Schopenhauer —el mayor defensor de la esencialidad del dolor— ha entendido hasta qué punto tan radical el verdadero dolor de la vida humana es inalienable, y solo le corresponde el mayor silencio, el mayor respeto. De aquí que en

---

[78] Cómo con la afirmación del profundo dolor que habita en el fondo de la vida humana y carácter intangible, es el gran liberador del ser humano. En las religiones profundas el dolor tiene carácter sagrado, cfr. G. Colli, *La sapienza greca*, vol. I, Adelphi, Milán, 2005, pp. 15-23 (hay una edición en español, *La sabiduría griega*, pero poco aconsejable debido a la mala calidad de la traducción).

estas obras se hable tan poco de él y al mismo tiempo haya tanto de él.

1.6. Arte y ciencia: apariencia y verdad

La ruptura con Wagner tuvo como consecuencia un vuelco en sus reflexiones sobre el arte y la música, sobre el papel de estas en la vida, su dimensión social, la valoración de los artistas, etc. Quizá deberíamos tomar con precaución esas declaraciones en el «ensayo de autocrítica» de que en *El nacimiento de la tragedia* se iniciaba su empresa de «ver la ciencia con la óptica del artista, y el arte, con la de la vida...»[79]. Desde el punto de vista de esta nueva fase alcanzada, el planteamiento de esa época se muestra insuficiente, por mucho que lo intentara revalorizar posteriormente. Porque es solo ahora que surge como categoría estética central la enfermedad, y se plantea por primera vez la cuestión, intempestiva, de si una manifestación artística puede ser una enfermedad, y puede enfermar a los individuos.

Esto supone separar la cuestión del valor artístico de la cuestión de su valor para la vida. No hay relación de coimplicación entre ambas dimensiones: que sea una enfermedad no implica que tenga poco valor artístico, ni, viceversa: el hecho de que aporte salud no implica por sí mismo que tenga un alto valor artístico. Ahora todo pasa a estar en función de esa vida que puede adoptar, y ha adoptado en el tiempo, diferentes «formas». Nietzsche deja ahora a un lado la cuestión estrictamente estética acerca del valor artístico. Antes, la había planteado en función de la capacidad del arte de expresar la esencia trágica del mundo. Pero este planteamiento derivaba de lo que en HH I ya había diagnosticado como «pensamiento metafísico». Su carácter ahistórico llevaba a plantear la cuestión estética, sobre el valor absoluto de un tipo de arte, al margen de las condiciones concretas de la evolución de la sociedad y del ser humano. En este nuevo momento deja de tener interés

---

[79] NT «Ensayo de autocrítica», § 2, OC I, p. 276.

para Nietzsche cualquier pregunta que no responda a los problemas y situaciones concretas de la época en que estamos viviendo. Ya no interesan las «grandes cuestiones» (indeterminadas y vacías como un espejismo) de si el arte expresa o no la esencia del mundo, para desde ahí determinar su autenticidad y su valor artístico. Sino las preguntas más concretas de si una manifestación artística concreta responde, y cómo lo hace, a las necesidades efectivas del hombre contemporáneo. Si el arte de Wagner es enfermedad, lo es porque es un modo específico de responder a ciertas condiciones concretas que tienen que ver con el papel del público, el artista, y el mundo del trabajo. El análisis de estas condiciones y funciones no es meramente crítico. Una lectura detenida, que permita la cristalización de las ideas, revela que sirve para ir trazando el problema crucial que atormentará a Nietzsche hasta el final de sus días, acerca del «destino» del arte: ¿en las condiciones específicas de nuestra época, puede un arte construir una respuesta que no sea la enfermedad? ¿o acaso la presión de las circunstancias es tan alta que es imposible escapar a lo patológico en arte?

Para ello, hay que hacer frente a unas de las dificultades más inmediatas, cuando lo patológico se presenta como su contrario, sea como liberación, expresión de la interioridad, o renovación artística. ¿Cómo podemos saber que estamos realmente ante una nueva forma de arte, y no ante una mera modalidad patológica de formas anteriores? Las categorías de «decadencia», «gusto decadente», «especies puras de arte» frente a «degeneraciones», van a servir a partir de ahora para romper el hechizo de esa falsa apariencia. Solo adoptando el punto de vista de la vida individual y su plena autorrealización, podremos discernir y separar aquellas formas artísticas que se hacen pasar por lo que no son. En este primer análisis de su empresa, Nietzsche utiliza las categorías de clásico / barroco y monstruoso / bello.

La categoría estética romántica de lo sublime, que jugó un papel central en *El nacimiento de la tragedia*, pierde ahora toda credibilidad, se revela insostenible, ambigua, incapaz precisamente de caracterizar el arte romántico. Ha sido tomada en serio solo por filósofos metafísicos, como Schopenhauer[80], que han encontrado en ella una respuesta a su ansia de creencias absolutas, o en artistas que no tenían la preparación suficiente en el ámbito del conocimiento como para ponerse a sentenciar sobre estética, como Schiller[81]. Si la nueva época debe liberar al individuo de su subordinación al metafísico y su sosias el «artista-genio», la meticulosa observación de las formas artísticas y las emociones que expresa muestra la arbitrariedad y pobreza de encerrar en el concepto de lo sublime cualidades estéticas tan opuestas como las de lo majestuoso y lo monstruoso[82]. Nietzsche halla en esta última, en lo «feo-sublime»[83], una de las características del arte romántico, en particular el de Wagner. Frente a la creación de lo bello, propia de un artesano, el artista romántico trabaja con la «monstruosidad» mediante la acumulación, mezcla y exageración al límite de los efectos artísticos. En cuanto lenguaje, el fin del arte pasa a ser propiamente «la monstruosidad rica de significados»[84]. Pero ante la imposibi-

[80] Cfr. A. Schopenhauer, *El mundo como voluntad y representación*, vol. I, 39, pp. 255-262, y sobre lo sublime dinámico en la tragedia, vol. II, cap. 37, pp. 483-484.

[81] CS § 123, «Afectación de cientificidad en los artistas». Este aforismo tan crudo de Nietzsche muestra una vez más que el ejercicio de crítica es un ejercicio de «tamización». Que ser un gran artista implique ya de por sí tener una gran reflexión sobre el arte, es un gran sofisma (tanto como el contrario) que solo es defendible en una época —como la contemporánea— en que la falta de selección y criba deja «libertad» a tomar en serio sin ambages cualquier cosa.

[82] El antiguo término griego del escrito de Pseudo-Longino, *Sobre lo sublime* (*Perì húpsous*), de *húpsos* (elevado), se refiere propiamente a la cualidad del estilo elevado y majestuoso con el que se expresa la *megalopsuchía* [cfr. D. Russell, «Introduction», a Longinus, *On the Sublime* (junto con Aristotle, Poetics y Demetrius, On Style), Harvard UP (Loeb Classical Library), 1995, pp. 152-154]. La tradición europea posterior confunde el significado y lo transforma hasta tal punto, que no se reduce a una mera cuestión de fidelidad a los textos antiguos o de historia de la recepción, sino que, como vemos aquí, tiene profundas y muy problemáticas repercusiones en la estética, en la filosofía de la psicología y en la ética.

[83] OSD § 144.

[84] OSD § 118.

lidad de su asimilación, el arte, en la experiencia del espectador, se transforma inevitablemente, de lenguaje, en una especie de puro desbordamiento de la naturaleza («el constante desbordamiento espontáneo de todas las cornucopias de un originario arte de la naturaleza»[85]). Deja de cumplir su función de comunicación de emociones extremadamente sutiles (lo bello): este arte de lo feo-sublime no comunica, solo aturde la mente y pone en suspensión toda actividad intelectual. Que en las condiciones de vida modernas el arte funciona como un narcótico sofisticado, es una de las tesis centrales que Nietzsche seguirá desarrollando hasta sus últimos escritos[86].

La posición del arte y de la ciencia sufre un cambio drástico en esta época, con respecto al período anterior schopenhaueriano. En este segundo volumen no tanto se afianza el cambio como que se siguen extrayendo de él consecuencias ulteriores. El cambio tiene que ver con el problema de la verdad. En el período schopenhaueriano, a la verdad científica contraponía una verdad más profunda alcanzable por el arte. El que la verdad científica suponga una racionalización de la vida implica un grado de optimismo incompatible con la «verdadera realidad» de la existencia, el dolor. Así es como siendo dos géneros de verdad diferentes, la verdad del arte es superior porque rompe, desmonta, la visión racional-optimista a la que la ciencia reduce la existencia. Esta serie de dicotomías optimismo / pesimismo, apariencia / verdad, conocimiento racional-científico / arte, ligada a la filosofía metafísica, se ve completamente desmontada por la «filosofía histórica», cuyo proyecto había planteado en el primer volumen de *Humano*. La inversión es completa. Por una parte, Nietzsche restringe el arte al ámbito de la apariencia, al mismo tiempo que recupera para la ciencia la exclusividad del ámbito de la verdad. Pero esto no supone una simplificación, sino más bien lo contrario. Si el arte trabaja propiamente con la apariencia de verdad, no con la verdad, hay dos modos fundamentales y opues-

---

[85] OSD § 144.
[86] OSD § 118 y CS § 154, en sus últimos escritos como CW.

tos de realizarlo: lo que él llama el modo clásico y el barroco, que se distinguen por su manera de enfrentarse y responder a lo real[87]. Paralelamente, ahora el conocimiento racional-científico ya no es una huida de lo real, sino la única aproximación humana que permite recogerlo y asumirlo. El enfoque schopenhaueriano no había visto el hecho de que el saber racional-científico no solo «racionaliza» el mundo, no solo permite dominarlo, en parte a nivel práctico, y globalmente con la mente, sino que al mismo tiempo saca a la luz, expone, esa multitud de pequeñas conexiones y factores por los que las cosas de la existencia no pueden funcionar de otro modo, constriñen nuestra acción y nuestra mente. Si la realidad de la existencia se sustrae a nuestro deseo, no es por un problema de nuestro deseo mismo, de la Voluntad, sino del *factum* de que la realidad tiene un carácter material, no ideal. Este *factum brutum*[88], insalvable, hace que las cosas no puedan funcionar de cualquier modo que queramos, por lo que desde muy temprano el individuo debe sufrir un intenso proceso de minuciosa adaptación a esta multitud casi infinita de factores incontrolados. El control conseguido en etapas sucesivas no nos sirve para evitar que la realidad material, debido a otros factores aún desconocidos, vuelva a sustraerse una y otra vez a nuestro deseo, o a colapsarlo. Para Nietzsche, esta multitud de pequeñas verdades, que necesitan ser recopiladas y examinadas pacientemente, muestran una presión, un desgaste, un rozamiento sobre el ser humano y su existencia, incomparablemente mayores, que las fundamentales «grandes verdades» supuestamente comunicadas por el arte y la filosofía metafísica. La ciencia es ahora para él el único procedimiento humano con posibilidades de acercarse a este carácter «disruptivo» de lo real[89]. Esto no significa que la ciencia no tenga

[87] Cfr. OSD § 144, «Sobre el estilo barroco».
[88] Expresión icónica del Nietzsche posterior, cfr. GM III, § 24, y FP IV, 14[151].
[89] CS § 1, «Del árbol del conocimiento»: «Verosimilitud, pero no verdad; apariencia de libertad, pero no libertad, — estos son los dos frutos por los que el árbol del conocimiento no puede ser confundido con el árbol de la vida».

una naturaleza lingüístico-simbólica y de constructo, algo que en este período incluso tematiza de manera más profunda. Pero el orden simbólico que así impone la ciencia sobre la existencia, no solo la regulariza, la ordena (como postulaban los metafísicos Kant y Schopenhauer), sino que al mismo tiempo muestra cuánto de este orden sigue escapando no solo a la voluntad sino también a la mente humana[90].

En contraposición a la ciencia, el arte es el trabajo humano más sofisticado y elevado con la apariencia. Nietzsche desarrolla un análisis genético del arte que lo remonta a la necesidad y gusto humanos por la ilusión en su existencia cotidiana. En él halla su máxima realización la necesidad de embellecer, idealizar, la realidad para poder vivir. Esta es la función del arte desde sus orígenes; lo bello es su fin pero como objeto artificial que fabrica con los más sutiles y desarrollados recursos y capacidades humanas[91].

En este giro de su planteamiento, Nietzsche parece aproximarse a Aristóteles, a su concepto de la verosimilitud del arte. El arte es para Nietzsche trabajo con la apariencia, que en sí es apariencia de verdad, verosimilitud, pero tiene un sentido muy diferente, casi opuesto al aristotélico. Este fue construido sobre las coordenadas de una filosofía metafísica, por lo que la verosimilitud era en el arte aproximación a la verdad, mientras que en la ciencia y la filosofía, coincidencia. En cambio, desde las coordenadas de esta nueva filosofía histórica, no hay ni puede haber coincidencia en ningún caso —no hay creencias absolutas— y, por tanto, la distinción no es entre acercamiento y coincidencia, sino entre los dos sentidos posibles del movimiento en relación a la verdad: aproximación gradual pero sin fin (ciencia), y, en sentido opuesto, alejamiento hacia grados cada vez mayores de apariencia (arte). Nietzsche muestra una y otra vez en sus observaciones y análisis, contenidos en los aforismos de este segundo volumen, hasta qué punto ni el poeta, ni el dramaturgo, ni el pintor muestran

---

[90] De aquí se explica la importancia de la actitud escéptica en HH, y el sentido en que debe ser entendida: no como un fin en sí mismo.
[91] OSD § 174.

caracteres, historias, paisajes reales: lo que consiguen es fabricar hábilmente la misma impresión de verdad pero no los objetos, a costa de alejarlos máximamente de lo real, hacia al reino de la pura ilusión[92].

En el período schopenhaueriano, ya Nietzsche había distinguido entre dos tipos generales de arte, pero lo había hecho con respecto a la verdad profunda de la existencia: el apolíneo, que sigue la vía racional-optimista, paralela al conocimiento científico, y que, por tanto, era una especie de huida hacia la apariencia-representación; y el dionisíaco que, tomando el sentido opuesto, expresaba la esencia dolorosa del mundo. Esta distinción servía para clasificar no solo géneros artísticos, como las artes plásticas, sino estilos artísticos, como Homero o la ópera en su nacimiento en el barroco italiano. Pero ahora, cuando el fin del arte pasa a la apariencia, hay también dos modos fundamentales de trabajarla. No se debe confundir la cuestión de que el fin del arte sea la apariencia (o la verdad), con la cuestión de que siendo apariencia, esta se determina, naturalmente, en relación a la verdad. Es decir, poner como fin del arte la apariencia implica establecer ya cierta relación a la verdad, pero no desde luego el tipo de relación que deriva cuando se pone la verdad como fin del arte. Pues hay dos modos de construir la apariencia, representados por los dos estilos fundamentales del arte, el clásico y el barroco. Nietzsche reemplaza la antigua antítesis apolíneo/dionisíaco (extrapolada de un momento histórico muy concreto a toda la historia del arte; ahistórica, propia de la filosofía metafísica[93]), por otra que se basa en el análisis histórico concreto de la evolución de cada género artístico.

---

[92] Sobre esta desconexión entre la impresión de verdad (o realidad) y la verdad misma, de modo que por sí mismas no hay implicación mutua en ningún sentido (ni la verdad de una teoría tiene por qué comunicar impresión de verdad, sino todo lo contrario, la impresión de algo extremadamente frágil y provisional en el conocimiento; y se puede conseguir toda la impresión de verdad sin verdad alguna), ahondará cada vez más en su pensamiento posterior.

[93] De ahí la necesidad posterior de reformularla mediante la «fisiología del arte», cfr. CIT «Incursiones de un intempestivo», §§ 8-11. Sobre el tema,

Gracias a ello, siendo siempre una generalización, tiene la virtud de ofrecer una tipología básica que sea significativa y aplicable a la evolución de los más diversos géneros artísticos. Estas dos modalidades, clásico y barroco, son las dos formas básicas y opuestas de trabajar la apariencia con respecto a lo que Nietzsche llama lo real (*das Wirkliche*[94]). Aunque el trabajo del arte esté propiamente en idealizar, embellecer, ocultar lo real, este trabajo sigue direcciones completamente divergentes dependiendo de cómo afronta lo real. El estilo clásico idealiza y embellece lo real tomándolo como base, lo real que no puede ser proporcionado (aunque siempre de manera incompleta y parcial) más que en el saber racional-científico[95]. El barroco, por el contrario, y esa máxima expresión suya que es el romanticismo, consiste en una huida permanente frente a lo real, y esa huida marca su construcción de la apariencia[96]. El estilo clásico asume lo real y aplica sobre él una intensa operación de selección. El barroco por el contrario, lleva a efecto una ingente tarea de desarrollar e innovar todo tipo de medio artístico «que excita misteriosamente la fantasía y la transporta más allá de lo real y cotidiano»[97]: la intensificación de la tensión dramática, la sobrecarga expresiva del lenguaje artístico, el efecto de la cantidad y la ruptura sistemática de todas las convenciones artísticas. Paradójicamente todo ello produce un efecto de

---

cfr. L. E. de Santiago Guervós, *Arte y poder. Aproximación a la estética de Nietzsche*, Trotta, Madrid, 2004.

[94] Cfr. OSD §§ 114, 118, 220; CS 125; y FP II, 1.ª, 30[166]. «Realidad» (*Wirklichkeit*) en sentido equivalente, cfr. OSD §§ 3, 32, 66, 99, 114, 135, 220, 330; y CS §§ 5, 17, 23. «Real» y «realidad», para designar propiamente aquello que de la realidad se detrae siempre al orden simbólico, son dos términos que cobran una especial relevancia en este segundo volumen de HH, con respecto al primero.

[95] OSD 114, «Realidad seleccionada». Es gracias a la educación tradicional basada en Homero que los griegos antiguos desarrollaron, no solo un fuerte «sentido de lo real», en especial con respecto a lo humano, sino más aún un «gusto por lo real y efectivo de toda clase» (OSD § 220, «El auténtico paganismo»).

[96] OSD § 32.
[97] OSD § 118.

verdad por el cual se transmite al receptor la impresión de que lo que muestra ese arte es más real que el ámbito del orden simbólico de la realidad cotidiana y científica[98]. Pero en realidad tan falso por principio como lo es toda filosofía metafísica, según Nietzsche. En esta etapa de su pensamiento, la única aproximación humana a lo real que no traiciona su naturaleza, o la traiciona lo menos posible, es la interpretación científica del mundo, que toma como base las ciencias de la naturaleza. Por lo que debe ser fijada como punto de referencia tanto para la vida cotidiana, el autodesarrollo del individuo[99], como para la tarea de ficcionar la misma realidad, propia de todas las artes.

Aunque quizá no debamos atenernos tanto a la letra de las declaraciones de Nietzsche. Casi podrían verse a la inversa. Aunque la base deba ser la interpretación científica del mundo, para acercarse o para alejarse de lo real, quizá lo fundamental ya no sea la verdad, como en el período schopenhaueriano. Este es el gran descubrimiento, el giro. A través de un largo y trabajoso camino, Nietzsche ha desentrañado que lo fundamental es en realidad la apariencia: es en ella que tiene que aplicarse propiamente el trabajo filosófico, recurriendo a todas las ciencias pertinentes. La cuestión es la constitución de la apariencia, sus formas fundamentales, sus condiciones, no la realidad (hasta el punto de que en la época de *La gaya ciencia* llegará a concluir que la fibra misma de la realidad está hecha de ilusión). Por eso la tipología básica clásico / barroco se extiende más allá del arte, al funcionamiento del ser humano, como dos tipos humanos básicos. Porque no son meramente dos modos de hacer arte, sino de vivir la vida frente a lo real; por tanto, dos modos opuestos de fabricar apariencia para encubrir, suavizar lo real. En esta defensa del conocimiento científico, el punto de vista propio del filósofo, paradójicamente, ya no es la realidad, ni su verdad,

---

[98] Cfr. OSD § 32, «La presunta "realidad real"», que se complementa con el fundamental OSD § 330, «Quien produce efecto es un fantasma, no una realidad».

[99] Cfr. OSD § 366, «Quiere una individualidad».

sino la apariencia, la ilusión. Lo que no significa que rechace ni deje de interesarle la verdad sobre la realidad, pero no es su medio propio, su campo de estudio. Para ello están las ciencias con su diversidad de metodologías, y la filosofía en realidad es tan poco ciencia, como metafísica. Además la filosofía se ocupa del mundo en que vive el individuo en su existencia cotidiana, las cosas más cercanas, pero este no es el mundo de la ciencia. La filosofía no rechaza ni deja a un lado, sino que indaga las verdades de la ciencia sobre la realidad, aunque le interesa no la verdad de la realidad, sino la verdad de la apariencia. El caminante es el que va descubriendo de manera cada vez más clara, en su deambular por los parajes del alma humana, que al ser humano le interesa desde luego la verdad, pero la verdad de la apariencia, no de la realidad. Y para desentrañar su constitución, sus condiciones, su tipología, es imprescindible recurrir al conocimiento científico, en particular la psicología, y añadiríamos hoy, la sociología y otras disciplinas. Al final es, sobre todo, en este sentido como hay que entender la idea de la necesidad de la base científica. Pero ¿quién mejor que la filosofía, para ocuparse de la apariencia? Es una pregunta casi paradójica respecto a la tradición[100]. La ciencia también estudia la apariencia, su constitución, su generación, pero solo en función de la realidad, que es su objetivo propio. Solo la filosofía puede adquirir la condición del viajero errante —«ellos solo pueden vivir *en su propio aire*, sobre su propio suelo»[101]—, que la lleva a esa locura de renunciar al asentamiento en la tierra firme de la verdad y a explorar los océanos de la apariencia y la ilusión[102].

---

[100] Enseguida se piensa en Platón. Aunque podría plantearse si la mayor parte de su filosofía no ha sido una filosofía de la apariencia, y todo el postulado y estudio de una realidad verdadera no iba destinado más que explicar una y otra vez, para sí mismo, y los demás encadenados de la caverna, hasta qué punto vivimos en un mundo hecho de apariencias.

[101] CS § 171, sobre el filósofo y su relación con la ciencia.

[102] Cfr. I. Kant, *Crítica de la razón pura*, ed. P. Rivas, Madrid, Alfaguara, 1988, B 294-295, p. 259.

ESTUDIO INTRODUCTORIO   49

La filosofía deberá moverse siempre a otro nivel, con otras cuestiones, que la ciencia no puede tratar: ¿y si vivo en un mundo de ilusiones, qué puedo o debo hacer? ¿Un mundo en el que una y otra vez uno se desengaña del error en el que ha vivido, pero al mismo tiempo reconoce que era inevitable y ha sido necesario para todo lo conseguido a partir de él? ¿Y así está avanzando y lo seguirá haciendo? ¿Qué podemos hacer, qué sentido tiene la vida, si al final siempre nos damos cuenta de que el romper la ilusión solo sirve para caer inevitablemente y con más fuerza en ella, en otro sitio, en otra dirección?

1.7. UNA NUEVA ESTÉTICA MUSICAL: LA MÚSICA
COMO LENGUAJE SIMBÓLICO

Uno de los puntos cruciales en los se manifiesta el profundo cambio del pensamiento de Nietzsche en esta época es en la reflexión sobre la música. La crítica a la metafísica, iniciada en el primer volumen, lo conduce a un replanteamiento drástico en el que se elimina progresivamente toda derivación del idealismo y el romanticismo alemán. La música deja de ser entendida como expresión u objetivación de una esencia «transfísica» (sea Voluntad, Espíritu o Subjetividad), para dar paso a una consideración más a «ras de suelo»: el arte deja ser un fenómeno emparentado con la religión, para recolocarlo en el lugar que le corresponde, en el fenómeno de la comunicación humana. Bajo este punto de vista, la música se presenta sencillamente como un tipo de lenguaje para la comunicación humana[103]. A partir de ahora, este debería ser el punto de partida de la estética musical: cuáles son las características diferenciales de este lenguaje, cómo funciona, qué transformaciones sufre en su evolución histórica, cuáles las condiciones de validez de la comunicación, etc. Su condición

---

[103] Nietzsche comienza a realizar análisis del fenómeno musical sobre unas premisas que más adelante explicitará. Sobre la existencia de muchos tipos de lenguajes, cfr. FP III, 7[62].

de lenguaje impregna la música de una contingencia radical, resalta en ella su aspecto puramente sensible. Deja de ser una manifestación u objetivación inmediata, de la Voluntad o del Espíritu, porque está completamente mediada por su naturaleza de signo. Hasta el punto de que esta mediación es simbólica, la música como lenguaje simbólico. Nietzsche se atendrá a partir de este momento a este planteamiento básico para ir desarrollándolo. Pero ya desde este momento resalta la relación convencional, no natural, en este lenguaje entre signo y objeto.

Lo significado en este lenguaje no son imágenes mentales o pensamientos, sino estados de ánimo, vivencias, afectos. Tesis que en los años del *Zaratustra* sintetizará en la expresión «La música como lenguaje de signos de los afectos»[104]. Pero un elemento musical no suscita afectos de manera natural, como podría ocurrir con el sonido de una tormenta, sino convencional. Nietzsche remite al análisis histórico, base fundamental de esa filosofía histórica que es el proyecto de esta época[105]. En la historia pueden observarse variaciones en la comprensibilidad de ese lenguaje que es el lenguaje musical, mucho mayores de las que se dan en el lenguaje verbal. El fenómeno tan característico en la música de la extrema dificultad de comprensión de un nuevo estilo musical, que nos lleva a pensar que el estilo musical del presente sería incomprensible para épocas pasadas. Y viceversa, también con frecuencia el estilo de una época se vuelve incomprensible para épocas futuras. Esta dificultad de comprensión de los diferentes estilos en el tiempo no puede explicarse de otro modo que por la diversidad de lenguajes musicales. En el lenguaje verbal, equivale al paso de un idioma a otro.

---

[104] FP III, 7[62]. El término *Zeichensprache* está abierto a dos interpretaciones divergentes, porque su uso es voluntariamente ambiguo. Le sirve a Nietzsche tanto para significar «lenguaje de síntomas» [por ejemplo, para una moral o una enfermedad), pero también para un lenguaje tan simbólico como el lenguaje científico, cfr. FP III, 26(277)]. Sobre la base de los textos de esta época y los posteriores, está claro que en el caso de la música lo entiende en este segundo sentido.

[105] OSD § 171.

Para Nietzsche, aunque el aspecto sintáctico del lenguaje es crucial, no bastaría para explicar por sí solo esta pérdida de comprensibilidad. Se puede entender perfectamente sintácticamente un estilo musical y aún así no captar nada en él. Otra observación importante es el retardo histórico de la música, respecto a otras artes: el nuevo vínculo simbólico es tan diferente, respecto al anterior, y está tan poco mediado por imágenes mentales, que necesita de mucho más tiempo para su afianzamiento[106]. La música presenta una dificultad de comprensibilidad mucho mayor porque la relación signo-afecto es directa y porque es completamente convencional. Muchos estilos musicales nos resultan incomprensibles, incluso siendo muy sencillos, porque captando toda la realidad sonora no captamos aquello que designa y le da «sentido»: los afectos que hay detrás[107]. Esto podría explicar varios fenómenos conocidos actualmente. El hecho de que hasta el siglo XIX toda música del pasado se volvía incomprensible para el presente y quedaba en el olvido[108]. La dificultad de comprensión de músicas extra-occidentales, incluso extremadamente sencillas, más allá de su efecto exótico. Y en particular en la música contemporánea: considerada como puro lenguaje, a partir de una comprensión básica de su estructura debemos

---

[106] OSD § 171.

[107] No debería encuadrarse apresuradamente esta concepción nietzscheana bajo los parámetros de la «estética del sentimiento» del siglo XVIII. Los afectos de los que habla Nietzsche son previos a su representación en «imágenes mentales», por lo que se acercaría más bien a la estética de la música absoluta del XIX, pero como puro lenguaje simbólico, no según la precedente concepción metafísica schopenhaueriana. La estética de Nietzsche debe encuadrarse en el marco del análisis de Carl Dahlhaus, quien muestra la complejidad de estas divisiones, más allá de las fáciles divisiones dicotómicas, junto a las de música absoluta / programática, forma / contenido, romanticismo / clasicismo. Cfr. *La idea de la música absoluta*, tr. R. Barce, Idea Books, Barcelona, 1999. Nietzsche analiza la contraposición entre «música dramática» y «música absoluta» en HH I § 215, bajo los parámetros de esta nueva concepción de la música como lenguaje simbólico.

[108] Cfr. L. Plantinga, *La música romántica. Una historia del estilo musical en la Europa decimonónica*, tr. C. Alonso, Akal, Madrid, 1992, pp. 28-32.

aprender a captar los afectos que transmite. Sin esto, abundar en todo tipo de análisis formales y contextuales no nos conduciría por sí mismo a «entenderlas» (cuanto más nuevo es el lenguaje, más dificultosa es esta tarea; el caso equivalente en el lenguaje verbal sería entender un poema escrito en una lengua inventada).

Nietzsche remite a otra observación que casi parece entrar en contradicción con este enfoque. El que solo por su vinculación a la poesía el lenguaje musical puede adquirir significado[109]. Pero esta intervención del lenguaje verbal, hecho de imágenes mentales, solo puede ser transitoria, durante el proceso de la génesis de cierto lenguaje musical. Termina desapareciendo, una vez que el lenguaje musical se vuelve comprensible por sí mismo (aunque esto no tiene por qué significar el abandono de la música vocal: mucha música vocal, a pesar de ir ligada a la palabra, resultad incompresible en otro contexto de escucha). En caso contrario, si el lenguaje musical permaneciese siempre mediado por el lenguaje verbal, no se explicarían las dificultades de comprensibilidad señaladas.

Por tanto, en este planteamiento, la música es solo lenguaje, pero no un lenguaje universal, fuera del tiempo, sino mucho más enraizado en el curso histórico que otros lenguajes simbólicos[110]. Sin embargo, este enraizamiento no lo limita en su capacidad de comunicación. Todo lo contrario, hace posible un mayor grado de comunicación, con mucha mayor precisión, de afectos, respecto al lenguaje verbal, dominado por una extrema vaguedad[111].

---

[109] Cfr. HH I, § 217.
[110] OSD § 171.
[111] En la última época, llegará a afirmar: «En *relación con la música* toda comunicación por medio de *palabras* tiene un carácter impúdico; la palabra diluye y entontece; la palabra despersonaliza; la palabra hace común lo fuera de lo común», FP IV, 10[60]. Para una comparación entre lenguaje verbal y musical, centrada en la propiedad de la vaguedad, cfr. M. Parmeggiani, «Il problema della vaghezza in Nietzsche tra musica e linguaggio», *Ermenutica letteraria*, XV, 2019, pp. 107-118.

Wagner dejó sentir en sus óperas el corazón de Alemania, así como, la calidez de la lengua materna en sonidos cordiales y sinceros, vigorosa en el ritmo y en el abundante caudal de locuciones populares y proverbiales. Amó su lengua como ningún otro alemán, hecha la excepción de Goethe, y por ello sufría por la degeneración, el empobrecimiento y las mutilaciones del vocabulario. De ahí, que cada palabra de sus óperas sonara espiritual, clara, y al mismo tiempo iluminada y transfigurada por la música © Wikipedia.

La concepción de la música como lenguaje simbólico sirve de base a Nietzsche para conducir paso a paso una revaluación de la música de su tiempo, comenzando por Wagner. Pues no fue suficiente el impacto vital, el detonante del desengaño en la inauguración del festival de Bayreuth. Hizo falta el hallazgo de una nueva perspectiva que le permitiese un reenfoque realmente novedoso para poder detectar aspectos que habían pasado desapercibidos. Ni siquiera su preparación latente, en los años anteriores a la ruptura, por mucho que se quiera buscar, era suficiente sin esta nueva herramienta teórica.

Como lenguaje simbólico, dirigido a la comunicación humana, la música del último romanticismo manifiesta aspectos problemáticos. Wagner se convierte para Nietzsche en campo de estudio privilegiado para detectar la mayor variedad de estos aspectos, que bajo formas más diluidas y, por tanto, menos perceptibles, se dan de manera generalizada en la música y el arte modernos. La crisis de la civilización se revela así como una crisis de los lenguajes, y donde ocurre de manera más profunda es precisamente en la música. Por ello, el análisis de esta crisis del lenguaje musical sirve de modelo para otros lenguajes y formas de comunicación humanas.

Esta crisis del lenguaje musical se puede detectar en sus diferentes componentes: en la melodía, la armonía, el ritmo y el timbre, y en fin en la forma musical. El elemento desencadenante es el predominio ya definitivo de la «estética del efecto»[112]. Una estética completamente enfocada desde el receptor, que ha terminado por introducirse en el creador mismo, asfixiando completamente el punto de vista que le es propio[113].

Es en esta época cuando el enfoque nietzscheano se consigue liberar poco a poco de todo hegelianismo encubierto, también en la estética. Evolución, progreso en arte no es ya para Nietzsche el aumento siempre mayor en complejidad de las formas artísticas y en la autorreflexividad, tanto en el proceso creativo como receptivo. Esta nueva filosofía menor, deja de lado los grandes procesos y acontecimientos, para concentrarse en las transiciones mínimas, en las *Nuancen*, en los umbrales[114]. Nietzsche denuncia la mentalidad pueril de creer que

---

[112] Cfr. CS § 168, «Sentimentalismo en la música». Sobre esta cuestión, cfr. M. Parmeggiani, «Nietzsche y el arte», *Ateneo del nuevo siglo*, 15 de octubre de 2012, pp. 54-59.

[113] La relación mutuamente excluyente de ambos puntos está enunciada en OSD § 406, «El creador y el degustador».

[114] CS § 67, «Hábitos de las antítesis», donde habla de acostumbrarse a percibir, en lugar de las antítesis, transiciones y diferencias de grado.

cualquier complicación mayor de la armonía, el ritmo, el timbre o la melodía, suponen siempre por sí mismos un avance. Dejando de observar esos umbrales donde el proceso de complicación traspasa los límites de la música y la convierten en algo diferente. Solo recibiendo un empuje tan fuerte como la estética del efecto, puede ocurrir este traspaso. Nietzsche incluso observa cómo este enfoque del arte y la vida es connatural a las condiciones de vida modernas, en la época del trabajo, y al lugar que en ellas ocupa el arte. Si el arte queda reducido a esa franja marginal de la existencia moderna que es el ocio, solo puede sobrevivir sometiéndose a una especie de imperativo estético del efecto: «lo expresivo a toda costa»[115]. Nietzsche insiste una y otra vez en que nos fijemos a nuestro alrededor, en las manifestaciones artísticas contemporáneas, de élite o populares. Dondequiera que percibamos una conversión, una inversión del lenguaje musical, el imperativo del efecto habrá traspasado un umbral, tanto en el creador como en el receptor.

Pero ¿en qué consiste esta conversión que desde este momento Nietzsche se dedicará a rastrear tozudamente en cada una de las manifestaciones artísticas de su época? ¿Desde el romanticismo, hasta *l'art pour l'art* y el naturalismo? ¿Por qué esta conversión es una inversión? La introducción en el arte, y en especial en la música, del arte actoral y gestual, para poder así responder al imperativo del máximo efecto posible[116]. De lenguaje simbólico, la música se convierte en lenguaje dramático y gestual. Pretende y construye un efecto directo, inmediato. Para Nietzsche, el arte anterior requería un largo camino de aprendizaje para llegar a captar aquello que, como tal lenguaje simbólico, transmitía. Su efecto no podía ser nunca inmediato y directo, sino solo captable a través de un largo proceso de formación estética. En cambio, como lenguaje actoral y gestual, la música ve reprimida su naturaleza lingüística más propia, su naturaleza simbólica. Todos los componentes musicales descubren un nuevo senti-

---

[115] Cfr. CW § 11, y NW § 1 (que es una reelaboración de OSD § 134).
[116] Cfr. OSD § 144 y CS § 156.

do al servicio de este nuevo lenguaje de la música. Es este lenguaje actoral y gestual lo que empuja al hiperdesarrollo en la armonía, el ritmo y la melodía. La complicación rítmica, con la superposición de diferentes compases. La complicación cada vez mayor de las modulaciones armónicas, y las mezclas cada vez más atrevidas y paradójicas de los timbres instrumentales[117]. Este nuevo modo de funcionar del lenguaje musical termina rompiendo con toda configuración formal, simplemente porque ya no la necesita, todo es efecto y el efecto se basta por sí solo. Tal como lo ve Nietzsche, el imperativo del efecto y el lenguaje musical convertido en actoral y gestual es lo único que da consistencia a la «melodía infinita» wagneriana, que por naturaleza carece de cualquier consistencia formal. Pues un recurso artístico que consiste en la ruptura continua de toda regularidad y simetría, solo puede recibir la consistencia desde un elemento externo: el drama y el gesto.

Es en este preciso sentido que la música se asfixia como lenguaje. Propiamente, su naturaleza de lenguaje simbólico no es transformada, sino subordinada a un lenguaje cualitativamente diferente al suyo propio: el lenguaje dramático-gestual y el lenguaje natural del efecto elemental. Parece como si Nietzsche detectase que la naturaleza del lenguaje musical se desdobla en esta conversión, pues incorpora en sí mismo otro tipo de lenguaje, que le es extraño, sin que el suyo propio desaparezca, pero al que simplemente queda subordinado. Solo mediante este desdoblamiento, de un lenguaje que remite a otro lenguaje, dentro del mismo lenguaje musical, puede efectuarse esa estética del efecto que funciona propiamente «representando» (es decir, poniendo en escena, en el sentido más amplio) caracteres, afectos, etc. «Representar» no es «expresar»[118]. El uso

---

[117] Cfr. OSD § 134, «Cómo debe moverse el alma según la nueva música», y en especial sobre la «melodía infinita» como procedimiento de ruptura continuo, cfr. OSD § 113.

[118] «El músico dramático no solo ha de tener oído, sino también vista en el oído», FP II, 1.ª, 19[20]. Más adelante lo aclarará: «¡Hay algo *nuevo* en la música de ahora, como acabo de oírla! *Representa* sentimientos, ya no los suscita — ¡uno se conforma con *entender* con su ayuda! ¡Cuánta modestia!»,

de los términos es siempre en Nietzsche casi deliberadamente ambiguo, pero nunca confuso, sino muy preciso en su diversidad de sentidos. La música wagneriana consigue su sobrecarga expresiva mediante la representación de afectos, no con la forma natural de expresión de afectos, propia de la música como lenguaje simbólico. Una vez más para detectar esta sutil diferencia basta prestar atención a las transiciones que tienen lugar. Hay representación cuando, o bien intervienen imágenes mentales como medio para suscitar afectos, en lugar de hacerlo el signo sonoro remitiendo simbólica y directamente a afectos[119]; o bien interviene el aspecto no-simbólico del efecto elemental, por ejemplo, el gesto de golpear, o la imitación del ruido de una tormenta[120].

En este nuevo enfoque de Nietzsche, la forma juega, efectivamente, un papel fundamental, porque solo una mayor precisión de la forma permite una expresión más precisa de este lenguaje de afectos que es la música[121]. De aquí la crítica a la disolución de la forma que lleva a cabo Wagner en todas las dimensiones de la música: en el ritmo[122], el desarrollo armónico[123], la construcción de la melodía[124] y el desarrollo temá-

---

FP II, 2.ª, 14[1], cfr. también 12[14]. En Nietzsche no hay que confundir el carácter «simbólico» del lenguaje musical (en el sentido de convencional, como la lengua), con el «simbolismo» del lenguaje musical (FP II, 1.ª, 30[111], 30[118]), que critica en la música de Wagner, como esa manera de utilizarla para «representar» afectos.

[119] El aforismo fundamental que desarrolla esta cuestión es el HH I § 217, «Desensualización del arte superior». La reducción de la música a transmitir imágenes mentales, y a través de ellas producir efecto emotivo, es formulada como el reemplazo del «esto es» por el «esto significa».

[120] «Dirigiéndose a individuos no artísticos, hay que PRODUCIR EFECTO con *todos* los medios disponibles, así que por lo general no se pretende un efecto *artístico*, sino un *efecto nervioso*», FP II, 1.ª, 27[30].

[121] Cfr. FP II, 1.ª, 27[31], 27[47], 27[50]

[122] A partir de ahora uno de las críticas centrales a los compositores de su época, es la falta de sentido rítmico: «siempre, junto a la extremada madurez del sentido rítmico, se esconde al acecho el embrutecimiento, la decadencia del ritmo», CS § 134, cfr. FP II, 1.ª, 27[70], 30[126], 34[3].

[123] Cfr. OSD § 134.

[124] CF. FP II, 1.ª, 27[50].

tico[125]. Esta disolución de la forma va en contra de la naturaleza lingüística de la música, es una renuncia de la música a apoyarse en el perfeccionamiento de la forma, para centrarse en potenciar su capacidad de comunicar afectos. Esto supone, por una parte, una enorme pérdida de precisión en su capacidad de comunicar afectos, al quedar reducida a transmitir afectos «toscos» y de brocha gorda[126]. Y por otra, al verse obligada a «representar» los afectos mediante imágenes mentales, la música se empobrece a idea —como terminará calificando la estética wagneriana y del arte en general de finales del XIX[127]—.

No obstante, su estética musical no es por tanto una estética formalista, que habría desarrollado como crítica y respuesta a la estética de la expresividad romántica. Por un lado, para Nietzsche si no captamos los afectos designados por este lenguaje, nada entendemos de una pieza de música. El aspecto formal es solo, aunque fundamental, un medio. Pero por otro lado, esto no significa que la expresión de emociones y sentimientos tenga que convertirse en el fin artístico de la música. En comparación, la posición contemporánea de Eduard Hanslick se revela simplista. Su estética formalista negaba que el fin artístico de la música fuese la expresión de sentimientos, imágenes, etc., basándose en la tesis de que la música «no expresa nada», porque «formas sonoras en movimiento constituyen el solo y único contenido y objeto de la música»[128]. Pero no es necesaria esta posición extrema y tan poco sutil, para rebatir la estética wagneriana. Incluso se basa en un sofisma, como si sostener que la tesis de que la música expresa afectos, implicase necesariamente que su fin artístico deba ser

---

[125] «Después de un tema, Wagner siempre se ve en el aprieto de no saber cómo *continuar*. De ahí la larga *preparación* — la tensión. Una particular astucia para reinterpretar sus debilidades como virtudes. Así, lo improvisatorio», FP II, 1.ª, 27[31].

[126] Cfr. FP II, 1.ª, 27[58], y la conexión entre falta de forma y pobreza semántica del lenguaje wagneriano, 27[50].

[127] CW § 10, en OC IV, pp. 592-594.

[128] Cfr. C. Dahlhaus, *La idea de música absoluta*, tr. R. Barce, Idea Books, Barcelona, 1999, p. 108.

la expresión de afectos, de ahí la necesidad de negar la premisa, para invalidar la conclusión. Ya aquí las observaciones de Nietzsche toman un camino mucho más sutil: es posible que la música exprese afectos pero que este no sea su fin artístico último.

Es difícil extraer de los análisis de esta época una estética concluyente. Parece como si toda esta crítica al arte del romanticismo condujese de manera inevitable a una posición muy conservadora y reaccionaria ante la modernidad artística. Muchas de las características que Nietzsche critica en la música de Wagner no se perderán junto con su ropaje romántico, sino que se reforzarán y se llevarán aún más lejos a lo largo del siglo XX. Más allá de los aspectos más obvios, el desarrollo de la armonía o el abandono de la melodía, piénsese en el aspecto del ritmo, como la ruptura de la regularidad métrica o la suspensión de la pulsación rítmica[129].

En el marco de la crítica a la metafísica que ha emprendido en *Humano, demasiado humano*, Nietzsche rechaza todas esas especulaciones conceptuales que no hacen más que oscurecer las cuestiones fundamentales en torno a la música. Las explicaciones schopenhauerianas en realidad no explican nada, valen tanto cuanto juegos de palabras que, examinados de cerca, no aportan conocimiento efectivo. La única vía es ir, más allá de los conceptos abstractos y las valoraciones morales, a la experiencia del fenómeno musical en sus diversas formas. Así descubre Nietzsche un aspecto, que estando ante los ojos de todo el mundo, nadie se había detenido a considerar en serio: el fenómeno del sonido musical. Es desde este punto de vista que se revela la necesidad de una reevaluación de los desarrollos armónicos, formales y rítmicos del romanticismo. El único criterio no puede ser el aumento en complejidad. En formas musicales más simples podemos hallar una atención y sensibilidad por el sonido musical, perdidas en Occidente: «La energía de la música griega en el canto al unísono. Su desarrollo más depurado en el tono y en el ritmo — por eso nos daña la

---

[129] Cfr. P. Boulez, *Penser la mousique aujourd'hui*, Éditions Gonthier, París, 1963, pp. 93-112.

armonía»[130]. Para Nietzsche, la composición armónica compleja transmite al oyente algo muy diferente al tono simple de la monodia: es en este que se capta el tono en su pura sonoridad, mientras que en las armonías complejas la sonoridad queda en un segundo plano. ¿Si no es la sonoridad del tono musical, qué se capta en esas armonías sofisticadas del romanticismo? La carga expresiva de sentimientos y emociones. La sonoridad del tono queda desplazada completamente a un segundo plano de la percepción estética, porque se ve reducida a mero vehículo de representación de sentimientos. Del mismo modo que la mezcla de timbres, avanzada por la orquestación wagneriana también en vista a la expresividad, no permite sino impide la experiencia del sonido en sí. En realidad, el músico romántico, con su estética de la expresividad, no cree en la música y en su naturaleza sonora, para él solo es un medio[131]. Nietzsche quiere destapar cómo en ella todos los fenómenos estéticos son paradójicos, la cara aparente esconde siempre su opuesto. Tanto la complicación armónica, como la tímbrica y rítmica no responden a un refinamiento en la percepción auditiva en sí, sino justamente a lo contrario: a un embotamiento de los sentidos. Porque su fin no es ahondar en la experiencia sonora musical en sí, sino en la representación de emociones[132]. Toda esa riqueza sonora y tímbrica que el oído moderno percibe en las sofisticaciones orquestales y armónicas, post- y para-románticas, la sensibilidad auditiva más aguzada la percibe, en cambio, en unos simples tonos, porque capta los tonos fundamentales con un espectro muy ampliado de sus armónicos. No necesita e incluso le resultan aturdidoras las mezclas y complejidades sonoras[133].

---

[130] FP II, 1.ª, 27[6].
[131] «Wagner no tiene verdadera confianza en la *música*: le añade emociones afines, para conferirle un carácter de grandeza. Se pone él mismo de acuerdo con *otros*, únicamente les brinda a sus oyentes bebidas embriagadoras, para hacerles creer que *la música les ha embriagado*», FP II, 1.ª, 30[73].
[132] HH I § 175.
[133] «Quien piensa con agudeza, no gusta de las imágenes de los poetas, pues estas traen simultáneamente a la memoria demasiada heteroge-

En busca de la experiencia que pueda servir de referencia, Nietzsche remite a otras experiencias sonoras, que no sean esencialmente receptivas como ocurre con la música orquestal. El oyente ideal que presupone esta clase de música vive con una experiencia estética hecha de contradicción. Se le impone una máxima exigencia estética en la recepción de la obra (debido a la enorme complejidad de la obra que tiene que captar), pero a la vez que se lo mantiene totalmente improductivo en el aspecto del hacer música[134]. O dicho de otro modo: ser máximamente activo en la recepción, y máximamente pasivo en el hacer. Es la clase de forma de vida del hombre contemporáneo. Reflejo de una forma social que, en «la época del trabajo», desvía toda manifestación artística del ámbito serio de la vida, al tiempo marginal de «la divertida distracción»[135].

Una experiencia estética activa elemental de la música puede hallarse, más allá de las sofisticaciones tecnológicas y armónicas del piano, allí donde el instrumento es simple e interno, como en el canto. A partir de este momento, a la hora de explicar el fenómeno musical, Nietzsche remitirá incansablemente a lo que considera su raíz, el canto[136] y la danza. De ahí su insistencia en la melodía y el ritmo. Pero canto y danza como experiencia activa del sujeto estético. La pérdida del sentido rítmico solo se puede entender desde aquí: no es ritmo propiamente el que no se puede «bailar». La gran innovación creativa de Wagner con la melodía infinita es haber convertido el ritmo musical en un «nadar» en un mar inabarcable de so-

neidad; al igual que le ocurre a quien oye con agudeza, que capta tanto los armónicos superiores de una nota como un acorde disonante», FP II, 1.ª, 19[69].

[134] «*Contradicción* en el presunto oyente. ¡Sumamente *artístico* como receptor y completamente *improductivo*! La música tiraniza al sentimiento por medio de una ejecución demasiado desagradable de lo simbólico, la escena tiraniza al ojo. Algo de sumisión de esclavo y, no obstante, al mismo tiempo, fuego y llamas en este arte – de ahí la necesidad de una disciplina de partido sin igual. *De ahí el judaísmo, etc.*, como acicate», FP II, 1.ª, 30[192].

[135] CS § 170, «El arte en la época del trabajo».

[136] De ahí su crítica a Wagner, «Su alma no *canta*, *habla*, pero como habla la pasión extrema», FP II, 1.ª, 27[47].

nidos. Que para Nietzsche no es una transformación sino una carencia efectiva de sentido rítmico[137].

En adelante, el canto y la danza irán adquiriendo cada vez más importancia en su pensamiento, dado que lo más cercano a la música es el lenguaje verbal en su musicalidad[138]. En el canto está ya contenido el «cantar con las palabras», pero también el «bailar» con ellas. Nietzsche descubrirá que se puede cantar y bailar con las palabras aún donde ya no hay sonido: en la escritura. De ahí que en *Así habló Zaratustra* (aunque ya antes en *La gaya ciencia*) afronte la enorme dificultad doble, de transferirlos al pensamiento mismo, y de comunicarlos con la escritura.

2. GÉNESIS DE LA COMPOSICIÓN DE *HUMANO, DEMASIADO HUMANO II* A PARTIR DE LOS MANUSCRITOS[139]

Tras las vacaciones de Pascua, pasadas primero en Baden-Baden y luego en Naumburg, el 24 de abril de 1878, Nietzsche regresó con la hermana a Basilea, para retomar sus clases. A principios de mayo se publicó *Humano, demasiado humano*,

---

[137] La «decadencia del sentido rítmico» se manifiesta en músicos que carecen de sentido rítmico (FP II, 1.ª, 27[70]), «Músicos sin espíritu rítmico» (FP II, 1.ª, 34[4]).

[138] «Lo que mejor se comprende en el lenguaje no son las palabras, sino el tono, la intensidad, la modulación, el ritmo con el que se pronuncian las palabras – es decir, la música que hay tras las palabras, la pasión que hay tras esa música, la personalidad que hay tras esa pasión: en suma, todo lo que no puede ser *escrito*. De ahí que el escribir tenga tan poca importancia», FP III, 3[1] 296.

[139] Este apartado ha sido elaborado tomando como base para génesis de la composición de la obra: KGW IV 4, pp. 105-108; y F. Nietzsche, *Digitale Faksimile-Gesamtausgabe, basada en los materiales manuscritos e impresos conservados en la Klassik Stiftung Weimar (DFGA)*, ed. Paolo D'Iorio (http://www.nietzschesource.org/DFGA/). Para los aspectos biográficos: M. Montinari, *Lo que dijo Nietzsche*, tr. E. Lynch, Barcelona, Salamandra, 2003; ídem, «Chronik zu Nietzsches Leben», en KSA XV pp. 7-212; y como fuente KGB II, 4-6.

y Nietzsche comenzó a recibir por carta las impresiones de su círculo más cercano, salvo los Wagner que guardaron silencio. Las reacciones fueron en general frías. Otto Eiser y Malvida von Meysenbug solo agradecieron el envío sin más comentarios. Heinrich Romundt le expresó sus dudas sobre el planteamiento de fondo del libro. Y Erwin Rohde le manifestó sinceramente su perplejidad en su carta del 16 de junio, a la que Nietzsche respondió describiendo su situación: «Espero esta vez con tranquilidad, mientras la marea en la que mis pobres amigos chapotean se va calmando poco a poco: si los he arrojado yo a ese oleaje — no hay peligro de *muerte*, eso lo sé por experiencia; y si aquí y allá hubiera *peligro para la amistad* — honraremos a la verdad y diremos: «hasta ahora amábamos en el otro a un fantasma»[140]. Las reacciones en los círculos wagnerianos fueron negativas, y en especial la tardía del propio Wagner, con un artículo en los *Bayreuther Blatter*, un ataque virulento aunque sin nombrarlo[141].

Pero no todas las reacciones fueron negativas. Nietzsche, que había previsto que la publicación de HH I coincidiese aproximadamente con los cien años del fallecimiento de Voltaire, recibió el 30 de mayo el envío de un busto de Voltaire junto a una tarjeta con las palabras: «el alma de Voltaire da la enhorabuena a Frédéric Nietzsche»[142]. Heinrich Köselitz le escribió una carta «emocionante y conmovedora». Paul Rée mostró un enorme entusiasmo, y lo calificó «el libro de los libros»[143]. Jacob Burckhadt apreció el cambio de espíritu del libro y lo calificó de «libro soberano»[144].

---

[140] Cfr. CO III, p. 289: A E. Rohde, poco después del 16 de junio de 1878.

[141] R. Wagner, «Publico y popularidad», *Bayreuther Blatter,* III. Hasta qué punto HH I hirió a Richard Wagner está documentado en los *Diarios de Cosima Wagner,* cfr. C. Wagner, *Cartas a F. Nietzsche. Diarios y otros testimonios*, ed. Luis. E. de Santiago Guevós, Trotta, Madrid, 2013, pp. 292 ss.

[142] CO III, p. 286: a H. Koselitz, 31 de mayo de 1878.

[143] CO III, p. 283: a P. Rée, 12 de mayo de 1878, y nota.

[144] Cfr. las dos cartas citadas, y notas. Sin embargo, ningún documento conservado recoge esas palabras de Burckhardt.

> # MENSCHLICHES,
> # ALLZUMENSCHLICHES.
>
> Ein Buch für freie Geister.
>
> Von
>
> Friedrich Nietzsche.
>
> ANHANG:
>
> Vermischte Meinungen und Sprüche.
>
> CHEMNITZ 1879.
> Verlag von Ernst Schmeitzner.
>
> PARIS
> SANDOZ & FISCHBACHER
>
> ST. PETERSBURG
> H. SCHMITZDORFF
> (C. ROETTGER.)
> Kais. Hof-Buchhandlung,
> 5 Newsky Prospekt.
>
> TURIN.
> (FLORENZ, ROM)
> ERMANNO LOESCHER
> Via di Po 19.
>
> NEW-YORK
> E. STEIGER
> 22 & 24 Frankfort Street.
>
> LONDON
> DAVID NUTT
> 270 Strand.

Primera edición original de *Opiniones y sentencias diversas* © Wikipedia.

En agosto se marchó de Basilea para las vacaciones, hacia Grindelwald, en Suiza: «Parto ahora hacia las montañas, en la más elevada soledad, camino, casi diría yo: *hacia mí mismo*»[145]. El 20 de agosto se trasladó a la localidad cercana de Interlaken, donde residió el resto del verano hasta el 17 de septiembre.

---

[145] CO III, p. 297: a M. Baumgartner, 26 de julio de 1878.

De esta primavera-verano de 1878 se han conservado cinco cuadernos, en orden cronológico los siguientes:

N II 5 (FP II, 1.ª, 27), libreta en octavo (8 x 15 cms), con 62 págs. utilizadas todas, escrito a lápiz, ya fue utilizado parcialmente para los últimos apuntes para HH. Contiene anotaciones ocasionales, algunas versiones preparatorias para OSD, y otros apuntes no utilizados para la publicacón, la mayoría sobre Wagner.

N II 6 (FP II, 1.ª, 28), libreta en doceavo (6,5 x 9 cms), formado por 65 págs. utilizadas en su mayor parte y escritas a lápiz. Bajo el título *Memorabilia* recoge apuntes biográficos, publicados por primera vez en KGW.

N II 4 (FP II, 1.ª, 29), libreta en octavo (10 x 16 cms), consta de 54 págs., en su mayor parte utilizadas, escrito durante el verano de 1878. Contiene notas ocasionales, apuntes y aforismos, y en él aparecen desarrolladas ideas del cuaderno N II 6.

El cuaderno más extenso e importante de este verano es el N II 7 (FP II, 1.ª, 30), en octavo (11 x 17 cms). En sus 146 págs., escritas a lápiz, recoge ideas de los cuadernos N II 5 y N II 4. Contiene numerosas reflexiones sobre Wagner, pues Nietzsche le daba vueltas al plan de escribir una obra dedicada a los problemas del arte y a Wagner, que debía llevar como título «El nuevo horizonte [*der neue Umblick*]» (FP II, 1.ª, 29[31]). Pretendía ser una rendición de cuentas con los escritos anteriores a HH. Pero a finales de verano desechó este proyecto.

N I 5 (FP II, 1.ª, 31), libreta en doceavo (7,5 x 11,5 cms), de 138 págs., de las que solo fueron utilizadas pocas páginas. Contiene notas ocasionales, pensamientos sobre la historia de la literatura griega, aforimos y apuntes de finales del verano de 1878.

Tras una breve visita a los Overbeck en Zürich, desde el 24 septiembre de 1878 volvió a Naumburg. El 19 se reincorporó en Basilea para sus lecciones en la universidad. En este período solo visitó a Marie Baumgartner, para los manuscritos, y a los Overbeck. A finales de noviembre sufrió un empeoramiento de su salud, que le obligó a un enorme esfuerzo para seguir con los cursos. Tomó las vacaciones de Navidad y se quedó en Basilea: «Estimada señora, ¡vaya unas vacaciones que estoy teniendo! Medio muerto de dolor y agotamiento; toda la semana con un ataque tras otro, una especie de pago aplazado de la primera mitad del semestre académico»[146].

De este otoño de 1878 se conservan cinco libretas en octavo (10 x 16 cms), en orden cronológico: N III 2 (FP II, 1.ª, 32), N III 4 (FP II, 1.ª, 33), N III 1 (FP II, 1.ª, 34), N III 5 (FP II, 1.ª, 35) y N III 3 (FP II, 1.ª, 37). Todas ellas de entre 46 y 50 págs., escritas en parte, la mayoría a lápiz. Contienen algunas notas ocasionales y apuntes para OSD, que tratan del amplio abanico de temas de HH I.

A finales de otoño decide entonces escribir una continuación de HH I. Sobre la base de los apuntes del verano de 1878, y retomando apuntes anteriores no utilizados (en Mp XIV 1, «Papeles sorrentinos») para HH I, se dedicó a componer una recopilación de aforismos en limpio en 67 folios. Estos folios fueron escritos por Marie Baumgartner en Basilea, y están recogidos en la carpeta Mp XIV 2a (FP II, 1.ª, 36). A partir de esta copia en limpio, Nietzsche compuso el manuscrito para la imprenta (D 12, FP II, 1.ª, 38), escrito por Baumgartner, en el que Nietzsche añadió de su propia mano correcciones y algunos aforismos más. Fue enviado a su editor el 31 de diciembre de 1878: «Aquí tiene, como saludo de año nuevo, el manuscrito. ¡Por el amor del cielo, en cuanto llegue a sus manos, hágamelo saber! Viviré con miedo e inquietud hasta entonces»[147]. Nietzsche envió en ese manuscrito 394 aforismos. Durante la composición de la tipografía los 14 restantes.

Durante enero de 1879, en el trabajo de corrección de las pruebas, recibió la ayuda de Heinrich Köselitz desde Italia. El agotamiento llegó hasta tal punto que Overbeck le sugirió suspender las clases unas semanas. Schmeitzner le informó de que HH había sido prohibido en Rusia: «tendría ganas de abrazar a los rusos por esta prohibición, que para mí vale diez veces

---

[146] CO III, p. 323: a M. Baumgartner, 29 de diciembre de 1878.
[147] CO III, p. 324: a E. Schmeitzner, 31 de diciembre de 1878.

más que diez recensiones»[148]. Por propia iniciativa, Elisabeth intentó una reconciliación con Wagner, escribió a Cosima explicándole que con el contenido del libro había habido «malentendidos» y «murmuraciones». Recibió una diplomática pero agria respuesta. *Opiniones y sentencias diversas* salió finalmente a primeros de marzo de 1879, publicado por Schmeitzner en Chemnitz.

A principios de la primavera de 1879, el empeoramiemnto de su salud le impidió realizar el proyecto de ir a visitar a Köselitz en Venecia[149]. Para intentar recuperarse, decidió pasar el mes de descanso habitual, entre el semestre de invierno y el de verano de la universidad (22 de marzo - 21 de abril), en Ginebra. A pesar de ello sus condiciones de salud siguieron empeorando: «Todo está triste y frío. La soledad difícil de soportar, el estómago mal, la cabeza *siempre* con muchísimos dolores. Los montes de la Saboya parecen una sepultura nevada»[150]. Produce un efecto muy beneficioso en su ánimo la significativa carta de agradecimiento de Jacob Burckhardt, por el envío de su nuevo libro: «He leído y degustado el apéndice de *Humano*... con renovado estupor por la liberalidad y riqueza de su espíritu. [...] Y cuando no puedo seguirle me quedo mirando con una mezcla de placer y de terror con cuánta seguridad pasea usted por vertiginosos riscos y trato de imaginar *lo que* debe estar viendo en los abismos y en los vastos espacios. ¿Qué pensarían La Rochefoucauld, Labruyère y Vauvenargues, si leyeran su libro en el Hades? ¿Y qué diría el viejo Montaigne? Yo ya sé de un buen número de sentencias que, por ejemplo, un La Rochefoucauld, a buen seguro le envidiaría»[151].

Viendo que tras varios años su salud no había mejorado, sino que, en un incesante empeoramiento, había llegado al

---

[148] Carta de Schmeitzner a Nietzsche, 11 de febrero de 1879, citada en KSA XV, p. 99.
[149] Cfr. CO III, p. 335: a H. Köselitz, 1 de marzo de 1878; y CO III 342: a H. Köselitz, 19 de marzo de 1878.
[150] CO III, p. 343: a F. Overbeck, 23 de marzo de 1879.
[151] KGB II 6, 1071: J. Burckhardt a Nietzsche, 5 de abril de 1879, citada en CO III 442, nota 856.

límite de su situación vital, a su regreso a Basilea decide al fin el 2 de mayo enviar a la Universidad la carta de dimisión: «El estado de mi salud, por cuya causa he tenido que dirigirme a usted con una petición ya en más de una ocasión, me hace dar hoy el último paso y expresar el ruego de que se me permita retirarme de mi puesto como docente en la Universidad. Los dolores de cabeza, que han ido en aumento hasta hacerse extremos, las cada vez mayores pérdidas de tiempo que sufro por ataques de entre dos hasta seis días, la considerable disminución de mi facultad de visión, que ha sido constatada recientemente (por el señor profesor Schiess), y que apenas me permite leer y escribir sin dolor por espacio de veinte minutos — todo ello en conjunto me obliga a admitir que ya no puedo cumplir con mis obligaciones académicas y que a partir de ahora ya no puedo desempeñarlas en absoluto»[152]. Nietzsche tenía que dejar su alojamiento en Basilea. La hermana, con los Overbeck, le ayudaron a arreglar todas las cuestiones prácticas (venta de los muebles, conservación de los libros, etc.).

El 12 de mayo abandonó «Basilea para siempre»[153], para comenzar su vida de «viajero errante». Se marchó con Elisabeth, primero, a Schloss Bremgarten, cerca de Zürich, y desde el 30 de mayo pasó a residir en el pueblo de Wiesen, junto a Davos, en el cantón de los Grisones. El 14 de junio la Universidad de Basilea aceptó oficialmente la dimisión de Nietzsche. A partir de ese momento recibiría una pensión de 3.000 francos mensuales, y confiaría a su amigo Overbeck la administración de su renta. Esta pensión le permitió emprender un estilo completamente nuevo de vida, «*antiguo* profesor / ahora *fugitivus errans*», como lo llamó[154].

---

[152] OC III, p. 354: a C. Burckhardt, 2 de mayo de 1879.
[153] CO III, p. 355: a M. Baumgartner, 7 de mayo de 1879.
[154] «Fugitivo errante», cfr. CO III, p. 369, a Paul Rée, finales de julio de 1879.

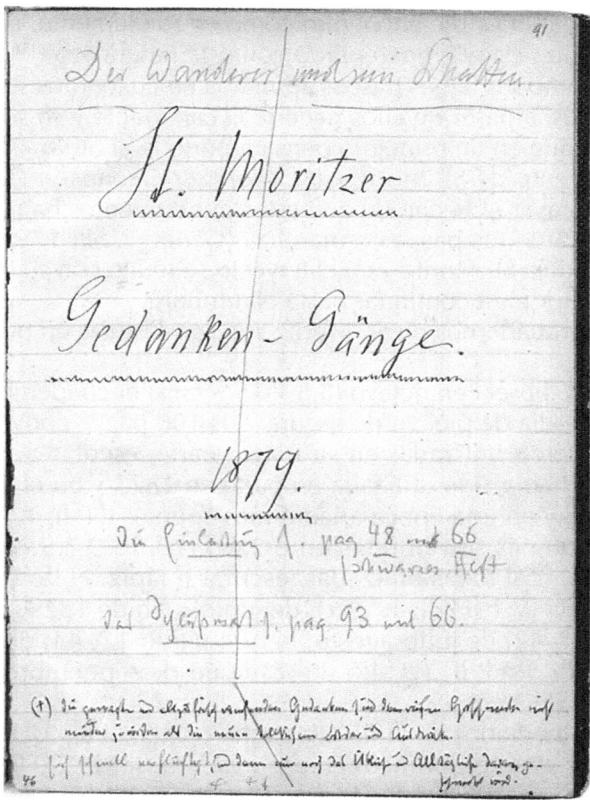

«Vías de pensamiento de St. Moritz» (St. Moritzer Gedanken-Gänge): manuscrito del título original y el primer esbozo para *El caminante y su sombra*.

El 21 de junio cambió su residencia de Wiesen a St. Moritz. Sería su primera estancia en la Alta Engadina, que pasaría a ser durante muchos años su «asilo veraniego»[155]. Ya desde el principio, el entusiasmo y el bienestar físico y anímico le hacen hablar de «tierra prometida»: «¡Pero ahora he tomado posesión

---

[155] CO III, p. 360: a Franziska Nietzsche, 23 de junio de 1879.

de la Engadina y me encuentro como en MI elemento, maravillosamente! Estoy *emparentado* con *esta* naturaleza»[156].

Durante sus largos paseos apuntaba en cuadernos sus pensamientos, a partir de ellos nacería *El caminante y su sombra*, de aquí que en un principio pensara ponerle el título «Vías de pensamiento de St. Moritz» (*St. Moritzer Gedanken-Gänge*), para subrayar el hecho de que estos pensamientos habían nacido durante los paseos o marchas (*Gänge*)[157]. El 17 de septiembre deja St. Moritz y en el trayecto se reúne con su hermana en Chur para continuar hasta Naumburg.

Estos cuadernos de St. Moritz son seis libretas en octavo:

N I 3, libreta en octavo (8,5 x 15,5 cms) encuadernada en una custodia de piel verde oscura. Sus 100 págs., con cuadrículas, fueron utilizadas en su mayor parte, escritas a lápiz y tinta. Ya había sido utilizada en parte en 1873 y en el verano de 1875, y en esta época añadió más apuntes (FP II, 1.ª, 39).

Las demás son libretas en octavo (10,5 x 17,5 cms) de 50 págs., casi todas utilizadas, escritas a lápiz. N IV 2 (FP II, 1.ª, 40), N IV 1 (FP II, 1.ª, 41), de junio-julio de 1879. N IV 3 (FP II, 1.ª, 42) de julio-agosto. N IV 4 (FP II, 1.ª, 44) de agosto. Y N IV 5 (FP II, 1.ª, 47) utilizada desde septiembre a noviembre de 1879.

Ya a mediados de junio Nietzsche comenzó a pasar a limpio estos apuntes, primero en dos cuadernos. M I 2 (FP II, 1.ª, 43), cuaderno en cuarto (14,5 x 20 cms) de 92 págs., con rayado horizontal, escritas a tinta, de las que fueron utilizadas casi solo las páginas pares, de julio-agosto de 1879, que lleva como título «Vías de pensamiento de St. Moritz. 1879». Y M I 3 (FP II, 1.ª, 45), cuaderno en cuarto (17 x 21,5 cms) de 94 págs., con rayado horizontal, escritas a tinta, de las que fueron utilizadas casi solo las páginas pares, y es una continuación de M I 2 de agosto de 1879. Luego, utilizó también folios sueltos, recogidos en la carpeta Mp XIV 2b.

---

[156] CO III, p. 361: a F. Overbeck, 23 de junio de 1879.
[157] *Gedanken-Gänge* es una trasformación del término usual *Gedankengang*: curso de pensamiento, razonamiento.

El 10 y el 13 de septiembre mandó divida en dos envíos esta copia a Köselitz, para que realizase una nueva copia en limpio. A partir de la cual realizaría a su vez el manuscrito para la imprenta. Esto significa que CS, a diferencia de OSD, es el fruto exclusivo del verano en St. Moritz. No pudo retomar notas anteriores pues, a causa de su partida de Basilea, no disponía allí de sus antiguos cuadernos.

En la carta a Köselitz del 5 de octubre describe resumidamente lo que representó este proceso de creación: «El manuscrito que recibió usted procedente de St. Moritz ha costado tanto que quizá nadie que lo hubiera podido evitar lo habría escrito a este precio. Ahora me espanto muy a menudo especialmente cuando leo los pasajes más largos, a causa de los malos recuerdos. Exceptuando algunas líneas, todo ha sido pensado y esbozado a lápiz en 6 pequeños cuadernos, *mientras caminaba*: la trans*c*ripción me costaba ponerme malo casi todas las veces. He tenido que abandonar unas 20 cadenas *más largas* de pensamientos, desgraciadamente muy importantes, porque no encontraba nunca tiempo para extraerlas de los espantosos garabatos a lápiz: tal y como ya me ocurrió el verano pasado. Después olvido la conexión de los pensamientos entre sí: igualmente he tenido que reunir los minutos y los cuartos de hora de la «energía cerebral» de la que usted habla, *robándosela* a un cerebro enfermo. De momento me parece que no lo volveré a hacer jamás. Leo su copia y me resulta tan difícil entenderme a mí mismo — así de extenuada está mi cabeza»[158].

Desde el 20 de septiembre regresó a Naumburg para realizar «la *idea principal* de mi programa de cura invernal», que consistía en «*reposar* lo más posible de mi incesante trabajo intelectual y *descansar* de mí mismo, cosa que no he hecho desde hace años»[159]. En las primeras semanas su salud pareció experimentar una mejora general, pero declina la visita de su amigo Paul Rée, para no interrumpir su programa.

---

[158] CO III, pp. 384-385: a H. Köselitz, 5 de octubre de 1879.
[159] CO III, p. 380: a F.Overbeck, 22 de septiembre de 1879.

En la foto Lou Salomé, Paul Ree y Friedrich Nietzsche. Un triángulo de amistad que culminó con el desastroso enamoramiento de Nietzsche por Lou. Nietzsche conoció a Rée en 1873 a través de un amigo en común Romundt, y pronto mostró un interés casi paternal por Rée, un doctor en derecho, cinco años menor que él, que había escrito una tesis doctoral en latín sobre la *Ética* de Aristóteles (Halle, 1875) y que pasó a desarrollar una ávida curiosidad por la historia moral de la humanidad © Wikipedia.

El 18 de octubre Nietzsche viajó a Leipzig para encontrarse con Schmeitzner y entregarle personalmente el manuscrito para la imprenta. Desde finales de octubre a primeros de diciembre, Köselitz volvió a ayudar a Nietzsche en la corrección de las pruebas de imprenta. pero el empeoramiento de su salud en noviembre le dificultó mucho la tarea. La obra salió al fin a mediados de diciembre con la fecha de 1880. En la portada solo figuraba: «El caminante y su sombra. / de Friedrich Nietzsche». A diferencia de OSD, la indicación «Segundo y último apéndice a la ya publicada colección de pensamientos *Humano, demasiado humano. Un libro para espíritus libres*», fue colocada en el interior de la portada.

Paul Rée manifestó un enorme entusiasmo por la nueva obra de su amigo, y fue a visitarlo a finales de enero de 1880 a Naumburg. Nada más recibida, así le describió Erwin Rohde su conmoción: «un caudaloso río de toda clase de ideas que discurre sobre tanto dolor y tanta renuncia personal, que al amigo que se deja transportar por él se le encoje el corazón [...] La conclusión de tu libro atraviesa el alma: después de esta desgarradora inarmonía se imponen acordes más dulces [...] tú eres siempre el que da, yo siempre el que recibe; qué podría darte o ser yo para ti, excepto ser tu *amigo*, que bajo cualquier circunstancia te pertenecerá y seguirá ligado a ti»[160]. Nietzsche respondió: «¡Gracias, querido amigo! Tu viejo afecto sellado de nuevo — ese ha sido el más precioso regalo de la noche de reyes. Pocas veces me ha ido tan bien: normalmente el resultado final a nivel personal de un libro era que un amigo me *abandonaba* ofendido (como hace mi sombra). Conozco muy bien el sentimiento de aislamiento sin amigos, el espléndido testimonio de tu lealtad me ha conmovido profundamente»[161].

En 1886, tras la publicación de *Más allá del bien y del mal*, Nietzsche decidió hacer una nueva edición de sus antiguas obras con su nuevo editor E. W. Fritzsch de Leipzig. En primer lugar retomó el texto inalterado de *Humano, demasiado humano* añadiendo un prefacio y un epílogo. Cambió la primera página quitando la dedicatoria a Voltaire y la cita de Descartes, y puso la indicación: «Volumen primero, nueva edición con un prefacio introductorio».

Poco después, Nietzsche reunió juntos *Opiniones y sentencias diversas* y *El caminante y su sombra* en un único volumen, conservando siempre inalterado el texto, al que añadió otro prefacio. Esta nueva edición fue publicada por Fritzsch en Leipzig como segundo volumen de *Humano, demasiado humano*.

---

[160] KGB II/6, 1245: carta de E. Rohde a Nietzsche, 22 de diciembre de 1879, citada en M. Montinari, *Lo que dijo Nietzsche*, op. cit., p. 94.
[161] OC III, p. 403: a E. Rohde, 28 de diciembre de 1879.

Portada de la primera edición de *El caminante y su sombra*.

3. ESTRUCTURA DE LA OBRA

La reedición de 1886, como segundo volumen de *Humano, demasiado humano*, además de añadir un prólogo introductorio, reunía en un solo volumen, bajo la forma de dos «secciones» o «divisiones», dos obras que habían sido publicadas de manera autónoma. En cada obra, a partir de este momento, Nietzsche optó por no explicitar divisiones temáticas mediante epígrafes. Pero estas divisiones están implícitas y

ESTUDIO INTRODUCTORIO 75

cualquier lectura atenta del texto las percibe. Ahora bien, el paso de una a otra es a través de sutiles transiciones, que algunas veces hacen difícil su demarcación. Mientras que en HH I el comienzo y final de cada sección estaba bien delimitado, además de por su división con el epígrafe, por el primer y último aforismo, ahora en estos libros ocurre lo contrario, prácticamente no hay aforismos que cumplan esa función, porque más bien se busca la transición suave, casi imperceptible (muchas veces esos aforismos aún tratan de la temática pasada y mezclada con ella aparece ya la nueva). Por otro lado, estas secciones no son cerradas, sino que bastantes temas de una retornan en otras, aunque enfocados desde el punto de vista diferente de la sección correspondiente.

La estructura que se presenta aquí debe valer más como un «mapa» de temáticas y temas, que como algo así como el desvelamiento de la «estructura profunda» de la obra. Pues, en realidad, esta estructura, si realmente fue planificada por Nietzsche, lo fue siempre *a posteriori*. De ahí el subtítulo de «colección»[162]. Y en segundo lugar, porque la estructura tomada en sí misma no dice nada, más allá del gusto en desentrañar y examinar estructuras. Solo considerándola en su «materialización», nos puede servir para situarnos en ese territorio tan abrupto y disperso que es su obra.

Opiniones y sentencias diversas, publicado como anexo a *Humano, demasiado humano*, constituye efectivamente un complemento a los temas tratados en él. Como indica el título, está formado por aforismos en general más breves, desde dos líneas a unas dos páginas y media (§§ 26 y 171)[163]. Complementan el volumen 1 con observaciones y reflexiones puntuales, con desarrollos y aplicaciones particulares, ateniéndose al planteamiento general del título. Para hacerse una idea, OSD tiene de media en sus páginas un 40 por 100 más de aforismos

---

[162] Cfr. p. 259.
[163] Sin duda estos dos aforismos más largos, dedicados a dos temáticas cruciales en el pensamiento de Nietzsche de esta época, dan el carácter a todo el libro: el 26 con el heideggeriano título «Aus innersten Erfahrung des Denkers», y el 171 sobre la música como un lenguaje de signo de los afectos.

que HH I. Sin divisiones internas en apartados, en sus 154 págs. podemos no obstante observar cómo hay un orden de temáticas tratadas, que se corresponden a las nueve secciones de HH I, cumpliendo así su función de complemento:

I) Sobre la filosofía, el método y el espíritu libre, §§ 1-32.
II) Sobre la moral, §§ 33-91.
III) Sobre la religión cristiana, §§ 92-98.
IV) Sobre el arte, §§ 99-178.
V) Sobre las culturas superiores e inferiores, §§ 179-228.
VI) Sobre el individuo en sociedad y consigo mismo, §§ 229-271.
VII) Sobre la mujer, §§ 272-293.
VIII) Sobre la política, §§ 294-324.
IX) Sobre la vida filosófica y la formación del individuo, §§ 325-408.

El libro presenta un todo continuo, en el que estas divisiones, que pueden hacerse desde fuera, no son rígidas. Las unen matizadas transiciones, y algunas temáticas, como la moral, el arte y el cristianismo, aparecen puntualmente en otras secciones. De acuerdo con el método de trabajo de Nietzsche, el libro no fue compuesto así desde el inicio, sino que los textos elaborados y escritos de manera dispersa fueron recopilados y organizados según la estructura de HH I.

En cuanto a la estructura interna, a pesar de su carácter complementario, el libro no conserva la macro-estructura en arco de HH I[164], y casi presenta un aspecto irregular en comparación, quizás debido a la limitación en la cantidad de textos que pudo elaborar y recopilar para cada temática. En este libro, la sección más extensa en páginas, con diferencia, es la dedicada al arte (IV), que pasa a ocupar el lugar central del libro, sumando con las secciones anteriores la mitad de páginas del libro, dividiéndolo así de manera asimétrica en 4 + 5 secciones[165]. Solo la sec-

---

[164] Cfr. HH I, p. 75.
[165] Aunque quizá la asimetría no se note tanto porque sí hay simetría en el número de páginas y las secciones no están demarcadas.

ción siguiente, dedicada a la cultura superior (V) se le acerca en extensión teniendo unos dos tercios de su extensión. Si tomamos como referencia la sección del arte, las secciones presentan entre sí, a falta de algún tipo de regularidad, proporciones simples. En la primera mitad que culmina en la sección del arte, la sección II sobre la moral ocupa la mitad que la del arte, la primera sobre la filosofía solo un tercio, y la tercera, dedicada al cristianismo, es de las más breves. La segunda mitad se inicia con la quinta mencionada, y culmina con la novena, sobre la vida filosófica, que, igual que la de la moral (II) tiene la mitad de extensión. En el resto hallamos las mismas proporciones que en la primera mitad del libro: las secciones sobre el hombre en sociedad (VI) y la política (VIII) con un tercio de la extensión, y la sección VII, dedicada a la mujer, que vuelve a tener la brevedad de la sección III mencionada (un 14 por 100).

La distribución de aforismos no corresponde a esta distribución de la extensión en páginas. Son las secciones VI, VII y IX las que están formadas por una mayor cantidad de aforismos breves (que llegan a una media de cuatro aforismos por página, piénsese que en HH I las secciones que tenían más llegaban solo a 3,5 aforismos), mientras que las secciones III, IV y V están formadas por los más largos (de media solo dos aforismos por página, salvo la breve del cristianismo en la que son todos largos). Por la extensión de sus aforismos vienen a presentarse como el núcleo central del libro. En general, cada sección está recorrida por varias líneas temáticas que, como en el anterior volumen, se entrelazan.

La primera sección retoma la cuestión del nuevo procedimiento filosófico, que en el volumen I había rubricado como filosofía histórica y del espíritu libre. Cabe destacar en ella siete líneas temáticas. Sobre la relación entre conocimiento y vida, con respecto a la actitud frente a la realidad y la necesidad de apariencia (§§ 1, 3, 6, 13, 19 y 23), con la que comienza el libro. Sobre la crítica a la filosofía metafísica y su contraposición a la filosofía histórica (§§ 5, 10, 12, 14, 17, 22, 27 y 31). Sobre el método de la filosofía como procedimiento de destejer y adoptar el punto de vista impersonal (§§ 2, 24, 26 y 30). Sobre el espíritu libre y su lado terrible (§§ 4, 11 y 21).

Sobre la necesidad de fe (§§ 8 y 15). Sobre el carácter exclusivo de la verdad (§§ 7 y 20). Y sobre la relación del arte con la verdad, con la que finaliza esta sección (§§ 28, 29 y 32).

En la segunda sección, sobre la moral, podemos distinguir cinco líneas temáticas entrelazadas. En primer lugar, una crítica del juicio basada en la neta distinción, como puntos de vista opuestos, entre juzgar y actuar moralmente (§§ 33 y 35). Una segunda dedicada a la necesidad de basar la moral sobre el conocimiento de las regularidades del comportamiento humano (no los casos excepcionales, como se ha hecho tantas veces), para poder fundar un juicio moral objetivo, en contra del subjetivismo que de manera encubierta ha dominado en la tradición moral (§§ 39-41, 43, 45 y 90). Una tercera línea esboza algunos puntos de lo que sería una reflexión moral que pusiese en el centro de su atención, como ideal supremo, no la reducción de la injusticia y la abolición del egoísmo, sino la alegría (§§ 48, 62, 75, 77, 78). Una cuarta retoma el examen de la ilusión del libre albedrío, sobre la base del conocimiento de la naturaleza humana (§§ 50, 51, 63 y 84). Y la última observa los efectos de la libertad de espíritu en el campo de la moral (§§ 66, 71, 72). El resto de aforismos reflexionan sobre diferentes cualidades morales, como la vanidad, la cólera, la compasión, la desconfianza, el autocontrol, la adulación, la muerte, la costumbre, la justicia, la envidia, etc. El aforismo con el que concluye la sección es muy significativo: el hecho de que los análisis terminen mostrando el origen egoísta de las acciones morales, no supone disminuir su valor. Solo una consideración estática, no-evolutiva, podría dejar de ver que el origen, aunque sea necesario, no determina siempre el comportamiento, porque este evoluciona y lo supera (§ 91).

Los siete aforismos de la tercera sección, dedicados al cristianismo, analizan su presente (§ 92) y futuro (§ 97), su sentimiento de la naturaleza (§ 93), y la doctrina del amor (§ 95), confrontándolo a Sócrates (§ 94) y al epicureísmo (§ 96).

La cuarta sección es la más extensa con diferencia y se ocupa de distintas cuestiones sobre el arte y la estética. Puede distinguirse en ella nueve líneas temáticas entrelazadas. Un

ESTUDIO INTRODUCTORIO 79

análisis crítico de lo que llama Nietzsche el «poeta» (§§ 99, 105, 111, 135, 163, 172, 176 y 177), con el que comienza la sección y la atraviesa para casi concluirla en el penúltimo aforismo. Bajo este término no está pensando solo en el poeta en sentido específico, sino en el concepto romántico, clave de interpretación de la esencia del artista, y en particular en Wagner[166]. Una extensa línea temática está dedicada a los diferentes aspectos del arte de escribir, sea literario como filosófico, al libro y al lector (§§ 112, 113, 127-130, 137, 138, 142, 143, 145, 152, 153, 156, 158, 160, 165, 167 y 168). Una tercera línea temática desarrolla la cuestión de la función del espectador y el público en el arte, prestando especial atención a sus condiciones materiales de vida en su momento presente (§§ 103, 104, 108, 109, 133, 169 y 175). Una cuarta línea se dedica a reivindicar la tarea de la crítica en relación al arte y sus diferentes dimensiones estéticas, sociales, psicológicas, etc. (§§ 149, 157, 161, 164). Solo cuatro aforismos tratan explícitamente de la música (§§ 126, 134, 159 y 171), aunque en general cuando Nietzsche habla de arte está pensando especialmente en ella. La otra línea temática más extensa es la dedicada a desentrañar el arte romántico, sus peculiaridades, sus recursos y el lenguaje artístico, analizado según los parámetros del estilo barroco, para demostrar su condición de decadente (§§ 110, 115-118, 124, 136, 139, 144, 146-148, 150, 151, 154, 155, 162, 170, 173 y 178), con la que concluye esta sección. Esta línea se completa con la que traza las características y condiciones del estilo opuesto, el clásico (§§ 101, 107, 114, 120 y 121), y la que analiza los patrones universales en la evolución de las formas artísticas (§§ 100, 119, 125 y 131). Por último, solo dos aforismos tratan directamente una temática crucial, que está en la base de su examen crítico del papel del arte en la vida y la sociedad: la distinción neta entre el

---

[166] Hay que tener en cuenta que Wagner no solo se presentaba a sí mismo como poeta (porque fue el autor de los libretos y también en ese campo pretendió romper con la poesía tradicional, en especial la rima), sino porque le servía para representarse como «artista total», no como mero compositor, artífice de la *Gesamtkunstwerk*.

«arte de las obras de arte» y el arte de la vida, y su respectivo valor (§§ 102 y 174).

La quinta sección es la segunda más extensa y viene a tratar las mismas y parecidas cuestiones de la titulada «Indicios de cultura superior e inferior» HH I, tanto a nivel social como del individuo. Un buen número de aforismos breves están dedicados a diferentes cuestiones, pero los más extensos siguen las siguientes líneas temáticas. Se inicia con la necesidad de hacer un balance crítico de la situación cultural de su época, en el que hay que sopesar los factores negativos, como la función anti-formativa de la enseñanza reglada por el Estado moderno (§ 181), y las virtualidades positivas que las nuevas condiciones sociales han sacado a la luz (§ 179). Esto permite incluso la proyección de un ideal futuro de sociedad centrado en la cultura (§ 180). Otra línea examina la especificidad del mundo griego antiguo como estadio de desarrollo de la cultura (§§ 187-189, 218-222): la religión griega antigua, la formación del individuo y la centralidad de la alegría. Sobre este trasfondo se analiza en otra línea el cristianismo como fase cultural, cuyas características se explican por la época de decadencia (a finales del mundo antiguo) en que nació y se alimentó (§§ 224 y 225). En una cuarta línea temática estudia el papel de la historiografía para que la educación cultural conduzca a una existencia más plena (§ 184), pero con un enfoque corregido que tenga en cuenta: la esencial contingencia de la historia (§ 226), y la mayor importancia de los fenómenos y procesos normales, formados por factores mediocres e inferiores, que los casos excepcionales como los genios (§§ 185 y 186). En quinto lugar, en cuanto a la formación / cultivo del individuo defiende la superioridad del tipo humano del científico, respecto al artista (§ 205), en la medida en que tiene implícita una moral muy definida (§ 215), y propone como modelo ilustrativo la trayectoria vital-intelectual de Goethe, en la que fueron precisamente sus errores los que lo desarrollaron al máximo (§ 227). Por último, la reivindicación de la profunda dimensión cultural y formativa del viaje: el nomadismo como la forma de ser propia del hombre contemporáneo (§ 211), la importancia del viajar en sentido físico y mental (§ 223), y los diferentes modos de tomarse la vida como un viaje (§ 228), con la que concluye esta sección.

La sexta sección está formada en su mayor parte por aforismos breves (cuatro por página de media), que tratan cuestiones concretas acerca de los diferentes aspectos de las relaciones sociales y el comportamiento social, en relación al desarrollo vital e intelectual del individuo. En general, recogen observaciones sobre cualidades morales (sinceridad, compasión, prudencia, reputación, etc.) en situaciones concretas.

La séptima sección trata el mismo tema que la correspondiente de HH I. Formada por aforismos breves recoge observaciones y reflexiones sobre la mujer, el modo diferente de darse en ella de las cualidades morales, su relación con el hombre, su papel en el matrimonio y la sociedad.

La octava sección trata de diferentes aspectos de lo que Nietzsche llamaba la cuestión del Estado, siguiendo básicamente cinco líneas temáticas. La primera con la que comienza la sección tiene que ver con los partidos políticos, su modo de funcionar y el papel del individuo dentro de ellos (§§ 294, 301, 305, 306, 308, 309, 312 y 314). La tesis de fondo es que el punto de vista propio que constituye y da fuerza a los partidos es su «partidismo», es decir, unilateralismo, incompatible con el conocimiento. La segunda examina la naturaleza del político, las cualidades que debe tener, su modo de proceder (§§ 295, 296, 307, 313 y 315). La tercera y la cuarta están interconectadas estrechamente, ocupándose una de la cuestión del socialismo, y la revolución (§§ 304, 316), y la segunda del papel y los efectos de la propiedad (§§ 310 y 317). Tres temas son tratados cada uno en un aforismo largo. La relación entre conocimiento y poder político (§ 318), la función de la educación como un medio de domesticación en los estados modernos (§ 320), y el papel social de la prensa (§ 321). Por último, una línea temática fundamental, y con la que concluye la sección, está dedicada a la cuestión en boga en su momento de Alemania y el ser alemán, en la que desarrolla una crítica radical del nacionalismo alemán, a favor de un europeísmo político que esté basado, ante todo, en la cultura (§§ 298, 299, 302, 319, 323 y 324).

La intensidad intelectual de la sección anterior halla un remanso en la sucesión de aforismos breves de la última. Al lector le parece deambular por cuestiones muy diversas, que en parte retoman observaciones sobre cualidades y situaciones morales concretas, que ya aparecían en las secciones segunda y sexta, y en parte añaden. Todas ellas reenfocadas desde la subjetividad del individuo. Solo el aforismo final, más extenso, concluye el libro con una subida imprevista del tono filosófico[167]. Entre esa diversidad se perfilan dos temáticas. Una con la que se inicia, la búsqueda ética de la propia individualidad: el cauteloso uso en ella de las opiniones (§§ 325 y 338), la incompatibilidad entre querer la individualidad y conocerla (§ 366), el perjuicio de los seguidores para alcanzar la individualidad (§ 367), y el signo de haberla alcanzado en el convencimiento de que uno no se cambiaría por nadie (§ 396). Esta se complementa con otra búsqueda ética, que ha aparecido tratada varias veces en el libro, del afecto de la alegría como base vital (§§ 327, 339), con la bella metáfora del calor en la cima de la montaña (§ 335). En consonancia con el querer la individualidad, este afecto de la alegría tiene más que ver con el que crea que con el que consume, en el arte, en el pensamiento y en la vida (§ 406)[168]. Pero la cima es también la metáfora de la búsqueda de la verdad como el ascenso a una montaña, donde lo realmente importante es la escalada, no la llegada (§ 358). El camino nos lo enseña ahora Epicteto el estoico, y consiste en el descubrimiento de la falta de culpabilidad de todo lo existente (§ 386). En fin, esta imagen del ascenso se complementa con la contraria del gran descenso al Hades, con la que concluye el libro. El Hades es el mundo subterráneo de nuestro

---

[167] El mismo Nietzsche lo añadió en el último momento en las pruebas de imprenta, en un súbito impulso, del que luego se arrepintió. Solo el telegrama urgente del editor lo disuadió y le hizo volver a la originalidad y pertinencia del texto, cfr. CO III, p. 333: a E. Schmeitzner, 28 de febrero de 1879; y CO III, p. 336: a E. Schmeitzner, principios de marzo de 1879, y notas respectivas.

[168] Esto aleja esta búsqueda ética de todas las formas del hedonismo contemporáneo, con el que nunca debe ser confundida la filosofía de Nietzsche.

inconsciente que debemos dejar trabajar si queremos la individualidad (§ 374). Pero es también el lugar donde se descubre que entre los muertos, no entre los vivos del presente, está la fuente de la «eterna vitalidad» (§ 408).

El caminante y su sombra constituye una obra autónoma, ya no un mero anexo a HH como OSD, y así se presentó incluso en su presentación tipográfica, a la que Nietzsche daba tanta importancia (en la portada suprimió la indicación de anexo). Una de sus grandes novedades es que está enmarcado por el diálogo interior del caminante errante, plasmado bajo la forma del diálogo entre el caminante y su sombra. El primero inaugura el planteamiento del libro, que desde el inicio se presenta, más que como una «obra» en realidad, algo así como el puro registro de los pensamientos del caminante a medida que recorre los senderos de la naturaleza y el espíritu humano. Tal como termina el diálogo y abre las puertas al primer aforismo, estos pensamientos deberán entenderse en adelante más como preguntas que como soluciones o respuestas. El segundo se cierra con la imagen enigmática del ocaso del Sol sobre las montañas y la pregunta sin respuesta ante la desaparición de la sombra.

El corpus del libro se presenta una vez más como un todo continuo, pero en el que cabe distinguir cambios de temáticas, y dividirlo en secciones, en correspondencia con las de HH I, aunque con más modificaciones que en OSD:

1) Sobre el conocimiento, el problema de la verdad, la metafísica y la libertad de la voluntad: §§ 1-17.
2) Sobre la moral: §§ 18-71.
3) Sobre la religión y el cristianismo: §§ 72-86.
4) Sobre el arte: §§ 87-170.
5) Sobre la cultura superior, individual y colectiva: §§ 171-234.
6) Sobre el hombre en sociedad: §§ 235-269.
7) Sobre la mujer: §§ 270-274.
8) Sobre el Estado: §§ 275-293.
9) Sobre la vida filosófica y el autocultivo: §§ 294-350.

La sección más extensa es la quinta sobre la «cultura superior», junto a la sección cuarta que ocupa casi la misma extensión de páginas, seguidas por la segunda dedicada a la moral, solo un poco menos extensa. De este modo el libro aparece dividido en dos grandes partes, que coincide casi perfectamente con la división en el número de páginas. Igual que ocurría en OSD, esta división es asimétrica en cuanto a las secciones (4 + 5): la primera parte que culmina en las reflexiones estéticas de la sección cuarta, y la segunda que se inicia con la gran sección dedicada a la cuestión de la cultura y marca con su tono toda la segunda parte del libro. Las restantes secciones son todas bastante más breves, entre dos quintas partes (I y VIII), un cuarto (III) y un tercio (VI), respecto a la sexta, hasta la muy breve sobre la mujer. La segunda parte y, por tanto, la obra, se concluye con la sección sobre la sabiduría de vida que ocupa la mitad que la sección central (V).

La obra está formada en general por aforismos más cortos que OSD, y por supuesto HH I: frente a la media de dos aforismos por página, esta presenta dos y un tercio por página. La primera parte está marcada por aforismos más extensos (secciones I, II y III), mientras que en la segunda solo aparecen en la sección que le da inicio (VI) y la penúltima (VIII), que contrastan con el tono de breves aforismos de las restantes. Así discurre la última sección hasta terminar en el último amplio aforismo que de manera imprevista cierra la obra. Estos efectos sorpresivos, esta alternancia en la densidad de las páginas y la extensión de las secciones y temáticas contribuyen a dar a la obra esa impresión de recorrido errático (en zigzag), que cualquier lector experimenta con su lectura.

La primera sección retoma el tema de la correspondiente en HH I y trata sobre cuestiones del conocimiento y de la realidad. La aproximación «De las primera y últimas cosas», reformulada ahora claramente como reivindicación del valor de las «cosas más cercanas», es una de las temáticas principales (§§ 3, 5-8, 16), que empieza marcando el tono general del libro. Aquí los filósofos de referencia son Sócrates (§ 6), reinterpretado a través de Epicuro (§ 7). La otra temática importante es la crítica del concepto de libertad de la voluntad, mediante su examen sociológico, psicológico, epistemológico y ético (§§ 9-12). En vista a ello, los breves aforismos restantes tratan del problema de la verdad (§§ 1 y 4), el carácter no-racional de la realidad, de la condición minúscula del ser humano en el universo, y de la crítica de la metafísica (§§ 2, 14 y 17).

La segunda sección contiene la continuación de los análisis de la moral, que Nietzsche comenzó en HH I. Se inicia con un breve aforismo sobre Diógenes el cínico (§ 18), en el que se plantea el interrogante de si el examen en profundidad, sin prejuicios, de la moral necesita una dosis importante de cinismo. De ahí el riesgo de ser considerado un inmoralista (§ 19), y la importancia de distinguir entre dos tipos opuestos de estudiosos de la moral (§ 20). Esta temática reaparece en el último aforismo, cerrando en círculo la sección, sobre la cuestión de para qué y a quién pueden ir dirigidas unas reflexiones tan radicales sobre la moral (§ 71). Una de las líneas temáticas principales está dedicada al origen y la naturaleza de los distintos aspectos del derecho político y judicial, con el fin de mostrar de qué modo la moralidad tiene un origen socio-político y tener así las bases para someter a examen su legitimidad (§§ 22-39 y 49). Nietzsche busca el origen de la moralidad en la utilidad y en un proceso de adquisición de valoraciones morales del entorno y de herencia cultural (§§ 40, 52 y 41), proceso que hoy en día se puede observar, en su nacimiento, en nuestro trato con los animales (§ 57). Este proceso tiene un inicio en la historia, cuando el ser humano primitivo descubre su capacidad de «medir el valor» de las cosas (§ 21). Conectada con esta línea, hay otra que examina, tras su origen, la evolución de la moralidad en grados de perfeccionamiento progresivo (§§ 44, 48 y 63), que Nietzsche ejemplifica en la sucesión de virtudes: valor, justicia, moderación, sabiduría (§ 64). Por último, junto a consideraciones puntuales sobre diversas cualidades morales, como es habitual, destacan observaciones metaéticas y epistemológicas: acerca de la contradicción moral entre la búsqueda de la verdad y el deber de verdad (§ 43), la necesidad de eliminar cualquier tipo de análisis en términos antitéticos, para sustituirlo por «diferencias de grado» (§ 67), y el obstáculo fundamental que representa el lenguaje verbal (§ 55).

La tercera sección, dedicada a la religión cristiana, se inicia y termina con aforismos dedicados a comparar a Sócrates y Cristo en el campo moral-religioso. Siempre que se examine de manera imparcial, la ironía, el mayor conocimiento de la naturaleza humana, la sobriedad y autocontrol revelan, para el hombre contemporáneo, la superioridad de Sócrates sobre Cristo como modelo ético (§§ 72 y 86). En esta línea, la figura de Cristo es examinada críticamente como «médico del alma» (§ 83), en su empresa de llegar a la inocencia universal convirtiendo al hombre en un enfermo y mediante la culpabilización universal (§§ 78 y 81), y utilizando la parábola de los prisioneros, que pretende mostrar, desde un punto de vista externo, la absurdidad de su empresa (§ 84). A nivel metodológico, Nietzsche explicita dos criterios de análisis del fenómeno religioso: que el aspecto material de las costumbres tiene más pervivencia que las creencias y conceptos, que son fluctuantes (§ 77), y la atracción mayor que produce sobre el ser humano un ideal abstracto que uno antropomórfico (§ 80). El aforismo dedicado al análisis de un cuadro de Rafael pretende mostrar hasta qué punto el arte puede invertir su situación de subordinación a la religión, para conseguir exactamente lo contrario (§ 73).

La sección que en HH I y OSD incluía de manera global las cuestiones sobre el arte, se divide ahora claramente en dos, sobre el escribir y el lector, y sobre la música. Así, la primera dedicada al escribir se desarrolla siguiendo tres grandes líneas temáticas. Una gran línea, con la que se inicia la sección, está dedicada a la cuestión del estilo. En ella examina el modo para llevar a efecto una valoración crítica correcta (§ 97) y los criterios para la determinación de un buen estilo, que se puede resumir en la necesidad de escribir de manera sencilla y útil (§§ 87-89, 96, 106, 110, 130, 135, 136, 143 y 148), para lo que hay que aprender a medir no solo el significado sino incluso el «olor» de las palabras (§ 119). La defensa de este buen estilo supone la depuración del estilo cargado de paradojas y excesivamente ingenioso, de las innovaciones lingüísticas y la abundancia de imágenes (§§ 92, 93, 111, 145, 127). Desde el punto de vista de estos criterios de estilo, una segunda serie de aforismos exponen un balance crítico de la literatura alemana y especialmente la prosa, con el fin principal de determinar un modelo (§§ 90, 91, 94, 95, 109, 125). Conectada con ella, otra serie examina estas temáticas en casos concretos de escritores: Jean Paul, Lessing, Wieland, Herder, Schiller y Goethe (§§ 99, 103, 107, 118, 123 y 124). La tercera línea temática, en fin, examina las peculiaridades del arte de escribir en la Antigüedad: en ella resalta el valor de la concisión, en los modelos de Tucídides y Tácito (§ 144), y la importancia fundamental de las convenciones para el estilo y la creatividad artística (§§ 113, 114 y 120), que solo se desarrolla si el autor llega a ser capaz, aun encadenado, de bailar (§ 140).

La segunda parte de la cuarta sección, que ocupa menos de la mitad que la anterior, está dedicada a la música y contiene una serie de aforismos sobre compositores concretos, que no se volverá a repetir en sus obras posteriores: Bach (§ 149), Händel (§ 150), Haydn (§ 151), Beethoven y Mozart (§ 152), Schubert (§ 155), Mendelssohn (§ 157), y Schumann (§ 161) entre los que ya muestra una clara predilección por la emocionalidad aristocrática de Chopin (§§ 159 y 160). Otra serie de aforismos examina la cuestión de la interpretación musical, en su contraste entre la sensibilidad musical del presente y la música del pasado (§§ 156, 162 y 165). Una tercera desarrolla la crítica a la estética wagneriana de la «música dramática» (§§ 163 y 166), desde sus orígenes en Gluck (§ 164). Para ello le sirve el examen del origen de la carga sentimental que adquiere un lenguaje musical, en el caso típico de la ópera italiana (§ 168). Tanto el dramatismo como el sentimentalismo son la causa de la relación conflictual entre música y pensamiento racional, solo mediada por la subordinación de la primera a la poesía (§ 167). El último aforismo que cierra esta parte analiza los condicionamientos producidos en la creación artística, en general, por la época del trabajo (§ 170).

La quinta sección es la más extensa y está dedicada a la cuestión de la cultura, pero entendida siempre como el cultivo y desarrollo del ser humano (no meramente como conjunto de creencias, valores, tradiciones, etc.), que tiene, por tanto, un doble aspecto: colectivo-social (la civilización), e individual. El objetivo fundamental sigue siendo el de individuar los «signos metereológicos» que nos permitan determinar las diferentes modalidades de desarrollo cultural, como climas culturales (§ 182). En esta sección prácticamente no hay líneas temáticas, sino algo así como una constelación de temáticas. En primer lugar, Nietzsche vuelve a examinar el lugar de la ciencia, el científico y su método (en sentido general, incluyendo el que llamamos hoy de las ciencias sociales y humanas) en la cultura, no ya desde el punto de vista del conocimiento (§§ 179 y 195). Sus virtualidades, sus peligros y el papel actual del filósofo con respecto al científico sobre el trasfondo del problema de la cultura (§ 171). En conexión con ello, la educación y al papel de los profesores (§ 180). Una temática novedosa, y que será poco tratada posteriormente, es la de la máquina y su papel ambivalente en el desarrollo cultura (§§ 218 y 220). La serie más extensa de aforismos está dedicada a un examen crítico de las limitaciones y perjuicios del nacionalismo alemán, ahora desde el punto vista cultural, para plantear como alternativa la cuestión de cómo y sobré qué bases construir una cultura europea supranacional (§§ 214, 215, 216 y 228). Aparece ya con intensidad la propuesta como nuevo objetivo de la humanidad la construcción de su propio futuro: esto la implicaría globalmente y solo podría hacerse reemplazando en la base todas las ideologías religiosas y políticas, pasadas y presentes, por el conocimiento científico (§ 189). En vista a este proyecto hay que hacer un balance de diferentes épocas culturales de la historia: la antigua Grecia (§§ 225, 226 y 232), la Edad Media (§ 222), el siglo XVII (§ 230); un balance que debe ser crítico, determinando potencialidades y riesgos, incluso en el caso de la Ilustración (§ 221). El conocimiento histórico de las diferentes culturas puede ser utilizado entonces como fuente riquísima e imprescindible de fármacos para el aumento de la salud psicológica y cultural (§ 188). Por último, este análisis y proyecto necesita como punto de partida el ejercicio escéptico de una desconfianza frente a todo y a todos (§ 213), desde el que poder reasentar sobre cimientos firmes y seguros la cultura. Pero como modelo ético, más allá de Sócrates, Epicuro (§§ 192 y 227). Para lo que habrá que reexaminar en la actualidad el ideal de una vida sencilla (§ 196), el valor de las cosas menores (§ 201) y el condicionamiento de la riqueza (§ 209).

El aforismo (§ 235) inicia una sexta sección que retoma la temática de «El hombre en sociedad» de HH I añadiendo nuevas reflexiones puntuales, aforismos breves, sobre los diferentes aspectos de la vida social, incluyendo al pensador. En la parte final, varios aforismos más extensos examinan la situación de la juventud y su educación (§§ 265-269). La séptima sección en su brevedad recoge aforismos sobre la mujer.

La mayoría de aforismos que forman la octava sección, dedicada a la cuestión del Estado, son extensos. Prosiguiendo los análisis de los libros anteriores se centran en especial en el tema de la democracia, con el que inicia y concluye la sección. Es importante tenerla en cuenta porque aquí hallamos una reivindicación de la democracia. Es conocida la actitud crítica radical del Nietzsche posterior, pero en ningún caso llegó a desdecir estos análisis (el libro entero mereció, por el contrario, una reedición para formar parte de las obras refrendadas por el último Nietzsche). La tesis inicial es que la democracia es el único medio de cimiento político-social para la construcción de la humanidad futura (§ 275), lo que impone la necesidad de que el sufragio universal se vea legitimado, no una sola vez, sino cada vez que se utiliza en unas elecciones (§ 276). La democracia además no solo tiene la función de cimiento sino de puesta en cuarentena de los instintos tiránicos, que han dominado a la humanidad en el ámbito político e intelectual (§ 289). El análisis de la dinámica del conflicto entre conservadores y socialistas demuestra que no es un peligro, sino que conduce a la progresiva victoria de la democracia (§ 292). Solo en el último aforismo de esta sección se nos brinda una caracterización ético-política del fin fundamental de la democracia (§ 293), en sintonía con el planteamiento general del libro centrado en el valor del individuo. El resto de aforismos contribuyen de manera más o menos indirecta a esa cuestión fundamental con el análisis del momento presente, que en sus diferentes aspectos se revela como una época de excepciones, transición y conclusión. El desarrollo deshumanizador de la máquina (§ 288). La crítica del militarismo y expansionismo de su época, en especial de Alemania (§§ 279 y 284). Y la crítica del predominio del libre mercado, desde el punto de vista de ese ideal democrático (§§ 280, 282 y 283), sobre todo, porque la generación de grandes desigualdades sociales pone en peligro el desarrollo democrático (§ 285).

Por último, la novena sección retoma las temáticas de la quinta sección, en torno a la cultura, pero centrándose ahora en el auto-cultivo del individuo. La gran línea temática que la recorre, vertebra todo el libro y lo concluye, es el examen del ideal de sabiduría de vida, en sus diferentes componentes y modelos. Inicia la sección estableciendo la prudencia como «la virtud de las virtudes» (§ 294), y prosigue con la presentación del modelo de vida heroico-idílico de Epicuro (§ 295), y el ideal de autosuficiencia vital de Hipias de Elis, como la consecución de un mayor grado de libertad de espíritu (§ 318). A partir del aforismo sobre Epicuro, otra serie expone las condiciones del héroe y la identificación del sabio con el héroe (§§ 296, 337, 340 y 347). Otros, tomando tácitamente el modelo del sabio escéptico, resalta su virtud de la «afabilidad» (§§ 339 y 348), y añaden, también sin citar, el modelo estoico con el autodominio en las cosas mínimas y la práctica de la indiferencia (§§ 305 y 313). Todos estos modelos confluyen en la propuesta de una «ética de la alegría» («Una sola cosa es necesaria», § 300, y «la trinidad de la alegría», § 332), de la que ya había anticipado diferentes aspectos en las secciones anteriores. El resto de aforismos giran en torno a la cuestión central de la sabiduría de la vida, en sus diferentes dimensiones, condiciones y posibilidades. Una serie de aforismos examina el uso que se debe hacer de las vivencias para formar esa sabiduría de vida (§§ 297, 298, 306 y 307). Otra trata de la forma de funcionar de las opiniones, de la escasa intelectualidad de la mayoría (§ 320), de la manera de afrontar el sabio las opiniones verdaderas y las erróneas (§§ 296, 312, 317, 326 y 349), y la reivindicación de creer en sí mismo junto a la implacable autocrítica (§ 333), y la exigencia de limpieza intelectual

(§ 346). Otros aforismos sueltos aportan observaciones puntuales en torno a este ideal, que buscan «desdramatizarlo»: la impresión de monotonía y superfluidad de los espíritus profundos y superiores sobre la colectividad (§§ 328 y 345), el pensamiento de la muerte para aligerar la vida (§ 322), la eliminación del remordimiento (§ 323), la necesidad de eliminar toda interrupción exterior (§ 324), la rectitud (§ 304), la enfermedad (§ 314), el entusiasmo y la ciencia (§ 315). Por último, tras hacer consideraciones sobre la evolución espiritual del individuo (§§ 308 y 309) y la suya personal (§ 329), y sobre los espíritus libres como anticipadores de las futuras formas de vida (§ 330), la sección termina con el aforismo que, remitiéndose al que al principio trataba de «Los dos principios de la nueva vida» (§ 310), expone el «Lema áureo», dirigido, como a lo largo de todo el libro, al individuo, pues «sigue siendo aún *el tiempo de los individuos*»: «*paz a mi alrededor y el disfrute de todas las cosas más cercanas*» (§ 350).

4. NIETZSCHE Y SU ENFERMEDAD: PROBLEMA Y POSIBILIDAD

Nietzsche mantuvo siempre una relación muy especial con su enfermedad. Su rápido agravamiento en estos años es el detonante de la centralidad cada vez mayor que la enfermedad estaba adquiriendo en su pensamiento. Posteriormente, dirá que no es cuestión de elección, de libertad. Todo lo decisivo en la vida y en el pensamiento no es nunca cuestión de elección, el producto de una «voluntad libre» es siempre arbitrario, y sus resultados superficiales. Sino que tiene que ver con un incremento tal, en cierto momento, de fuerzas y presiones que lleva a traspasar esos límites que no se podría de otro modo. Este vivir más allá de los límites abre un nuevo espacio vital. Solo una vez que se considera la salud, no de manera abstracta, sino en su vivencia, se puede descubrir que salud y enfermedad no son estados opuestos. Es la fisiología de la que nos habla Nietzsche, que por su parte tampoco es una mera rama de la medicina, sino una vez que se le haya añadido el componente del ensayar-experimentar (*Versuch*)[169]. La «gran salud», aquel aumento de grado que se convierte en cambio cualitativo, incorpora en sí misma la enfermedad, más aún, una «gran enfermedad». La gran enfermedad es biológicamente lo que es, pero no entra siempre en el mismo entramado de impulsos. Solo en su confrontación con ciertos impulsos, aflora al mismo tiempo como enfermedad y formando parte de la «gran salud». No es que antes estuviese en una especie de nivel inconsciente, pues ya era percibible, captable, y Nietzsche la padecía como un sufrimiento. Pero también es verdad que solo cuando alcanza ciertos umbrales, como el umbral de lo insoportable, entra en conflicto con otros impulsos y deviene signo, conjunto de signos, es decir, «consciente». El imperativo nietzscheano, en su doble formulación, de no dejarse llevar, arrastrar (lo que lo convierte en un «imperativo moral»), y de auto-superarse, «auto-vencerse» (*Selbst-überwindung*), interpretado en los términos de la fisiología nietzscheana, obliga a contrarrestar (u oponerse a) la enfermedad, o cualquier complejo de impulsos, con otro complejo de impulsos. Ahora bien, solo el «instinto de conocimiento» es capaz de contrastar cualquier otro impulso. Por lo que en el ensayar del *Versuch*, no se ensaya solo una posibilidad, sino siempre al mismo tiempo cuánto necesita ser elevado en concentración e intensidad el instinto de conocimiento para que pueda alcanzar esa contrastación.

Varias hipótesis se han sucedido en el tiempo acerca de la enfermedad neuropsiquiátrica de Nietzsche. Las diagnosis de principios del siglo xx apuntaban a una parálisis progresiva o a una neurosífilis. Estos diagnósticos fueron cuestionados por Podach porque se habían basado en un examen sumario y en el presupuesto de la neuropsiquiatría en torno a 1890 de que la demencia en un hombre de mediada edad se podía hacer derivar sin problemas de una sífilis parética[170]. A partir del si-

---

[169] *Sobre la filosofía como ensayo* (*Versuch*), cfr. D. Sánchez Meca, *Nietzsche. La experiencia dionisíaca del mundo*, Tecnos, Madrid, 2006, pp. 245-260.

[170] Cfr. L. Sax L (2003), «What was the Cause of Nietzsche's Dementia?», *Journal of Medical Biography*, 11(1), 2003, 47-54.

glo XXI se ha retomado el estudio del caso de Nietzsche, y por fin se han llevado a cabo varias investigaciones rigurosas por parte de equipos de neurólogos y neuropsiquiatras, en varias direcciones. Las investigaciones de Orth y Trimble apuntaron a una demencia frontal-temporal[171]. Un año más tarde, Owen, Schaller y Binder, corroboraban y completaban esa investigación y, retomando una hipótesis de Sax, proponían como causa la hipótesis de un tumor frontal-temporal derecho[172]. Sin embargo, dos años después, C. Koszka ofreció una hipótesis alternativa, una encefalomiopatía mitocondrial[173]. Solo un poco después parece haberse llegado a un consenso científico, partiendo del estudio un año anterior de Hemelsoet y Devreese[174]. Estos por una parte, y más tarde Danesh-Meyer y Young[175] han rebatido todas esas hipótesis recientes demostrando que no explicaban suficientemente el conjunto global de síntomas de la enfermedad, que podemos encontrar en los documentos. La diagnosis prevalente hoy en día es la propuesta por Hemelsoet y Devreese, y corroborada por Butler[176], la llamada enfermedad CADASIL, en sus siglas en inglés.

[171] M. Orth – M.R. Trimble MR, «Friedrich Nietzsche's mental illness – General paralysis of the insane vs. frontotemporal dementia», *Acta Psychiatrica Scandinavica*, 114, 2006, 439-444.
[172] C. M. Owen – C. Schaller – D. K. Binder, «The madness of Dionysus: A neurosurgical perspective on Friedrich Nietzsche», *Neurosurgery*, 61, 2007, 626-631.
[173] C. Koszka, «Friedrich Nietzsche (1844-1900): A classical case of mitochondrial encephalomyopathy with lactic acidosis and stroke-like episodes (MELAS) syndrome?», *Journal of Medical Biography*, 17, 2009, 161-164.
[174] D. Hemelsoet – K. Hemelsoet – D. Devreese, «The neurological illness of Friedrich Nietzsche», *Acta Neurologica Belgica*, 108, 2008, 9-16.
[175] H.V. Danesh-Meyer – J. Young, «Frriederich Nietzsche and the seduction of Occam's razor», *Journal of Clinical Nuroscience*, 17, 2010, 966-969.
[176] Paul M. Butler, «A Stroke of Bad Luck: CADASIL and Friedrich Nietzsche's "Dementia or Madness"», en P. McNamara (ed.), *Dementia*, vol. 1, Santa Barbara, Praeger, 2011, pp. 57-74. El diagnóstico puede ser confirmado completamente mediante análisis del ADN, algo que Butler tiene en proyecto. A esto se suma que: «Los estudios de genética han rastreado mutaciones originales hasta el siglo XVII en algunas comunidades del Norte de Europa. Por lo tanto, es razonable suponer la existencia de mutaciones CADASIL en la línea paterna de Nietzsche», p. 66.

El CADASIL es una enfermedad de progresión lenta que generalmente continúa con pasos de deterioro creciente como consecuencia de la recurrencia de accidentes cerebrovasculares transitorios. Estos consisten en episodios de isquemias (obstrucción de la circulación) en las arterias o venas medianas del cerebro que no duran más de 24 horas, lo que no significa que no sean grandes, pues pueden afectar a partes extensas.

Todos los síntomas que conocemos, y el desarrollo de la enfermedad en Nietzsche, concuerdan con los estudiados actualmente en los enfermos. Hemelsoet y Devreese proponen como mejor hipótesis de trabajo el CADASIL, porque es la que más se adapta a todos los datos clínicos disponibles, basándose, por una parte, en los síntomas principales: las fuertes migrañas, los trastornos psiquiátricos, la demencia al final de su vida, la pérdida de visión (probablemente de origen vascular) y los episodios de ataques cerebro-vasculares. Por otra, una prueba a favor de esta enfermedad, y que descarta las demás hipótesis, es su carácter hereditario. El estudio de la historia familiar documenta la existencia con bastante probabilidad de síntomas propios de esta enfermedad: problemas mentales y cognitivos en varios miembros de la familia, y en particular en el padre y en el abuelo: fuertes ataques de migraña con convulsiones epilépticas, declive cognitivo e ictus según los que la conclusión más probable es que el padre muriese de la misma enfermedad, y el abuelo paterno la padeciese[177].

Basándose en las cartas y otros testimonios, el neuropsiquiatra Perogamvros y su equipo[178] han puesto de relieve que con mucha probabilidad desde adolescente tenía ya plena conciencia de la enfermedad que iba a padecer, con los primeros ataques fuertes de migraña con aura. En el entorno familiar, por muy secreto que fuese hacia el exterior, Nietzsche debía estar al tanto de los síntomas característicos de la enfermedad del

[177] Cfr. P. M. Butler, loc. cit., pp. 60-61.
[178] L. Perogamvros y otros, «Friedrich Nietzsche and his Illness: A Neurophilosophical Approach to Introspection», *Journal of the History of the Neurosciences*, 22, 2013, 174-182.

padre. Consciente del inevitable deterioro y final, pero al mismo tiempo de la necesidad de hacerle frente y de aprender a vivir con ella. Es precisamente en esta época cuando se desata uno de esos episodios en los que alcanza uno de esos umbrales de no-retorno.

Los especialistas en neuropsiquiatría[179] que han examinado el caso no han visto en él, como ha sido usual con otras hipótesis, una pérdida cognitiva, para utilizarlo como un medio de descalificar su filosofía, sino todo lo contrario. El ejemplo de cómo un paciente puede conseguir vivir con la enfermedad y ser muy productivo, a pesar de los frecuentes episodios de fuerte sufrimiento, algo que clínicamente es muy valioso. Y además porque este caso está asociado a los descubrimientos actuales acerca de la frecuencia con la que personas altamente creativas han padecido ciertos trastornos mentales, por lo que se sospecha que lo primero ha sido gracias a lo segundo. Entre estas están el incremento de la empatía, la auto-conciencia, la introspección, y en general de tendencias hacia un aumento en la auto-reflexión, y especialmente de la apreciación de la vida. Conectadas con ellas son las tendencias egocéntricas como preocupaciones filosóficas, religiosidad, fuerte sentido de destino personal, hiperescritura y culpa. El trastorno bipolar últimamente ha sido asociado con personalidades creativas como poetas, músicos y filósofos, hasta el punto de que parecen estar sobrerrepresentados en profesiones creativas, en comparación con personas normales. Específicamente se ha conectado con hipomanía, caracterizada por una actividad focalizada en alcanzar objetivos (*focused goal-directed activity*). Por último, la migraña con aura, que padeció Nietzsche, que se ha relacionado en los estudios de investigación con la creatividad artística, y se cree que inspiró a pintores y escritores[180]. Estas especialísimas condiciones explican, en fin, la excepcional capacidad de introspección de Nietzsche: «Sorprendentemente, las intuiciones y percepciones de Nietzsche también confirman los resultados de la neurociencia moderna. [...]

---

[179] L. Perogamvros y otros, loc. cit., pp. 178-180.
[180] *Ibid.*

¿Cómo pudo Nietzsche haber ideado en la década de 1880 algunas de las hipótesis más distintivas de la psicología moderna y la neurociencia cognitiva sin contar con datos y métodos sistemáticos? [...] el singular encuentro de Nietzsche con los "ángeles y demonios" de su enfermedad y el subsecuente nacimiento de impulsos intuitivos e introspectivos incrementados sería una posible respuesta»[181].

Esto no solo revela puntos importantes sobre la obra de Nietzsche, y rompe con prejuicios y tópicos establecidos del «sentido común», acerca de una mente sana y la que no lo es, y su relación con la búsqueda de la verdad[182]. Sino además las íntimas conexiones entre filosofía y neurociencia. Si según los estudios actuales cada vez más aspectos del funcionamiento del organismo dependen del cerebro, la implicación máxima debe ser en ese tipo de actividad que requiere del cerebro la suma de todas sus potencialidades, y en el máximo grado. La filosofía debe ser tanto el resultado como la reflexión sobre la interacción continua entre cerebro y pensamiento, tanto a nivel práctico, como teórico.

A pesar de sufrir una de las peores crisis de su vida, que lo obligaron a abandonar la universidad, raramente alude a la enfermedad en estas obras, ni al intenso sufrimiento personal, a menudo deviene insoportable. Salvo en este aforismo que lo dice todo por sí solo: «justamente los escritores de salud delicada —como son desgraciadamente casi todos los grandes— suelen mostrar en sus escritos un tono de salud mucho más seguro y constante, porque, respecto a los físicamente robustos, tienen un mejor conocimiento de la filosofía de la salud y de la curación espiritual y sus preceptores: la mañana, el resplandor del sol, el bosque y los manantiales»[183].

---

[181] *Ibid.*, p. 180.
[182] Curiosamente es Platón quien se situaba *ante litteram* más allá de todos los prejuicios modernos, cfr. G. Colli, *El nacimiento de la filosofía*, Tusquets, Barcelona, 1976, pp. 9-17.
[183] OSD § 356, «Ventajas de una salud delicada». Cfr. FP II, 1.ª, 28[30].

5. EDICIONES CRÍTICAS Y CRITERIOS DE LA PRESENTE EDICIÓN: CUESTIONES TEXTUALES

Una traducción crítica debe basarse: en la edición crítica del texto original más reconocida; en el examen de las posibles variantes textuales y de traducción de los términos originales; y en la inclusión de un aparato técnico filológico. En este sentido, la única traducción rigurosa es la edición realizada por Alfredo Brotons Muñoz[184], que se ha tenido presente.

La presente traducción pretende cumplir con los criterios mencionados. Ha sido realizada sobre la base del volumen III de la sección IV de la edición crítica alemana de referencia[185]. El texto del primer volumen de *Humano, demasiado humano* no presenta dificultades relevantes, salvo la introducción por parte de los editores de alguna corrección puntual que sea de importancia para el lector de lengua española. Para todo ello también ha servido de referencia el texto actualizado al día, en cuanto a la crítica textual, publicado en libre acceso por Paolo D'Iorio en la *Digitale Kritische Gesamtausgabe. Werke und Briefe*[186]. Aquí, como en el volumen I, la traducción ha seguido el criterio de fidelidad al texto alemán: (i) intentar traducir al español el sentido original preciso del texto; (ii) mantener la coherencia en la traducción de la terminología filosófica; y, (iii) plasmar en lo posible el estilo literario y el tono del original.

Para la preparación de las notas he tenido en cuenta el comentario filológico de la edición Colli-Montinari, debido a Mazzino Montinari (*Nachbericht zur vierten Abteilung*[187]), así como su aparato crítico de la edición italiana[188]. Además, los

---

[184] *Humano, demasiado humano. Fragmentos póstumos*, 2 vols., Akal, Madrid, 1996, vol. II.
[185] KGW IV 3: *Menschliches, Allzumenschliches. Zweiter Band. Nachgelassene Fragmente 1876-Winter 1877/78*, 1969.
[186] P. D'Iorio (ed.), *Digitale Kritische Gesamtausgabe. Werke und Briefe*, Nietzsche Source, París, 2009 (http://www.nietzschesource.org/eKGWB).
[187] KGW IV 4, 1969.
[188] *Opere di F. Nietzsche*, vol. IV, tomo III: *Umano, troppo umano II e Frammenti postumi (1878-1879)*, Milano: Adelphi, 1965.

aparatos críticos de las ediciones inglesa[189] y francesa[190] más actualizadas. Respecto a estos aparatos filológicos, he actualizado, corregido y localizado unas cuantas referencias nuevas, sobre todo con respecto a las obras que utilizó Nietzsche. He indicado los pasajes paralelos con los fragmentos póstumos de la época, recogidos en FP II, 1.ª parte. Las notas tienen, además, la función de especificar, cuando era necesario, menciones de autores, libros o lugares en el texto, para poder identificarlos debidamente. Pero no he querido ofrecer direcciones interpretativas, para evitar mediatizar el encuentro directo del lector con el texto.

En las notas se indican también las referencias exactas a las obras citadas por Nietzsche: a las ediciones que utilizó, cuando sea posible, y a las ediciones en español, para facilidad del lector. En los casos en los que Nietzsche aporta una traducción alemana, propia o tomada, de textos en otros idiomas, se ha preferido traducir directamente esa versión, para mantener la coherencia hermenéutica, si bien se da también la referencia a una edición en español.

Respecto a la anterior edición en el volumen III de OC (publicada en 2014), para esta edición he realizado una nueva revisión en profundidad de la traducción, y he enriquecido el aparato de notas, con la revisión y el añadido de nuevas.

Por último, quisiera dejar constancia de mi gratitud a los compañeros del equipo de traducción de las *Obras completas* de Nietzsche, por su inestimable apoyo y sus valiosas sugerencias, y en especial a Diego Sánchez Meca y a Luis E. de Santiago Guervós.

Y una vez más, a M.ª Ángeles Bermejo, sin cuya ayuda en la revisión y corrección de los textos, sus valiosas sugerencias y su incansable apoyo, esta labor no habría sido posible.

---

[189] *Human, All Too Human II, and Unpublished Fragments from the Period of Human, All Too Human II (Spring 1878-Fall 1879)*, ed. Gary Handwerk, Stanford Univ. Press, 2014.

[190] *Humain, trop humain: un livre pour esprits libres*, tr. A.M Desrousseaux y H. Albert, revisión, introd. y notas por Angèle Kremer-Marietti, Le Livre de Poche, París,1995.

Siglas

A	*Aurora*
AC	*El Anticristo*
CI	*Crepúsculo de los ídolos*
CO	*Correspondencia*, ed. dirigida por L. E. de Santiago Guervós, Madrid: Trotta, 2005-2012
CS	*El caminante y su sombra*
CW	*El caso Wagner*
EH	*Ecce Homo*
FP	*Fragmentos póstumos*, ed. dirigida por D. Sánchez Meca, 4 vols., Madrid: Tecnos, 2006-2010
FTG	*La filosofía en la época trágica de los griegos*, en OC I.
GC	*La gaya ciencia*
GM	*La genealogía de la moral*
HH	*Humano, demasiado humano*
KGB	*Briefwechsel. Kritische Gesamtausgabe*, fundada por G. Colli y M. Montinari, proseguida por N. Miller, y A. Pieper, Berlin-New York: W. de Gruyter, 1975 ss.

KGW	*Werke. Kritische Gesamtausgabe*, ed. G. Colli y M. Montinari, Berlin: Gruyter, 1967 ss.
KSA	*Kritische Studienausgabe*, ed. G. Colli y M. Montinari, Berlin: Gruyter, 1999
MBM	*Más allá del bien y del mal*
NT	*El nacimiento de la tragedia*, ed. J. B. Llinares, Madrid: Tecnos, 2016
NW	*Nietzsche contra Wagner*
OC	*Obras completas*, ed. dirigida por D. Sánchez Meca, 4 vols., Madrid: Tecnos, 2011-2016
OSD	*Opiniones y sentencias diversas*
WB	*Richard Wagner en Bayreuth*
Za	*Así habló Zaratustra*

Humano, demasiado humano
Un libro para espíritus libres
VOLUMEN SEGUNDO

PRÓLOGO

1.

Sólo se debe hablar cuando ya no se puede callar; y hablar sólo de aquello que se ha *superado*, — cualquier otra cosa es charlatanería, «literatura», falta de disciplina. Mis escritos *sólo* hablan de mis superaciones: «yo» estoy dentro de ellos, con todo aquello que fue enemigo mío, *ego ipsissimus*, e incluso, si se me permite una expresión más orgullosa, *ego ipsissimum*[1]. Se adivina: ya tengo muchas cosas — *debajo* de mí... Pero siempre me ha hecho falta tiempo, curación, lejanía, distancia, antes de que en mí mismo se despertase el placer de desollar, explotar, desnudar, «plasmar» (o como se quiera decir) para el conocimiento algo vivido y sobrevivido, un factum o fatum[2] mío cualquiera. En este aspecto todos mis escritos, con una única pero esencial excepción, hay que *fecharlos con anterioridad* — siempre hablan de un «detrás-de-mí» —: algunos incluso, como

---

[1] «Ego ipsissimus»: yo mismísimo (con el superlativo en género masculino); «ego ipsissimum»: yo mismísimo (con el superlativo neutro), quizás en el sentido de «el yo mismísimo».
[2] «un hecho o hado».

las tres primeras *Consideraciones intempestivas*, aún antes de la época de la génesis y vivencia de un libro publicado previamente (el *Nacimiento de la tragedia* en este caso: lo que no se le escapará a quien observe y compare con finura). Ese desahogo airado contra la germanería, la comodidad y el desastrado lenguaje de un envejecido David Strauss, el contenido de la primera *Intempestiva*, daba aire a unos estados de ánimo que me habían acompañado desde mucho antes, desde estudiante en medio de la cultura y el filisteísmo cultural alemanes (reivindico la paternidad del término, hoy tan usado y abusado, «filisteo cultural»[3] —); y lo que dije contra la «enfermedad historicista», lo dije como alguien que lenta y trabajosamente había aprendido a curarse de ella, y que en absoluto tenía intención de renunciar en adelante a la «historia», porque cierta vez había sufrido de ella. Cuando luego, en la tercera *Consideración intempestiva*, expresé mi veneración hacia mi primer y único educador, hacia el *gran* Arthur Schopenhauer — hoy lo expresaría en términos aún más fuertes y más personales —, me encontraba ya, en cuanto a mi propia personalidad, en un escepticismo y disolución morales, *esto es, tanto en la crítica como en la profundización de todo pesimismo habido hasta ahora* —, y ya no creía «en nada», como dice el pueblo, tampoco en Schopenhauer: en ese tiempo precisamente nació un escrito mantenido en secreto «Sobre verdad y mentira en sentido extramoral». Incluso mi discurso triunfal y de homenaje en honor a Richard Wagner con ocasión de su triunfo en Bayreuth en 1876 — Bayreuth es la victoria más grande que nunca un artista ha conseguido —, una obra que lleva consigo la más fuerte *apariencia* de «actualidad», fue en el fondo un homenaje, un gesto de gratitud hacia un trozo de mi pasado, hacia el período de bonanza más bello, pero también más peligroso de mi viaje... y en efecto fue una separación, una despedida. (¿Acaso el mismo Richard Wagner se engañó respecto a ello? No creo. Mientras se ama, no se pintan retratos como ese; aún no se «observa»,

---

[3] «Bildungsphilister». En realidad, el término había aparecido ya anteriormente en el diccionario etimológico de F. Kluge, *Ethymologisches Wörterbuch der deutschen Sprache*, Berlín, 1860.

uno no se posiciona tanto en la distancia como tiene que hacer el observador. «A la observación le pertenece ya una misteriosa *hostilidad*, la de mirar de frente» — se dice en la pág. 46 de ese escrito[4], con un giro revelador y melancólico, quizá sólo para pocos oídos). El sosiego para *poder* hablar de los largos años intermedios de íntima soledad y privación sólo llegó para mí con el libro *Humano, demasiado humano*, al que va dedicado este segundo alegato y prefacio[5]. En cuanto libro «para espíritus libres», hay en él algo de la casi risueña y curiosa frialdad del psicólogo que tiene una multitud de cosas dolorosas *debajo* de sí y *detrás* de sí, que después todavía las fija para sí y en cierto modo las sujeta *pinchándolas* con alfileres: — ¿acaso hay que asombrarse si, en un trabajo tan pinchoso y difícil, corre a veces un poco de sangre, si el psicólogo tiene sangre en los dedos y no siempre sólo — en los dedos?[6]...

2.

Las *Opiniones y sentencias diversas*, así como *El caminante y su sombra*, fueron publicados primero de manera *separada*, como continuaciones y apéndices de ese humano, demasiado humano «libro para espíritus libres» ya mencionado: y al mismo tiempo como continuación y redoblamiento de una cura espiritual, esto es, del autotratamiento *antirromántico* que mi instinto, permanecido sano, había inventado y me había prescrito contra una enfermedad temporal de la forma más peligrosa de romanticismo. Acójanse a partir de ahora, tras seis años de convalecencia, los mismos escritos *reunidos* como segundo volumen de *Humano, demasiado humano*: quizá, considerados juntos, darán su enseñanza de manera más clara y eficaz, — una *enseñanza de la salud*, que puede ser aconsejada como *disciplina voluntatis*[7] a las naturalezas espirituales de la generación que va naciendo. En ellos habla un pesimista que ha salido de su piel bastante a

---

[4] Cfr. WB, § 7, OC I, p. 829.
[5] Juego de palabras en alemán: «Für- und Vorwort».
[6] Cfr. la redacción previa en FP IV, 6[4].
[7] «Disciplina de la voluntad».

menudo, pero que siempre ha vuelto a entrar en ella, por tanto un pesimista con la buena voluntad *de* pesimismo, — y por ello, en todo caso, ya no un romántico: ¿cómo? ¿acaso a un espíritu tal, versado en el arte serpentino de *mudar la piel*, no debería estarle permitido dar una lección a los pesimistas de hoy, que están aún todos en el peligro del romanticismo? ¿Y, como mínimo, mostrarles cómo — se *hace*?...

3.

— De hecho, entonces era más que nunca el momento de *despedirme*: y pronto recibí la prueba de ello. Richard Wagner, en apariencia el más victorioso, en realidad un romántico desesperado que se había vuelto marchito y, se prosternó de repente, mísero y derrumbado, ante la cruz cristiana... ¿Ningún alemán tuvo entonces ojos en la frente y piedad en la conciencia para ese tremendo espectáculo? ¿Fui el único — en *sufrir* por ello? Basta, este acontecimiento inesperado iluminó con la claridad de un relámpago el lugar que había abandonado, — y me produjo también ese miedo retrasado que experimenta todo aquel que ha corrido un monstruoso peligro sin saberlo. Cuando volví a caminar solo, temblaba; no mucho después me puse enfermo, más que enfermo, pues estaba cansado por la incurable desilusión por todo lo que a nosotros, hombres modernos, nos quedaba para entusiasmarnos, por el general despilfarro de fuerza, trabajo, esperanza, juventud, amor; cansado por la repugnancia frente a lo femenino, fanático y descompuesto de este romanticismo, frente a toda la mentira y el reblandecimiento de conciencia idealistas, que una vez más habían conseguido la victoria sobre uno de los más valientes; cansado al fin, y no en menor medida, por el tormento de una sospecha implacable, — de que yo, tras esta desilusión, estuviese condenado a una desconfianza más profunda, a un desprecio más profundo y a una soledad más profunda que nunca. Mi *tarea* — ¿adónde se había ido? ¿Cómo? ¿No parecía ahora quizá que mi tarea se alejaba de mí, y que yo por algún tiempo ya no habría tenido derecho a ella? ¿Qué hacer para soportar *esta* enorme privación? — Comencé por *prohibirme* escrupulosamente y por principio toda música romántica, este arte ambiguo, fanfarrón y sofocante, que le quita al espíritu rigor y vivacidad y hace proliferar todo tipo de turbia nostalgia, de hinchada avidez. «Cave musicam»[8] es aun hoy mi consejo a todo aquellos que son lo bastante hombre como para estimar la limpieza en las cosas del espíritu; esa música enerva, reblandece, afemina, su «eterno femenino» *nos* arrastra — ¡hacia abajo!... *Contra* la música romántica se dirigió entonces mi primera desconfianza, mi inmediata cautela; y si acaso esperaba aún algo de la música, era expectante de que pudiese venir un músico audaz, sutil, malicioso, meridional, y tan sano como para *tomarse una venganza* contra esa música de una manera inmortal. —

4.

Sólo a partir de ahora y con una mala desconfianza hacia mí mismo, no sin ira, tomé partido *contra* mí y *a favor* de todo aquello que precisamente *a mí* me resultaba doloroso y duro: — así reencontré la vía hacia ese valeroso pesimismo que es el opuesto a toda la mendacidad romántica y, como quiero creer hoy, la vía hacia «mí» mismo, hacia *mi* tarea. Ese algo oculto e imperioso, para lo que durante mucho tiempo no tenemos ningún nombre, hasta que por fin se revela como nuestra *tarea,* — ese tirano que hay en nosotros se toma una terrible revancha por cada uno de nuestros intentos de evitarlo o rehuirlo, por cada prematura resignación, por cada equiparación con aquellos a los que no pertenecemos, por cada actividad, aun digna de estima, que nos aparte de nuestra causa principal, e incluso por cada virtud que pueda preservarnos de la dureza de nuestra responsabilidad más propia. Enfermedad es la respuesta cada vez que nos empeñamos en dudar de nuestro derecho a *nuestra* tarea, — cuando empezamos a hacernos las cosas más fáciles en un punto cualquiera. ¡Extraño y terrible a

---

[8] «Cuidado con la música».

la vez! ¡Son nuestros *aligeramientos* los que tenemos que pagar más duramente! Y si luego queremos volver a la salud, no nos queda otra elección: tenemos que cargar con *más peso* de lo que habíamos hecho antes...

5.

— Entonces aprendí por primera vez ese hablar de ermitaño que sólo saben los más silenciosos y los que más sufren: hablé, sin testigos o más bien indiferente a ellos, para no sufrir por el silencio, sólo hablé de cosas que no me atañían, pero como si de alguna manera me atañesen. Entonces aprendí el arte de *mostrarme* sereno, objetivo, curioso y sobre todo sano y malicioso, — ¿y en un enfermo, así me parece, no es éste su «buen gusto»? No obstante, a una vista y una sensibilidad más aguzadas no se les escapa lo que acaso constituya la fascinación de estos escritos, — que aquí habla uno que sufre y renuncia, como si *no* fuese uno que sufre y renuncia. Aquí se *debe* conservar el equilibrio, el sosiego, incluso la gratitud hacia la vida; aquí domina una voluntad severa, orgullosa, siempre despierta, siempre lista a ser estimulada, que se ha puesto la tarea de defender la vida *contra* el dolor y de doblar y romper todas las conclusiones que, como hongos venenosos, suelen crecer desde el dolor, la desilusión, el hastío, el aislamiento y otros terrenos cenagosos. ¿Acaso esto les sugerirá precisamente a nuestros pesimistas algún autoexamen? — porque fue entonces que hice mío el lema: «¡Quien sufre *no tiene ningún derecho* al pesimismo!», fue entonces que conduje conmigo mismo una larga y paciente campaña contra la tendencia de fondo anticientífica de todo pesimismo romántico, engrandecer e interpretar experiencias personales particulares como juicios generales, incluso como condenas universales... en breve, entonces volví la mirada a mi *alrededor*. Optimismo con el fin de restablecerme, para *poder* alguna vez ser pesimista de nuevo — ¿lo entendéis? Igual que el médico pone su paciente en un ambiente totalmente extraño, para que se vea apartado de todo su «hasta ahora», de las preocupaciones, los amigos, las cartas, las obligaciones, las estupideces y los tormentos de la memoria, y aprenda a extender las manos y los sentidos hacia una nueva alimentación, un nuevo sol, un nuevo futuro, así me obligué yo, médico y enfermo en la misma persona, a un invertido, nunca experimentado *clima del alma*, y sobre todo a una divagadora peregrinación en tierra extranjera, en *lo* extranjero, a una curiosidad por toda clase de cosas extrañas... Siguió un largo vagabundear, buscar, cambiar, una aversión por toda inmovilidad, por todo torpe afirmar y negar; y así también una dieta y disciplina que facilitasen al máximo al espíritu el correr lejos, el volar alto, y sobre todo el volar una y otra vez fuera. En realidad, un mínimo de vida, un desvincularse de todos los deseos más toscos, una independencia en toda clase de adversidades exteriores, junto al orgullo de *poder* vivir en esta adversidad; acaso un poco de cinismo, un poco de «tonel», pero también sin duda mucha felicidad de grillo, buen humor de grillo, mucho silencio, luz, sutil locura, oculto entusiasmo — todo ello produjo al fin un gran fortalecimiento espiritual, un creciente placer y plenitud de salud. La vida misma nos *recompensa* por nuestra tenaz voluntad de vida, por una guerra tan larga, como esa que conduje entonces conmigo mismo contra el pesimismo del cansancio de vivir, también por cada atenta mirada de nuestra gratitud, que no deja que se le escapen los más pequeños, tiernos y fugaces dones de la vida. Al final recibimos a cambio sus *grandes* dones, y quizá también el mayor don que puede darnos — nos viene devuelta *nuestra tarea.* — —

6.

— La experiencia vivida por mí—la historia de una enfermedad y una curación, porque concluyó con una curación — ¿habría sido sólo una experiencia personal mía? ¿y sólo *mi* «humano, demasiado humano»? Hoy me gustaría creer lo contrario; cada vez crece más en mí la confianza en que mis libros de peregrinaje no fueron anotados sólo para mí, como hasta ahora parecía. — ¿Puedo ya, tras seis años de creciente confianza, volver a ponerlos en viaje para un experimento? ¿Puedo aconsejarlos en particular al corazón y a los oídos de aquellos que están afectados por algún pasado, y en los cuales queda aún el suficiente espíritu para que sigan sufriendo del *espíritu* de ese pasado? Pero sobre todo a *vosotros*, que tenéis las mayores dificultades, vosotros raros, vosotros los más amenazados, más espirituales, más valientes, que tenéis que ser la *conciencia* del alma moderna y que como tales tenéis que tener su *saber*, en los que se reúne todo aquello que hoy puede existir de enfermedad, veneno y peligro, — vuestro destino quiere que estéis más enfermos que cualquier otro individuo, porque no sois «*sólo* individuos»..., vuestro consuelo es el de conocer y, ¡ay!, el de recorrer el camino hacia una *nueva* salud, una salud de mañana y pasado mañana, vosotros predestinados, victoriosos, superadores del tiempo, vosotros los más sanos, más fuertes, vosotros ¡*buenos europeos*! — —

7.

— Quiero al fin poner todavía en una fórmula mi oposición al *pesimismo romántico*, es decir, al pesimismo de los carentes, los fallidos, los vencidos: existe una voluntad de tragicidad y pesimismo que es signo tanto de rigor como de fuerza del entendimiento (gusto, sentimiento, conciencia moral). Con esta voluntad en el pecho, no se teme a lo terrible y problemático propio de toda existencia: incluso se busca. Tras esa voluntad está el valor, el orgullo, el deseo de un *gran* enemigo. — Esta fue desde el principio *mi* perspectiva pesimista: ¿perspectiva nueva, me parece? ¿tanto que aún hoy es nueva y extraña? Hasta este momento yo me atengo firmemente a ella, y, si queréis creerme, tanto *para* mí cuanto, al menos a veces, *contra* mí... ¿Queréis verlo demostrado antes? ¿Pero este largo prefacio qué habría — demostrado si no?

Sils-Maria, Alta Engadina,
en septiembre de 1886

PRIMERA SECCIÓN

Opiniones y sentencias diversas

1.

A los desilusionados de la filosofía[9]. — Si hasta el momento habéis creído en el altísimo valor de la vida y ahora os habéis desilusionado, ¿acaso debe ser vendida inmediatamente al precio más bajo?

2.

Viciados. — Nos podemos enviciar con la claridad de las ideas también: ¡qué molesto se hace entonces el contacto con las personas que son claras solo a medias, brumosas, con aspiraciones y presentimientos! ¡Qué efecto tan ridículo, pero tan poco divertido, producen con su eterno revolotear e intentar apresar, sin saber volar ni apresar!

3.

Los pretendientes de la realidad. — Quien al final se da cuenta de cuánto y durante cuánto tiempo ha sido engañado, abraza por despecho incluso la realidad más fea: de modo que a

[9] Cfr. FP II, 1.ª, 29[55].

esta, considerando el curso general del mundo, le han tocado siempre los mejores pretendientes — pues los mejores se han visto siempre más engañados y durante más tiempo.

4.

Progreso de la libertad de pensamiento. — No hay mejor manera de aclarar la diferencia entre la libertad de pensamiento de ayer y la de hoy, que recordando aquella sentencia que para ser admitida y expresada necesitó toda la intrepidez del siglo pasado y que, sin embargo, medida según la mentalidad de hoy, parece una inocente ingenuidad — esto es, la sentencia de Voltaire: «Croyez-moi, mon ami, l'erreur aussi a son mérite»[10].

5.

Un pecado original de los filósofos. — Los filósofos se han apropiado en todas las épocas de las tesis de todos los examinadores del ser humano (moralistas) y las han *corrompido*, tomándolas en un sentido absoluto y queriendo demostrar como necesario lo que estos solo entendían como una indicación aproximada o incluso como verdad solo de un decenio, para cierto país o cierta ciudad — y precisamente por ello los filósofos creían elevarse por encima de los moralistas. Así, en la base de la famosa doctrina de Schopenhauer acerca del primado de la voluntad sobre el entendimiento, sobre la inmutabilidad del carácter y sobre la negatividad del placer — todas ellas, tal como las entendía, son errores — se descubrirán sentencias populares enunciadas por moralistas. La misma palabra «voluntad», que Schopenhauer trasformó para indicar en su

---

[10] «Creedme, amigo mío, el error también tiene su parte de mérito». Debió leer esta frase en las cartas de Voltaire, pero donde aparece claramente citada es en el ensayo de Ralph Waldo Emerson, *La conducta de la vida* (ed. J. Alcoriza y A. Lastra, Valencia, Pre-Textos, 2004, «Consideraciones tempestivas», p. 202), una lectura asidua desde su juventud en la traducción alemana: *Die Führung des Lebens. Gedanken und Studie*n, tr. E. S. von Mühlberg, Leipzig, 1862.

conjunto muchos estados humanos, y con la que llenó un vacío en la lengua, para su grandísimo beneficio personal como moralista — pues así se veía libre de hablar de «voluntad» como lo había hecho Pascal —, la misma «voluntad» de Schopenhauer se ha convertido, en manos de su autor, a causa de su furor filosófico por generalizar, en una desgracia para la ciencia: pues esta voluntad es una metáfora poética cuando se afirma que en la naturaleza todas las cosas poseen voluntad; en fin, de ella se ha abusado por una falsa cosificación, con el fin de aplicarla a toda clase de excesos místicos — y todos los filósofos de moda repiten, y parecen saberlo muy bien, que todas las cosas tienen voluntad, más aún, que son esta voluntad única (lo que, según la descripción que se hace de esta voluntad única y general, no significa más que querer tener como dios a un *diablo tonto*).

6.

Contra los que fantasean. — Los que fantasean reniegan de la verdad ante sí mismos, el mentiroso solo ante los demás.

7.

Aversión a la luz. — Cuando se le explica a alguien que, en sentido estricto, no puede nunca hablar de verdad sino solo de verosimilitud y de sus grados, normalmente se descubre, en la alegría que revela la persona a la que se le ha enseñado esto, cuánto prefieren los hombres un horizonte intelectual incierto y cuánto *odian*, en el fondo de su alma, la verdad a causa de su determinación. — ¿Acaso deriva del hecho de que todos ellos temen secretamente que algún día caiga sobre ellos, con demasiada claridad, la luz de la verdad? ¿Quieren significar algo y en consecuencia no se debe saber exactamente qué *son* ellos? ¿O acaso es solo el temor a la luz demasiado clara, a la que sus almas crepusculares de murciélagos, fáciles de cegar, no están acostumbradas, de modo que se ven obligadas a odiarla?

8.

Escepticismo cristiano. — Pilatos, con su pregunta «¿qué es la verdad?»[11], es presentado hoy de buena gana como abogado de Cristo, para sospechar como algo ilusorio todo lo conocido y conocible, y sobre el horrendo trasfondo del no-poder-saber se yerga la cruz.

9.

«Ley natural»: una palabra supersticiosa. — Cuando con tanto entusiasmo habláis sobre cómo la naturaleza se regula según una ley, o bien suponéis que en la naturaleza todas las cosas siguen su propia ley a partir de una libre obediencia, sometiéndose a ella por sí mismas — en cuyo caso estáis admirando la moralidad de la naturaleza —, o bien os fascina la idea de un creador mecánico que ha hecho el reloj más artístico y lo ha adornado de seres vivos. — Con la expresión «legalidad», la necesidad de la naturaleza se vuelve más humana y un último refugio para las ensoñaciones mitológicas.

10.

A merced de la historia. — A los filósofos del velo y ofuscadores del mundo, es decir, a todos los metafísicos de mala o buena estofa les entra dolor de ojos, oídos y dientes, cuando empiezan a sospechar que la tesis «desde ahora toda la filosofía ha quedado a merced de la historia» tiene su verdad. Hay que perdonarles si, a causa de sus *dolores,* arrojan piedras y basura contra quien así habla: aunque por ello la misma teoría pueda volverse por cierto tiempo sucia y mísera y perder parte de su eficacia.

---

[11] *Juan,* 18, 38.

11.

El pesimista del entendimiento. — La persona realmente libre de espíritu también pensará de manera libre sobre el espíritu y no se ocultará a sí misma cuánto de terrible hay en el manantial y en el curso del espíritu. Acaso por esto los demás la señalarán como el peor enemigo del libre pensamiento, y la llamarán, con desprecio y espanto, un «pesimista del entendimiento»; acostumbrados como están a calificar a alguien, no según la excelencia de su fuerza o virtud, sino según lo que les resulta más extraño en él.

12.

La mochila de los metafísicos. — A todos aquellos que presumen tanto de la cientificidad de su metafísica no se les debe responder en absoluto; basta tirar de la mochila que, con tanta timidez, llevan escondida tras la espalda; si se consigue abrirla, salen a la luz, para su vergüenza, los resultados de esa cientificidad: un pequeño y querido dios y señor, una graciosa inmortalidad, quizás un poco de espiritismo y en todo caso todo un intrincado montón de miseria de pobres pecadores y de altanería farisea.

13.

Nocividad ocasional del conocimiento. — La utilidad aportada por la búsqueda absoluta de la verdad sigue demostrándose de tantas y tan variadas maneras que sin duda hay que aceptar también esa nocividad más rara y sutil a la que los individuos se ven expuestos por su causa. No se puede impedir que el químico, en sus experimentos, a veces se intoxique o se queme. — Lo dicho para el químico vale también para toda nuestra cultura: y de ello se deduce claramente, dicho como inciso, cuánto tiene que preocuparse por los bálsamos para las quemaduras y por tener siempre a mano los antídotos.

14.

Necesidades de filisteo. — El filisteo considera que tiene una necesidad enorme de un andrajo purpúreo o de un turbante de metafísica, y no quiere por nada del mundo que se le escape: y sin embargo, sin este ornato resultaría menos ridículo.

15.

Los fanáticos. — Con todo lo que dicen a favor de su evangelio o de su maestro, los fanáticos en realidad se defienden a sí mismos, por mucho que adopten incluso las poses de juez (y no de acusado); pues involuntariamente y casi en cada instante se les está recordando que son excepciones que necesitan legitimarse.

16.

Lo bueno seduce a vivir. — Todas las cosas buenas son potentes incentivos para vivir, incluso todo buen libro escrito contra la vida.

17.

Felicidad del historiador. — «Cuando oímos hablar a los metafísicos sutiles y transmundanos[12], nosotros nos sentimos desde luego como los «pobres de espíritu»[13], pero también como los poseedores del reino celeste del cambio, con primavera y otoño, verano e invierno, mientras que el suyo es el trasmundo, con sus nieblas y sus grises sombras, frías, infinitas». — Así se decía alguien a sí mismo paseando bajo el sol de la mañana:

---

[12] Cfr. Za I, «De los trasmundanos». «Hinterweltler» es la traducción literal alemana del término griego «metafísica». Además, presenta una clara asonancia con el término de uso común «Hinterwäldler», que significa «habitante del Hinterwald (bosque virgen)», pero también «hombre primitivo, inculto». Cfr. H. Weichelt, *F. Nietzsche: Also Sprach Zarathustra. Erklärt und gewürdigt*, Leipzig, Dürr, 1910, p. 13.
[13] Cfr. *Mateo*, 5, 3.

alguien a quien, con el estudio de la historia, se le trasforma una y otra vez no solo el entendimiento sino también el corazón, y que a diferencia de los metafísicos, está contento de albergar dentro de sí, no «un alma inmortal», sino *muchas almas mortales*.

18.

Tres clases de pensadores[14]. — Hay manantiales minerales que irrumpen, otros que fluyen y otros que gotean; asimismo existen tres clases de pensadores. El profano los valora según su cantidad de agua, el conocedor según el contenido de sus aguas, es decir, según aquello que en ellos precisamente *no* es agua.

19.

La imagen de la vida. — La tarea de pintar *la* imagen *de la* vida, por mucho que haya sido planteada por poetas y filósofos, sigue siendo no obstante absurda: incluso de manos de los más grandes pensadores-pintores no han salido más que cuadros y cuadritos *de una* vida, es decir, de la suya — y no es posible que sea de otra manera. En lo cambiante, lo que cambia no puede reflejarse como algo fijo e inmutable, como un «algo».

20.

La verdad no quiere otros dioses junto a sí. — La fe en la verdad comienza con la duda sobre todas las «verdades» creídas hasta ese momento.

21.

Sobre qué se exige silencio. — Cuando se habla de libertad de espíritu como de una peligrosísima excursión a través de glaciares y mares de hielo, los que no quieren recorrer este cami-

---

[14] Cfr. FP II, 1.ª, 23[40].

no se ofenden, como si se les recriminara timidez o piernas débiles. En nuestra presencia ni siquiera se debe nombrar la dificultad que no somos capaces de afrontar.

22.

Historia in nuce[15]. — La parodia más seria que he oído nunca es esta: «En el principio era el sinsentido, ¡y el sinsentido *existía*, por Dios! y Dios (divinamente) era el sinsentido»[16].

23.

Incurable[17]. — Un idealista es incorregible: si se le arroja de su cielo, se confecciona un ideal con el infierno. ¡Hágase que se desengañe y obsérvese lo que ocurre! — abrazará la desilusión con el mismo fervor con el que antes abrazaba la esperanza. Como esta inclinación forma parte de las grandes e incurables inclinaciones de la naturaleza humana, él puede llegar a ser la causa de destinos trágicos y más tarde él mismo hacerse objeto de las tragedias: estas tratan precisamente de cuanto hay de incurable, inevitable, ineluctable en el destino y en el carácter del hombre.

24.

El aplauso mismo como continuación del espectáculo. — Una mirada radiante y una sonrisa benevolente son el tipo de aplauso que se le tributa a la gran comedia de la vida y de la existencia, — pero al mismo tiempo son una comedia dentro de

---

[15] «Historia en germen».
[16] Parodia de *Juan*, 1, 1, sustituyendo *lógos* (*Wort*, Verbo) por sinsentido (*Unsinn*). Además, la cláusula «¡y el sinsentido *existía*, por Dios!» (*und der Unsinn war, bei Gott!*) procede de una mínima alteración (introduciendo una coma) de la más cercana al original «y el sinsentido era en Dios».
[17] FP II, 1.ª, 29[1].

la comedia, que debe inducir a los otros espectadores al «plaudite amici»[18].

25.

Valor para el aburrimiento. — Quien no tiene el valor de dejar que parezcan aburridos tanto su obra como él mismo, sin duda no es un espíritu de primer rango, ni en las artes ni en la ciencia. — Un burlón, en el caso raro de que fuese también un pensador, podría añadir mirando al mundo y a la historia: «Dios carece de este valor: ha querido hacer, y lo ha conseguido, que todas las cosas sean demasiado interesantes».

26.

De la experiencia íntima del pensador. — No hay nada que al hombre le resulte más difícil que pensar algo de manera impersonal: quiero decir, ver en ello precisamente una cosa y *no una persona*: más aún, habría que preguntarse si en general puede frenar, aunque fuese por un instante, el mecanismo de su instinto de representar e inventar personas. Incluso los *pensamientos*, aunque sean los más abstractos, los trata como si fuesen individuos con los que debe luchar o tener compañía, que debe proteger, cuidar y alimentar. Espiémonos y escuchémonos a nosotros mismos en los momentos en los que oímos o encontramos una tesis nueva para nosotros. Quizás no nos guste porque se nos presenta tan terca, tan despótica: inconscientemente nos preguntamos si no es posible ponerle al lado, como enemiga suya, a una contraria, si no podemos engancharle un «quizás», un «tal vez»; incluso la palabra «probablemente» nos proporciona satisfacción porque rompe la pesada tiranía de lo incondicional. Si en cambio esa nueva tesis se insinúa de manera más suave, sutilmente tolerante y humilde,

---

[18] «Aplaudid, amigos.» Las últimas palabras de Augusto, según Suetonio, *Vida de los doce césares*, ed. A. Ramírez de Verger y M.ª Agudo Cubas, Madrid, Gredos, 1992, vol. I, libro II, «El divino Augusto», 99, 1, p. 284.

y cae con facilidad en contradicciones, ponemos a prueba de otra manera nuestro autoritarismo: ¿cómo no podemos ir en ayuda de ese ser débil, acariciarlo y alimentarlo, darle vigor y plenitud, darle verdad e incluso incondicionalidad? — ¿Es posible comportarnos con él de manera paterna, caballerosa o compasiva? — O bien, vemos un juicio aquí y otro allí, lejos uno de otro, que no se miran, que no dan un paso para aproximarse: entonces se nos ocurre la idea de si aquí no se puede arreglar matrimonio, sacar una *conclusión*, con el presentimiento de que de esta conclusión nacerá una descendencia, y el honor no solo recaerá en los dos juicios unidos en matrimonio sino también en el casamentero que ha conseguido esa unión. Pero si contra un pensamiento no se puede demostrar nada, ni por la vía de la crítica y la malquerencia, ni por la vía de la benevolencia (cuando se lo considera *verdadero* —), entonces nos sometemos a él y se le rinde honores como a un jefe o a un duque, se le confiere un puesto de honor y no se habla nunca de él sin pompa y orgullo: porque en *su* esplendor también resplandecemos nosotros. ¡Ay del que quiera enturbiarlo! A menos que ese pensamiento mismo no se vuelva algún día peligroso para nosotros: entonces nosotros, incansables «hacedores de reyes» (*king-makers*) de la historia del espíritu, lo echaremos del trono y coronaremos en seguida a su adversario. Medítese sobre ello y con el pensamiento váyase un poco más allá: ¡sin duda nadie hablará más de un «instinto del conocimiento en sí y para sí»! — ¿Por qué entonces el hombre prefiere lo *verdadero* a lo no verdadero en esta lucha secreta con pensamientos-personas, en estos arreglos matrimoniales que en su mayor parte permanecen ocultos, en este fundar suyo de pensamientos-Estado, criar pensamientos-niño, curar pensamientos-pobres y pensamientos-enfermos? Por la misma razón que en su relación con personas reales practica la *justicia*: hoy por costumbre, herencia, educación, *en origen* porque lo verdadero — como lo honesto y lo justo — era *más útil y honorífico* que lo no verdadero. Pues en el reino del pensamiento es muy difícil que puedan afirmarse el *poder* y la *fama* basados en el error y la mentira: la sensación de que antes o después el edificio pueda venirse abajo es humillante para la percepción que el constructor tiene de sí; se avergüenza de la fragilidad de su material y, puesto que se considera *a sí mismo como más importante* que el resto del mundo, no querría hacer nada que no fuese *más duradero* que el resto del mundo. En su deseo de verdad abraza la fe en la inmortalidad personal, esto es: el pensamiento más arrogante y petulante que exista, hermanado como está al pensamiento secreto «pereat mundus, dum ego salvus sim!»[19] Su obra se trasforma en su *ego* y él mismo se trasforma en algo duradero que lo desafía todo. Es su desmedido orgullo el que solo quiere, para su obra, las piedras mejores y más duras, es decir, la verdad o lo que considera como tal. Con razón la *arrogancia* ha sido definida en todos los tiempos como «el vicio de los sabios», — pero sin el impulso motor de este vicio, la verdad y su afirmación sobre la tierra caerían en un mísero estado. En el hecho de que nosotros *tememos* a nuestros pensamientos, nuestras ideas, nuestras palabras, pero a la vez con ellos nos honramos *a nosotros mismos* e inconscientemente les atribuimos la fuerza de premiarnos, despreciarnos, alabarnos y criticarnos; en el hecho de que, por tanto, nos comportamos con ellos como con personas dotadas de libre pensamiento, con potencias independientes, de iguales a iguales — en todo ello tiene su origen ese singular fenómeno que he llamado «conciencia intelectual». — Así también en este caso, desde una oscura raíz ha florecido algo de la más elevada especie moral.

27.

Los oscurantistas[20]. — En la magia negra del oscurantismo, lo esencial no es que este quiera oscurecer las mentes sino ennegrecer la imagen del mundo, *oscurecer* nuestra *idea de la*

---

[19] «Que perezca el mundo, mientras yo me salve», cfr. A. Schopenhauer, *Los dos problemas fundamentales de la ética*, ed. P. López de Santa María, Madrid, Siglo XXI, 2002, «Sobre el fundamento de la moral», § 22, p. 289; y *Parerga y paralipomena II*, ed. P. López de Santa María, Madrid, Trotta, 2009, cap. VIII, § 115, p. 240.

[20] Cfr. FP II, 1.ª, 32[4].

existencia. Con tal fin a menudo utiliza el medio de repeler el esclarecimiento de los espíritus; pero a veces se sirve justamente del opuesto y con el supremo afinamiento intelectual intenta suscitar el *disgusto* frente a sus propios frutos. Los metafísicos ingeniosos que preparan el escepticismo y con su perspicacia exasperada empujan a desconfiar de la misma perspicacia son instrumentos muy útiles al servicio de un oscurantismo refinado. — ¿Es posible que el mismo Kant sea empleado en este sentido? Más aún ¿que él, según su propia vergonzosa declaración, *haya querido* algo parecido, al menos en cierta época: abrirle el camino a la *fe*, mostrando sus límites al *saber*[21]? — Lo que sin duda no han conseguido ni él ni aquellos que lo han seguido por los caminos de lobos y zorros de este oscurantismo refinadísimo y peligroso, el más peligroso: pues la magia negra se nos presenta aquí bajo un tul de luz.

28.

Con qué especie de filosofía el arte se arruina. — Cuando las nieblas de una filosofía místico-metafísica consigan que todos los fenómenos estéticos se vuelvan *impenetrables,* entonces tampoco serán valorables entre sí, al volverse cada uno inexplicable. Pero si ya no pueden ser comparados entre ellos para ser valorados, se acaba por dar lugar a la total *ausencia de crítica,* a un ciego dejar hacer: y a partir de aquí, a su vez, a una progresiva disminución del goce que proporciona el arte (al que solo se distingue de la brutal satisfacción de una necesidad un degustar y distinguir extremadamente sutil). Pero cuanto más disminuya el goce, tanto más el deseo de arte se trasformará, involucionando, en vulgar hambre, al que el artista intentará remediar con alimentos cada vez más burdos.

---

[21] Cfr. «Tuve, pues, que suprimir el saber para dejar sitio a la fe», I. Kant, *Crítica de la razón pura,* ed. P. Ribas, Madrid, Alfaguara, 1988, «Prólogo a la segunda edición», p. 27 (B XXX).

29.

En el Getsemaní. — Lo más doloroso que el pensador puede decir a los artistas es: «¿Entonces ni siquiera podéis *velar* una hora *conmigo*?»[22]

30.

Al telar. — A los pocos que experimentan alegría deshilvanando el tejido de las cosas y deshaciendo su entramado, muchos les oponen el trabajo contrario (por ejemplo, todos los artistas y todas las mujeres), el de volver a anudarlo y entretejerlo una y otra vez, trasformando así lo comprendido en incomprendido, y posiblemente en incomprensible. Sea lo que sea que resulte de ello — lo que ha sido tejido y anudado parecerá siempre un poco sucio, porque lo trabajan y lo confeccionan demasiadas manos.

31.

En el desierto de la ciencia[23]. — En sus modestas y fatigosas peregrinaciones, que muy a menudo se convierten en viajes por el desierto, al hombre de ciencia se le aparecen esos espléndidos fenómenos atmosféricos que se llaman «sistemas filosóficos»: con la mágica fuerza del engaño le señalan ahí cerca la solución de todos los enigmas y el más fresco manantial del agua verdadera de la vida; el corazón se deleita, y el fatigado siente ya casi tocar con los labios la meta de toda perseverancia y todo esfuerzo científico y sin quererlo se lanza de un salto. En cambio, otras naturalezas se detienen, como deslumbradas por esa bella ilusión: el desierto las engulle y para la ciencia están como muertas. A su vez, otras naturalezas que ya han experimentado a menudo esos consuelos subjetivos se irritan al máximo y maldicen el sabor salino que han dejado en su

---

[22] Cfr. *Mateo*, 29, 40.
[23] Cfr. FP II, 1.ª, 21[46].

boca esas apariciones y les provoca una sed ardiente — sin que se hayan acercado ni un solo paso a ningún manantial.

32.

La presunta «realidad real». — Cuando el poeta retrata los distintos oficios, como los de general, tejedor de seda o marinero, actúa como si conociese a fondo estas cosas y fuese un *entendido*; más aún, al exponer las acciones y destinos humanos se comporta como alguien que hubiese estado presente en el momento en que fue tejida toda la red de los mundos; en este sentido es un impostor. En realidad, engaña a todos los *no-entendidos* — pero le sale bien: ellos le rinden honores por su auténtico y profundo saber y al final lo inducen a la ilusión de conocer realmente las cosas tan bien como todos los conocedores y hacedores, incluso tanto como la gran araña del mundo. Por tanto, al final el impostor se vuelve sincero y cree en su propia veracidad. Más aún, las personas sensibles le dicen a la cara que él posee una verdad y veracidad *superior,* — pues a veces se cansan de la verdad y consideran el sueño de la poesía como una noche y una saludable relajación para la mente y el corazón. Lo que les muestra este sueño les parece ahora de más valor, pues, como hemos dicho, lo sienten más saludable: y los hombres siempre han pensado que lo que parece tener más valor, es también lo más verdadero, lo más real. *Conscientes* de este poder, los poetas buscan deliberadamente calumniar lo que normalmente es considerado verdad, para trasformarlo en algo incierto, aparente, artificial, lleno de pecado, dolor y engaño; aprovechan todas las dudas sobre los límites del conocimiento, todos los excesos del escepticismo para extender sobre las cosas el arrugado velo de lo incierto: con el fin de que, tras este ofuscamiento, sus hechizos y sus encantamientos de almas sean entendidos, sin dudarlo, como el camino hacia la «verdad verdadera» y la «realidad real»[24].

---

[24] Cfr. Za IV, «El mago».

33.

Querer ser justos o querer ser jueces[25]. — Schopenhauer, cuyo gran conocimiento de lo humano y demasiado humano, su originario sentido de los hechos, padeció no poco por el multicolor manto de leopardo de su metafísica (del que hay que despojarlo antes, para descubrir debajo al verdadero genio moralista), — Schopenhauer hizo esa excelente distinción con la que tiene mucha más razón de cuanto está contenido en las tesis que formuló: «La comprensión de la estricta necesidad de las acciones humanas es la frontera que separa las mentes *filosóficas* de las *demás*»[26]. Esta potente comprensión, a la que se abrió de vez en cuando, la contrarrestó con ese prejuicio que aún tenía en común con las personas morales (*no* con los moralistas), y que así expresa con toda fe e inocencia: «La última, verdadera explicación de la íntima esencia de la totalidad de las cosas tiene que estar necesariamente en estrecha conexión con la del significado ético del actuar humano»[27], — tesis en absoluto «necesaria» sino que, por el contrario, es negada por la proposición anterior de la necesidad de las acciones humanas, es decir, sobre la absoluta ausencia de libertad y de responsabilidad del querer. Por tanto, las mentes filosóficas se distinguen de las demás por no creer en el significado metafísico de la moral: lo que podría abrir entre ellas un abismo tan profundo e infranqueable, que ese otro tan criticado que se da hoy en día, entre persona «culta» e «inculta», parecería una pálida imagen[28]. Sin duda hay que reconocer que son inútiles las distintas escapatorias que las «mentes filosóficas», como el mismo Schopenhauer, se han dejado abiertas: *ninguna* conduce al exterior, al aire de la voluntad libre; y *cada una* de ellas, a través de la cuales nos hemos colado hasta ahora, ha mostrado alguna vez el broncíneo muro del hado: nosotros *estamos* en prisión y solo

---

[25] Cfr. FP II, 1.a, 23[37].
[26] A. Schopenhauer, *Los dos problemas fundamentales de la ética, op. cit.*, «Sobre el fundamento de la moral», § 11, p. 209.
[27] Ibid., § 1, p. 138.
[28] Cfr. WB, § 10, en OC I, p. 853.

podemos *soñarnos* libres pero no *hacernos* libres. Que ya no sea posible oponerse a esta idea, lo demuestran las posiciones y las manipulaciones desesperadas y rocambolescas de aquellos que aún la atacan y luchan contra ella. — Estos razonan más o menos así: «¿Entonces nadie es responsable? ¿y cómo es que todo está lleno de culpa o de sentimiento de culpa? Pero alguien debe ser el pecador: si es imposible, si ya no es lícito juzgar y acusar al individuo, pobre ola en el necesario juego de olas del devenir, — pues bien: que sea el mismo juego de olas, el devenir, el pecador; aquí está la voluntad libre, aquí se puede acusar, condenar, expiar y purgar; sea entonces *Dios el pecador y el hombre su redentor;* sea entonces la historia del mundo culpa, autocondena y suicidio, y el malhechor vuélvase juez de sí mismo, y el juez verdugo de sí». — Este *cristianismo al revés* — ¿qué si no? — es el *último* asalto en el combate de espadas entre la doctrina de la moralidad absoluta y la de la absoluta ausencia de libertad, — algo horrible si fuese algo más que una *mueca lógica*, que el gesto descompuesto del pensamiento que sucumbe, — casi el espasmo mortífero del corazón que desespera y anhela la salvación, y al que el delirio le susurra: «Ves, tú eres el cordero que carga con el pecado de Dios»[29]. — El error no está solo en sentir «yo soy responsable», sino también en el sentimiento opuesto «no lo soy, pero alguien debe serlo». — Pero precisamente esto no es verdad: el filósofo debe pues decir como Cristo, «¡no juzguéis!»[30], y la última diferencia entre las mentes filosóficas y las demás será que las primeras quieren *ser justas*, y las otras quieren *ser jueces*.

34.

Sacrificio. — ¿Creéis que la característica de la acción moral es el sacrificio? — Pensad entonces si en *toda* acción realizada en virtud de una reflexión, tanto en la peor como en la mejor, acaso hay sacrificio.

---

[29] *Juan*, 1, 29.
[30] *Mateo*, 7, 1.

35.

Contra los censores de la eticidad. — Hay que conocer lo mejor y lo peor de lo que es capaz una persona, al idear y ejecutar, para poder juzgar cuán fuerte es y ha llegado a ser su naturaleza ética. Pero conocer lo primero es imposible.

36.

Diente de serpiente. — El que tengamos o no un diente de serpiente no lo descubrimos hasta que alguien nos pone un pie encima. Una mujer o una madre dirían: antes de que alguien ponga un pie encima a nuestro querido hijo. Nuestro carácter está determinado más por la ausencia de ciertas experiencias que por aquello que experimentamos.

37.

El engaño del amor. — Nos olvidamos de algunas cosas del pasado y las echamos de nuestra mente a propósito: es decir, queremos que nos engañe esa imagen nuestra que nos ilumina desde el pasado, queremos que adule nuestra presunción — trabajamos sin cesar en este autoengaño. — Y entonces vosotros, que habláis y exaltáis tanto el «olvidarse a sí mismo en el amor», el «disolverse del yo en la otra persona», ¿creéis que es algo esencialmente distinto de aquello? Así se rompería el espejo, pues nos imaginamos en la otra persona que admiramos, gozamos de la nueva imagen del propio yo, aunque se le dé el nombre de la otra persona — ¡y todo este proceso *no sería* engaño de sí *ni* egoísmo, para vosotros, ilusos! — Pienso que los que se ocultan *a sí mismos* algo de sí y aquellos que se ocultan a sí mismos como un todo, son iguales en tanto que cometen un *robo* en la cámara del tesoro del conocimiento; y de ello se puede deducir ante qué delito pone en guardia la sentencia «conócete a ti mismo».

38.

Al que niega la propia vanidad. — El que niega la propia vanidad, normalmente la tiene de manera tan brutal como para cerrar instintivamente los ojos ante ella, para no tener que despreciarse a sí mismo.

39.

Por qué los necios se vuelven tantas veces maliciosos. — Frente a las objeciones del adversario contra las que nuestra mente se siente demasiado débil, nuestro corazón responde dudando de los motivos de sus objeciones.

40.

El arte de las excepciones morales. — A un arte que señala y magnifica los casos excepcionales de la moral —aquellos en que el bueno se vuelve malo, y el injusto justo— se le debe prestar atención solo en ocasiones muy contadas: del mismo modo que a los cíngaros solo se les compra de vez en cuando, siempre con el temor de que sustraigan mucho más de cuanto haya sido la ganancia.

41.

Disfrutar o no de los venenos. — El único argumento decisivo que ha retenido siempre a los hombres a la hora de beberse un veneno, no es que mata sino que tiene mal sabor.

42.

El mundo sin sentimiento de pecado. — Si solo se cumpliesen esas acciones que no producen mala conciencia, el mundo humano seguiría mostrándose bastante malo y canallesco: pero no tan enfermo y mísero como ahora. — En todos los tiempos han vivido bastantes malvados *sin* conciencia; y a muchas personas buenas y serias les falta el placentero sentimiento de la buena conciencia.

43.

Los concienzudos. — Es más cómodo seguir la propia conciencia que la propia razón: pues aquella encuentra en sí misma, para cada fracaso, una excusa y un consuelo, — por esto hay siempre tantas personas concienzudas y tan pocas razonables.

44.

Medios opuestos para prevenir el amargamiento. — A un temperamento le viene bien desahogar con palabras el propio malhumor: hablando se dulcifica. Otro temperamento, en cambio, al expresarse llega a amargarse completamente; en este caso es más aconsejable que tenga que tragarse algunas cosas: la coerción que personas así ejercen sobre sí mismas, ante enemigos o superiores, mejora su carácter y les impide volverse demasiado esquinadas y agrias.

45.

No tomárselo demasiado en serio. — Llagarse es desagradable, pero no es una objeción contra los beneficios de la cura que ha prescrito guardar cama. — Las personas que han vivido mucho tiempo fuera de sí y al final se han vuelto a su interior, a una vida retirada, saben que también existe un llagarse del alma y el espíritu. Pero no constituye un argumento contra el modo de vida elegido en su conjunto, sino que hace necesaria alguna pequeña excepción y alguna aparente recaída.

46.

La humana «cosa en sí». — La cosa más vulnerable y sin embargo más invencible es la vanidad humana: más aún, su fuerza crece con las heridas y puede llegar a hacerse gigantesca.

47.

La farsa de muchos hacendosos. — Con el exceso de esfuerzo conquistan tiempo libre y luego no saben qué hacer con él, sino contar las horas hasta que pasen.

48.

Tener mucha alegría. — Quien tiene mucha alegría ha de ser una buena persona: pero acaso no la más inteligente, aunque obtiene justamente aquello que la más inteligente intenta conseguir con toda su inteligencia.

49.

En el espejo de la naturaleza[31]. — ¿Acaso no se describe con bastante exactitud a una persona cuando se oye decir que le gusta caminar entre trigales altos y dorados; que entre todos los colores prefiere los amarillentos y encandecidos de los bosques y flores otoñales, porque aluden a algo más bello de cuanto haya conseguido la naturaleza; que bajo los grandes nogales de espeso follaje se siente tan en familia como en casa; que en la montaña su mayor alegría es encontrar esos pequeños lagos perdidos, desde los que parecen mirarle los ojos mismos de la soledad; que ama la grisácea calma de la niebla en el crepúsculo, que en las tardes de otoño o del comienzo del invierno se desliza silenciosa hasta las ventanas y envuelve como con cortinas de terciopelo todo ruido inanimado; que desde la infancia siente y venera las toscas piedras como los vestigios de un remoto pasado deseosos de hablar, y, en fin, a quien el mar, con su móvil piel de serpiente y su belleza rapaz, le es y seguirá siendo extraño? — Sin duda, con todo ello *algo* se describe de esta persona: pero el espejo de la naturaleza no dice nada de que esa persona, con toda su sensibilidad idílica (y ni siquiera «a pesar de ella»), no pudiera ser bastante huraña, avara y pre-

---

[31] Cfr. FP II, 1.ª, 28[6, 60], 29[24] y 11[11].

suntuosa. Horacio, que entendía de estas cosas, puso en la boca y el ánimo de un *usurero* romano el sentimiento más delicado de la vida del campo, con el famoso «beatus ille qui procul negotiis»[32].

50.

Poder sin victorias. — El conocimiento más fuerte (el de la total ausencia de libertad de la voluntad humana) es sin embargo el más pobre en resultados: pues siempre ha tenido al enemigo más fuerte, la vanidad humana.

51.

Placer y error. — Algunos son involuntariamente beneficiosos para los amigos por su propia forma de ser, y otros voluntariamente por determinadas acciones. Aunque lo primero sea *considerado* superior, solo lo segundo está ligado a la buena conciencia y al placer — es decir al placer de la santidad de las obras, que se basa en la fe en el libre albedrío de nuestras acciones buenas y malas, es decir, en un error.

52.

Es una locura cometer injusticia. — La injusticia que nosotros mismos hemos cometido es más pesada de llevar que la injusticia cometida por los demás sobre alguien (y no precisamente por motivos morales, entiéndase bien —); en verdad siempre sufre el culpable, *toda vez* que sea susceptible a los remordimientos de conciencia y a la idea de haber provocado con su acción que la sociedad se vuelva contra él mismo y se vea aislado. Por tanto, para la propia felicidad interior, para no perder el propio bienestar, y prescindiendo de todo lo que la re-

---

[32] «Feliz aquel que, sin negocio alguno», Horacio, *Epodos*, II, v. 1, en *Odas y epodos*, ed. M. Fernández-Galiano y V. Cristóbal, Cátedra, Madrid, 2007, p. 389.

ligión y la moral imponen, habría que guardarse antes de cometer injusticia que de padecerla: esto último tiene, en efecto, el consuelo de la buena conciencia, de la esperanza en una venganza, en la compasión y el consenso de los justos, más aún, de toda la sociedad que teme al que actúa mal. — No son pocas las personas versadas en ese sucio autoengaño consistente en redirigir la propia injusticia en injusticia cometida por los demás sobre ellas, y reservarse, para lo que han hecho, el derecho excepcional de legítima defensa: para así poder llevar con mucha más facilidad la propia carga.

53.

Envidia con o sin boquilla. — La envidia común suele cacarear en cuanto la gallina envidiada ha puesto un huevo: así se alivia y se mitiga. Pero existe una envidia aún más profunda: en ese caso guarda un silencio de muerte, deseando que todas las bocas sean selladas y, como no ocurre, se vuelve cada vez más furibunda. La envidia silenciosa crece en el callar.

54.

La cólera como espía. — La cólera seca el alma y trae a la luz sus sedimentos. Así, cuando no se puede conseguir la claridad de otra manera, hay que saber lograr que nuestro entorno se encolerice, nuestros secuaces y nuestros enemigos, para descubrir todo lo que ocurre y se piensa contra nosotros en lo profundo.

55.

La defensa es moralmente más difícil que el ataque. — El verdadero acto maestro y heroico de la buena persona no consiste en atacar la causa sin dejar de amar a la persona, sino en algo mucho más difícil, en *defender* la *propia* causa pero sin provocar, ni querer provocar, un amargo dolor en la persona que ataca. La espada del ataque es franca y alargada, la de la defensa suele terminar en una aguja.

56.

Sincero contra la sinceridad. — Quien se muestra sincero consigo mismo en público, será el último en el mundo en presumir de esta sinceridad; pues sabe demasiado bien por qué es sincero: — por el mismo motivo por el que otro prefiere la apariencia y la mentira.

57.

Carbones encendidos. — Amontonar carbones encendidos sobre la cabeza de otro suele ser malentendido y fracasa, porque el otro sabe que también posee su parte de derecho, y también por su cuenta ha pensado en recoger carbones[33].

58.

Libros peligrosos. — Uno dice: «Lo siento en mí: este libro es peligroso». Pero no tiene más que esperar y acaso un día admitirá que ese libro le ha sido muy útil, al extraer y traer a la luz la recóndita enfermedad de su corazón. — El cambio de opinión no modifica el carácter de una persona (o solo muy poco); sino que ilumina ciertos aspectos particulares de la constelación de su personalidad, los cuales habían permanecido hasta entonces oscuros e irreconocibles bajo otra constelación de opiniones.

59.

Compasión fingida. — Se finge compasión cuando uno quiere *mostrarse* superior al sentimiento de hostilidad: pero normalmente en vano. De esto no se da cuenta uno hasta que no se produce un fuerte aumento del sentimiento hostil.

---

[33] *Romanos*, 12, 20.

60.

Una abierta contradicción a menudo reconcilia. — Desde el momento que alguien enseña públicamente su divergencia respecto a la doctrina de un famoso jefe de partido o maestro, todos creen que debe estar enfadado con él. En cambio, a veces desde ese momento precisamente deja de estar enfadado con él: tiene el valor de ponerse a su lado, y se libra del tormento de unos celos silenciosos.

61.

Ver brillar la propia luz. — En los estados más oscuros de miseria, enfermedad o endeudamiento, nos place ver que seguimos brillando para los demás, y que perciben en nosotros un claro disco lunar. Con este rodeo participamos de nuestra propia capacidad de *iluminar*.

62.

Alegría compartida. — La serpiente que nos muerde quiere hacernos daño y experimenta alegría en ello; el animal más pequeño puede *representarse* el dolor ajeno. Pero representarse la alegría ajena y alegrarse de ella es el privilegio más elevado de los animales superiores e, incluso entre estos, solo accesible a los ejemplares más elegidos — es por tanto un raro *humanum*: por lo que ha habido filósofos que han negado la alegría compartida.

63.

Embarazo retardado. — Aquellos que han llegado a sus obras y acciones sin saber cómo, normalmente se muestran después embarazados de ellas, como para demostrar con posterioridad que son hijas suyas y no de la casualidad.

64.

Duros de corazón por vanidad. — Igual que la justicia es a menudo el manto que esconde la debilidad, así las personas que piensan con equidad pero son débiles recurren a veces por ambición al disimulo y se comportan de manera vistosamente injusta y dura, — con el fin de suscitar una impresión de fuerza.

65.

Humillación. — Si alguien encuentra un solo granito de humillación en un saco de ventajas que le han regalado, pone a mal tiempo buena cara.

66.

Herostratismo extremo. — Podría haber Heróstratos[34] que quemasen el mismo templo en el que son veneradas sus imágenes.

67.

El mundo de los diminutivos. — El hecho de que todo lo débil y necesitado de ayuda hable al corazón, nos acostumbra a indicar con términos diminutivos y atenuantes todo lo que

---

[34] Se refiere al incendio del Templo de la diosa Artemisa en Éfeso (el segundo templo en cuya reconstrucción participó el rey Creso de Lidia), por obra de un tal Heróstrato. «Heróstrato, para promover su nombre con el recuerdo del crimen, forjó con su propia mano el incendio de este célebre edificio, por el deseo de alcanzar, según propia confesión, mayor renombre. Y se registra que el templo de Éfeso fue consumido por las llamas el mismo día en que Alejandro Magno nació en Pela.» C. J. Solino, *Colección de hechos memorables o El erudito*, 40, 2-5, intr., trad. y notas F. J. Fernandez Nieto, Madrid: Gredos, 2001, p. 489. Sin la explicación de las motivaciones, este acto se haya mencionado en autores anteriores: Estrabón, *Geografía. Libros XI-XIV*, M.ª Paz de Hoz García-Bellido, Madrid, Gredos, 2003, lib. XIV, 22, p. 484; y Claudio Eliano, *Historia de los animales. Libros I VIII*, ed. J. M. Díaz-Regañón López, Madrid: Gredos, 1984, lib. VI, 40, p. 281.

habla a nuestro corazón — a *volverlo* por tanto, para nuestro sentimiento, débil y necesitado de ayuda.

68.

Mala cualidad de la compasión. — La compasión tiene por compañía a una particular impudicia: como quiere ayudar a toda costa, no siente apuro ni por los medios para curar, ni por la índole y causa de la enfermedad, y ejerce sin descanso la curandería sobre la salud y la reputación de su paciente.

69.

Indiscreción. — También se da una impudicia con respecto a las obras; y arrimarse ya desde la adolescencia, remedándolas, a las más ilustres obras de todos los tiempos, con la confianza del tú a tú, demuestra una completa falta de pudor. — Otros son entrometidos solo por ignorancia: no saben con quién se las ven, — como les ocurre no pocas veces a los filólogos viejos y jóvenes con respecto a las obras de los griegos.

70.

La voluntad se avergüenza del entendimiento[35]. — Con toda frialdad hacemos proyectos racionales contra nuestros afectos: pero luego cometemos los errores más burdos hacia ellos, ya que a menudo, a la hora de realizar el propósito, nos avergonzamos de la fría reflexión con la que los hemos concebido. Y de esta manera se acaba haciendo precisamente lo irrazonable, a causa de esa clase de terca generosidad que todo afecto lleva consigo.

71.

Por qué disgustan los escépticos de la moral. — Quien guarda un alto concepto de la propia moralidad, se enoja contra los

---

[35] Cfr. FP II, 1.ª, 30[63].

escépticos en el campo de la moral: pues en ese ámbito en que él emplea todas sus fuerzas, debemos *maravillarnos*, pero no investigar o dudar. — Luego, hay naturalezas cuyo *último* residuo de moralidad es precisamente la fe en la moral: ellas se comportan igual contra los escépticos y, si es posible, de manera aún más pasional.

72.

Timidez. —Todos los moralistas son tímidos, porque saben que los toman por espías y traidores en cuanto se dan cuenta de sus inclinaciones. Además, saben en general que no son enérgicos en la acción: pues en medio de su obra, los motivos de su actuar casi terminan por desviar su atención de la obra misma.

73.

Un peligro para la moralidad general. — Las personas que son a un mismo tiempo nobles y honestas consiguen divinizar todas las diabluras urdidas por su honestidad, y así detienen por algún tiempo la balanza del juicio moral.

74.

El error más amargo. — Ofende de manera irreparable descubrir que allí donde uno estaba convencido de ser amado, solo se le tenía por un mueble y un adorno de salón, gracias al cual el señor de la casa podía desahogar ante los invitados su vanidad.

75.

Amor y dualidad. — ¿Qué otra cosa es el amor sino comprender y alegrarse de que el otro viva, actúe y sienta de manera distinta y opuesta a la nuestra? Para que el amor franquee los conflictos mediante la alegría, no debe ni quitarlos ni negarlos. — Incluso el amor hacia sí mismo tiene como presupuesto la dualidad (o multiplicidad) inseparable en una misma persona.

76.

Interpretar el sueño. — Lo que a veces durante la vigilia se sabe y se siente de manera poco clara — si hacia una persona se tiene mala o buena conciencia — el sueño nos lo enseña de manera completamente inequívoca.

77.

Exceso. — La madre del exceso no es la alegría, sino la falta de alegría.

78.

Castigar y elogiar. — Nadie acusa sin sentir un pensamiento secreto de castigo y venganza, — incluso cuando acusa al propio destino o a uno mismo. —Todo lamento es una acusación, toda expresión de alegría un elogio: se haga lo uno o lo otro, siempre hacemos a alguien responsable.

79.

Doblemente injustos. — A veces promovemos la verdad mediante una doble injusticia: cuando vemos y representamos uno tras otro los dos lados de una cosa que no somos capaces de ver a la vez, pero de tal manera que en cada ocasión podemos desconocer o negar uno de los dos gracias a la ilusión de que lo que vemos es toda la verdad.

80.

Desconfianza. — La desconfianza en uno mismo no siempre se conduce de manera tímida e insegura sino a veces se vuelve casi frenética: para no temblar se ha emborrachado.

81.

Filosofía del advenedizo[36]. — Si por una vez uno quiere ser alguien, tiene que honrar a la propia sombra.

82.

Saber lavarse bien. —Hay que aprender a salir limpio de situaciones poco limpias, e incluso, si fuese necesario, a lavarse con agua sucia.

83.

Dejarse llevar. — Cuanto más se deja uno llevar, tanto menos nos dejan ir los demás.

84.

El bellaco inocente. — El camino que lleva al vicio y a toda clase de canalladas es lento y gradual. Al final, los enjambres de insectos de la mala conciencia han abandonado completamente a quien lo recorre y, aunque completamente infame, camina ya en la inocencia.

85.

Hacer planes. — Hacer planes y formar propósitos trae consigo muchos buenos sentimientos; y quien durante toda su vida pudiese ser nada más que un forjador-deplanes, sería una persona muy feliz: pero en algún momento tendría que descansar de esta actividad realizando un plan — y entonces le sobrevendrían enojos y desengaños.

---

[36] Cfr. FP II, 1.ª, 28[53].

86.

Con qué vemos el ideal. — Toda persona capaz se aferra a su capacidad y no sabe mirar libremente más allá de ella. Si no tuviese una buena dosis de imperfección, no podría alcanzar, a causa de su virtud, ninguna libertad ético-espiritual. Nuestros defectos son los ojos con los que miramos nuestro ideal.

87.

Elogio insincero. — Un elogio insincero produce después muchos más remordimientos que una censura insincera, probablemente porque con un elogio exagerado comprometemos nuestra capacidad de juicio mucho más que con una censura exagerada aunque injusta.

88.

Cómo se muera, es indiferente. — Todo lo que una persona, en la plenitud de la vida y en el apogeo de sus fuerzas, piensa sobre la muerte, es sin duda un testimonio muy instructivo sobre lo que se llama su carácter; pero la hora misma de la muerte, su comportamiento en el lecho de muerte, son casi indiferentes en este aspecto. El agotamiento gradual de la vida, sobre todo cuando mueren los ancianos, la irregular e insuficiente alimentación del cerebro durante esta última fase, la intensidad a veces muy violenta del dolor, el aspecto nuevo y desconocido de este nuevo estado y también, con demasiada frecuencia, el asalto y el retorno de miedos supersticiosos, como si de la muerte dependiesen muchas cosas y se franqueasen los puentes más aterradores — todo ello no *permite* que utilicemos la muerte como testimonio sobre el viviente. Tampoco es cierto que en general el moribundo sea *más sincero* que el viviente: antes bien, casi todos se ven empujados, por el aire solemne de los presentes, por los torrentes retenidos o desenfrenados de lágrimas y sentimientos, a una comedia de la vanidad consciente o inconsciente. La gravedad con la que se trata a todo moribundo ha sido siempre, para no pocos pobres diablos olvidados, el goce más exquisito de toda su vida, una especie de resarcimiento y compensación por muchas privaciones.

89.

La costumbre y su víctima. — El origen de la costumbre se remonta a dos pensamientos: «la comunidad vale más que el individuo» y «es preferible un beneficio duradero a uno pasajero»; de lo que se deduce que el beneficio duradero de la comunidad debe ser antepuesto sin dudarlo al beneficio del individuo, especialmente a su bienestar momentáneo, pero también a su beneficio duradero e incluso a su supervivencia. Aunque el individuo sufra por una institución que beneficia a la comunidad, aunque por su causa se entristezca y se hunda — la costumbre debe ser mantenida y la víctima sacrificada. Pero esta manera de ver solo *surge* en aquellos que *no* son la víctima — pues esta reivindica, por su parte, que el individuo puede valer más que la mayoría, y también que el goce presente, un instante en el paraíso, quizás haya que valorarlo más que un flaco sucederse de estados indoloros o de bienestar. Pero la filosofía de la víctima hace sonar su voz demasiado tarde: y así se atiene a la costumbre y a la *eticidad*: que no es más que el sentimiento de la totalidad de las costumbres bajo las cuales se vive y se ha sido educado — mas educados, no como individuos, sino como miembros de un todo, como números de una mayoría. — Por eso ocurre continuamente que el individuo, mediante su moralidad, se *iguala* a sí mismo *a la mayoría*.

90.

Lo bueno y la buena conciencia[37].— ¿Creéis que todas las cosas buenas han tenido en todo tiempo una buena conciencia? — La ciencia, algo sin duda muy bueno, entró en el mundo sin esta conciencia y carente por completo de todo *pathos*, mero-

---

[37] Cfr. FP II, 1.ª, 21[77].

deando secretamente y dando rodeos con el rostro tapado o velado, como un criminal, y siempre con el *sentimiento* de sentirse como mínimo un contrabandista. La buena conciencia tiene como fase previa a la mala conciencia — no como contrario: pues todo lo bueno alguna vez ha sido nuevo, y por tanto insólito, contra la costumbre, *inmoral*, y como un gusano roía el corazón de su afortunado inventor.

91.

El éxito santifica las intenciones. — No se tema seguir el camino que conduce a una virtud, aunque nos demos cuenta claramente de que los motivos que nos empujan no son otros más que el egoísmo, es decir, el interés, el placer personal, el temor y las consideraciones de salud, fama o gloria. A estos motivos se les llama bajos y egoístas: bien, pero si nos incitan a una virtud, como, por ejemplo, a la renuncia, a la fidelidad a un deber, al orden, a la economía, a la discreción y a la moderación, ¡escúchense, da igual cómo se les califique! Pues si se alcanza aquello que proponen, la virtud *conquistada ennoblecerá* siempre los motivos lejanos de nuestro actuar, gracias al aire puro que nos hace respirar y al bienestar espiritual que nos comunica, y a continuación realizaremos las mismas acciones sin esos toscos motivos que antes nos empujaban a hacerlo. — La educación debe por tanto *obligar* lo más posible a la virtud, conforme a la naturaleza del educando: la virtud misma, como un aire solar y estival del alma, podrá luego acabar su obra añadiendo madurez y dulzura.

92.

Cristómanos[38], no cristianos. — ¡Este sería entonces vuestro cristianismo! — Para *irritar* a los hombres ensalzáis a «Dios y

---

[38] «Christentümler», neologismo construido a semejanza de «Deutschtümler», usado este para indicar despectivamente a la «teutomanía»: los nacionalistas germánicos más fanáticos.

sus santos»; y viceversa, cuando ensalzáis a los hombres, llegáis tan lejos que Dios y sus santos se ven obligados a irritarse. — Quisiera que aprendieseis al menos los modales cristianos, dado que tan ayunos estáis de la cortesía de un corazón cristiano.

93.

Sensaciones de la naturaleza en el pío y en el impío. — Una persona completamente pía debe ser objeto de nuestra veneración: pero también debe serlo una persona sincera y totalmente impía. Si con personas de la segunda clase nos hallamos como en los aledaños de la alta montaña, donde tienen su origen los ríos más vigorosos, con los píos estamos como entre árboles repletos de linfa, umbrosos y tranquilos.

94.

Asesinatos judiciales. — Los dos mayores asesinatos judiciales de la historia del mundo son, sin rodeos, suicidios encubiertos, muy encubiertos. En ambos casos se *quería* morir; en ambos casos se dejó que la mano de la injusticia humana hundiese la espada en el propio pecho.

95.

«Amor»[39]. — El truco más sutil con el que el cristianismo consiguió aventajar a las otras religiones fue una palabra: habló de *amor*. Así se convirtió en la religión *lírica* (mientras que en sus otras dos creaciones el semitismo ha dado al mundo religiones épico-heroicas). En la palabra amor hay algo tan ambiguo y excitante, algo que suscita el recuerdo y la esperanza, que incluso la inteligencia más limitada y el corazón más frío sienten algo de su esplendor. Gracias a ella, la mujer más astuta y el hombre más vulgar piensan en los instantes más desinteresados de toda su vida, aunque en ellos Eros nunca haya alzado

---

[39] Cfr. FP II, 1.ª, 5[166] y 17[19].

el vuelo; y esas innumerables personas que *sienten la falta* de amor por parte de los padres, de un hijo o de un amante, pero sobre todo las personas de una sensualidad sublimada, han hallado en el cristianismo su tesoro.

96.

El cristianismo realizado[40]. — En el seno del cristianismo existe también un modo de pensar epicúreo, que nace del pensamiento de que Dios solo puede exigirle al hombre, criatura e imagen suya, lo que tiene que *poder* realizar, y que por tanto la virtud y la perfección cristianas son alcanzables y alcanzadas a menudo. Creer, por ejemplo, que uno *ama* a sus enemigos — aunque sea solo una fe, imaginación y no una realidad psicológica (y por tanto no amor) — vuelve absolutamente *feliz*, mientras que se crea en ello realmente (¿por qué? A este respecto el psicólogo y el cristiano tendrán sin duda opiniones diferentes). Y así la *vida terrenal*, solo con creer, es decir, con imaginarse que satisface, tanto esa pretensión de amar a los propios enemigos, como también todas las otras exigencias cristianas, y que se ha incorporado y apropiado realmente de la perfección divina, según la exhortación «sed perfectos como lo es vuestro señor del cielo»[41], puede realmente convertirse en una *vida bienaventurada*. El error puede por tanto hacer de la *promesa* de Cristo una verdad.

97.

Sobre el futuro del cristianismo. — Sobre la desaparición del cristianismo y sobre cuáles sean las zonas en las que cederá con mayor lentitud se puede formular una hipótesis, si se considera por qué *razones* y *adónde* el protestantismo se ha propagado con más fuerza. Como es sabido, prometió a un precio mucho más bajo lo que daba la vieja iglesia, es decir, sin costosos ofi-

---

[40] Cfr. FP II, 1.ª, 29[22 y 27].
[41] *Mateo*, 5, 48.

cios fúnebres, sin peregrinajes, sin la pompa ni el boato clericales; se difundió sobre todo por la naciones nórdicas, con un menor arraigo, que las meridionales, en el simbolismo de la vieja iglesia y en el gusto por la forma; en el cristianismo de estas sobrevivía el mucho más poderoso paganismo religioso, mientras que en el norte el cristianismo representaba la oposición y ruptura con las antiguas tradiciones patrias, y por ello desde el principio fue más algo del pensamiento que de los sentidos; pero, precisamente por ello, también mucho más fanático y tozudo en tiempos de peligro. Si se consigue erradicar el cristianismo del terreno del *pensamiento*, es fácil ver dónde empezará por desaparecer: justo allí donde se defiende con más fuerza. En otras partes se doblará pero no se partirá, perderá hojas, pero reverdecerá — porque allí los *sentidos* y no los pensamientos se habrán puesto de su parte. De todos modos, son los sentidos los que alimentan la creencia de que, a pesar del dispendio de la iglesia, se administra siempre mejor y más cómodamente con ella que con las rigurosas relaciones laborales y salariales: ¡pues cuánto se estima el ocio (o la semipereza), cuando uno se ha habituado a él! Al mundo descristianizado los sentidos le objetan que en él se tiene que trabajar demasiado y que la ganancia de ocio es demasiado pobre; toman el partido de la magia — es decir, prefieren hacer trabajar a Dios por ellos (*oremus nos, Deus laboret*[42]).

98.

Histrionismo y honestidad de los no creyentes[43]. — No existe ningún libro que contenga en medida tan grande y exprese de manera más ingenua lo que verdaderamente hace bien a toda persona — íntima y entusiasta felicidad, dispuesta al sacrificio y a la muerte, en el creer y mirar la *propia* verdad como verdad última — que el libro que habla de Cristo: en él una persona inteligente puede aprender todos los medios que pueden darle fama mundial a un libro, convertirlo en el amigo de todos,

---

[42] «Oremos nosotros y que trabaje Dios».
[43] Cfr. FP II, 1.ª, 28[35].

especialmente ese medio magistral de presentar todo como ya descubierto, y nada como venidero e incierto. Todos los libros eficaces buscan suscitar esa impresión, como si en ellos se abarcase el horizonte intelectual y espiritual más amplio posible, y toda constelación visible presente y futura tuviese que girar en torno al sol que brilla en él. — Por las mismas razones que esos libros son de gran eficacia, ¿no debe ser entonces pobre de efecto un libro *puramente científico*? ¿No está condenado a vivir humildemente entre humildes, para ser en fin crucificado y no volver a resucitar? Respecto a todo lo que las personas religiosas proclaman de su «saber» y de su espíritu «sano», ¿todos los honestos hombres de ciencia no son «pobres de espíritu»? ¿No puede cualquier religión exigir mayor renuncia y sacar al egoísta de su egoísmo de manera más implacable que la ciencia? — — Más o menos así y, en cualquier caso, con cierto histrionismo podemos hablar *nosotros* cuando tenemos que defendernos de ciertos creyentes: puesto que es casi imposible conducir una defensa sin un poco de histrionismo. Pero entre nosotros el lenguaje tiene que ser más franco: nos servimos de una libertad que aquellos no pueden comprender ni siquiera en su propio interés. ¡Fuera entonces la capucha de la renuncia! ¡el aspecto de humildad! Mucho más y mucho mejor: ¡así suena nuestra verdad! Si la ciencia no fuese unida al *placer* de conocer, a la *utilidad* de lo descubierto, ¿qué nos importaría la ciencia? Si un poco de fe, de amor y esperanza no empujasen nuestra alma al conocimiento, ¿qué nos atraería a la ciencia? Y si en la ciencia el yo no debe significar nada, en la república de los hombres científicos el dichoso yo inventivo, más aún cualquier yo honesto y aplicado, significa muchísimo. El aprecio de aquellos que saben apreciar, la alegría de aquellos a los queremos o admiramos, a veces la fama o una modesta inmortalidad de la persona son el premio que se puede obtener por esa despersonalización, por no hablar de las perspectivas y recompensas menores, a pesar de que gracias a ellas precisamente la mayoría ha jurado y seguirá jurando fidelidad a las leyes de esa república y en general de la ciencia. Si en cierta medida no siguiéramos siendo hombres *acientíficos*, ¡qué nos importaría la ciencia! En resumen, y dicho rotunda, llanamente y sin ambages: *para un ser puramente cognoscente el conocimiento sería indiferente.* — Lo que nos distingue de los píos y los creyentes, no es la cualidad, sino la cantidad de fe y piedad: nosotros nos contentamos con menos. Pero aquellos nos gritarán — ¡entonces contentaos y mostraos como tales! — A lo que podríamos replicar con facilidad: «En efecto, ¡no estamos entre los más insatisfechos! ¡Pero vosotros, si vuestra fe os hace bienaventurados, entonces mostraos también como tales! ¡A vuestra fe siempre le han dañado más vuestras caras que vuestras razones! Si llevaseis escrito en el rostro el alegre mensaje de vuestra Biblia, no os haría falta obstinaros tanto en exigir fe en la autoridad de este libro: vuestras palabras y vuestras acciones deberían volver continuamente superflua la Biblia, ¡y mediante vosotros deberían nacer nuevas Biblia sin cesar! Y en cambio, toda vuestra apología del cristianismo tiene sus raíces en vuestra falta de cristianismo; con vuestra defensa escribís vuestra propia acta de acusación. Pero si quisieseis salir de vuestra insuficiencia de cristianismo, reflexionad sobre la experiencia de dos milenios: que, vestida bajo la forma de una modesta pregunta, suena así: «Si Cristo quería redimir verdaderamente el mundo, ¿no podría haber fallado?»

99.

El poeta como guía para el porvenir. — Todo el excedente de fuerza poética que sigue habiendo en el hombre actual y que no se gasta en plasmar la vida debería consagrarse por entero a un solo fin: no a retratar el presente y a revivir y poetizar el pasado, sino a indicar el camino del porvenir — y no en el sentido de que el poeta, cual fantástico economista nacional, debiera anticipar la imagen de mejores condiciones de la sociedad y el pueblo y sus posibilidades de realización. Más bien, como antiguamente los artistas desarrollaban poéticamente las imágenes de los dioses, él ahora debería *desarrollar poéticamente* una bella imagen del hombre y rastrear, *en medio* de nuestro mundo y nuestra realidad moderna, sin rechazarlos y sustraerse a ellos de manera forzada, esos casos en los que es aún posible un alma grande y bella; allí donde puede ser encarnada aún en formas armónicas y proporcionadas, dándole visibilidad, duración y ejemplaridad, y así, estimulando la imitación y la envidia, ayudar a construir el porvenir. Los poemas de esta clase de poetas se distinguirían porque se mostrarían despojados de la ardorosa atmósfera de las *pasiones* y protegidos de ella: la equivocación irremediable, el destrozo de todas las cuerdas del arpa humana, la risa burlona y el rechinar de dientes y todo lo trágico y cómico empleados en el viejo sentido, serían considerados, frente a este nuevo arte, como un fastidioso embrutecimiento arcaizante de la imagen del hombre. Fuerza, bondad, moderación, pureza y espontánea e innata mesura en las personas y sus acciones: un terreno allanado que le daría a los pies reposo y placer, un cielo luminoso reflejándose en los rostros y los sucesos, el saber y el arte reunidos en una nueva unidad, el espíritu conviviendo sin arrogancia ni celos con su hermana, el alma, y sacando de la contraposición la gracia de la seriedad y no la impaciencia de la división: — todo esto sería el envoltorio, lo universal, el fondo dorado sobre el que solo ahora las delicadas *diferencias* del ideal encarnado compondrían la verdadera *pintura* — la de una grandeza humana creciendo día a día. — A partir de *Goethe* más de un camino conduce a esta poesía del porvenir: pero hacen falta buenos pioneros y sobre todo una energía mucho mayor que la que poseen los poetas actuales, irresponsables pintores de la semibestia, y de la inmadurez y el exceso confundidos con la fuerza y la naturaleza.

100.

La musa como Pentesilea. — «Mejor pudrirse que dejar de ser una mujer *atractiva*»[44]. Cuando la musa comienza a pensar así, el final de su arte está de nuevo cerca. Puede ser un final trágico pero también cómico.

---

[44] Cita libre de Kleist: «Staub lieber, als ein Weib sein, das nicht reizt. [Mejor polvo, que dejar de ser una mujer atractiva]» H. von Kleist, *Penthesilea*, escena IX, en *Gesammelte Werke*, vol. II, Hildburghausen, 1868, p. 166 (BN).

101.

En qué consiste el rodeo que conduce a lo bello[45]. — Si lo bello es idéntico a lo deleitable — pues esto cantaban una vez las musas — lo útil constituye el *rodeo*, a menudo necesario, que conduce *a lo bello*; y puede, con todo derecho, rechazar el miope reproche de los hombres del instante, que no quieren esperar y creen poder alcanzar todas las cosas buenas sin rodeos.

102.

Para la exculpación de muchas culpas. — El deseo incesante de crear y la continua mirada escrutadora hacia el exterior impiden al artista conseguir mejorar y embellecer su persona, es decir, crearse *a sí mismo* — a menos que su ambición no sea tan grande como para obligarlo a mostrarse siempre, también en el trato con los demás, a la altura de la creciente belleza y nobleza de sus obras. De todos modos, solo tiene una cantidad limitada de fuerzas: de lo que aplica *a sí mismo* — ¿no deja de beneficiarse su *obra*? — y viceversa.

103.

Satisfacer a los mejores. — Cuando con el propio arte «se satisface a los mejores de su época», esto es una señal de que *no se satisfará* a los mejores de la época siguiente: sin duda «uno habrá vivido para todas las épocas»[46], — la aprobación de los mejores garantiza la gloria.

---

[45] Cfr. FP II, 1.ª, 30[89] y 32[18].
[46] Cfr. F. Schiller: «Denn wer den Besten seiner Zeit genug / Gethan, der hat gelebt für alle Zeiten (Pues quien para los mejores de su tiempo bastante / hizo, ha vivido para todos los tiempos)». *Wallenstein. Ein dramatisches Gedicht. Erster Theil: Wallensteins Lager*, Prolog, en F. Schiller, *Sämmtliche Werke*, Stuttgart und Tübingen, J. G. Cotta, 1823, vol. VI, p. 7, l. 2-3. Se trata de la edición del editor Cotta en 18 pequeños volúmenes (12 cms). En la biblioteca personal de Nietzsche se conservan volúmenes de otra edición de gran formato del mismo editor.

104.

De la misma estofa. — Cuando se es de la misma estofa que un libro o una obra de arte, se está convencido en lo más profundo de sí de que son excelentes, y se ofende uno si los demás los encuentran feos, exagerados o fanfarrones.

105.

Lenguaje y sentimiento. — Que el lenguaje no nos ha sido dado para comunicar el *sentimiento* se puede ver en el hecho de que todas las personas sencillas se avergüenzan al tener que buscar palabras para sus emociones más profundas: las comunican solo con sus actos, y aún así se ruborizan si el otro parece adivinar sus motivaciones. Entre los poetas, a quienes la divinidad les ha denegado en general este pudor, los más nobles son de todos modos los más lacónicos en el lenguaje del sentimiento, y los que dejan traslucir siempre cierta constricción; mientras que los auténticos poetas del sentimiento son desvergonzados en su vida práctica la mayoría de las veces.

106.

Error acerca de una privación. — Quien no se ha deshabituado largo tiempo y del todo de cierta clase de arte, sino que sigue viviendo en él como en casa, no puede ni de lejos entender de *cuán poco* se priva uno viviendo sin él.

107.

Tres cuartos de fuerza[47]. — Una obra que deba dar una impresión de salud tiene que ser producida a lo más con tres cuartos de la fuerza de su autor. Si en cambio va hasta su límite extremo, la obra sofoca y angustia al espectador con su ten-

---

[47] Cfr. FP II, 1.ª, 30[150].

sión. Todas las cosas buenas tienen cierto desenfado, y yacen como vacas en un prado.

108.

Rechazar como invitado al hambre. — Puesto que para el hambriento los manjares más refinados le sirven igual que los más bastos, un artista con ciertas exigencias no pensará nunca en invitar a su comida a un hambriento.

109.

Vivir sin arte ni vino. — Con las obras de arte pasa como con el vino: mejor no necesitar ni de uno ni de otro, contentarse con el agua, y con el fuego interior y la dulzura de ánimo trasformar por sí mismo el agua en vino.

110.

El genio depredador[48]. — El genio depredador en las artes, que sabe engañar incluso a los espíritus sutiles, nace cuando uno desde joven considera sin vacilar que es una presa libre todo lo bueno que no esté claramente protegido por ley como propiedad de una determinada persona. Ahora bien, todo lo bueno de épocas y maestros de otros tiempos se halla libremente disperso aquí y allá, rodeado y protegido por el reverente temor de los pocos que saben reconocerlo; a estos pocos se opone aquel genio, fuerte por su carencia de pudor, y acumulará una riqueza que a su vez producirá temor y veneración.

111.

A los poetas de las grandes ciudades. — En los jardines de la poesía actual se nota que las cloacas de la gran ciudad están demasiado cerca: al perfume de las flores se mezcla algo que

---

[48] Cfr. FP II, 1.ª, 33[4].

traiciona náusea y putrefacción. — Pregunto con dolor: ¿tanto necesitáis, poetas, invitar siempre como padrinos a la chanza y la inmundicia, cuando tenéis que bautizar algún sentimiento bello e inocente? ¿Es que tenéis que imponerle siempre a vuestra noble diosa un gorro de bufón y diablo? ¿Pero de dónde os viene esta necesidad, este deber? — Del hecho precisamente de que vivís demasiado cerca de la cloaca.

112.

De la sal del discurso. — Nadie ha sabido explicar aún por qué los escritores griegos han usado con tanta parsimonia los medios expresivos que tenían a su disposición en cantidad inaudita, de modo que cualquier libro post-griego parece en comparación estridente, abigarrado y exagerado. Se dice que a medida que se va hacia los hielos polares, así como hacia los países más cálidos, el empleo de la sal se vuelve más mesurado, mientras que los habitantes de las llanuras y las costas en las zonas más templadas la utilizan en abundancia. ¿No podrían los griegos haber tenido menos necesidad de sal y especias que nosotros por una doble razón, esto es, porque su entendimiento era más frío y claro, y su apasionada naturaleza de fondo era, en cambio, mucho más tropical que la nuestra?

113.

El escritor más libre. — ¡Cómo podría, en un libro para espíritus libres, no mencionarse a Laurence Sterne, que Goethe honraba como el espíritu más libre de su siglo! que se contente al menos con que aquí se le llame el escritor más libre de todos los tiempos, de modo que, en comparación, todos los demás parecen fríos, torpes, intolerantes y rústicos. En él se podría alabar, no la cerrada y clara melodía, sino la «melodía infinita», si con esta palabra se define un estilo artístico en el cual la forma definitiva resulta rota de continuo, desplazada, retraducida a lo indefinido, hasta significar una cosa y otra al mismo tiempo. Sterne es el gran maestro de la *ambi-*

güedad — tomando este término, desde luego, en sentido mucho más amplio de lo que se hace normalmente cuando nos referimos a relaciones sexuales. Hay que dar por perdido al lector que quiera saber siempre exactamente qué pensaba Sterne en realidad sobre algo y si, al hablar de ello, ponía una cara seria o risueña: pues sabe hacer lo uno y lo otro con un solo movimiento del rostro y sabe también, más aún quiere, a la vez tener razón y no tenerla, trenzar melancolía y farsa. Sus digresiones son al mismo tiempo continuaciones de la narración y desarrollo ulterior de la historia; sus sentencias incluyen a la vez ironía hacia todo lo sentencioso; su aversión por lo serio va unida a la tendencia a no tomarse nada con superficialidad y exteriormente. Así suscita en el buen lector una sensación de inseguridad sobre si uno anda, está de pie o está tendido: una sensación muy parecida a la de flotar. Al ser el autor más dúctil, comunica también al lector parte de esta ductilidad. Más aún, Sterne intercambia de repente las partes y se convierte tanto en lector como en autor; su libro se asemeja a un espectáculo en el espectáculo, a un público de teatro ante un público de teatro. Al humor de Sterne hay que abandonarse sin condiciones — y por lo demás esperar que sea benévolo, siempre benévolo. — Extraña e instructiva es la actitud de un gran escritor como Diderot frente a esta ambigüedad general de Sterne: es decir, una actitud también muy ambigua — y esto es precisamente puro hiperhumor al estilo Sterne. En su *Jacques le fataliste*[49], ¿lo ha imitado, admirado, ridiculizado o parodiado? — no puede saberse — y quizás fuese esto lo que quería el autor. Esta duda es lo que hace que los franceses *no rindan justicia* a la obra de uno de sus principales maestros (que no tiene que avergonzarse ante ningún autor antiguo o moderno). Los franceses son demasiado serios para el humor — y sobre todo para tomarse con humor el humor mismo. — ¿Acaso hace falta añadir que, entre todos los grandes escritores, Sterne es el peor modelo y el tipo de autor propiamente antiejemplar, y que incluso Diderot tuvo que

---

[49] D. Diderot, *Jacques el fatalista*, ed. F. de Azúa, Madrid, Punto de Lectura, 2008.

pagar su atrevimiento? Aquello de lo que los buenos franceses y, antes que ellos, algunos griegos y romanos quisieron y fueron capaces como prosistas es justo lo contrario de lo que Sterne quiere y es capaz: se alza así, como magistral excepción, por encima de todo lo que los grandes artistas de la escritura se exigen a sí mismos: disciplina, completud, carácter, constancia en los propósitos, capacidad de una visión global, simplicidad, contención en el desarrollo y en la expresión. — Desgraciadamente, Sterne como persona parece haber sido demasiado afín al escritor Sterne: su alma de ardilla saltaba con incontenible inquietud de una rama a otra; solo conocía lo que está entre lo sublime y lo canallesco; había estado en todas partes, pero siempre con su descarado ojo húmedo y su sensible juego expresivo. Él fue, si el lenguaje no se asusta de estas comparaciones, de una buena voluntad despiadada, de una imaginación barroca en el disfrute, más aún, depravada, casi poseyó la tímida gracia de la inocencia. Una ambigüedad semejante, en carne y hueso, una libertad de espíritu tan grande en cada fibra y músculo de su cuerpo, tal como las poseyó él, quizás no las haya alcanzado hombre alguno.

114.

Realidad seleccionada. — Igual que el buen prosista solo selecciona palabras del lenguaje corriente, pero no todas las palabras que hay en él — de donde nace precisamente el estilo seleccionado —, el buen poeta del futuro solo representará *lo real* y renunciará a todos los argumentos fantásticos, supersticiosos, medio honestos y superados, sobre los cuales los poetas anteriores demostraron su fuerza. Solo realidad, pero sin duda no toda la realidad — ¡sino una realidad seleccionada!

115.

Degeneración del arte. — Junto a las especies puras de arte, la de la gran calma y la del gran movimiento, se dan degeneraciones — el arte deseoso de calma y pretencioso, y el arte excitado: ambos desean que sus debilidades sean tomadas por virtudes y que se los considere como los verdaderos tipos de arte.

116.

Al héroe de hoy le falta color. — A los verdaderos poetas y artistas del presente les gusta pintar sus cuadros sobre un fondo salpicado de rojos, verdes, grises y oro, el fondo de una *nerviosa sensualidad*: en esto son expertos los hijos de este siglo. Esto tiene la ventaja de que si no miramos esos cuadros con los ojos del siglo, las figuras más grandes que ellos pintan parecen tener en sí cierto centelleo, cierto temblor y remolino: de modo que no las creemos capaces de acciones heroicas, sino con mucho de brillantes poses de héroe.

117.

Estilo sobrecargado. — En el arte el estilo demasiado recargado es la consecuencia del empobrecimiento de la fuerza organizadora, y al mismo tiempo de una existencia dilapidadora de medios y fines. — En los inicios del arte se encuentra a veces el fenómeno exactamente contrario.

118.

Pulchrum est paucorum hominum[50]. — La historia y la experiencia nos dicen que la monstruosidad rica de significados, que excita misteriosamente la fantasía y la transporta más allá de lo real y cotidiano, es más *antigua* y crece de manera más exuberante en el arte, que lo bello y la veneración que se le tributa, — y que vuelve a despuntar en seguida en cuanto se oscurece el sentido de la belleza. Parece ser que para la mayor parte de los hombres esa monstruosidad es más

---

[50] Máxima inspirada en Horacio, *Sátiras*, lib. I, 9, 43-61, en *Sátiras. Epístolas. Arte poética*, ed. J. L. Moralejo, Madrid, Gredos, 2008, pp. 117-118.

necesaria que lo bello: justamente porque contiene un narcótico más basto.

119.

Origen del gusto hacia las obras de arte. — Si se piensa en los primeros gérmenes del sentido artístico y se pregunta qué especies diferentes de alegrías fueron producidas por los inicios del arte, por ejemplo, entre pueblos salvajes, hallamos ante todo la alegría de *entender* lo que otro *piensa*; el arte en este caso es como un dar a resolver enigmas, que a quien los adivina le proporciona el goce por el acto de intuir y la propia agudeza. — Luego, frente a la obra de arte más tosca, uno se acuerda de aquello que en la propia experiencia ha sido placentero y se experimenta alegría, por ejemplo, cuando el artista alude a un caza, a una victoria o a un matrimonio. — Además, uno puede sentirse excitado, conmovido, emocionado por el tema representado, por ejemplo, cuando se exaltan la venganza o el peligro. Aquí el goce consiste en la excitación misma, en la victoria sobre el aburrimiento. — También el recuerdo de lo desagradable, en la medida en que ha sido superado y hace que resultemos interesantes como tema artístico frente a quien escucha (como cuando el cantor describe las peripecias de un valiente navegante) puede proporcionar una gran alegría, que luego es adscrita al arte. — Ya un tipo más refinado es esa alegría que nace de la visión de lo regular y simétrico, en las líneas, los puntos y los ritmos; pues por analogía despierta la simpatía hacia todo lo que en la vida es ordenado y regular, lo único a lo que se debe todo bienestar: en el culto de lo simétrico se veneran por tanto inconscientemente la regla y la armonía como fuentes de la propia felicidad; esta alegría es una especie de canto de alabanzas. Solo después de que de alguna manera nos hayamos saciado de esta última alegría nace el sentimiento, aún más refinado, de que también en la ruptura de la simetría y de la regularidad puede existir un goce; cuando, por ejemplo, nos empuja a buscar las razones de la aparente irracionalidad, por lo que entonces el sentimiento consiste en una especie de estético resolver enigmas, como un género más alto de la alegría artística mencionada antes. — Quien profundice ulteriormente en estas consideraciones se dará cuenta de a *qué especie de hipótesis* se renuncia aquí por principio, con el fin de explicar los fenómenos estéticos.

120.

No demasiado cerca. — Para los buenos pensamientos es una desventaja el sucederse con demasiada rapidez; pues se tapan unos a otros la visión. Por esto los más grandes artistas y escritores han hecho abundante uso de lo mediocre.

121.

Tosquedad y debilidad[51]. — Los artistas de todos los tiempos han descubierto que en la *tosquedad* reside cierta fuerza, y que no todos los que quieren ser toscos pueden conseguirlo; y también que ciertos tipos de *debilidad* actúan con fuerza sobre el sentimiento. De ello se han obtenido no pocos recursos para los medios artísticos, de modo que abstenerse de ello resulte difícil incluso a los artistas más grandes y exigentes.

122.

Buena memoria. — Algunos no llegan a ser pensadores simplemente porque tienen una memoria demasiado buena.

123.

Abrir el apetito en lugar de saciarlo. — Los grandes artistas imaginan que con su arte toman posesión de un alma y la colman: en realidad, y a menudo para su dolorosa desilusión, ese alma solo se ha vuelto más receptiva e incolmable, de ma-

---

[51] Cfr. FP II, 1.ª, 22[4].

nera que ahora diez artistas de los más grandes podrían precipitarse en su profundidad sin llegar a saciarla.

124.

Miedo de artistas[52]. — El miedo a que se pueda creer que sus figuras no *viven*, puede empujar a los artistas de gusto decadente a representarlas de manera que se comporten como *locas*: igual que, a causa del mismo miedo, los primeros artistas griegos les daban incluso a los moribundos y a los heridos graves esa sonrisa que conocían como el signo más claro de la vida — sin preocuparse por lo que en este caso hace la naturaleza con el ser que aún vive pero al que ya casi no le queda vida.

125.

El círculo debe cerrarse. — Quien ha seguido una filosofía o una forma artística hasta el final de su recorrido y ha rodeado su final entiende por propia experiencia por qué los maestros posteriores se separaron de ellos, a menudo con aire de desprecio, hacia otros caminos. El círculo, en efecto, debe ser cerrado — pero el individuo, incluso el más grande, se mantiene firme en su punto de la periferia, con una implacable expresión de porfía, como si el círculo no debiera cerrarse nunca.

126.

Arte antiguo y alma del presente[53]. — Puesto que todo arte cada vez se vuelve más capaz de expresar estados de ánimo emocionados, delicados, drásticos, apasionados, los maestros más recientes, viciados por estos medios expresivos, experimentan cierto desasosiego ante las obras del pasado, como si a los antiguos les hubiesen faltado los medios, o incluso algunos pre-

---

[52] Cfr. la redacción previa en FP II, 1.ª, 30[62 y 84].
[53] Cfr. FP II, 1.ª, 22[25], 23[138] y 23[190].

supuestos técnicos, para conseguir que su alma hablase claramente; y piensan que en esto deben ayudarles, pues creen en la igualdad, incluso en la unidad de todas las almas. En realidad, el alma de esos maestros fue distinta, acaso *más grande*, pero más fría y aún adversa a dejarse seducir por la vitalidad: la medida, la simetría, el desprecio por lo gracioso y lo delicioso, una inconsciente aspereza y frescor matutino, un esquivar la pasión, como si con ella el arte se arruinase — este es el modo de pensar y la moralidad de todos los maestros antiguos, quienes eligieron y dieron vida a sus medios expresivos, no de manera casual, sino necesaria según la misma moralidad. — Pero, entendido esto, ¿acaso debe negarse al que viene después el derecho de infundir en las obras antiguas su propia alma? No, porque solo gracias a que le demos nuestra propia alma ellas pueden continuar viviendo: solo *nuestra* sangre puede conseguir que ellas *nos* hablen. Una presentación verdaderamente «histórica» hablaría como un espectro a los espectros. — A los grandes artistas del pasado se les hace menos honor con esa estéril reverencia que deja toda palabra, toda nota así como han sido colocadas, que con eficaces intentos de ayudarlos una y otra vez a cobrar vida. — En efecto: imaginémonos que Beethoven volviese de repente y que ante él se tocase una de sus obras con la plenitud de sentimientos y el refinamiento de los nervios más modernos, que representan la fama de nuestros maestros de la interpretación musical: probablemente se quedaría largo rato sin palabras, dudando si levantar la mano para maldecir o bendecir, pero acaso al final diría: «¡Bueno, bueno! Esto no es ni yo ni no-yo, sino un tercero — incluso me parece correcto, aunque no sea *lo correcto*. Pero allá vosotros, dado que de todos modos sois vosotros los oyentes — y quien vive tiene razón, dice nuestro Schiller[54]. Así pues, *mantened* vuestro criterio y dejadme volver abajo».

[54] Cfr. el poema de F. Schiller, «An die Freunde [A los amigos]» 1802: «Wir, wir *leben*! Unser sind die Stunden, / Un der Lebende hat Recht. [¡Nosotros, nosotros *vivimos*! Nuestras son las horas, / y el que vive tiene razón.]» F. Schiller, *Sämmtliche Werke, op. cit.*, Stuttgart y Tubinga, J. G. Cotta, 1823, vol. II, p. 35, vv. 9-10 (BN).

127.

Contra los que critican la brevedad. — Algo dicho de manera breve puede ser el fruto y la cosecha de una prolongada meditación: pero el lector que en este campo es un novato y que aún no ha reflexionado sobre ello, en todo lo dicho brevemente ve algo de embrionario, no sin una mirada de reproche hacia el autor que le ha servido en la mesa semejante comida tan poco crecida y madurada.

128.

Contra los miopes. — ¿Pensáis que una obra tiene que ser fragmentaria porque se os da (y tiene que darse) en fragmentos?

129.

Lectores de sentencias. — Los peores lectores de sentencias son los amigos del autor cuando se dedican con celo a adivinar, en las ideas generales, el particular al que debe su origen la sentencia: pues con su entrometimiento destruyen todo el trabajo del autor, de manera que, en el mejor y el peor de los casos, en lugar de una disposición o una enseñanza filosófica no sacan más, merecidamente, que la satisfacción de una vulgar curiosidad.

130.

Descortesía del lector[55]. — La doble descortesía del lector con respecto al autor es la de alabar su segundo libro a expensas del primero (o viceversa) y la de querer que el autor se lo agradezca.

131.

Lo excitante en la historia del arte. — Si se recorre la historia de un arte, por ejemplo, el de la elocuencia griega, procedien-

---

[55] Cfr. FP II, 1.ª, 18[24].

do de maestro en maestro, y frente al cuidado puesto, cada vez mayor, en obedecer a todas las leyes y autolimitaciones viejas y nuevas, se termina por llegar a una dolorosa tensión: se entiende entonces que el arco *tenga que* romperse, y que la llamada composición inorgánica, recubierta y disfrazada por los medios expresivos más sorprendentes — en este caso, el estilo barroco del asianismo[56] — fue un día una necesidad y casi un *acto benéfico*.

132.

A los grandes del arte. — Ese entusiasmo por un asunto que tú, grande, llevas dentro del mundo, vuelve *achaparrada* la inteligencia de muchos. Saber esto humilla. Pero el entusiasta lleva su joroba con placer y orgullo: en este aspecto tienes el consuelo de que gracias a ti ha *aumentado* la felicidad en el mundo.

133.

Sin conciencia estética. — Los verdaderos fanáticos de un partido artístico son esas naturalezas, totalmente antiartísticas, que ni siquiera han sabido penetrar en los elementos de la teoría del arte y de las capacidades artísticas, pero se sienten fuertemente impresionadas por los efectos más *elementares* de un arte. Para ellos no existe una conciencia estética — y por tanto no hay nada que pueda frenarlos en su fanatismo.

134.

Cómo debe moverse el alma según la nueva música[57]. — La finalidad artística que persigue la nueva música, en lo que ahora se resalta con fuerza, aunque de manera poco clara, como «melodía infinita», podemos entenderla como un aden-

---

[56] Estilo retórico introducido por Hegesias de Magnesia, s. III a. C., cfr. HH 1, §161.
[57] Cfr. FP II, 1.ª, 22[3] y 10[16].

trarse en el mar, un ir dejando de hacer pie y un abandonarse al fin a merced del ondulante elemento: no hay más remedio que *nadar*. En la música habida hasta ahora había que *danzar* en un vaivén gracioso, solemne o fogoso, más rápido o más lento: y la medida necesaria para ello, la observancia de unas unidades de tiempo e intensidad determinadas y equivalentes, exigían al alma del oyente una *atención* constante: en el contraste entre esta corriente de aire frío de la atención y la cálida respiración del entusiasmo musical residía la fascinación de esta música. — Richard Wagner buscó otra clase *de movimiento del alma* que, como se ha dicho, es afín al nadar y flotar. Quizá sea esto lo más esencial de todas sus innovaciones. Su célebre recurso artístico, surgido de esta voluntad y conforme a ella — la «melodía infinita» — se esfuerza en romper e incluso mofarse de toda simetría matemática de tiempo e intensidad; es extremadamente rico en la invención de estos efectos, que a los antiguos oídos suenan como paradojas y blasfemias rítmicas. Teme la petrificación, la cristalización, la transición de la música a lo arquitectónico, — y así a un ritmo de dos tiempos contrapone uno de tres, no raramente introduce ritmos de cinco y siete tiempos, repite en seguida la misma frase, pero con una dilatación tan grande que duplica o triplica su duración. A partir de la fácil imitación de artificios semejantes puede surgir un grave peligro para la música: siempre, junto a la extremada madurez del sentido rítmico, se esconde al acecho el embrutecimiento, la decadencia del ritmo. Este peligro se vuelve mucho más serio sobre todo cuando esta clase de música se apoya de manera cada vez más estrecha en un arte dramático y un lenguaje gestual completamente naturalistas, no educados ni dominados mediante una plasticidad superior, que en sí mismos no tienen ninguna medida ni pueden comunicar medida alguna al elemento al que van adheridas, a la naturaleza *demasiado femenina* de la música.

135.

Poeta y realidad. — La musa del poeta que no está *enamorado* de la realidad nunca llegará a ella y le dará hijos de ojos hundidos y huesos demasiado débiles.

136.

Medios y fin[58]. — En el arte el fin no santifica los medios: pero medios santos pueden santificar el fin.

137.

Los peores lectores. — Los peores lectores son aquellos que se comportan como soldados entregados al pillaje: se llevan aquello que les aprovecha, ensucian y revuelven el resto, y escarnecen el conjunto.

138.

Rasgos distintivos de un buen escritor. — Los buenos escritores tienen dos cosas en común: prefieren ser entendidos a admirados; y no escriben para los lectores mordaces y demasiado sutiles.

139.

Los géneros mixtos. — En las artes, los géneros mixtos son el testimonio de la desconfianza que sus autores sentían por sus propias fuerzas: buscaron recursos auxiliares, abogados, tapaderas — así el poeta que llama en su ayuda a la filosofía, el músico al drama, el pensador a la retórica.

---

[58] Cfr. FP II, 1.ª, 32[4].

140.

Mantener la boca cerrada. — El autor debe mantener su boca cerrada cuando su obra la abre.

141.

Insignias de rango[59]. — Todos los poetas y escritores enamorados del superlativo quieren más de lo que pueden.

142.

Libros fríos. — El buen pensador cuenta con lectores que comparten el goce que conlleva el saber pensar: de modo que un libro que parece frío y prosaico, contemplado bajo una mirada correcta, puede aparecer rodeado por el resplandor solar de una serenidad espiritual y como un auténtico consuelo para el alma.

143.

Artificio de los torpes. — El pensador torpe elige habitualmente como aliadas la verbosidad o la solemnidad: con la primera pretende conseguir agilidad y fluidez, con la segunda quiere dar la impresión de que su cualidad es el efecto de una voluntad libre, de una intención artística, para obtener dignidad, la cual exige lentitud de movimiento.

144.

Sobre el estilo barroco[60]. — Quien como pensador y escritor sabe que no ha nacido para la dialéctica y el encadenamiento de los pensamientos, recurrirá involuntariamente a lo *retórico* y *dramático*: pues al final lo que le interesa es *hacerse entender* y

---

[59] Cfr. FP II, 1.ª, 30[150].
[60] Cfr. FP II, 1.ª, 32[3].

conseguir así poder, lo mismo da que sea conduciendo hacia sí mismo el sentimiento por un camino llano, o asaltándolo de repente — como pastor o como ladrón. Esto vale también para las artes figurativas y las de las musas, en las que el sentimiento de una carencia de dialéctica o de una insuficiencia expresiva y narrativa, junto con un exuberante y arrollador instinto formal, fomenta esa clase de estilo que llamamos *estilo barroco*. — Solo en las personas mal informadas y prepotentes provoca este término un sentimiento inmediato de desprecio. El estilo barroco nace cada vez que un gran arte se marchita, al haberse vuelto demasiado exigentes los requisitos artísticos para la expresión clásica, como un puro acontecimiento natural, que se contempla con melancolía —porque precede a la noche—, pero al mismo tiempo con admiración por su arte de hallar recursos expresivos y narrativos apropiados a él. Se incluyen en ellos la elección de temas y tramas de elevadísima tensión dramática, ante los que tiembla el corazón aún sin estar elaborados artísticamente, pues el cielo y el infierno del sentimiento están demasiado próximos; a continuación, la elocuencia de intensos afectos y gestos, de lo feo-sublime, de las grandes masas y en general de la cantidad en sí — tal como ya se anunció en Miguel Ángel, el padre o abuelo de los artistas barrocos italianos —; la luz crepuscular, transfiguradora o del ardor pasional sobre formas delineadas con enorme intensidad; además, continuamente nuevas audacias en medios y planteamientos, resaltadas con fuerza por el artista para los artistas, mientras que el profano no puede más que imaginarse estar presenciando el constante desbordamiento espontáneo de todas las cornucopias de un originario arte de la naturaleza: todas estas cualidades que hacen la grandeza de ese estilo no son posibles ni toleradas en las épocas primitivas, preclásicas y clásicas de un género artístico, tales exquisiteces penden largo tiempo del árbol como frutos prohibidos. — Precisamente ahora que la *música* entra en esta última época se puede conocer el fenómeno del estilo barroco en su particular esplendor y a partir él, por comparación, aprender mucho sobre las épocas pasadas. En efecto, desde los tiempos de los griegos ya ha habido a menudo un estilo barroco en la poesía, la elocuencia, la prosa y la escultura no menos que en la arquitectura — y en cada ocasión, aún careciendo siempre de la suprema nobleza y de la perfección inocente, inconsciente y triunfante, ha sido un beneficio para los mejores y más serios de su tiempo: — por tanto, como se ha dicho, es una prepotencia juzgarlo sin más con desprecio, por mucho que pueda considerarse feliz todo aquel cuya sensibilidad no haya sido embotada por él para el estilo más puro y grande.

145.

Valor de los libros honestos. — Los libros honestos vuelven honesto al lector, al menos en cuanto hacen salir fuera su odio y su aversión, que la pícara astucia sabe esconder muy bien. Pero ante un libro nos dejamos llevar, por mucho que ante las personas seamos retraídos.

146.

De qué manera el arte crea un partido. — Bellos pasajes sueltos, un desarrollo de conjunto emocionante y al final estados de ánimo que arrastran y estremecen — *tantas cosas así* son accesibles en una obra de arte para la mayoría profana: y en un período del arte en que se busca *pasar al lado de* los artistas a la gran masa de los profanos, es decir, crear un partido, acaso para la conservación del arte en general, aquel que crea hará bien en no dar *más* de la cuenta, con el fin de no convertirse en disipador de su propia fuerza en terrenos en los que nadie se lo agradecerá. Pues *ir más lejos* — imitando la naturaleza en su dar forma y hacer crecer *de manera orgánica* — significaría en este caso: sembrar en el agua.

147.

Hacerse grande en detrimento de la historia. — Todo maestro reciente, que encauza por *su* camino el gusto de los consumidores de arte, causa sin quererlo una selección y revalorización de los maestros antiguos y sus obras: lo que en ellos hay de conforme y afín *a él*, lo que lo anticipa y anuncia vale de ese momento en adelante como lo verdaderamente *significativo* en ellos y sus obras, — un fruto en el que se esconde normalmente el gusano de un gran *error*.

148.

Cómo se gana una época para el arte. — Con ayuda de todas las artes de magia de artistas y pensadores, enséñese a los hombres a sentir veneración por sus defectos, por su pobreza espiritual, por sus ofuscaciones y pasiones insensatas — y esto es posible —, muéstrese del crimen y de la demencia solo el lado sublime, de la debilidad de los apáticos y de los ciegamente devotos solamente lo que de un tal estado conmueve y habla al corazón, también esto ha ocurrido muy a menudo —: este es el medio para infundir, incluso a una época ajena por entero al arte y a la filosofía, un *amor* entusiasmado por ambas (sobre todo hacia los artistas y pensadores en cuanto personas), y, en malas circunstancias, quizá sea el único medio para conservar la existencia de criaturas tan delicadas y amenazadas.

149.

Crítica y alegría[61]. — La crítica, tanto la parcial e injusta como la inteligente, proporciona tanto placer a quien la ejerce que el mundo debe agradecer toda obra y acción que estimule mucho y a muchos a la crítica: pues deja tras ella una reluciente estela de alegría, ingenio, admiración de sí, orgullo, enseñanza y propósitos de mejorar. — El dios de la alegría creó lo malo y mediocre por la misma razón por la que creó lo bueno.

---

[61] Cfr. FP II, 1.ª, 27[14] y 30[93].

150.

Más allá de sus límites. — Cuando un artista quiere ser más que un artista, por ejemplo, el que despierte moralmente a su pueblo, como castigo termina por enamorarse de un tema moral monstruoso — y la musa se ríe de ello: pues incluso a esta diosa de tan buen corazón pueden volverla maliciosa los celos. Piénsese en Milton y Klopstock.

151.

Ojo de vidrio[62]. — La tendencia del talento hacia temas, personas y motivaciones *morales*, hacia el alma bella de la obra de arte, a veces solo es el ojo de vidrio que se coloca el artista que *carece* de alma bella: con la consecuencia muy rara de que este ojo acaba convirtiéndose en naturaleza viva, aunque una naturaleza de mirada algo atrofiada, — y con la consecuencia habitual de que todo el mundo cree ver naturaleza donde hay un frío vidrio.

152.

Escribir y querer vencer. — Escribir debería revelar siempre una victoria, es decir, una superación *de sí mismo* que tiene que ser comunicada para provecho de los demás; pero hay autores dispépticos que solo escriben precisamente cuando no pueden digerir algo, más aún, cuando se les ha quedado enganchado entre los dientes: sin quererlo, tratan de fastidiar con su enojo también al lector y ejercer así algún dominio sobre él, es decir: también ellos quieren vencer, pero sobre los demás.

153.

«Un buen libro lleva tiempo». — Todo buen libro sabe áspero cuando aparece: tiene el defecto de la novedad. Además, le

---

[62] Cfr. FP II, 1.ª, 34[9].

perjudica que su autor viva, en caso de que sea conocido y se hable mucho de él: pues todo el mundo suele confundir el autor y su obra. Lo que hay en él de espíritu, dulzura y dorado esplendor tiene primero que desarrollarse con los años, bajo los cuidados de una veneración que crece, envejece y finalmente se hereda. Muchas horas tienen que pasar por él y muchas arañas haber tejido su red encima. Los buenos lectores hacen cada vez mejor a un libro y los buenos adversarios lo clarifican.

154.

El exceso como recurso artístico. — Los artistas saben bien qué quiere decir usar el exceso como recurso artístico para producir la impresión de riqueza. Pertenece a los inocentes ardides para la seducción de almas en los que los artistas deben ser entendidos: pues en su mundo, donde se busca la apariencia, tampoco los medios de apariencia han de ser necesariamente genuinos.

155.

El organillo escondido. — Gracias a su drapeado más voluminoso, los genios saben mejor esconder el organillo que los talentosos: pero en el fondo también ellos no hacen más que tocar una y otra vez sus siete piezas viejas.

156.

El nombre en la portada[63]. — Que el nombre del autor esté en la portada del libro hoy en día es sin duda una costumbre y casi un deber; pero es una de las principales causas de que los libros tengan tan poco efecto. Pues si son buenos, valen más que las personas, como su quintaesencia; pero en cuanto el autor se da a conocer junto al título, la quintaesencia queda

---

[63] Cfr. FP II, 1.ª, 34[12].

diluida de nuevo por parte del lector en lo personal, incluso en lo más personal, y con ello se aborta el fin del libro. La ambición del intelecto es la de dejar de parecer individual.

157.

La crítica más afilada. — Se critica a una persona, a un libro del modo más afilado cuando se llama la atención sobre su ideal.

158.

Poco y sin amor. — Todo buen libro está escrito para un determinado tipo de lector y precisamente por ello es considerado desfavorablemente por todos los demás lectores, la gran mayoría: por tanto, su reputación descansa en una estrecha base y solo puede construirse lentamente. El libro malo y mediocre es precisamente aquel que busca agradar y agrada a muchos.

159.

Música y enfermedad. — El peligro de la nueva música reside en que nos pone en los labios la copa de lo delicioso y grandioso de manera tan embriagadora y con una apariencia de éxtasis moral tal que incluso quien es parco y noble siempre acaba bebiendo algunas gotas de más. Pero esta intemperancia tan pequeña, repetida de continuo, puede llegar a sacudir y socavar la salud espiritual de una manera mucho más profunda de cuanto haría un exceso grosero: de modo que no queda más que huir un buen día de la gruta de las ninfas y, atravesando los peligros y las olas del mar, abrirse paso rumbo al humo de Ítaca y a los abrazos de una esposa más sencilla y humana.

160.

Ventaja para los enemigos. — Un libro lleno de espíritu comunica también algo de este a sus enemigos.

161.

Juventud y crítica. — Criticar un libro — para los jóvenes solo significa esto: no dejar acercarse a uno mismo ningún pensamiento productivo del libro y defender el propio pellejo con uñas y dientes. El joven vive en un estado de defensa propia contra todo lo nuevo que no puede amar en bloque, y de este modo siempre que puede comete un delito superfluo.

162.

Efecto de la cantidad. — La mayor paradoja de la historia de la poesía consiste en que uno puede ser un bárbaro en todo aquello en que los poetas antiguos basaban su grandeza, esto es, defectuoso y deforme de pies a cabeza, y seguir siendo, no obstante, el poeta más grande. Esto sucede en efecto con Shakespeare, quien, comparado con Sófocles, parece una mina llena de una inmensa cantidad de oro, plomo y rocalla, mientras que este no solo es oro, sino oro de la más noble calidad, que casi hace olvidar su valor como metal. Pero la cantidad, en su grado máximo, *produce el efecto* de calidad — esto es lo que beneficia a Shakespeare.

163.

Todo comienzo es peligroso[64]. — El poeta tiene la elección, o bien de elevar el sentimiento de manera gradual y así acabar por remontarlo muy alto — o bien de intentar un asalto y ya desde el principio tirar de la cuerda de la campana con todas sus fuerzas. Ambas cosas tienen sus peligros: en el primer caso quizá ahuyente al oyente de aburrimiento, en el segundo de miedo.

---

[64] Cfr. la redacción previa en FP II, 1.ª, 23[95].

164.

A favor de los críticos. — Los insectos pican no por malicia, sino porque también ellos quieren vivir: como nuestros críticos; quieren nuestra sangre, no nuestro dolor.

165.

Éxito de las sentencias. — Cuando una sentencia convence de golpe por su sencilla verdad, los inexpertos siempre suponen que es antigua y conocida, y miran mal a su autor, como si hubiese querido robar el patrimonio de todos: se complacen, en cambio, con medias verdades sazonadas, y así se lo hacen saber al autor. este sabe apreciar una indicación así y gracias a ella adivina con facilidad en qué ha acertado y en qué no.

166.

Querer vencer. — Un artista que en todo lo que emprende va más allá de sus fuerzas, solo por el espectáculo que ofrece de poderosa lucha, terminará por arrastrar consigo a la masa: pues el éxito no siempre está solo en la victoria, sino a veces ya en el querer vencer.

167.

Sibi scribere[65]. — El autor prudente no escribe para ninguna otra posteridad más que para la suya propia, es decir, para su vejez, para entonces poder también alegrarse de sí mismo.

---

[65] «Escribir para sí mismo». Estas reflexiones se remontan a los años 1866-1867, cfr. OC I, pp. 265-266: 58[3] y p. 227: 58[60]. Y volverán de manera recurrente, cfr. CO IV, p. 237: carta 267 a E. Rohde, mediados de julio de 1882, y p. 214: carta 235, a p. Rée, 29 de mayo de 1882; y CO IV, p. 217: carta 238, a p. Rée, 10 de junio de 1882.

168.

Elogio de la sentencia. — Una buena sentencia es demasiado dura para los dientes del tiempo y ni siquiera todos los milenios llegan a consumirla, aunque sirva de alimento a todas las épocas: es la gran paradoja de la literatura, lo imperecedero en medio de lo cambiante, la comida que siempre se aprecia y que nunca, como la sal, se vuelve sosa.

169.

Necesidad artística de segundo orden. — El pueblo tiene sin duda cierta cantidad de lo que puede llamarse necesidad artística, pero es poca y fácil de contentar. En el fondo, para ello bastan los desechos del arte: hay que admitirlo sinceramente. Piénsese, por ejemplo, con qué melodías y canciones se alegran hoy el corazón nuestras más vigorosas, incorruptas e ingenuas capas de la población, vívase entre pastores, montañeses[66], campesinos, cazadores, soldados y marinos, y dése una respuesta. ¿Y en la pequeña ciudad, en las casas que son la misma sede de la antigua hereditaria virtud burguesa, acaso no se ama, no se mima la peor música que en general se produce hoy en día? Quien, con respecto al pueblo *tal como es*, habla de profundísima necesidad y de frustrado deseo por el arte, delira o miente. ¡Sed honestos! — Solo en *hombres excepcionales* existe hoy en día una necesidad artística de *estilo superior*, — porque en general el arte vuelve una vez más a estar en retroceso, y las fuerzas y esperanzas humanas se han volcado por un tiempo en otras cosas. — Además, es decir, aparte del pueblo, existe sin duda una necesidad artística más amplia y extensa, pero *de segundo orden*, en las capas superiores y más elevadas de la sociedad: aquí es posible algo así como una comunidad artística concebida de verdad. ¡Pero veamos sus elementos! Son en general los descontentos más sutiles, que por sí mismos no llegan a ninguna alegría verdadera: la persona culta que no ha llegado

---

[66] «Senne»: *Alpenhirt* (Grimm): literalmente, pastor de los Alpes.

a ser lo bastante libre como para poder prescindir de los consuelos de la religión y no le parece que sus óleos sean bastante olorosos; la persona medio noble, demasiado débil como para romper, mediante un vuelco o una renuncia heroicos, el error fundamental de su vida o la inclinación nefasta de su carácter; la persona muy dotada que piensa demasiado bien de sí como para hacerse útil en una actividad modesta, y demasiado perezosa como para un trabajo grande y lleno de sacrificios; la joven que no sabe crear para sí una esfera de deberes suficientemente grande; la mujer que se ató mediante un matrimonio frívolo o desaforado y no se siente suficientemente unida; el estudioso, el médico, el comerciante, el funcionario, que se especializaron demasiado pronto y nunca han dado rienda suelta a toda su naturaleza, en compensación realizan su diligente trabajo con un gusano en el corazón; y en fin, todos los artistas incompletos — ¡éstos son los que *ahora* tienen verdaderas necesidades de arte! ¿Y qué desean en realidad del arte? Debe desterrar de ellos, por momentos y horas, el malestar, el aburrimiento, cierta mala conciencia, y en lo posible, reinterpretar a lo grande el defecto de su vida y carácter como defecto del destino del mundo — muy diferentes de los griegos, quienes sentían en su arte la emanación y el desbordamiento de su propia salud y bienestar, y amaban ver *una vez más* fuera de sí su propia perfección: — los empujaba al arte el goce de sí; a estos contemporáneos nuestros — el disgusto de sí.

170.

Los alemanes en el teatro[67]. — El auténtico talento teatral de los alemanes fue Kotzebue; él y sus alemanes, tanto los de la alta sociedad como los de clase media, se correspondían necesariamente, y sus contemporáneos podrían haber dicho en serio: «en él vivimos, nos movemos y existimos». No había aquí nada forzado, inculcado, que procurase un goce mediano o falso: lo que él quería y sabía hacer era entendido, más aún, aún

---

[67] Cfr. FP II, 1.ª, 19[47] y 30[93].

hoy en día el éxito teatral *honesto,* en los escenarios alemanes, está en manos de los vergonzosos y desvergonzados herederos de los recursos y efectos de Kotzebue, al menos en la medida en que la comedia sigue floreciendo algo; de ello resulta que mucho germanismo de entonces sigue perviviendo, sobre todo lejos de la gran ciudad. Bonachones, sin moderación en los pequeños goces, de lágrima fácil, con el deseo de poder desembarazarse, al menos en el teatro, de la austeridad de un estricto sentido innato del deber, y practicar aquí una indulgencia sonriente, risueña, mezclando y confundiendo en uno el bien y la compasión —que es la esencia del sentimentalismo alemán—, llenos de felicidad por una acción bella, magnánima, por lo demás sumisos a lo superior, envidiosos unos de otros, y sin embargo en lo más íntimo autosuficientes— así eran ellos y así era él. — El segundo talento teatral fue Schiller: este descubrió una clase de espectadores que hasta entonces no se había tenido en cuenta; la halló en las edades inmaduras, en las muchachas y los jóvenes alemanes. Complació con sus poemas los arranques más elevados, nobles, tormentosos aunque oscuros de ellos, su placer por el retintín de las palabras éticas (que suele desaparecer a los treinta años), y consiguió así, en virtud del apasionamiento y el partidismo de esa edad, un éxito que poco a poco también fue ejerciendo su influjo con provecho en las edades más maduras: Schiller ha *rejuvenecido* en general a los alemanes. — Goethe estuvo en todos los aspectos por encima de los alemanes y lo sigue estando hoy en día: nunca les pertenecerá. ¿Cómo podría ningún pueblo estar a la altura de la *espiritualidad* goethiana en *bienestar y buena voluntad*? Así como Beethoven hizo música por encima de los alemanes, así como Schopenhauer filosofó por encima de los alemanes, así Goethe compuso su *Tasso,* su *Ifigenia,* por encima de los alemanes. Solo lo siguió una *muy pequeña* tropa de cultísimos, educados por la Antigüedad, la vida y los viajes, crecidos fuera y por encima de la esencia alemana: — él mismo no quería otra cosa. — Cuando después los románticos instituyeron su interesado culto a Goethe, cuando la asombrosa habilidad de ellos para degustarlo todo pasó a los discípulos de Hegel, los auténticos educadores de los alemanes de este siglo, cuando la creciente ambición nacional pasó a beneficiar también la fama de los poetas alemanes y cuando el auténtico criterio del pueblo, gracias al cual sabe si puede *disfrutar honestamente* de algo, fue inexorablemente subordinado al juicio de particulares y a esa ambición nacional — es decir, cuando el disfrute se convirtió en *una obligación* —, entonces nació esa mendacidad y artificiosidad de la cultura alemana, que se avergonzaba de Kotzebue, que llevó a escena a Sófocles, Calderón y hasta la segunda parte del *Fausto* de Goethe, y que, debido a su lengua pastosa, a su estómago empachado, al final ya no sabía lo que le gustaba ni lo que le aburría. — ¡Bienaventurados los que tienen gusto, aunque sea un mal gusto! —Y no solo bienaventurado, sino incluso sabio puede llegar a ser uno gracias solo a esa cualidad: por eso los griegos, que en estas cosas eran muy sutiles, designaban al sabio con un término que significa *el hombre de gusto,* y llamaban a la sabiduría, tanto en el arte como en el conocimiento, «gusto» (*sophia*)[68].

171.

La música como fruto tardío de toda cultura.[69] — De todas las artes que suelen brotar en un determinado terreno de la cultura, bajo determinadas circunstancias sociales y políticas, la música siempre sale a la luz como la *última* de todas las plantas, en el otoño y el marchitamiento de la cultura a la que pertenece: cuando normalmente ya son visibles los primeros anuncios e indicios de una nueva primavera; sí, a veces la música resuena en un mundo nuevo y maravillado como el lenguaje de una época desaparecida, y llega demasiado tarde. Solo en el arte de los músicos neerlandeses el alma de la Edad Media cristiana halló su plena plasmación musical: sus arquitecturas sonoras son la hermana tardía, pero auténtica y digna, del gótico. Solo en la música de Händel resonó lo mejor del alma de Lutero y de sus almas afines, el gran impulso heroico-judío que creó todo el movimiento de la Reforma. Solo Mozart volvió

---

[68] Cfr. FTG, § 3, OC I, pp. 580-581.
[69] Cfr. FP II, 1.ª, 22[17 y 24].

a plasmar, en oro *sonoro,* la época de Luis XIV y el arte de Racine y Claude Lorrain. Solo en la música de Beethoven y Rossini se cantó a sí mismo el siglo XVIII, el siglo del entusiasmo, de los ideales truncados y de la felicidad fugaz. Así, un amigo de los símiles sentimentales podría decir que toda música dotada verdaderamente de significado es un canto de cisne. — La música *no* es precisamente un lenguaje universal y fuera del tiempo, como tan a menudo se ha dicho en su honor, sino que responde a una medida exacta de sentimiento, calor y tempo que una cultura particular y enteramente determinada, ligada a un tiempo y a un espacio, lleva consigo como ley interna: la música de Palestrina sería del todo inaccesible para un griego y, a su vez, — ¿qué oiría Palestrina en la música de Rossini? — Quizá, también nuestra música alemana más reciente, por más que domine y le guste dominar, dentro de poco ya no será entendida: pues nació de una cultura afectada por un rápido declive; su terreno es ese período de reacción y restauración en el que florecieron tanto un cierto *catolicismo del sentimiento* como el gusto por toda *esencia y protoesencia patriótico-nacional,* que extendieron por Europa un aire mezclado de perfumes: estas dos orientaciones del sentir, concebidas en su máxima intensidad y llevadas a sus límites extremos, han hallado su expresión sonora en el arte wagneriano. La apropiación por parte de Wagner de antiguas sagas nacionales, su manipular y disponer libremente, ennobleciéndolos, a dioses y héroes tan insólitos — que en propiedad son depredadores soberanos, con accesos de melancolía, magnanimidad y hastío vital —, el insuflarle nueva vida a estas figuras, a las que además confirió la sed cristiano-medieval de éxtasis entre sensualidad y desensualización, este dar y tomar totalmente wagneriano con respecto a temas, almas, figuras y palabras, expresa con claridad el *espíritu de su música,* si esta, como toda música, no pudiese hablar de sí misma de manera completamente inequívoca: este espíritu conduce a la *última* de todas las campañas de guerra y reacción contra el espíritu de la Ilustración, que como un viento soplaba desde el siglo pasado sobre este, así como contra los pensamientos supranacionales contenidos en los entusiasmos revolucionarios franceses y en la sobriedad angloamericana para la reconstrucción del Estado y la sociedad. — Pero ¿no es evidente que la esfera de pensamientos y sentimientos que aquí — en Wagner mismo y sus seguidores — aparecen todavía reprimidos, han recobrado desde hace ya tiempo nueva fuerza y que esa tardía protesta musical contra ellos resuena la mayor parte del tiempo en oídos que preferirían otros sones, completamente contrarios? De modo que un día ese elevado y maravilloso arte podría de repente volverse incomprensible y quedar cubierto por las telarañas y el olvido. — En esta situación no debe dejarse uno engañar por esas fugaces fluctuaciones que se presentan como reacción dentro de la reacción, como una pasajera bajada de la cresta de la ola en medio del movimiento de conjunto; así, esta década de guerras nacionales, de martirio ultramontano[70] y de inquietud socialista también podría contribuir, con sus repercusiones más sutiles, a una repentina gloria de dicho arte — sin por ello darle la garantía de que «tiene futuro» o incluso *el futuro*. — Pertenece a la naturaleza de la música el que los frutos de sus grandes cosechas culturales pierdan el sabor con más prontitud y se pudran con más rapidez que los frutos del arte figurativo o sobre todo que los brotados del árbol del conocimiento: pues de todos los productos del sentido artístico humano, los *pensamientos* son lo más duraderos y sólidos.

172.

Los poetas ya no son maestros[71]. — Por extraño que pueda sonarle a nuestra época: ha habido poetas y artistas cuya alma estaba por encima de las pasiones y de sus espasmos y éxtasis, y que por eso hallaban su alegría en temas más puros, en personas más dignas y en conexiones y conclusiones más delicadas. Si los grandes artistas contemporáneos son en su mayoría desencadenadores de la voluntad y en ciertas circunstancias por ello mismo liberadores de la vida, aquellos otros eran — do-

---

[70] «Ultramontanen»: término usado en Centroeuropa para referirse a los movimientos católicos que sostenían la supremacía del Papa.
[71] Cfr. FP II, 1.ª, 30[151].

madores de la voluntad, transformadores de bestias, creadores de hombres y en general moldeadores, transformadores y perfeccionadores de la vida; mientras que la gloria de los actuales radica en desatar, soltar cadenas y demoler. — Los antiguos griegos exigían del poeta que fuese un maestro para los adultos: pero cómo se avergonzaría hoy en día un poeta si se le exigiese lo mismo — él, que ni siquiera fue un buen maestro para sí mismo y que, por tanto, no ha llegado a ser un buen poema él mismo, una bella forma, sino en el mejor de los casos algo así como el humilde y fascinante montón de escombros de un templo, y al mismo tiempo un antro de apetitos cubierto, como las ruinas, de flores, zarzas y hierbas venenosas, habitado y frecuentado por serpientes, sabandijas, arañas y pájaros, — un objeto que nos empuja a la triste reflexión sobre por qué hoy lo más noble y exquisito tiene que crecer y alzarse como una ruina, sin la perfección del pasado ni del futuro. —

173.

Mirada adelante y atrás. — Un arte como el que *emana* de Homero, Sófocles, Teócrito, Calderón, Racine, Goethe, como *excedente* de una manera de vivir sabia y armoniosa — esto es lo correcto a lo que al final aprendemos a dirigirnos, cuando nosotros mismos nos hemos tornado más sabios y armónicos, no ese borboteo bárbaro, aunque tan fascinante, de cosas ardientes y abigarradas de un alma caótica y desenfrenada, que antes, de jóvenes, entendíamos por arte. Pero se comprende por sí mismo que para ciertas épocas de la vida un arte de exaltación, excitación, aversión hacia lo regulado, monótono, simple y lógico, es una necesidad imperiosa a la que *tienen que* corresponder artistas, para que el alma de esas épocas de la vida no se descargue por otra vía con extravagancias y vicios de todas clases. Así los jóvenes tal como son en su mayoría, pletóricos, efervescentes, atormentados por nada *más* que por el tedio, — así las mujeres a las que le falta un buen trabajo que llene el alma, necesitan tanto de ese arte de fascinante desorden: cuanto con mayor ardor se inflama su anhelo de un goce sin cambio, de una felicidad sin aturdimiento ni embriaguez.

174.

Contra el arte de las obras de arte. — El arte debe ante todo y en primer lugar *embellecer* la vida, es decir, hacernos *a nosotros* mismos soportables para los demás y a ser posible agradables: con esta tarea a la vista, nos modera y refrena, crea formas de trato social, vincula a los carentes de educación a leyes de decoro, de limpieza, de cortesía, de hablar y callar en el momento correcto. Además, el arte debe *ocultar* o *reinterpretar* todo lo feo, aquello que es doloroso, terrible, asqueroso, que pese a todos los esfuerzos, vuelve a estallar siempre de nuevo, dado el origen de la naturaleza humana: debe proceder así sobre todo con respecto a las pasiones y a los dolores y angustias del alma, y hacer traslucir en lo inevitable e irremediablemente feo lo *significativo*. Según esta grande, incluso enorme tarea del arte, el arte en sentido propio, *el de las obras de arte,* no es más que un *suplemento:* un hombre que sienta en sí mismo un excedente de esas fuerzas embellecedoras, ocultadoras y reinterpretadoras, al final busca descargar este excedente en obras de arte; y lo mismo, bajo ciertas circunstancias, todo un pueblo. — Pero hoy el arte se empieza habitualmente por el final, uno se cuelga de su cola y cree que el arte de las obras de arte es lo esencial, a partir del cual debe ser mejorada y transformada la vida — ¡necios de nosotros! Si comenzamos la comida por el postre y saboreamos dulce tras dulce, ¡qué tendrá de extraño que nos estropeemos el estómago e incluso el apetito para la comida buena, energética y nutritiva a la que nos invita el arte!

175.

Persistencia del arte. — ¿Cómo persiste hoy básicamente el arte de las obras de arte? La mayoría de los que disponen de horas de ocio — y solo para estos existe un arte así — creen no poder ocupar su propio tiempo sin música, sin visitar el teatro y los museos, sin la lectura de novelas y poemas. Suponiendo que se les pudiera *apartar* de esta satisfacción, entonces o bien dejarían de aspirar al ocio con tanto celo, y se volvería *más raro* el espectáculo de los ricos que suscita envidia — un gran logro para la subsistencia de la sociedad —; o bien, tendrían ocio pero aprenderían a *reflexionar* — algo que puede aprenderse y desaprenderse — sobre su trabajo, por ejemplo, sobre sus relaciones, sobre las alegrías que podrían dispensar; en ambos casos todo el mundo, a excepción de los artistas, sacaría provecho de ello. — Sin duda, habrá muchos lectores enérgicos y sensatos que sabrían poner aquí una buena objeción. Pero para los torpes y maliciosos, debe decirse por una vez que aquí, como con tan a menudo en este libro, al autor le interesa precisamente la objeción, y que en este libro han de leerse muchas cosas que no están escritas propiamente en él.

176.

La boquilla de los dioses. — El poeta expresa las opiniones generales más elevadas que tiene un pueblo; es su flauta y su boquilla, — pero gracias al metro y a todos los demás recursos artísticos, las expresa de tal manera que el pueblo las toma por completamente nuevas y prodigiosas, y cree con toda seriedad que el poeta es la boquilla de los dioses. Más aún, en el ofuscamiento de la creación el poeta mismo olvida de dónde obtiene toda su sabiduría espiritual — de padre y madre, de maestros y libros de toda clase, de la calle y sobre todo de los sacerdotes; su propio arte le engaña y en épocas ingenuas cree realmente que *un dios* habla a través de él, que él crea en un estado de iluminación religiosa —: mientras que solo dice lo que ha aprendido, sabiduría popular y necedad popular mezcladas. Por tanto: en tanto que *es* realmente *vox populi*[72], el poeta *vale* por *vox dei*[73].

---

[72] «Voz del pueblo».
[73] «Voz de Dios».

177.

Lo que todo arte quiere y no puede. — La tarea última y más difícil del artista es la exposición de lo que permanece igual, de lo que descansa en sí mismo, de lo elevado, sencillo, lo que más prescinde de los atractivos particulares; por eso las configuraciones superiores de la perfección ética son rechazadas y difamadas por los mismos artistas más débiles como temas antiartísticos, porque para su ambición la vista de estos frutos es demasiado penosa: brillan sobre ellos desde las ramas más distantes del arte, pero les faltan escalera, coraje y maña para poder arriesgarse tan alto. En sí es perfectamente posible un Fidias *poeta,* pero, teniendo en cuenta la fuerza moderna, casi solo en el sentido del dicho de que para Dios nada es imposible. Ya el deseo por un Claude Lorrain poético es actualmente una inmodestia, por mucho que el corazón nos mande anhelarlo. — La exposición del *último* hombre, *es decir, del más simple y al mismo tiempo el más completo,* hasta ahora ningún artista ha estado a su altura; pero quizá los griegos, *en el ideal de Atenea,* han lanzado la mirada más lejos que todos los hombres habidos hasta ahora.

178.

Arte y restauración. — Los movimientos regresivos de la historia, las llamadas épocas de restauración, que buscan devolverle la vida a un estado espiritual y social *anterior* al que se ha impuesto, y que parecen lograr en efecto una breve resurrección de los muertos, tienen el atractivo de un recuerdo lleno de sentimientos, de un nostálgico anhelo de lo está que casi perdido, de un abrazo apresurado a esa felicidad que solo dura un momento. Debido a esta extraordinaria profundización del estado de ánimo, el arte y la poesía hallan precisamente en estas épocas efímeras y de ensueño su terreno natural, igual que las plantas más raras y delicadas crecen en las laderas escarpadas de los montes. — Esto empuja sin advertirlo a algunos buenos artistas a una mentalidad restauradora en la política y en la sociedad, para la que se han arreglado por sí mismos en un rincón un silencioso jardincito: allí pues acumulan en torno a sí los restos humanos de aquella época de la historia que les resultan más familiares y hacen sonar la música de su lira solo ante muertos, medio muertos y muertos de cansancio, acaso con el mencionado éxito de conseguir una breve resurrección de los muertos.

179.

Felicidad de la época[74]. — Nuestra época ha de considerarse afortunada en dos aspectos. Respecto al *pasado*, gozamos de todas las culturas y sus creaciones y nos alimentamos de la sangre más noble de todos los tiempos, todavía estamos bastante cerca de la magia de las fuerzas de cuyo seno nacieron como para poder someternos a ellas pasajeramente con placer y escalofrío: mientras que las culturas precedentes solo sabían disfrutar de sí mismas y no veían más allá de sí, como si estuviesen recubiertas de una campana de bóveda más o menos amplia: de la que cayese a raudales la luz sobre ellas, pero que no dejase pasar la vista. Respecto al *futuro*, por primera vez en la historia se abre ante nosotros la inmensa perspectiva de metas humanas ecuménicas que abarquen toda la tierra habitada. Al mismo tiempo nos sentimos en posesión de las fuerzas para poder asumir nosotros mismos esta nueva tarea, sin petulancia, sin necesidad de auxilios sobrenaturales; sí, vaya como quiera nuestra empresa, o acaso hayamos sobreestimado nuestras fuerzas, pero no existe nadie a quien haya que rendir cuentas más que a nosotros mismos: en adelante, la humanidad podrá hacer consigo misma lo que quiera. — Hay por supuesto extraños hombres-abeja que solo saben libar del cáliz de todas las cosas lo más amargo y enojoso; — y en efecto todas las cosas contienen algo de esta no-miel. Que sientan estos como quieran la descrita felicidad de nuestra época y sigan construyendo en su colmena del malestar.

[74] Cfr. FP II, 1.ª, 5[121] y 23[15].

180.

Una visión. — Horas de aprendizaje y reflexión para adultos, maduros y muy maduros, cada día, frecuentadas sin constricción por todo el mundo, pero según el dictado de la costumbre; las iglesias como los lugares más dignos y ricos de recuerdos respecto a ello, en cierto sentido fiestas cotidianas para celebrar la dignidad de la razón humana alcanzada y alcanzable; una renovada y más plena eclosión y florecimiento del ideal del maestro en el que deberían fundirse el sacerdote, el artista y el médico, el científico y el sabio, de tal modo que sus virtudes individuales tendrían que manifestarse como virtudes colectivas en la propia enseñanza, en su exposición y en su método, — esta es mi visión, la que siempre vuelve a mí y creo sin género de duda que ha levantado un extremo del velo sobre el futuro.

181.

Educación-deformación[75]. — La extraordinaria precariedad de toda la institución de enseñanza, por cuya causa hoy en día cualquier adulto tiene la sensación de que su único educador ha sido el azar, — la incoherente volubilidad de los métodos y fines educativos se explica porque ahora los poderes culturales *más viejos* y los *más nuevos* quieren ser oídos más que entendidos, como en una turbulenta asamblea popular, y demostrar a toda costa con su voz y sus gritos que *todavía existen* o que *ya existen*. Con este insensato alboroto los pobres profesores y educadores se han quedado primero aturdidos, luego mudos y finalmente apáticos, y lo soportan todo y a su vez hacen también que sus discípulos lo tengan que soportar todo. Ellos mismos no están educados: ¿cómo podrían educar? Ellos mismos no son robustos troncos llenos de savia que hayan crecido rectos: quien quiera atenerse a ellos tendrá que retorcerse y encorvarse hasta acabar con el aspecto deforme y contrahecho.

[75] Cfr. FP II, 1.ª, 19[61] y 23[43].

182.

Filósofos y artistas de la época. — Salvajismo e indiferencia, ardor de los deseos y frialdad de corazón, — esta repugnante coexistencia se halla en la imagen de la alta sociedad europea del presente. Por tanto, el artista cree ya lograr gran cosa cuando con su arte, *junto* al ardor del deseo, enciende también por una vez el ardor del corazón; y asimismo el filósofo cuando, en la frialdad de corazón que tiene en común con su época, con su juicio negador del mundo enfría también, dentro de sí y en la sociedad, el calor del deseo.

183.

Ser soldado de la cultura pero no sin necesidad. — Solo al final se aprende lo que, por ignorarlo, tanto daño nos acarrea en la juventud: que en primer lugar hay que *hacer* lo excelente, en segundo lugar *buscarlo* en todas partes y bajo cualquier nombre que se encuentre; y que en cambio hay que alejarse en seguida de todo lo no-valioso y mediocre, *sin combatirlo*, y que la sola duda sobre el valor de algo — que en un gusto un poco ejercitado no tarda en nacer — puede servirnos de argumento contra él para evitarlo del todo: con el riesgo de equivocarnos algunas veces y de confundir lo valioso y más difícilmente comprensible, con lo no-valioso e imperfecto. Solo quien no sabe hacer nada mejor, tiene que afrontar las fealdades del mundo como un soldado de la cultura. Pero aquellos que pertenecen a la clase que hay en ella de campesinos y profesores se hunden cuando quieren alzarse en armas, y con prevenciones, noches de guardia y malos sueños transforman la paz de su profesión y de su casa en una enorme inquietud.

184.

Cómo hay que contar la historia natural. — La historia natural, en cuanto historia de las guerras y victorias de la fuerza moral e intelectual contra el miedo, la fantasía, la pereza, la superstición y la locura, debería ser contada de tal manera que cualquier oyente se sintiese empujado de modo irresistible a buscar una rebosante salud corporal y anímica, al gozoso sentimiento de sentirse el heredero y continuador de lo humano y a una necesidad cada vez más noble de iniciativa. Hasta hoy, todavía no ha encontrado su lenguaje adecuado, porque los artistas en la elocuencia y los inventores del lenguaje — pues de estos hace falta para dicho fin — no se libran de una obstinada desconfianza con respecto a ella, y sobre todo no quieren aprender en serio de ella. No obstante, hay que admitir que los ingleses, en sus manuales de ciencia para las clases populares más humildes, han conseguido admirables progresos en el camino hacia este ideal: pero tales libros son elaborados por sus mejores estudiosos — naturalezas completas, plenas y generosas — y no, como entre nosotros, por los mediocres en la investigación.

185.

Genialidad de la humanidad. — Si la genialidad, según la observación de Schopenhauer, consiste en el recuerdo coherente y vivo de lo que uno ha vivido[76], entonces en la aspiración a conocer todo el devenir histórico — que cada vez con más fuerza distancia la época moderna de todas las anteriores y por primera vez ha echado abajo la vieja barrera entre naturaleza y espíritu, hombre y animal, moral y física — se podría descubrir la aspiración a una genialidad global de la humanidad. La historia pensada de manera completa sería una autoconciencia cósmica.

186.

Culto de la cultura. — A los grandes espíritus los acompaña una parte espantosa y demasiado humana de su ser, de sus cegueras, desconocimientos y excesos, para que su potente influ-

---

[76] Cfr. A. Schopenhauer, *El arte de envejecer*, ed. F. Volpi, tr. A. Muñoz Fernández, Madrid, Alianza, 2010, «Año 1857», § 235, p. 179.

jo, que fácilmente se vuelve demasiado potente, se vea continuamente frenado por la desconfianza que inspiran esas cualidades. Pues el sistema de todo lo que la humanidad necesita para continuar existiendo es tan amplio y requiere fuerzas tan numerosas y distintas entre sí, que por cada preferencia *unilateral*, hacia la ciencia, el Estado, el arte o el comercio, a los que tienden esa clase de individuos, la humanidad en su conjunto termina pagando duras penitencias. Cada vez que se ha adorado a algunos hombres ha resultado ser la desgracia más grande para la cultura: en este sentido, incluso se puede conceder la sentencia de la ley de Moisés que prohíbe tener otros dioses fuera de Dios. — Al culto del genio y de la fuerza hay que poner al lado, como complemento y remedio, el culto de la cultura: que sabe concederle incluso a lo material, humilde, bajo, desconocido, débil, imperfecto, unilateral, incompleto, falso, aparente, más aún malvado y terrible, una estimación llena de comprensión y el reconocimiento *de que todo esto es necesario*; pues no debe volver a perderse la consonancia y resonancia de todo lo humano, alcanzado gracias a inauditos esfuerzos y afortunadas casualidades, tanto la obra de cíclopes y hormigas como la de los genios: ¿cómo podríamos prescindir del común, profundo, a menudo inquietante bajo continuo, sin el cual la melodía no podría ser precisamente melodía?

187.

El mundo antiguo y la alegría. — Los hombres del mundo antiguo sabían *alegrarse* mejor, nosotros *entristecernos menos*; aquellos hallaban siempre buenas razones para sentirse bien y celebrar fiestas, con toda la riqueza de su astucia y meditación: mientras que nosotros empleamos nuestro espíritu en resolver tareas que buscan más bien liberarnos del dolor, eliminar las fuentes del displacer. Con respecto a los dolores de la existencia, los antiguos intentaban olvidar o de algún modo convertir el sentimiento en placentero: de modo que ellos intervenían en sentido paliativo, mientras que nosotros atacamos las causas del dolor y en conjunto preferimos actuar en sentido profiláctico. — Quizás estamos solo construyendo los cimientos sobre los que los hombres del futuro alzarán el nuevo templo de la alegría.

188.

Las musas como mentirosas. — «Sabemos decir muchas mentiras» — así cantaron un día las musas, cuando se revelaron a Hesíodo[77]. Considerar al artista como un impostor conduce a descubrimientos muy importantes.

189.

Cuán paradójico puede ser Homero. — ¿Existe algo más temerario, horrendo, increíble resplandeciendo, sobre el destino humano, como un sol invernal, que aquel pensamiento que hallamos en Homero?:

> Esto dispuso el decreto de los dioses y les infligió *el hundimiento, a fin de que también para las estirpes posteriores hubiese un canto*[78].

Es decir: nosotros sufrimos y morimos para que nos les falten *temas* a los poetas — y lo mandan justamente los dioses de Homero, que parecen tener mucha preocupación por la diversión de las generaciones futuras, pero muy poca por nosotros, hombres del presente. — ¡Y pensamientos así se le ocurrieron a un griego!

190.

Tardía justificación de la existencia. — No pocos pensamientos han entrado en el mundo como errores e ilusiones, pero se han convertido en verdades porque los hombres les han atribuido después un substrato real.

---

[77] Cfr. Hesíodo, *Teogonía*, vv. 24-29, en *Obras y fragmentos*, ed. A. Pérez Jiménez, Madrid, Gredos, 2000, pp. 10-11.
[78] Traducción de la versión alemana de Nietzsche. Cfr. Homero, *Odisea*, ed. M. Fernández Galiano y J. M. Pabón, Gredos, Madrid, 1993, canto VIII, vv. 579-580, p. 225.

191.

Pros y contras necesarios. — Quien no ha entendido que todo hombre grande, no solo debe ser sostenido, sino también, por el bien general, *combatido*, sin duda es aún un niño — o bien es él mismo un gran hombre.

192.

Injusticia del genio. — El genio es extremadamente injusto con los genios contemporáneos suyos: por lo pronto cree no necesitarlos y por ello los considera en general superfluos — pues él es lo que es sin ellos —; además el influjo de ellos obstaculiza el efecto de *su* corriente eléctrica, por lo que incluso los califica de *dañinos*.

193.

El terrible destino de un profeta. — Trabajó veinte años en convencer a los contemporáneos sobre él mismo, — y al final lo consiguió; pero entretanto también lo habían conseguido sus adversarios: y él ya no estaba convencido de sí mismo.

194.

Tres pensadores como una araña. — En toda secta filosófica se suceden tres pensadores en esta relación: el primero extrae de sí mismo el jugo y la semilla, el segundo saca de ello los hilos y teje una red artificial, y el tercero espía en esta red las víctimas que se quedan atrapadas en ella — y busca vivir de la filosofía.

195.

De la relación con los autores. — Es una manera igual de mala de tratar a un autor cogerlo por la nariz o por el cuerno — y todo autor tiene su cuerno.

196.

Tiro de dos caballos. — La falta de claridad de pensamiento y la exaltación del sentimiento van ligadas muy a menudo a la despiadada voluntad de afirmarse a toda costa, de hacerse valer solo a sí mismo, tanto como la ayuda cordial, la generosidad y la benevolencia, al impulso de claridad y pureza de pensamiento, de moderación y reserva de sentimiento.

197.

Lo que une y lo que separa. — ¿Acaso no está en la cabeza lo que une a los hombres — la comprensión del beneficio y el perjuicio comunes —, y en el corazón lo que los separa — el ciego elegir y andar a tientas en el amor y en el odio, el volcarse en una persona a expensas de todas las demás y el consecuente desprecio hacia el beneficio general?

198.

Tiradores y pensadores. — Existen curiosos tiradores que, a pesar de no dar en el blanco, se van del campo de tiro con el secreto orgullo de que en todo caso su bala ha ido muy lejos (en cualquier caso, más allá del blanco), o bien que, si no el blanco, al menos han acertado otra cosa. También existen pensadores de este tipo.

199.

Desde dos lados. — Se puede causar daños y estragos en una tendencia y movimiento espiritual, o cuando uno es superior a ellos y se desprecia su fin, o cuando su fin es demasiado alto y no puede ser reconocido por nuestros ojos, es decir, cuando son superiores a nosotros. Así, el mismo partido puede ser combatido desde dos lados, desde arriba y desde abajo; y no es raro que los agresores, por el odio que los une, estrechen entre ellos una alianza más repugnante que todo cuanto odian.

200.

Original. — No ser el primero en ver algo nuevo, sino el ver lo viejo *como nuevo*, conocido desde hace tiempo, visto e ignorado por todo el mundo, es lo que distingue a las cabezas realmente originales. El primer descubridor es por lo general esa fantasiosa, carente de espíritu y tan corriente, llamada casualidad.

201.

Error de los filósofos. — El filósofo cree que el valor de su filosofía está en el conjunto, en el edificio: la posteridad lo ve en la piedra con la que él construyó y con la que, desde entonces, se siguió construyendo mucho y mejor: por tanto, que esa construcción puede ser destruida y *no obstante* tener *aún* valor como material.

202.

La agudeza. — La agudeza es el epigrama sobre la muerte de un sentimiento.

203.

En el instante previo a la solución. — En la ciencia sucede cada día y a cada hora que uno se detiene inmediatamente antes de la solución, convencido de que sus esfuerzos han sido completamente vanos — semejante a quien, deshilando una red, vacila en el instante en que está más cerca de deshacerla, porque justo entonces es cuando más se parece a un nudo.

204.

Ir entre fanáticos. — La persona reflexiva y segura de su propia inteligencia puede, con gran provecho, ir entre fantasiosos por una decena de años y, en esa zona caliente, dejarse ir a una modesta locura. Habrá recorrido así un buen trecho para llegar al fin a ese cosmopolitismo del espíritu, que sin presunción puede decir: «nada del espíritu me es ajeno»[79].

205.

Aire cortante. — Lo mejor y más sano, tanto en la ciencia como en la montaña, es el aire cortante que se respira allí. — A causa de este aire, los blandos de espíritu (como los artistas) evitan y calumnian la ciencia.

206.

Por qué los estudiosos son más nobles que los artistas. — La ciencia necesita naturalezas *más nobles* que la poesía: deben ser más simples, menos ambiciosas, más sobrias, más silenciosas, no tan preocupadas por la gloria futura y olvidadizas de sí con respecto a cosas que a los ojos de la mayoría raramente parecen dignas de un sacrificio tan grande de la propia personalidad. Añádase a ello otra renuncia de la que son conscientes: el tipo de actividad que desarrollan, su continua constricción a la máxima sobriedad debilita su *voluntad*, la llama no es alimentada con tanta intensidad como en el fogón de las naturalezas poéticas: y por ello a menudo pierden antes su fuerza superior y su orgullo — y, como se ha dicho, *conocen* este peligro. En cualquier caso, ellas *parecen* menos dotadas porque brillan menos, y serán tenidas por menos de lo que son.

207.

En qué medida la reverencia oscurece. — Al gran hombre, en los siglos posteriores, se le rinden como homenaje todas las grandes cualidades y virtudes de su siglo — y así todo lo mejor

---

[79] Terencio, *El heautontimorúmeno*, I 1, 77, en *Comedias*, ed. J. Román Bravo, Madrid, Cátedra, 2001, p. 335: «Soy hombre: nada humano considero que me sea ajeno».

de este se ve constantemente *oscurecido* por la reverencia que lo considera como una imagen santa, en la que se cuelgan y ante la que se depositan todo tipo de ofrendas; — hasta que al final queda enteramente cubierta y envuelta por ellas, y a partir de ese momento es más un objeto de fe que de observación.

208.

Estar cabeza abajo[80]. — Cuando ponemos la verdad cabeza abajo, habitualmente no nos damos cuenta de que tampoco nuestra cabeza estaba allí donde debería estar.

209.

Origen y utilidad de la moda. — La evidente autocomplacencia del *individuo* con su forma estimula la imitación y poco a poco crea la forma de la *mayoría*, esto es, la moda: por medio de la moda esta mayoría quiere alcanzar precisamente esa autocomplacencia con la forma que sienta tan bien, e incluso la consiguen. — Si se considera cuántas razones tiene cada persona para ser timorata y retraerse con timidez, y hasta qué punto esas razones pueden paralizar e inutilizar tres cuartos de su energía y de su buena voluntad, hay que estar muy agradecidos a la moda porque desencadena esos tres cuartos y transmite autoconfianza y una recíproca y serena complacencia a los que se saben ligados entre sí bajo su ley. Incluso las leyes insensatas dan libertad y tranquilidad de ánimo, siempre que sean muchos los que se hayan sometido a ellas.

210.

Desatadores de lenguas. — El valor de ciertos hombres y libros solo reside en la propiedad de obligar a cada uno a expresar lo más oculto e íntimo: son desatadores de lenguas y palanquetas para los dientes más apretados. También ciertos acontecimientos

---

[80] Cfr. HH 1, § 141; y FP II, 1.ª, 21[48].

y fracasos, que aparentemente solo suceden para desdicha de la humanidad, tienen ese valor y utilidad.

211.

Espíritus nómadas. — ¿Quién de nosotros se atrevería a llamarse espíritu libre sin querer ofrecer, a su manera, un homenaje a esos hombres a quienes se cuelga este nombre como un *insulto*, cargando sobre sus hombros parte de ese fardo de desaprobación y denuesto públicos? Sin duda podemos llamarnos «espíritus nómadas» con toda seriedad (y sin ese espíritu de contradicción altanero o noble), pues sentimos el impulso a la libertad como el instinto más fuerte de nuestro espíritu y, contrariamente a las mentes atadas y firmemente arraigadas, vemos nuestro ideal casi en un nomadismo del espíritu, — por emplear una expresión modesta y casi despreciativa.

212.

¡Sí, el favor de las Musas! — Lo que dice Homero al respecto sobrecoge el corazón, tan verdadero y terrible es: «de corazón lo amaba la Musa y le dio bien y mal; porque lo privó de la vista y le inspiró un dulce canto»[81]. Es este un texto inagotable para el pensador: ella da bien *y* mal, ¡esa es *su* manera de amar de corazón! Y cada cual entenderá a su manera por qué nosotros, pensadores y poetas, *tenemos que* dar a cambio nuestros *ojos*.

213.

Contra el cultivo de la música[82]. — La educación artística de la vista desde la infancia, mediante el dibujo y la pintura, el boceto de paisajes, personas y sucesos, comporta entre otras cosas una inestimable ganancia para la vida, la de conseguir que

---

[81] Traducción de la versión alemana de Nietzsche. Cfr. Homero, *Odisea, op. cit.*, canto VIII, vv. 63-64, p. 209.
[82] Cfr. FP II, 1.ª, 21[16].

la vista se vuelva *aguda, serena y constante* en la observación de las personas y las situaciones. El cultivo artístico del oído no produce un beneficio añadido semejante: por eso la enseñanza primaria hará bien en general en dar prioridad al arte de la vista sobre el del oído.

214.

Los descubridores de trivialidades. — Espíritus sutiles, a los que nada es más ajeno que una trivialidad, a menudo descubren una de ellas tras toda clase de rodeos y sendas de montaña, y se alegran de ella para asombro de los no-sutiles.

215.

La moral de los hombres de ciencia. — Un progreso regular y rápido de las ciencias solo es posible cuando el individuo *no* se ve obligado a ser *demasiado desconfiado* como para tener que verificar cada cálculo y afirmación de los demás en campos que le resultan lejanos: pero la condición para ello es que cada uno, en su propio campo, tenga competidores *extremadamente desconfiados* y que lo vigilen atentamente. De esta coexistencia entre «no demasiado desconfiados» y «extremadamente desconfiados» nace la rectitud en la república de los hombres de ciencia.

216.

Causa de esterilidad. — Hay espíritus muy dotados que siempre son estériles solo porque, por una debilidad de temperamento, son demasiado impacientes para esperar a la gestación.

217.

El mundo de las lágrimas invertido. — El múltiple malestar que las exigencias de una cultura superior causa al hombre acaba por alterar tanto su naturaleza, que este se comporta normalmente de manera rígida y estoica, y solo le quedan lágrimas para los raros arrebatos de felicidad, es más, no pocos sienten necesidad de llorar ya solo al disfrutar de la ausencia de dolor: — solo en la felicidad late todavía su corazón.

218.

Los griegos como intérpretes. — Cuando hablamos de los griegos, hablamos involuntariamente de hoy y de ayer al mismo tiempo: conocida por todos, su historia es un espejo reluciente que refleja siempre algo que no está en el mismo espejo. Utilizamos la libertad de hablar sobre ellos para tener derecho a callar sobre otros, — a fin de que estos espontáneamente digan algo al oído del lector reflexivo. De este modo, los griegos facilitan al hombre moderno la comunicación de diversas cosas difíciles de comunicar e inquietantes.

219.

Del carácter adquirido de los griegos. — A causa de la famosa claridad, transparencia, simplicidad y orden, de la naturalidad y a la vez artificialidad cristalinas de las obras griegas, nos sentimos fácilmente inducidos a creer que todo ello les fue regalado a los griegos: por ejemplo, que no habrían podido evitar escribir bien, como dijo alguna vez Lichtenberg[83]. Pero no hay conclusión más precipitada e insostenible. La historia de la prosa, desde Gorgias hasta Demóstenes, muestra un trabajo y una lucha tal por salir de lo oscuro, sobrecargado, de la falta de luz, que recuerda las fatigas de los héroes que tuvieron que abrir los primeros caminos a través de bosques y pantanos. El diálogo de la tragedia es la verdadera *hazaña* de los dramaturgos por su insólita claridad y precisión, y esto en un pueblo inclinado a regocijarse en lo simbólico y alusivo y que además fue

---

[83] G. C. Lichtenberg, *Vermischte Schriften [Escritos misceláneos]*, Gotinga, Dieterich, 8 vols., 1867, vol. I, pp. 278 ss. (BN).

especialmente educado para ello por la gran lírica coral; así como la hazaña de Homero es haber liberado a los griegos de la pompa asiática y de la forma de ser lóbrega, y haber alcanzado, en el conjunto y en el detalle, la claridad arquitectónica. Ni se consideraba fácil en absoluto el decir algo de manera realmente precisa y clara; ¿de dónde si no la enorme admiración por el epigrama de Simónides, que resulta tan sencillo, sin remates dorados, sin arabescos de ingenio, — pero que dice lo que tiene que decir, de manera clara, con la tranquilidad del sol, no con el efectismo de un relámpago? Pues la búsqueda de la luz, desde un crepúsculo por así decir innato, es algo griego, de modo que sumerge al pueblo en una exultante alegría el oír una sentencia lacónica, el lenguaje de la elegía o las máximas de los Siete Sabios. Por eso amaban tanto dar preceptos en verso, algo chocante para nosotros, como verdadera tarea apolínea del espíritu helénico, con el fin de conseguir la victoria sobre los peligros del metro y la oscuridad propia de la poesía. La sencillez, la flexibilidad, la sobriedad fueron *conquistadas* de las capacidades del pueblo, no venían dadas con él, — el peligro de una recaída en lo asiático se cernía siempre sobre los griegos, y en efecto de vez en cuando cayó sobre ellos como un sombrío y desbordado torrente de emociones místicas, de salvajismo y oscurantismo primitivos. Los vemos desaparecer, vemos por así decir a Europa barrida, anegada — pues entonces Europa era muy pequeña —, pero siempre vuelven a salir a la luz, como buenos nadadores y buceadores que son, el pueblo de Odiseo.

220.

El auténtico paganismo[84]. — Para quien echa una ojeada al mundo griego acaso no haya nada más sorprendente que descubrir que de vez en cuando los griegos daban fiesta a todas sus pasiones y malas inclinaciones naturales, y que hasta instituyeron de manera estatal una especie de organización de fes-

---

[84] Cfr. FP II, 1.ª, 5[146, 147] y 35[5].

tejos para su parte demasiado humana: este es el auténtico paganismo de su mundo, nunca comprendido por el cristianismo, ni comprensible, y siempre combatido y despreciado con la mayor dureza. — Ellos consideraron esa parte demasiado humana como inevitable y, en lugar de denostarla, prefirieron otorgarle una especie de derecho de segundo orden, insertándola en los usos de la sociedad y del culto; más aún, llamaron divino a todo lo que en el hombre tiene *poder* y lo escribieron en las paredes de su cielo. No renegaron del instinto natural que se expresa en las malas cualidades, sino que lo ordenaron y lo limitaron a cultos y días determinados, tras haber ingeniado las medidas de precaución suficientes para poder dar salida a esas aguas turbulentas de la manera menos dañina. Esta es la raíz de toda la liberalidad moral de la Antigüedad. A lo malvado e inquietante, a la parte retrasada animal, así como a lo bárbaro, prehelénico y asiático que aún vivía en el fondo de la naturaleza helénica, se le permitía una descarga moderada y no se aspiraba a su completa aniquilación. El Estado contenía el sistema completo de tales ordenamientos, y no estaba construido sobre individuos o castas especiales, sino sobre las normales cualidades humanas. En su construcción los griegos muestran ese asombroso sentido para lo típico-realista que más tarde les permitió convertirse en naturalistas, historiadores, geógrafos y filósofos. No era una ley moral restringida, sacerdotal o de casta, la que tenía que decidir sobre la constitución del Estado y sus cultos: sino la consideración más amplia posible de la *realidad de todo lo humano*. — ¿De dónde obtuvieron los griegos esta libertad, este sentido de lo real? Tal vez de Homero y de los poetas anteriores; pues son precisamente los poetas, cuya naturaleza no suele ser la más justa y sabia, los que en cambio poseen ese gusto por lo real y efectivo *de toda clase*, y ni siquiera quieren renegar por completo del mal: les basta con que se modere y no mate o envenene internamente todo — es decir, piensan de la misma manera que los forjadores de los Estados griegos, fueron sus maestros y precursores.

221.

Griegos de excepción. — En Grecia los espíritus profundos, escrupulosos y serios eran la excepción: el instinto del pueblo tendía más bien a considerar la seriedad y escrupulosidad como una especie de deformación. Tomar prestadas las formas de fuera, no crearlas, sino plasmarlas bajo la más bella apariencia — esto es griego; imitar, no para el uso, sino para la ilusión artística, vencer una y otra vez la seriedad impuesta, ordenar, embellecer, pulir, allanar — así siguen adelante desde Homero hasta los sofistas de los siglos III y IV de la nueva era, quienes son solo exterioridad, palabra pomposa, gesto entusiasmado, y se dirigen a almas vacías, ávidas de meras apariencias, sonidos y efectos. — ¡Valórese ahora la grandeza de esos griegos de excepción que crearon la *ciencia*! ¡Quien narra sobre ellos, narra la historia más heroica del espíritu humano!

222.

Lo simple, ni lo primero ni lo último en el tiempo[85]. — En la historia de las representaciones religiosas se imaginan gran cantidad de falsas evoluciones y procesos graduales, en cosas que en realidad no han nacido una de otra ni una tras otra, sino yuxtapuestas y separadas; sobre todo lo simple sigue teniendo demasiada fama de ser lo más antiguo y primordial. No pocas cosas humanas surgen por sustracción y división, y no precisamente por duplicación, adición y composición. — Por ejemplo, todavía se sigue creyendo en una evolución gradual de la *representación de los dioses,* desde aquellas toscas piedras y maderas hasta subir a la plena humanización: pero es precisamente lo contrario, *mientras* la divinidad se transfería y se sentía en árboles, maderas, piedras y animales, se rehuía de la humanización de su figura como de una impiedad. Fueron los poetas los primeros que, más allá del culto y la prohibición del *pudor* religioso, tuvieron que predisponer a ello y habituar la fantasía

---

[85] Cfr. FP II, 1.ª, 27[15] y 34[6].

interior de los hombres: pero cuando volvieron a prevalecer estados de ánimo y momentos más piadosos, este influjo liberador de los poetas retrocedió de nuevo y lo sagrado se quedó como antaño del lado de lo monstruoso, inquietante y completa y auténticamente inhumano. Incluso mucho de lo que la fantasía interior osa imaginar, resultaría desagradable si fuese traducido a representación externa y corpórea: el ojo interior es mucho más audaz y menos púdico que el exterior (de donde resulta la conocida dificultad y casi imposibilidad de transformar temas épicos en dramáticos). Durante mucho tiempo, la fantasía religiosa de ninguna manera quiere creer en la identidad del dios con una imagen: la imagen debe hacer aparecer aquí, de un modo misterioso, no plenamente comprensible, el numen de la divinidad como activo y ligado a un lugar. La imagen divina más antigua debe *al mismo tiempo contener y esconder* al dios, — aludir a él, pero no exponerlo a la mirada. Ningún griego *contempló* jamás interiormente a su Apolo como un obelisco de madera, a su Eros como un bloque de piedra: eran símbolos que precisamente debían infundir el miedo de su plasmación intuitiva. Lo mismo ocurrió con aquellas maderas en las que eran plasmadas, con trazos muy pobres, miembros sueltos, a veces en número superior: como un Apolo de Laconia que tenía cuatro manos y cuatro orejas. En lo incompleto, en lo alusivo y en lo más que completo reside una estremecedora sacralidad, que debe *impedir* pensar en lo humano o lo que tiene forma humana. No se trata de un nivel embrionario del arte aquel en el que se plasman cosas de ese tipo: como si en la época en que se veneraban esas imágenes no fuesen *capaces* de hablar más claramente, de representar con evidencia. Al contrario, se rehúye precisamente de esto: de la expresión directa. Como la cella alberga lo más sagrado, el verdadero numen de la divinidad, y lo oculta, *pero no del todo*, en una misteriosa penumbra; como, a su vez, el templo períptero alberga la cella y la protege de la mirada atrevida con una pantalla y un velo, *pero no del todo*; así la imagen es la divinidad y al mismo tiempo el escondite de la divinidad. — Solo cuando, fuera del culto, en el mundo profano de las competiciones, la alegría del vencedor en un combate se levantó tan alto que las olas provocadas se desbordaron en el mar del sentimiento religioso, solo cuando la estatua del vencedor fue colocada en los atrios de los templos, donde el piadoso visitante tuvo que habituar, queriéndolo o no, la mirada y el alma a esta visión insoslayable de la belleza y fuerza *humanas*, de manera que, en su cercanía espacial y espiritual, la veneración hacia el hombre y hacia el dios entraron en consonancia mutua: solo entonces se perdió también el temor hacia una auténtica humanización de la imagen del dios, y para la gran escultura se abrió un vasto campo de acción: siempre con la limitación de que allí donde se tenía que *adorar,* se conservasen e imitasen atentamente la antiquísima forma y fealdad. Pero el heleno *santificador y donador* podía abandonarse ya con toda alegría al placer de convertir al hombre en dios.

223.

Adónde hay que viajar. — La introspección inmediata no basta en absoluto para conocerse a sí mismo: nos hace falta la historia, porque el pasado sigue fluyendo dentro de nosotros en cien oleadas; nosotros mismos no somos nada salvo lo que en cada instante percibimos de este fluir. E incluso aquí, cuando queremos bajar al río de lo aparentemente más nuestro y personal, vale la sentencia de Heráclito: nadie baja dos veces al mismo río[86]. — Es una máxima que poco a poco se ha asentado pero sigue conservando toda la sustancia y nutrientes de siempre; así también aquella otra de que para entender la historia hay que buscar los restos vivientes de las épocas históricas: hay que *viajar,* como viajó el viejo Heródoto, a las naciones — que no son más que antiguos *grados culturales* solidificados sobre los que podemos *colocarnos* —, sobre todo a los llamados pueblos salvajes y semisalvajes, allí donde el hombre se ha quitado, o aún no se ha puesto, el traje europeo. Pero existen también un arte y una finalidad del viaje más sutiles, que no siempre obligan a trasladarse de un sitio a otro y a

---

[86] Cfr. Heráclito, 22B12 DK, en *Los presocráticos I*, ed. C. Eggers Lan y V. E. Juliá, Madrid, Gredos, 1986, p. 382.

millares de millas. Es muy probable que, en *nuestra cercanía*, los últimos tres siglos sobrevivan en todos sus matices y reverberaciones culturales: solo piden ser *descubiertos*. En algunas familias, e incluso en personas aisladas, los estratos están aún superpuestos de manera bella y evidente: en otras partes hay desfases y encorvamientos de la roca más difíciles de entender. Sin duda, en lugares apartados, en los valles de montaña menos accesibles, en las comunidades más cerradas, se ha podido conservar con más facilidad muestras de un sentimiento mucho más antiguo, y ahí es donde debe ser buscado: mientras que, por ejemplo, es improbable hacer descubrimientos de este tipo en Berlín, donde el hombre llega al mundo extenuado y escaldado. Quien, tras un largo ejercicio de este arte de viajar, se ha convertido en un Argo con cien ojos, al final acompañará a todas partes a *su Ío* — es decir, su *ego* —, y en Egipto y en Grecia, en Bizancio y Roma, en Francia y Alemania, en las épocas de los pueblos nómadas y en la de los sedentarios, en el Renacimiento y la Reforma, en la patria y en el extranjero, más aún en el mar, el bosque, las plantas y los montes descubrirá las aventuras de viaje de este ego que cambia y se transforma continuamente. — Así, el conocimiento de sí se convierte en conocimiento del todo en relación con todo el pasado: así como, tras otra serie de observaciones, que aquí solo se señalan, en los espíritus más libres y de mirada lejana, la autodeterminación y autoeducación podrían convertirse un día en la determinación del todo en relación a toda la humanidad futura.

224.

Bálsamo y veneno. — Nunca lo habremos pensado bastante a fondo: el cristianismo es la religión de la Antigüedad envejecida, su premisa son pueblos de cultura vieja y degenerada; únicamente sobre ellos pudo y puede actuar como un bálsamo. En épocas en las que la vista y el oído están tan «llenos de lodo» como para no poder ya percibir la voz de la razón y la filosofía, ni ver la sabiduría encarnada en una persona, lleve el nombre de Epicteto o Epicuro: entonces quizá, la ensalzada cruz del martirio y la «trompeta del juicio final» puedan conseguir que estos pueblos mueran de una muerte *decorosa*. Piénsese en la Roma de Juvenal, en esta víbora con ojos de Venus: — entonces se descubre de verdad qué significa hacer el signo de la cruz ante el «mundo», entonces se venera la silenciosa comunidad cristiana y le está agradecido por haber invadido todo el mundo grecorromano. Cuando la mayor parte de los hombres nacían con un alma ya esclavizada y una sensualidad de viejos, ¡qué alivio encontrar a esos seres que eran más almas que cuerpos y que parecían traducir a la realidad la imagen griega de las sombras del Hades: figuras esquivas, huidizas, vacilantes, benévolas, con expectativas de «una vida mejor» y que por ello se han vuelto tan modestas, tan silenciosamente desdeñosas, tan orgullosamente pacientes! — Este cristianismo, repique vespertino de la *buena* Antigüedad con una campana quebrada, cansada pero melodiosa, es un bálsamo para los oídos de quien hoy recorre aunque sea solo históricamente esos siglos: ¡qué debió ser para esos hombres! — Por el contrario, para pueblos bárbaros jóvenes y frescos el cristianismo es *veneno*: en las almas heroicas, infantiles y salvajes de los antiguos alemanes, trasplantar la doctrina del pecado y de la condena no significa otra cosa que envenenarlas: su consecuencia tuvo que ser una fermentación y descomposición química completamente monstruosa, un revoltijo de juicios y sentimientos, un pulular y formarse de las cosas más extravagantes, y por tanto, en el desarrollo posterior, un debilitamiento fundamental de esos pueblos bárbaros. — Por supuesto: ¡sin este debilitamiento qué nos habría quedado de la cultura griega! ¡y de todo el pasado cultural del género humano! — pues los bárbaros *no afectados* por el cristianismo sabían bien barrer completamente a las viejas culturas, como demostraron, por ejemplo, con terrible evidencia los conquistadores paganos de la Britania romanizada. El cristianismo ha contribuido, contra su voluntad, a volver inmortal al «mundo» antiguo. — Ahora bien, aquí sigue habiendo la posibilidad de una réplica y de una contraprueba: ¿sin el debilitamiento producido por dicho veneno, habría sido capaz alguno de esos pueblos jóvenes, por ejemplo, el alemán, de encontrar gradualmente por sí mismo una cultura superior, una cultura propia, nueva? —También aquí por tanto las cosas son como siempre: no se sabe, por hablar a la manera cristiana, si Dios debe estar más agradecido al diablo, o el diablo a Dios, de que todo haya ido como ha ido.

225.

La fe hace bienaventurado y maldito[87]. — Un cristiano que se adentrase en un curso de pensamientos prohibidos, podría preguntarse alguna vez: ¿es realmente necesario que, además del cordero sacrificial que lo representa, exista realmente un dios, si la sola *fe* en la *existencia* de estos seres es suficiente para producir los mismos efectos? ¿No serían seres *superfluos*, aunque existiesen? En efecto, todo lo que beneficia, consuela y civiliza, así como todo lo que ofusca y destruye, que la religión cristiana ha dado al alma humana, proviene de esa fe y no de los objetos de esa fe. Aquí ocurre como en aquel famoso caso: es verdad que las brujas no han existido, pero los terribles efectos de creer en las brujas han sido los mismos que si hubiesen existido. En todas las ocasiones en que el cristiano espera la intervención inmediata de un dios, pero lo hace en vano — porque no existe ningún dios —, su religión es lo bastante ingeniosa como para hallar excusas y motivos para tranquilizarlo: en esto es sin duda una religión rica de espíritu. En verdad, hasta ahora la fe no ha conseguido mover ninguna montaña verdadera, aunque no sé quien ha afirmado esto; pero puede poner montañas donde no las hay.

226.

Tragicomedia de Regensburg. — Aquí y allí puede verse con una espantosa claridad la farsa de la fortuna, cómo ella, en pocos días y en un único lugar, a los estados de ánimo y el

---

[87] Cfr. FP II, 1.ª, 23[185].

humor de una sola cabeza ata la cuerda de los siglos futuros, sobre la que quiere hacerlos bailar. Así el destino de la historia alemana moderna descansa en los días de la disputa de Regensburg: el éxito pacífico de las cosas humanas y eclesiásticas, sin guerras de religión ni contrarreforma, parecía asegurado, así como la unidad de la nación alemana; el espíritu moderado y profundo de los Contarini sobrevoló por un instante sobre los altercados teológicos, victorioso, como representante de la más madura religiosidad italiana, que reflejaba en sus alas la aurora de la libertad espiritual. Pero esa cabeza dura de Lutero, llena de sospechas y siniestras angustias, se encrespó: como la justificación mediante la gracia le parecía su descubrimiento y su lema más grande, él no creyó en esta proposición en boca de los italianos: mientras, como se sabe, ellos la habían descubierto mucho antes y difundido silenciosamente por toda Italia. En esta aparente coincidencia Lutero vio las insidias del diablo y obstaculizó todo lo que pudo la consecución de la paz: con lo que aumentó enormemente las perspectivas de los enemigos del imperio. — Añádase ahora, para hacerse una idea mejor de la terrible farsa, que ninguna de las proposiciones que entonces se discutían en Regensburg, ni la del pecado original, ni la de la redención vicaria, ni la de la justificación en la fe, son en algún sentido verdaderas, o tienen algo que ver con la verdad, y hoy son reconocidas todas como indignas de discutir: — y sin embargo, por su causa se prendió fuego al mundo, es decir, por opiniones a las que no corresponden en absoluto cosas y realidades: mientras que sobre cuestiones puramente filológicas, por ejemplo, sobre la aclaración de las palabras sacramentales de la cena, al menos es posible discutir, porque se puede decir la verdad. Pero donde no hay nada, también la verdad pierde su derecho. — En fin, no queda más que decir que entonces brotaron, de todos modos, *manantiales de fuerza* tan potentes que sin ellos los engranajes del mundo moderno no se habrían movido con la misma energía. ¿Ante todo cuenta la fuerza, y solo después la verdad, o bien ni siquiera después durante largo tiempo, — no es verdad, mis queridos contemporáneos?

227.

Errores de Goethe. — Entre los grandes artistas, Goethe constituye una excepción por el hecho de no haber vivido en la *estrechez de sus capacidades reales*, como si esto tuviese que ser, para él mismo y el mundo, lo esencial y distintivo, lo absoluto y último. Dos veces pensó poseer algo más grande de lo que en realidad poseía — y se equivocó; en la *segunda* mitad de su vida, en la que aparece completamente invadido por la convicción de ser uno de los mayores descubridores y alumbradores de la *ciencia*. Ya en la *primera* mitad de su vida él quiso obtener algo más elevado de lo que le parecía la poesía — y en esto ya se equivocaba. La naturaleza había querido hacer de él un artista *figurativo* — este era el secreto que ardía dentro de él y lo quemaba y que lo empujó hasta Italia, para que pudiese por fin desahogarse en esta ilusión y ofrecerle todo sacrificio. Al final descubrió, él que era tan reflexivo, tan sinceramente contrario a todo fantasear, de qué modo un engañoso duende de deseos lo había empujado a creer en esta convicción, y cómo tenía que liberarse y *despedirse* de la gran pasión más grande de su voluntad. La convicción dolorosamente cortante e hiriente de la necesidad de *despedirse* halla su expresión final en el estado de ánimo de Tasso: «Werther potenciado»[88], por encima de él está el presentimiento de algo peor que la muerte, como cuando uno se dice a sí mismo: «Ahora todo ha terminado — tras esta despedida; ¡como puede uno continuar viviendo sin enloquecer!». — Respecto a la posición puramente literaria, hacia la poesía, que tomó, la única que el mundo conocía entonces, estos dos errores fundamentales le dieron a Goethe una actitud que pareció muy desenfadada y caprichosa. Aparte del período en que Schiller — el pobre Schiller, que no tenía ni podía dar tiempo — lo sustrajo a la situación de sometimiento renunciatario con respecto a la poesía y de temor frente a toda literatu-

---

[88] Frase debida al crítico francés J. J. Ampère, *Le Globe*, 20 de mayo de 1826, recogida en J. p. Eckermann, *Gespräche mit Goethe in den letzten Jahren seines Lebens*, Leipzig: F. A. Brockhaus, 1868, parte III, 3 de mayo de 1827, p. 110 (*Conversaciones con Goethe*, ed. R. Sala Rose, Barcelona, Acantilado, 2005, p. 547).

ra y actividad literaria, Goethe aparece como un griego, que de vez en cuando va a visitar a un amante con la duda de que sea una diosa a la que no sabe darle su nombre correcto. En toda su poesía se nota el aletear muy próximo de la plástica y la naturaleza: siempre tenía presentes las características de estas formas — y acaso él pensó siempre que estaba siguiendo el rastro de las metamorfosis de una sola diosa — se convirtieron sin quererlo ni saberlo en los rasgos de su arte. Sin los *rodeos del error* no habría llegado a ser Goethe: es decir, el único artista alemán de la escritura que aún no ha envejecido — porque precisamente quiso ser, por vocación, tan poco alemán como escritor.

228.

Los viajeros y sus grados[89]. — Entre los viajeros podemos distinguir cinco grados: los del primero y más bajo, son aquellos que viajan y se los ve viajar, — propiamente ellos son llevados de viaje como ciegos; los segundos ven realmente por sí mismos el mundo; los terceros viven alguna experiencia como consecuencia del ver; los cuartos reviven dentro de sí todo lo que han experimentado y lo llevan consigo; en fin, hay personas de grandísima fuerza, que en cuanto han vuelto, tienen necesariamente que revivir, fuera de sí mismos, en acciones y obras, todo lo que han visto, después de haberlo experimentado y vivido dentro de sí. — De manera semejante a estos cinco tipos de viajeros todos los hombres en general realizan el peregrinaje entero de la vida, los más bajos como seres puramente pasivos, los más elevados como aquellos que actúan y mueren sin dejar ningún residuo inutilizado de sus procesos interiores.

229.

Al ponerse más arriba. — En cuanto nos elevamos por encima de aquellos que hasta ahora nos admiraban, pasamos

---

[89] Cfr. la redacción previa en FP II, 1.ª, 28[19].

a parecerles caídos o hundidos: pues hasta ahora presumían de estar siempre con nosotros (aunque sea gracias a nosotros) *en la cima.*

230.

Medida y equilibrio. — De dos cosas muy elevadas, medida y equilibrio, es mejor no hablar nunca. Pocos conocen sus fuerzas y sus signos, a partir de los misteriosos senderos de experiencias y conversiones interiores: ellos lo veneran como algo divino y evitan hablar de ello en voz alta. Todos los demás apenas escuchan, y devanean de que se trata de aburrimiento o mediocridad: exceptuando quizás solo aquellos que alguna vez han percibido desde ese reino un sonido admonitorio, pero que se han tapado los oídos para no oírlo. El recordarlo los vuelve ahora maliciosos e irritados.

231.

Humanidad en la amistad y el magisterio. — «Tú ve hacia oriente: yo iré hacia occidente»[90] — sentir así es un signo de elevada humanidad en las relaciones más estrechas: sin este sentimiento toda amistad, toda relación entre maestro y alumno, entre maestro y discípulo, se vuelve algún día hipocresía.

232.

Los profundos. — Las personas que piensan en profundidad se aparecen a sí mismas como comediantes en las relaciones con los demás, porque para ser entendidas deben siempre simular una superficie.

---

[90] Cfr. *Génesis*, 13, 9.

233.

Para los despreciadores de la «humanidad-rebaño». — Quien considera a las personas como rebaño y huye de ellas con la mayor rapidez posible, sin duda será alcanzado y corneado.

234.

Delito capital contra el vanidoso. — Quien en sociedad proporciona a otra persona la ocasión de exponer felizmente su saber, sus sentimientos y experiencias, se coloca por encima de ella y comete por tanto — en caso de que no sea considerado por ella como ilimitadamente superior — un atentado contra su vanidad, — mientras creía precisamente estar dando satisfacción a su vanidad.

235.

Desilusión. — Cuando una larga vida y una larga actividad, unidas a palabras y escritos, rinden testimonio público de una persona, las relaciones con esta suelen desilusionar por una doble razón: por un lado porque se espera demasiado de un breve período de trato — es decir, todo lo que las mil ocasiones de la vida hicieron que se volviese visible —, y por otro lado, porque siendo ya alguien reconocido no se molesta más por esforzarse, en momentos puntuales, en obtener reconocimiento. Él está demasiado relajado — y nosotros estamos demasiado tensos.

236.

Dos fuentes de la bondad. — Tratar a todas las personas con la misma benevolencia y ser bondadosos sin distinción, puede ser tanto el resultado de un profundo desprecio hacia los hombres, cuanto de un profundo amor hacia ellos.

237.

El caminante a sí mismo entre las montañas. — Existen signos seguros de que has avanzado y te has elevado: en torno a ti hay ahora más libertad y un horizonte más amplio que antes, sopla un aire más fresco pero también más suave — tú precisamente has desaprendido la estupidez de confundir suavidad con calor — tu paso se ha hecho más vivo y firme, valor y juicio han crecido juntos: por todo ello tu vida podrá ahora hacerse más solitaria y en cualquier caso más peligrosa de lo que ha sido hasta ahora, aunque, por supuesto, no en la medida que creen aquellos que te ven subir, a ti caminante, desde el valle brumoso hacia la montaña.

238.

Exceptuado el prójimo. — Evidentemente solo mi cabeza no está en su sitio, porque todos los demás saben, notoriamente mejor que yo, qué tendría que hacer y qué tendría que dejar de hacer: solo a mí mismo, pobre diablo, no sé aconsejar. ¿No somos *todos* estatuas a las que se les pusieron cabezas equivocadas? — ¿No es verdad, mi querido vecino? — No, no, tú precisamente eres la excepción.

239.

Precaución. — Con personas que no son reservadas en cuanto a las cosas personales, no hay que ir, o bien hay que ponerles antes, implacablemente, las esposas de la conveniencia.

240.

Querer parecer vanos. — En la conversación con personas desconocidas o semidesconocidas expresar solamente pensamientos selectos, hablar de los propios conocidos célebres, de los propios viajes y experiencias importantes, es un signo de que uno no es orgulloso, o al menos de que uno no querría parecerlo. La vanidad es la máscara de cortesía del orgulloso.

241.

La buena amistad. — La buena amistad nace cuando se estima mucho al otro, es decir, más que a uno mismo, cuando igualmente se le ama, pero no tanto como a uno mismo, y cuando en fin, para facilitar la relación, se sabe añadir el delicado barniz y plumón de la intimidad, pero al mismo tiempo se evita sabiamente la verdadera intimidad y la confusión entre el tú y el yo.

242.

Los amigos como fantasmas[91]. — Cuando nos trasformamos radicalmente, entonces nuestros amigos, que no han cambiado, se convierten en los fantasmas de nuestro pasado: su voz resuena aterradora como si viniese de las sombras — como si nos oyéramos a nosotros mismos pero más jóvenes, duros e inmaduros.

243.

Un ojo y dos miradas. — Las mismas personas que poseen el juego natural de la mirada en busca de favor y protección, normalmente también poseen, a causa de sus frecuentes humillaciones y sentimientos de venganza, la mirada descarada.

244.

La azul lejanía. — Niño para toda la vida[92] — esto suena muy conmovedor pero es solo un juicio emitido desde la lejanía; visto y experimentado desde cerca significa siempre: pueril para toda la vida.

[91] Cfr. FP II, 1.ª, 27[88].
[92] Opinión sostenida por Schopenhauer en referencia al genio, cfr. A. Schopenhauer, *El mundo como voluntad y representación II*, ed. P. López de Santa María, Trotta, Madrid, 2005, cap. 31, p. 443.

245.

Ventaja y desventaja del mismo malentendido. — La muda perplejidad de una mente fina suele ser interpretada, por parte de los que no la tienen, como silenciosa superioridad y es muy temida: mientras que la percepción de la perplejidad generaría benevolencia.

246.

El sabio que se hace pasar por loco. — A causa de su amistad hacia los hombres, el sabio puede a veces *fingir* estar emocionado, indignado o regocijado, con el fin de no hacer daño a las personas de su entorno con la frialdad y el discernimiento de su *verdadera* forma de ser.

247.

Esforzarse en atender[93]. — En cuanto notamos que alguien, en la conversación o en las relaciones con nosotros, tiene que *esforzarse* en atender, tenemos una prueba concluyente de que no nos quiere o ha dejado de querernos.

248.

Camino hacia una virtud cristiana. — Aprender de los propios enemigos es el mejor camino para llegar a amarlos: pues nos dispone a estar agradecidos hacia ellos.

249.

Estratagema del impertinente. — El impertinente nos da el resto de nuestra moneda convencional en monedas de oro y de esta manera quiere obligarnos a continuación a tratar nuestra convención como error y a él como excepción.

---

[93] FP II, 1.ª, 34[20].

250.

Razón para la antipatía[94]. — Nos volvemos hostiles hacia muchos artistas o escritores, no porque al final nos hayamos dado cuenta de que nos han engañado, sino porque no sintieron necesario ingeniar medios más sutiles para atraparnos.

251.

En la separación. — No en la manera en que un alma se acerca a otra, sino en la manera en que se aleja de ella, reconozco su parentesco y afinidad con la otra.

252.

Silentium. — No se debe hablar acerca de las propias amistades: en caso contrario se termina por estropear el sentimiento de amistad.

253.

Descortesía. — La descortesía a menudo es signo de una modestia desmañada, que, cuando es sorprendida, pierde la cabeza y querría disimularlo con la tosquedad.

254.

Error de cálculo en la sinceridad. — A veces son precisamente nuestros últimos conocidos los primeros en enterarse de lo que hasta entonces habíamos callado: creemos neciamente que nuestra prueba de confianza es el vínculo más fuerte con que podemos retenerlos, — pero ellos no saben lo bastante de nosotros como para sentir en toda su intensidad el sacrificio de nuestras revelaciones y delatan nuestros secretos a otros sin

---

[94] Cfr. la redacción previa FP II, 1.ª, 30[183].

pensar que nos están traicionando: de modo que tal vez quizá perdamos a nuestros viejos conocidos.

255.

En la antesala del favor. — Todas las personas a las que se hace esperar mucho en la antesala de nuestro favor llegan a fermentar, o bien se agrian.

256.

Advertencia para los despreciados. — Cuando se ha perdido irremediablemente la estima de los hombres, hay que aferrarse con uñas y dientes al decoro en el trato: en caso contrario, se delata a los demás que uno también ha perdido su propia estima. El cinismo en el trato es signo de que en la soledad esa persona se trata a sí misma como a un perro.

257.

No conocer ciertas cosas ennoblece. — En vista a la estima de los que confieren estima, es más ventajoso *no* entender manifiestamente ciertas cosas. También la ignorancia proporciona privilegios.

258.

El adversario de la gracia. — Al intolerante y arrogante no le gusta la gracia y la siente como un reproche vivo y visible contra sí; pues es la tolerancia del corazón en movimiento y gestos.

259.

En el reencuentro. — Cuando viejos amigos vuelven a verse tras una larga separación, sucede a menudo que fingen estar muy interesados en la mención de cosas que para ellos se han vuelto enteramente indiferentes: a veces, ambos se dan cuenta de ello pero no se atreven a descorrer el velo — por la triste duda. Así surgen conversaciones como del reino de los muertos.

260.

Hacer amistad solo con personas trabajadoras. — El ocioso es peligroso para sus amigos: como no tiene bastante que hacer, habla de lo que sus amigos hacen y no hacen, y acaba por inmiscuirse y volverse fastidioso; por tanto, lo más prudente es trabar amistad solo con personas trabajadoras.

261.

Una sola arma vale por dos. — Es un combate desigual cuando uno habla a favor de su causa con la cabeza y el corazón, y el otro solo con la cabeza: el primero tiene en contra, por así decir, el sol y el viento, y sus dos armas se estorban entre sí: él pierde el premio — a los ojos de la *verdad*. Sin embargo, la victoria del segundo, con su única arma, rara vez es una victoria según el corazón de todos los *otros* espectadores y lo vuelve antipático ante ellos.

262.

Profundo y turbio. — El público confunde con facilidad aquel que pesca en lo turbio, con aquel que saca de lo profundo.

263.

Demostrar la propia vanidad al amigo y al enemigo. — Algunos maltratan por vanidad incluso a sus amigos en presencia de testigos a los que quieren dejar clara su superioridad: y otros exageran el valor de sus enemigos para probar con orgullo que son dignos de ellos.

264.

Enfriamiento. — El enardecimiento del corazón suele ir asociado a la enfermedad de la mente y del juicio. Quien por algún tiempo tenga interés en la salud de lo último, debe también saber qué tiene que enfriar: ¡sin preocuparse por el futuro de su corazón! Pues si uno sigue siendo capaz de calentarse, entonces se volverá caliente de nuevo y tendrá una vez más su verano.

265.

De la mezcla de sentimientos. — Las mujeres y los artistas egoístas sienten hacia la ciencia una mezcla de envidia y sentimentalismo.

266.

Cuándo el peligro es más grande. — Rara vez se rompe uno la pierna mientras asciende fatigosamente en la vida, sino más bien cuando empieza a facilitarse las cosas y a elegir los caminos cómodos.

267.

No demasiado pronto. — Hay que guardarse de volverse agudo demasiado pronto, — porque al mismo tiempo uno se vuelve delgado demasiado pronto.

268.

Alegrarse del recalcitrante. — El buen educador ha conocido casos en que estaba orgulloso de que su alumno permaneciese fiel a sí mismo *contra él*: es decir, allí donde el joven no debe entender al adulto o lo entendería para su perjuicio.

269.

Ensayo de sinceridad. — Los jóvenes que quieren ser más sinceros de lo que han sido, se buscan como víctima a alguien de reconocida sinceridad al que atacan primero, tratando de elevarse a su altura a fuerza de injurias, — con el oculto pensamiento de que en todo caso esta primera tentativa no es peligrosa; pues aquel no podría castigar la desvergüenza precisamente de una persona sincera.

270.

El niño eterno. — Creemos que el cuento y el juego pertenecen a la infancia: ¡qué miopes somos! ¡Como si en alguna edad de la vida pudiésemos vivir sin cuento ni juego! Por supuesto que los llamamos y sentimos de otra manera, pero esto habla a favor precisamente de que se trata de lo mismo — pues también el niño ve el juego como su trabajo y el cuento como su verdad. La brevedad de la vida debería ponernos en guardia contra la pedante división de las edades de la vida — como si cada una aportase algo nuevo —, y alguna vez debería venir un poeta que nos representase a un hombre de doscientos años, viviendo realmente sin cuento ni juego.

271.

Cada filosofía es la filosofía de una edad[95]. — En la doctrina de un filósofo resuena claramente la edad en que él la descubrió, no puede impedirlo, por mucho que quiera sentirse elevado por encima del tiempo y las horas. Así, la filosofía de Schopenhauer siguió siendo siempre el espejo de la *juventud* ardiente y melancólica, — no es una forma de pensamiento para hombres más maduros; así, la filosofía de Platón recuerda la treintena más o menos, cuando una corriente fría y otra caliente suelen bullir una sobre otra, levantando polvo y deli-

---

[95] Cfr. FP II, 1.ª, 23[93].

cadas nubecillas y, bajo los rayos del sol y circunstancias favorables, un arco iris encantador.

272.

Del espíritu de las mujeres. — La fuerza espiritual de una mujer se demuestra de la mejor manera cuando sacrifica, por amor a un hombre y al espíritu de este, su propio espíritu y a pesar de ello, en el nuevo terreno, originariamente extraño a su naturaleza, adonde la impulsa la forma de pensar del hombre, le brota *en seguida un segundo espíritu*.

273.

Enaltecimiento y rebajamiento en el sexo. — La tempestad del deseo arrastra a veces a la persona a una altura en la que todo deseo calla: allá donde *ama* realmente y vive, más que en un querer, en un ser mejor. Y, a la inversa, con frecuencia una buena esposa desciende por verdadero amor hasta el fondo del deseo y *se rebaja* ante sí misma. Esto último, sobre todo, forma parte de las cosas más conmovedoras que la idea de un buen matrimonio lleva consigo.

274.

La mujer cumple, el hombre promete. — Por medio de la mujer la naturaleza muestra lo que ha conseguido ya en su trabajo de la imagen humana; mediante el hombre, lo que tuvo que superar a lo largo de ese trabajo, pero también todo lo que aún *se propone* con respecto al ser humano. — En todas las épocas la mujer perfecta es el ocio del creador al séptimo día de la cultura, el reposo del artista en su obra.

275.

Trasplante. — Si se aplica el espíritu para conseguir el dominio sobre la desmesura de los afectos, esto puede tener la mala consecuencia de que la desmesura sea trasferida al espíritu y que desde entonces uno se vuelva desenfrenado en el pensamiento y en la voluntad de conocimiento.

276.

La risa como traición. — Cómo y cuándo ríe una mujer, es un signo de su educación: en el sonido de su risa se revela su naturaleza, y en las mujeres de educación superior incluso puede llegar a revelarse el último e insondable resto de su naturaleza. Por tanto, el examinador de los hombres dirá, como Horacio, pero por una razón diferente: *ridete puellae*[96].

277.

El alma de los jóvenes. — Con respecto a la misma persona los jóvenes cambian de la entrega a la impertinencia: porque en el fondo en el otro ellos solo se desprecian o veneran a sí mismos, y con respecto a sí oscilan necesariamente de un sentimiento a otro, hasta que no hayan encontrado a través de la experiencia la medida de lo que quieren y de lo que pueden.

278.

Para mejorar el mundo. — Con solo impedir que se reprodujesen los descontentos, biliosos y huraños, la tierra se trasformaría por encanto en un jardín de felicidad. Esta tesis pertenece a una filosofía práctica para el sexo femenino.

279.

No desconfiar del propio sentimiento. — La expresión femenina de que no hay que desconfiar del propio sentimiento sig-

---

[96] «Reíd, niñas» cfr. Horacio, *Odas*, lib. I, 9, vv. 21-22, en *Odas y épodos, op. cit.*, p. 109; pero cfr. también A. Schopenhauer, *Parerga y paralipomena, op. cit.*, vol. II, cap. 19, p. 435.

nifica poco más que: hay que comer lo que a uno le gusta. Esta puede ser incluso una buena regla de vida cotidiana, especialmente para las naturalezas moderadas. Pero otras naturalezas necesitan vivir según una sentencia diferente: «tienes que comer no solo con la boca, sino también con la cabeza, para que la gula de la boca no te eche a perder».

280.

Cruel ocurrencia del amor. — Todo gran amor lleva consigo el cruel pensamiento de matar al objeto del amor, para sustraerlo, una vez por todas, al sacrílego juego del cambio: pues frente al cambio, el amor se horroriza más que frente a la destrucción.

281.

Puertas. — Tanto el niño como el hombre ven puertas en todo lo que viven y aprenden: pero para aquel son *accesos*, y para este solo *pasajes*.

282.

Mujeres compasivas. — La compasión de las mujeres es charlatana y lleva el lecho del enfermo al mercado público.

283.

Mérito precoz. — Quien ya desde joven adquiere algún mérito, normalmente desaprende el respeto hacia la edad y lo anciano, y de este modo se excluye a sí mismo, para su máximo perjuicio, de la sociedad de las personas maduras, que proporcionan madurez: de manera que, a pesar del mérito precoz, permanece durante más tiempo verde, inoportuno y pueril.

284.

Almas monolíticas. — Las mujeres y los artistas creen que cuando no se les contradice es porque no se les puede contradecir; les parecen imposibles el respeto en diez puntos y la tácita desaprobación en otros diez, uno junto a otro, porque tienen almas monolíticas.

285.

Jóvenes talentos[97]. — Con los jóvenes talentos hay que comportarse estrictamente según la máxima de Goethe de que a menudo no se debe dañar el error para no dañar la verdad[98]. Su estado es parecido a las enfermedades del embarazo y trae consigo antojos extraños: que habría que satisfacer y padecer de la mejor manera, por amor al fruto que se espera de ellos. Desde luego, como enfermeros de estos extraños enfermos hay que ser expertos en el difícil arte de la autohumillación voluntaria.

286.

Asco a la verdad. — Las mujeres están hechas de tal manera que toda verdad (relativa al hombre, al amor, a los hijos, a la sociedad y al fin de la vida) les produce asco y buscan vengarse de todo aquel que les abra los ojos.

287.

La fuente del gran amor. — ¿De dónde nacen las repentinas pasiones de un hombre por una mujer, las profundas e interiores? De su sensualidad solo en una mínima parte; más bien, cuando el hombre encuentra en un ser debilidad, necesidad de ayuda y a la vez altivez, en él ocurre como si su alma quisiese

---

[97] FP II, 1.ª, 30[33].
[98] Cfr. J. W. Goethe, *Maximen und Reflexionen*, sección II: «Es tan seguro y asombroso que la verdad y el error brotan de una misma fuente; a causa de ello, a menudo no se puede dañar el error porque se daña al mismo tiempo la verdad», en *Sämmtliche Werke in vierzig Bänden*, J. G. Cotta, Stuttgart y Augsburgo, vol. III, 1853, p. 175 (BN).

desbordarse: se siente a un mismo tiempo conmovido y ofendido. Aquí brota la fuente del gran amor.

288.

Limpieza. — En el niño hay que desarrollar hasta la pasión el sentido de limpieza; más tarde este sentido se eleva, una y otra vez en nuevas trasformaciones, hasta llegar casi a todas las virtudes y al final, como compensación a todos los talentos, se presenta como una luminosa plenitud de pureza, moderación, templanza y carácter, — llevando consigo y propagando felicidad a su alrededor.

289.

De los hombres viejos vanidosos. — La profundidad de sentimiento pertenece a la juventud, la claridad a la vejez: si a pesar de ello los hombres viejos hablan y escriben a la manera de los que tienen profundos sentimientos, lo hacen en realidad por vanidad, creyendo poder conseguir así el encanto de la juventud, del entusiasmo de lo que deviene y está lleno de presentimientos y de esperanzas.

290.

Utilización de lo nuevo. — Lo que han aprendido de nuevo o experimentado los hombres lo utilizan en adelante como un arado o incluso como un arma: las mujeres, en cambio, lo convierten enseguida en un adorno.

291.

El tener razón según cada sexo. — Cuando se le concede a una mujer la razón, ella no sabe renunciar a poner, triunfante, el pie en el cuello al vencido, — necesita saborear la victoria; mientras en un caso así el hombre se avergüenza habitualmente de tener razón frente al hombre. A cambio, el hombre está acostumbrado a la victoria, mientras que la mujer la vive siempre como una excepción.

292.

Renuncia en la voluntad de belleza. — Para llegar a ser bella, una mujer no debe querer pasar por bonita: es decir, en los noventa y nueve casos en los que podría gustar debe renunciar con desdén y abstenerse de hacerlo, con el fin de recoger algún día el arrebatamiento de aquel cuya alma es lo bastante grande como para acoger la grandeza.

293.

Incomprensible, insoportable. — El joven no puede entender que el anciano también vivió una vez sus arrebatos, sus auroras del sentimiento, sus giros y vuelos de pensamiento: lo ofende el mero pensamiento de que han existido dos veces, — pero lo que genera en él un sentimiento de completa hostilidad es oír que, para volverse *fecundo*, tiene que perder esas flores y prescindir de su fragancia.

294.

Partido con aire de mártir. — Todo partido que sepa darse el aire de mártir atrae el corazón de las personas bondadosas, y de esta manera él mismo adquiere un aspecto bondadoso, en gran beneficio suyo.

295.

Afirmar es más seguro que demostrar. — Una afirmación es más eficaz que un argumento, al menos para la mayoría de los hombres; pues el argumento suscita desconfianza. Por ello, los oradores populares buscan asegurar con afirmaciones los argumentos de su partido.

296.

Los mejores disimuladores[99]. — Todos los que tienen éxito regularmente poseen una profunda habilidad de hacer aparecer siempre sus deficiencias y debilidades como fuerzas: por lo que deben conocerlas de manera extraordinariamente clara y precisa.

297.

De cuando en cuando. — Él se sentó a las puertas de la ciudad y le dijo a uno que la atravesaba que esa era justo la puerta de la ciudad. El otro respondió que eso era verdad, pero que no se debería tener demasiada razón, cuando uno quiere recibir agradecimiento por ella. Oh, respondió el otro, yo tampoco quiero agradecimientos; pero de vez en cuando es muy agradable no solo tener razón sino también que te la den.

298.

La virtud no ha sido inventada por los alemanes[100]. — La finura y ausencia de envidia de Goethe, la noble y solitaria resignación de Beethoven, la gracia y el encanto de Mozart, la inflexible virilidad y la libertad bajo las leyes de Händel, la reconfortada y transfigurada vida interior de Bach, que ni siquiera necesita renunciar al éxito y al esplendor — ¿acaso son estas cualidades *alemanas*? — Pero si no lo son, muestran al menos hacia qué deben tender los alemanes y qué pueden llegar a conseguir.

299.

Pia fraus[101] *o alguna otra cosa*. — Puede ser que me engañe, pero me parece que en la Alemania actual una doble hipocre-

---

[99] Cfr. FP II, 1.ª, 28[20] y 29[2].
[100] Cfr. FP II, 1.ª, 30[149].
[101] «Mentira piadosa».

sía ha sido convertida en el deber del momento para todo el mundo: se exige un germanismo, por la preocupación de política imperial, y un cristianismo, por miedo social, pero ambos solo en las palabras y los gestos y especialmente como capacidad de callar. Es el *barniz* lo que hoy cuesta tanto y se paga tan caro: es para los *espectadores* para los que la nación adopta la pose germánica y cristianizadora.

300.

En qué medida, también en el bien, la mitad puede ser más que el todo. — En todo aquello que se organiza en vistas a durar y que requiere el concurso de muchas personas, de muchas cosas *poco buenas* hay que mantener la *regla*, aunque el organizador conozca muy bien lo excelente (y más difícil): él cuenta con que nunca faltan personas que *pueden* corresponder a la regla, — y él sabe que la bondad media de las fuerzas es la regla. — Un joven raramente se da cuenta de ello y, en su papel de innovador, dice maravillas sobre toda la razón que cree tener y la singular ceguera de los demás.

301.

El hombre de partido. — El verdadero hombre de partido ha dejado de aprender, solo sigue experimentando y juzgando: mientras Solón, que nunca fue un hombre de partido, sino que persiguió su meta más allá y por encima de los partidos, o en contra de ellos, es el modélico padre de aquel sencillo dicho, en el que está encerrada toda la salud e inagotabilidad de Atenas: «me hago viejo y sigo siempre aprendiendo»[102].

---

[102] Cfr. *Antología de la poesía lírica griega, siglos VII-IV a.C.*, ed. C. García Gual, Madrid, Alianza, 1983, «Solón de Atenas», fr. 22 D: «A Mimnermo», p. 46.

302.

Lo que según Goethe es alemán. — Son las personas realmente insoportables, de las que ni siquiera se quiere aceptar lo bueno, las que tienen *libertad de sentimientos* pero sin darse cuenta de que carecen de *libertad de gusto y de espíritu*. Pero justamente esto, según el bien ponderado juicio de Goethe, es *alemán*[103]. Su voz y su ejemplo muestran que el alemán tiene que *ser más* que un alemán, si quiere volverse útil o incluso solo soportable a las otras naciones — y *en qué dirección él* debe esforzarse en elevarse por encima de sí hasta salir de sí mismo.

303.

Cuándo es necesario detenerse. — Cuando las masas empiezan a enfurecerse y la razón se oscurece, es conveniente, hasta no estar seguros del todo de la salud del alma propia, repararse bajo los portones y escudriñar el tiempo.

304.

Espíritus de la subversión y espíritus de la propiedad. — El único medio contra el socialismo que está en vuestro poder es: no desafiarlo, es decir, vivir con moderación y modestia, impedir por la fuerza la exhibición de toda opulencia e ir en ayuda del Estado cuando grava con impuestos ejemplares lo superfluo y lujoso. ¿No queréis este medio? Entonces, ricos burgueses, que os llamáis liberales, confesad que es vuestra misma íntima convicción la que descubrís tan terrible y amenazadora en los socialistas, y que sin embargo en vosotros admitís como algo inevitable, como si en los socialistas fuese diferente. Si no tuvieseis, tal como sois, vuestro *patrimonio* y la preocupación por conservarlo, esta convicción vuestra os convertiría en socialis-

---

[103] J. W. Goethe, *Maximen und Reflexionen,* sección II: «El alemán tiene libertad de sentimientos y por ello no se da cuenta cuando le falta la libertad de gusto y de espíritu», en *Sämmtliche Werke, op. cit.*, vol. III, p. 168 (BN).

tas: lo único que os diferencia de ellos es la propiedad. Si queréis vencer de alguna manera a los enemigos de vuestra prosperidad, tenéis que venceros ante todo a vosotros mismos. — ¡Ojalá esta prosperidad fuese auténtico bienestar! No sería tan exterior, no provocaría tanta envidia, sería más comunicativa, bondadosa, conciliadora, auxiliadora. Pero la falsedad y el histrionismo de vuestros placeres de la vida, que residen más en el contraste (porque los demás no los tienen y os envidian) que en el sentimiento de plenitud y elevación de fuerzas — vuestros alojamientos, vestidos, carrozas, escaparates y las exigencias de vuestro paladar y de vuestra mesa; vuestro estruendoso entusiasmo por la ópera y la música, y en fin vuestras mujeres, educadas y cultas pero de metal innoble, doradas pero sin el sonido del oro, elegidas por vosotros como piezas de exhibición: — estos son los venenosos propagadores de esa enfermedad del pueblo, el socialismo, que como una sarna en el corazón se difunde cada vez con mayor rapidez en la masa, pero que tiene *en vosotros* su primer asiento y foco de incubación. ¿Y quién podría ya hoy detener esta peste? —

305.

Táctica de los partidos. — Cuando un partido se da cuenta de que uno de sus militantes deja de ser un seguidor incondicionado, lo soporta tan poco que intenta empujarlo, con toda clase de provocaciones y ofensas, a una decidida defección para convertirlo en adversario: pues tiene la sospecha de que el propósito de ver en sus creencias algo *relativamente* válido, que admite pros y contras, el sopesar y distinguir, es más peligroso que una oposición en bloque.

306.

Para reforzar los partidos. — Quien quiera fortalecer internamente un partido debe proporcionarle la ocasión de que sea tratado de manera manifiestamente *injusta*: así acumulará un capital de buena conciencia que quizá hasta entonces le faltaba.

307.

Cuidar el propio pasado. — Puesto que los seres humanos solo estiman de verdad lo surgido lentamente y de antigua fundación, quien quiera continuar viviendo después de su muerte debe proporcionarse, no solo una descendencia, sino aún más un *pasado*: por ello los tiranos de toda clase (también los tiranos en el arte y la política) fuerzan y manipulan sin dudarlo la historia hasta que parezca una preparación y una escala para llegar a ellos.

308.

Escritores del partido. — Los redobles de tambor, con los que tanto se complacen los jóvenes escritores al servicio de un partido, para quien no pertenece a partido alguno suenan como ruido de cadenas y suscitan más compasión que admiración.

309.

Tomar partido contra uno mismo. — Nuestros seguidores nunca nos perdonan cuando tomamos partido contra nosotros mismos: porque a sus ojos significa no solo rechazar su amor, sino también poner en ridículo su inteligencia.

310.

Peligro de la riqueza[104]. — Solo quien tiene *espíritu* debería tener *propiedad*: si no, la propiedad es un *peligro público*. Es decir, el propietario que no sabe hacer uso del tiempo libre, que la propiedad podría proporcionarle, *continuará* siempre buscando nuevas propiedades: esta actividad será su entretenimiento, su estratagema en la lucha contra el aburrimiento. Así nace al final, de una propiedad modesta, que le bastaría a quien tiene espíritu, la riqueza propiamente dicha: como el espléndido resultado de la depen-

---

[104] Cfr. FP II, 1.ª, 30[162].

dencia y pobreza de espíritu. *Ahora bien*, ella *se presenta* de manera bien distinta a lo que se esperaría de su mísero origen, porque sabe en mascararse de formación y arte: puede precisamente *comprar* la máscara. Con ello suscita envidia entre los pobres e incultos, que en el fondo envidian siempre la formación y en la máscara no ven la máscara — y poco a poco va preparando una revolución social: pues la tosquedad dorada y el histriónico inflarse en el presunto «goce de la cultura» inspira en estos el pensamiento de que «todo depende del dinero», — mientras *algunas cosas* dependen sin duda del dinero, pero *muchas más del espíritu*.

311.

El goce de mandar y el de obedecer. — El mandar proporciona tanto goce como el obedecer, lo primero cuando aún no se ha convertido en una costumbre, lo segundo en cambio cuando sí lo ha hecho. Viejos servidores bajo nuevos amos se estimulan mutuamente en gozar de su sometimiento.

312.

Ambición en la posición perdida. — Existe una ambición en la posición perdida que empuja a un partido a exponerse a un peligro extremo.

313.

Cuándo son necesarios los asnos. — No se conseguirá que la multitud grite el hosanna mientras no se entre en la ciudad subido en un asno[105].

314.

Costumbre de partido. — Todo partido intenta presentar como insignificante lo importante que ha crecido fuera de él;

---

[105] Cfr. *Juan*, 12, 14.

pero si no lo consigue, lo combate con tanta más crudeza cuanto más excelente sea.

315.

Vaciarse. — De quien se abandona a los acontecimientos queda siempre poco. Los grandes políticos pueden por ello convertirse en personas completamente vacías y sin embargo haber sido, alguna vez, plenas y ricas.

316.

Enemigos deseados. — Para los gobiernos dinásticos actuales, los movimientos socialistas son siempre más gratos que inspiradores de temor, porque gracias a ellos reciben en mano *el derecho y la espada*[106] para medidas excepcionales, con las que pueden golpear a sus verdaderas pesadillas, los demócratas y antidinásticos. — Hacia todo lo que odian públicamente esos gobiernos tienen hoy una secreta inclinación y afección: se ven obligados a ocultar su alma.

317.

La propiedad apropia[107]. — Solo hasta cierto grado la propiedad hace al hombre más independiente y más libre; un grado más — y la propiedad se convierte en amo y el propietario en esclavo: porque este último debe sacrificar al primero su tiempo y su reflexión y en adelante se ve obligado a ciertas relaciones sociales, se ve clavado en un sitio y se siente incorporado a un Estado: todo quizá en contra de sus necesidades más íntimas y esenciales.

---

[106] Expresión de Lutero, cfr. M. Luther, «Von weltlicher Obrigkeit, wie weit man ihr Gehorsam schuldig sei» (1523), en *D. Martin Luthers Werke. Kritische Gesamtausgabe (Weimarer Lutherausgabe)*, 120 Bände, 1883-2009 (Sonderedition 2000-2007), vol. 11, pp. 246-280.

[107] Cfr. FP II, 1.ª, 30[162].

318.

Del dominio de los sabedores[108]. — Es fácil, fácil hasta el ridículo, componer el modelo de un cuerpo legislativo. Primero, las personas honestas y dignas de confianza de un país, que también fuesen maestros y especialistas en algo, tendrían que separarse, buscarse y reconocerse mutuamente: entre ellos se tendría más tarde que elegir, en una selección más estricta basada igualmente en un reconocimiento y garantía mutuos, a los expertos y conocedores de primer orden en cada especialidad. Una vez constituido el cuerpo legislativo, solo las voces y juicios de los expertos más especializados deberían decidir al fin en cada caso, y la honestidad de *todos* los demás debería haber llegado a ser tan grande que, simplemente por una cuestión de decoro, les dejarían solo a ellos la votación: de modo que en el sentido más estricto la ley saldría del entendimiento de los más entendidos. — Hoy votan los partidos: y en cada votación hay necesariamente centenares de conciencias avergonzadas, — los mal informados, los incapaces de juicio, los que se limitan a repetir, los que van a remolque, los que se dejan arrastrar. Nada rebaja tanto la dignidad de cada nueva ley como este sonrojo de deshonestidad adherido a ella, al cual obliga cada votación de partido. Pero, como se ha dicho, es fácil, fácil hasta el ridículo, componer algo así: ningún poder del mundo es ahora lo bastante fuerte como para realizar lo mejor, — a menos que la fe en la suprema *utilidad de la ciencia y de los sabedores* acabe por iluminar incluso a los más malintencionados y sea preferida a la fe en el número, ahora dominante. En el sentido de este futuro vaya nuestra consigna: «¡Más respeto por el que sabe! ¡Y abajo todos los partidos!».

319.

Del «pueblo de los pensadores» (o del pensamiento malo)[109]. — Lo oscuro, vago, lleno de presentimientos, elemental, intuitivo

---

[108] Cfr. FP II, 1.ª, 30[39].
[109] Cfr. la redacción previa en FP II, 1.ª, 21[14].

— por elegir para cosas oscuras también nombres oscuros — que se le reprochan al ser alemán serían, *si* de hecho subsistieran todavía, una prueba de que su cultura se ha quedado atrasada en muchos pasos y aún la rodea el aire y el hechizo de la Edad Media. — Por supuesto, este retraso tiene también algunas ventajas: con estas cualidades — si, dicho una vez más, todavía las poseyesen hoy — los alemanes serían capaces de ciertas cosas, y sobre todo de la comprensión de ciertas cosas, para las que otras naciones han perdido toda la fuerza. Y sin duda se pierden muchas cosas cuando se pierde la *deficiencia de razón* —esto es lo que tienen en común todas esas cualidades—: pero también aquí no hay pérdida sin una suprema compensación correlativa, de modo que no hay motivos para lamentarse, suponiendo que, como los niños y los golosos, no se quiera gozar de los frutos de todas las estaciones a la vez.

320.

Lechuzas a Atenas[110]. — Los gobiernos de los grandes Estados tienen en sus manos dos medios para mantener al pueblo dependiente de sí, en el temor y la obediencia: uno más tosco, el ejército; otro más sutil, la escuela. Con ayuda del primero ponen de su parte la *ambición* de las clases superiores y la *fuerza* de las inferiores, en la medida en que ambas cualidades suelen ser propias de hombres activos y robustos, mediana o pobremente dotados; con ayuda del otro medio se ganan la pobreza *dotada*, sobre todo esa semipobreza, intelectualmente exigente, de las clases medias. Ante todo hacen de los docentes de todos los grados de enseñanza una corte espiritual que, involuntariamente, dirigen siempre la mirada «hacia arriba»; poniendo obstáculos tras obstáculos a la escuela privada y a la totalmente aborrecida educación individual, se aseguran el control de un número muy relevante de docentes, sobre los que tienen puesta la mirada constantemente un número de ojos hambrientos y sumisos cinco veces mayor de los que podrían jamás hallar

---

[110] Cfr. FP II, 1.ª, 23[45].

satisfacción. Pero estos puestos de trabajo solo alimentan a sus titulares *míseramente*: así se nutre en ellos la febril sed de *promoción*, que los encadena aún más estrechamente a los objetivos del gobierno. Pues siempre es más ventajoso cultivar una insatisfacción moderada que la satisfacción, madre del coraje, abuela del librepensamiento y de la alegría desbordante. Por medio de este cuerpo docente, física y psíquicamente sujeto por la brida, toda la juventud del país es elevada, en el mejor de los casos, a una cierta altura cultural útil al Estado y convenientemente graduada; y sobre todo se inculca en los espíritus inmaduros y codiciosos de honores de todas las clases sociales, casi sin que se den cuenta, la mentalidad de que solo una orientación vital reconocida y homologada por el Estado proporciona en el acto distinción *social*. El efecto de esta fe en los exámenes y títulos oficiales es tan grande que incluso a los hombres que se han mantenido independientes y han ascendido mediante el comercio o un oficio, les queda una espina de insatisfacción, mientras su posición no sea también advertida y reconocida desde arriba, mediante la graciosa concesión de un título o una condecoración — mientras uno no «pueda dejarse ver». Por último, el Estado condiciona a todos esos centenares y centenares de oficios y empleos suyos a la *obligación* de formarse y hacerse marcar por las escuelas estatales, si algún día se quiere entrar por esas puertas: honor en la sociedad, pan para sí, la posibilidad de formar una familia, protección desde arriba, sentimiento de solidaridad de los que se han formado en común, — todo esto constituye una red de esperanzas en las que todo hombre joven se introduce: ¿de dónde podría venirle la desconfianza? Si se añade, por último, que para todo el mundo la obligación de ser *soldado* durante unos cuantos años se ha convertido, al cabo de unas pocas generaciones, en un hábito y un presupuesto inadvertidos, que dibujan de antemano el plan de la propia vida: el Estado puede además osar el golpe maestro de entrelazar *entre sí* escuela *y* ejército, talento, ambición y fuerza, ofreciendo ventajas; esto es, atraer al ejército a los *superiormente dotados y formados* con condiciones más favorables e inculcarles el espíritu militar de la jocosa obediencia; de modo que quizá jure bandera para siempre y le proporcione a ella con sus dotes una nueva fama y cada vez más brillante. — Luego, no falta más que la ocasión para grandes guerras, y de ello se ocupan por deformación profesional, es decir, con toda *inocencia*, los diplomáticos, además de los periódicos y las bolsas: pues el «pueblo», en cuanto pueblo de soldados, mantiene siempre en las guerras una buena conciencia, no es necesario creársela antes.

321.

La prensa[111]. — Si se reflexiona cómo aún hoy todos los grandes acontecimientos políticos entran en escena de manera secreta y oculta, cómo son enmascarados por sucesos insignificantes y parecen pequeños al lado de estos, cómo solo mucho después de ocurrir muestran sus efectos profundos y hacen temblar el suelo, — ¿qué significado puede entonces concedérsele a la prensa, tal como es hoy, con su diario dispendio de pulmones en gritar, ensordecer, excitar y asustar? — ¿Acaso es otra cosa que un *ciego estrépito permanente* que desvía los oídos y los sentidos en una dirección equivocada?

322.

Después de un gran acontecimiento. — Un pueblo o un individuo cuyas almas han salido a la luz en un gran acontecimiento, suelen sentir después la necesidad de una *chiquillada* o de una *grosería*, tanto por pudor como para recrearse.

323.

Ser buen alemán significa desalemanizarse[112]. — Mucho más de lo que se ha pensado hasta ahora, las diferencias nacionales solo consisten en la diferencia de distintos *grados de cultura* y solo en

---

[111] Cfr. FP II, 1.ª, 27[2].
[112] Cfr. FP II, 1.ª, 23[48, 100] y 30[70]. Este aforismo es probablemente una respuesta al artículo de R. Wagner, «Was ist deutsch [qué es alemán]?», *Bayreuther Blätter*, febrero de 1878, pp. 29-42.

una mínima parte son algo permanente (y aun esto no en un sentido estricto). Por eso, todo argumentar a partir del carácter nacional obliga tan poco a quien trabaja en la *transformación* de las convicciones, es decir, en la cultura. Si se reflexiona, por ejemplo, sobre todo lo que *ha sido* alemán hasta ahora, se corregirá en seguida la cuestión teórica «¿qué *es* alemán?» con la cuestión alternativa «¿qué es *ahora* alemán?» — y todo *buen* alemán la resolverá de manera práctica, superando sus mismas cualidades alemanas. En efecto, cuando un pueblo progresa y crece, hace saltar una y otra vez el cinturón que le confería su aspecto *nacional*: si se queda quieto y se atrofia, en torno a su alma se cierra un nuevo cinturón; la costra, que se hace cada vez más dura, construye a su alrededor una prisión cuyos muros crecen siempre. Si un pueblo tiene mucho de estable, es una prueba de que quiere petrificarse y que incluso querría convertirse en un *monumento*: como le ocurrió en un determinado momento a la civilización egipcia. Por tanto, quien quiera a los alemanes, debe buscar por su parte cómo superar cada vez más lo que es alemán. El *giro hacia lo no-alemán* ha distinguido siempre a las personas excelentes de nuestro pueblo.

324.

Extranjerías[113]. — Un extranjero que viajaba por Alemania gustó y disgustó por ciertas afirmaciones suyas, según los lugares en los que se detenía. Todos los suabos con espíritu — solía decir — son coquetones. — Pero los otros suabos siguen pensando que Uhland sí es un poeta y Goethe es inmoral. — Lo mejor de las novelas alemanas que están a punto de hacerse famosas consiste en que no hay necesidad de leerlas: ya se las conoce. — El berlinés parece más bonachón que el alemán meridional porque gusta mucho de las bromas y por ello las tolera: lo que no les ocurre a los alemanes del sur. — El espíritu de los alemanes se ve frenado por su cerveza y sus

---

[113] *Auslenderein*: extranjerías (Grimm), cosas de extranjero. No es un término acuñado por Nietzsche, como supone Handwerk (*Human, All Too Human II, op. cit.*, p. 479).

periódicos: y él les aconseja té y panfletos, naturalmente como cura. — Obsérvese, aconsejaba, los diferentes pueblos de la vieja Europa, cómo cada uno presenta bien a la vista una determinada cualidad de la vejez, para diversión de aquellos que se sientan frente a este gran escenario: cómo los franceses representan fácilmente la inteligencia y la amabilidad de la vejez, los ingleses la experiencia y la reserva, los italianos la inocencia y la falta de prejuicios. ¿Faltarían por tanto las restantes máscaras de la vejez? ¿Dónde está el viejo arrogante? ¿Dónde el viejo mandón? ¿Dónde el viejo codicioso? — Las regiones más peligrosas de Alemania son Sajonia y Turingia: en ninguna otra parte hay más actividad intelectual y conocimiento de los hombres, además de libertad de pensamiento y todo ello está tan modestamente escondido por la fea lengua y la servil diligencia de la población, que difícilmente advertimos que estamos tratando con los mariscales espirituales de Alemania y con sus maestros en el bien y en el mal. — La altanería de los alemanes del norte es mantenida a raya por su inclinación a obedecer, y la de los alemanes del sur por su inclinación a la vida cómoda. — Le parecía que los hombres alemanes tienen en sus mujeres unas amas de casa desmañadas pero muy seguras de sí mismas: insisten tanto en hablar bien de sí que convencen a todo el mundo, y en cualquier caso a sus maridos, de sus virtudes domésticas típicamente alemanas. — Cuando el discurso vertía sobre la política interior y exterior de Alemania, solía contar — lo llamaba: traicionar — que el político más grande de Alemania no creía en los grandes hombres políticos. — El futuro de los alemanes le parecía amenazado y amenazante: en efecto, ellos ya no saben *disfrutar* (lo que los italianos conocen tan bien), pero con el gran juego de azar de las guerras y revoluciones dinásticas se han *habituado a la emoción*, por lo que algún día tendrán una *émeute*[114]. Pues es la emoción más fuerte que un pueblo puede procurarse. — El socialista alemán es el más peligroso justamente porque no está movido por ninguna necesidad *determinada*: su sufrimiento es el de no saber lo que quiere, de modo que, aunque obtenga

---

[114] «Motín».

muchas cosas, al disfrutarlas seguirá consumiéndose de deseo, justo igual que Fausto[115], pero probablemente como un Fausto muy plebeyo. «El *diablo de Fausto,* — gritó al fin — que atormentó a tantos alemanes cultos, lo ha exorcizado Bismarck; ¡pero ahora el diablo ha entrado en las marranas y es mucho peor que antes!»[116].

325.

Opiniones. — La mayor parte de los hombres no es nada y no vale nada mientras no se haya vestido de convicciones generales y opiniones públicas — según la filosofía de los sastres: el traje hace al hombre. Pero de los hombres excepcionales hay que decir: *es la percha la que hace al traje*; en este caso las opiniones dejan de ser públicas y se vuelven algo distinto a máscaras, adornos y disfraces.

326.

Dos tipos de sobriedad. — Para no confundir la sobriedad que deriva de un empobrecerse del espíritu, de aquella que deriva de la moderación, hay que prestar atención a lo siguiente: la primera es desabrida, la segunda alegre.

327.

Adulteración de la alegría. — No llamar buena a una cosa ni un día más de lo que nos parece, y sobre todo: *ni un día menos,* — este es el único medio para mantener auténtica la propia *alegría*: si no, se vuelve insípida y picada de sabor con demasiada facilidad; hoy en día, para capas sociales completas, está entre los víveres adulterados.

---

[115] Cfr. J. W. Goethe, *Fausto*, ed. J. M. Valverde, Madrid, Planeta, 1980, parte I, «Bosque y caverna», p. 95, vv. 3249-3250.
[116] *Mateo*, 8, 32.

328.

El chivo expiatorio de la virtud. — Para lo mejor que uno hace, aquellos que lo quieren, pero no están a la altura de su acción, buscan en seguida un chivo expiatorio, imaginando que es el chivo de la culpa — pero es el de la virtud.

329.

Soberanía. — Honrar, cuando nos *gusta*, incluso lo malo y declararnos partidarios de ello, y no tener ni idea de cómo se puede avergonzar uno de este placer, es el signo de la soberanía, en las grandes y pequeñas cosas.

330.

Quien produce efecto es un fantasma, no una realidad. — La persona importante aprende poco a poco que, *mientras produzca efecto*, en la mente del otro es un fantasma, y acaso experimenta el sutil tormento de preguntarse, por el *bien* del prójimo, si no debe salvaguardar al fantasma.

331.

Tomar y dar. — Si a alguien se le quita (o se toma en préstamo) lo más pequeño, este no ve que se le ha dado algo mucho más grande, más aún grandísimo.

332.

El buen campo[117]. — Todo rechazo y negación es indicio de escasa fertilidad: en el fondo, si solo fuésemos una buena tierra de cultivo, no podríamos dejar perecer nada sin utilizar, y en cada cosa, cada hecho y cada persona tendríamos que ver abono, lluvia y sol bienvenidos.

---

[117] Cfr. FP II, 1.ª, 32[20].

333.

El trato como disfrute. — Cuando uno, con un sentido de renuncia, se mantiene en una voluntaria soledad, consigue de esta manera que el trato con las personas, del que disfruta raramente, se convierta en una golosina.

334.

Saber sufrir públicamente. — Hay que exponer en público la propia infelicidad y de vez en cuando suspirar de manera que se nos oiga y mostrarse claramente impacientes: porque si dejásemos ver a los demás hasta qué punto en nuestro interior estamos contentos y seguros a pesar del dolor y la privación, ¡qué envidiosos y maliciosos los haríamos! — Debemos procurar no volver peor a nuestro prójimo; además, en ese caso nos impondría duras tasas, y de todos modos nuestro *sufrimiento público* es también nuestra *ventaja privada*[118].

335.

Calor en las cimas. — En las cimas hace mucho más calor de lo que se imagina en los valles, sobre todo en invierno. El pensador conoce el significado de esta comparación.

336.

Querer el bien, poder lo bello. — No basta con practicar el *bien*, hay que haberlo querido y, según las palabras del poeta, acoger la divinidad en la propia *voluntad*[119]. Pero lo *bello* no

---

[118] Nueva variación del subtítulo de B. de Mandeville, *La fábula de las abejas: o los vicios privados hacen la prosperidad pública*, ed. J. Ferrater Mora, Madrid, FCE, 2004. Cfr. HH 1, § 482.

[119] Cfr. F. Schiller, «Das Ideal und das Leben [El ideal y la vida]», 1795: «Nehmt die Gottheit auf in euern Willen, / Und sie steigt von ihrem Weltenthron. [Acoged la divinidad en vuestra voluntad, / y de su trono universal descenderá]», en *Sämmtliche Werke, op. cit.*, vol. II, 1823, p. 132, vv. 105-106 (BN).

podemos quererlo, sino que hay que *poderlo*, con inocencia y ceguera, sin ninguna curiosidad de la psique. Quien encienda la linterna para encontrar hombres perfectos, esté atento a este rasgo: son aquellos que actúan siempre por el bien y haciéndolo alcanzan siempre lo bello *sin pensar en ello*. En efecto, muchos de los mejores y más nobles, por impotencia y carencia de un alma bella, y con toda su buena voluntad y sus buenas obras, no pueden evitar resultar feos y desagradables a la vista; producen rechazo y dañan incluso a la virtud, por el horrible traje con el que la viste su mal gusto.

337.

Peligro de los que renuncian. — Hay que guardarse de fundar la propia vida sobre una base de deseos demasiado estrecha: porque si se renuncia a las alegrías que proporcionan las posiciones, los honores, las compañías, los placeres, las comodidades y las artes, podría ocurrir algún día que se sintiese que con esta tarea de renuncia se ha obtenido como vecina, en lugar de la *sabiduría*, el *aburrimiento de la vida*.

338.

Última opinión de las opiniones. — Hay que o bien esconder las propias opiniones, o bien esconderse tras ellas. Quien actúa de otra manera, no sabe cómo funciona el mundo o bien pertenece a la orden de la santa temeridad.

339.

«*Gaudeamus igitur*». — Debe ser que la alegría contiene fuerzas sanadoras y restauradoras también para la naturaleza moral del hombre: pues en otro caso, ¿cómo podría ocurrir que nuestra alma, en cuanto descansa bajo el sol de la alegría, sin quererlo vuelve a prometer ser buena, hacerse perfecta, y que en todo ello se sienta poseída por un presentimiento de perfección, parecido a un escalofrío de beatitud?

340.

A un elogiado. — Mientras que se te elogie, no creas nunca que sigues tu propio camino, sino el de otro.

341.

Amar al maestro. — Una es la manera en que el discípulo ama al maestro, y otra en la que el maestro ama al maestro.

342.

Demasiado bello y humano. — «La naturaleza es demasiado bella para ti pobre mortal» — no es raro que tengamos esta sensación: pero a veces, contemplando interiormente todo lo humano, su plenitud, fuerza, delicadeza, intrincada complejidad, he sentido la necesidad de decir, con toda humildad: «¡También el *hombre* es demasiado bello para el hombre que contempla!» — y sin duda no solo el hombre moral sino todos.

343.

Bienes movedizos y propiedad inmueble. — Cuando la vida nos ha tratado de manera realmente rapaz, arrancándonos cuanto podía honores, alegrías, seguidores, salud y propiedades de toda clase, acaso algún día descubramos, tras el primer espanto, que uno es *más rico* que antes. En efecto, solo entonces se conoce aquello que es tan nuestro que no puede ser tocado por ninguna mano depredadora: y quizá salgamos de todos los saqueos y enredos con el señorío de un gran terrateniente.

344.

Figuras ideales involuntarias. — La sensación más penosa que existe es la de descubrir que a uno lo estiman muy por encima de lo que uno es. Porque entonces tiene que admitir ante sí mismo: en ti hay algo de mentira y engaño, tu palabra, tu expresión, tus gestos, tus ojos, tu acción — y este elemento engañoso es tan necesario como tu sinceridad de otros momentos, pero borra continuamente su efecto y su valor.

345.

Idealista y mentiroso. — No debemos dejarnos tiranizar ni siquiera por el placer más bello — el de idealizar las cosas: en caso contrario, algún día la verdad se separará de nosotros con estas airadas palabras: «tú, mentiroso hasta el fondo, ¿qué tengo que ver contigo?»[120]

346.

Ser malentendidos. — Si uno es malentendido en conjunto, es imposible evitar ser malentendido en lo particular. Hay que tomar conciencia de esto, para no malgastar demasiada energía en defenderse.

347.

Habla el bebedor de agua. — Sigue bebiendo el vino que te ha consolado a lo largo de tu vida — ¿qué te importa que yo tenga que ser un bebedor de agua? ¿Agua y vino no son acaso elementos pacíficos, fraternos, que conviven uno junto a otro sin censurarse?

348.

En el país de los caníbales. — En la soledad el individuo se devora a sí mismo, en la multitud lo devora la muchedumbre. Ahora elige.

---

[120] *Juan*, 2, 4.

349.

En el punto de congelación de la voluntad[121]. — «Al fin llega la hora que te envolverá en la nube dorada de la ausencia de dolor: en la que el alma goza de su cansancio, y feliz en el juego paciente con su paciencia, se parece a las ondas de un lago que, en un tranquilo día de verano, bajo el resplandor de un cielo vespertino multicolor, lamen y lamen la orilla, y vuelven a callarse — sin fin, sin objetivo, sin hastío, sin necesidad, — solo una calma que goza del cambio, solo el flujo y reflujo del pulso de la naturaleza». Esto es lo que sienten y dicen todos los enfermos: cuando llega esa hora, experimentan, tras un breve goce, el aburrimiento. Pero este es un viento de deshielo para la voluntad congelada: que se despierta, se mueve y vuelve a producir deseos tras deseos. — Desear es un signo de curación y mejoría.

350.

El ideal renegado[122]. — En casos excepcionales ocurre que uno alcanza su punto más alto cuando reniega de su propio ideal: pues hasta entonces ese ideal lo incitaba de manera demasiado fuerte, de modo que llegaba siempre sin aliento y solo a la mitad del camino, y se veía obligado a detenerse.

351.

Inclinación delatora[123]. — Puede observarse como característica de una persona envidiosa, pero de elevadas aspiraciones, el sentirse atraída por el pensamiento de que, frente a la excelencia, solo hay una salvación posible: el amor[124].

---

[121] Cfr. FP II, 1.ª, 30[31].
[122] Cfr. FP II, 1.ª, 32[2].
[123] Cfr. FP II, 1.ª, 30[143].
[124] Cfr. J. W. Goethe, «Maximen und Reflexionen», sección V: «Frente a los grandes méritos de otro no hay más medio de salvación que el amor», en *Sämmtliche Werke in vierzig Bänden, op. cit.*, vol. III, p. 213 (BN).

352.

Felicidad de escaleras[125]. — Tal como el ingenio de algunos no sigue el paso de la ocasión, de manera que la ocasión ha pasado ya por la puerta cuando el ingenio aún está por la escalera; así para otros existe una especie de felicidad de escalera que camina con excesiva lentitud como para seguir al lado del tiempo de pies veloces: lo mejor que estas personas pueden gozar de una experiencia vivida, de un entero período de vida, solo les llega mucho tiempo después, a menudo solo como un débil perfume aromático que suscita nostalgia y tristeza, — como si hubiese sido posible, un día, saciar realmente la sed en este elemento. Pero ahora es demasiado tarde.

353.

Gusanos. — No habla en contra de la madurez de un espíritu el que tenga algunos gusanos[126].

354.

La postura victoriosa. — Un buen porte a caballo le roba el valor al adversario y el corazón al espectador — ¿para qué quieres aún atacar? ¡Siéntate como uno que ha vencido!

355.

Peligro de la admiración. — Al admirar en exceso las virtudes de los demás se puede perder el sentido de las propias y, al final, por falta de ejercicio, incluso perderlas, sin obtener a cambio las virtudes de los demás.

---

[125] Cfr. FP II, 1.ª, 33[1].
[126] Nietzsche juega con el modismo alemán «tener gusanos en la cabeza» (*Würmer im Kopfe haben*), equivalente al español «tener la cabeza como una jaula de grillos».

356.

Ventajas de una salud delicada[127]. — Quien a menudo se encuentra enfermo, no solo saca un placer mucho mayor del estar sano, por la frecuencia de sus procesos de curación, sino que además posee un sentido agudísimo para lo que es sano y lo que es enfermizo en las obras y acciones propias y ajenas: así por ejemplo, justamente los escritores de salud delicada — como son desgraciadamente casi todos los grandes — suelen mostrar en sus escritos un tono de salud mucho más seguro y constante, porque, respecto a los físicamente robustos, tienen un mejor conocimiento de la filosofía de la salud y de la curación espiritual y sus preceptores: la mañana, el resplandor del sol, el bosque y los manantiales.

357.

La infidelidad, condición para ser maestros. — No hay nada que hacer: todo maestro tiene un solo discípulo — y este le será infiel, — porque también él está destinado a convertirse en maestro.

358.

Nunca en vano. — Por la montaña de la verdad nunca treparás en vano: o llegas ya hoy a lo alto, o ejercitas tus fuerzas para poder subir mañana más arriba.

359.

Ante grises vidrieras. — ¿Acaso lo que veis del mundo a través de esta ventana es tan bello que no queréis ya, en absoluto, mirar por otra ventana — e incluso intentáis impedírselo a los demás?

---

[127] Cfr. FP II, 1.ª, 28[30].

360.

Signo de fuertes cambios[128]. — Cuando soñamos con personas olvidadas o muertas desde hace tiempo, es indicio de que hemos sufrido un cambio fuerte en nosotros y que el terreno en el que vivimos ha sido removido completamente: entonces los muertos se levantan y nuestra antigüedad se vuelve novedad.

361.

Medicina del alma. — Reposar en silencio y pensar poco es la medicina más económica para todas las enfermedades del alma, y con buena voluntad, su uso se vuelve hora a hora más agradable.

362.

Para una jerarquía de los espíritus. — Te sitúa muy por debajo de ellos el que busques establecer las excepciones y ellos la regla.

363.

El fatalista. — Tú *tienes* que creer en el hado — la ciencia puede obligarte a ello. Lo que luego crezca en ti a partir de esta fe — vileza, resignación, o bien nobleza y franqueza — da testimonio del terreno en el que se ha sembrado esa semilla; pero no de la semilla misma, pues de ella pueden nacer todas y cada una de las cosas.

364.

La causa de muchos disgustos. — Quien en la vida prefiere lo bello a lo útil, terminará sin duda por estropearse el estómago, como el niño que prefiere los dulces al pan, y mirará al mundo muy disgustado.

---

[128] Cfr. FP II, 1.ª, 28[33].

365.

El exceso como medio de curación. — Se puede volver a dar sabor al propio talento, admirando y saboreando por cierto tiempo, en una medida excesiva, el talento opuesto. — Usar el exceso como medio de curación es una de las más sutiles maniobras en el arte de vivir.

366.

«Quiere una individualidad». — Las naturalezas activas y de éxito no actúan según el precepto «conócete a ti mismo», sino como si tuviesen presente el imperativo: *quiere* una individualidad y *llegarás a ser* una individualidad. — Parece que el destino les ha dejado todavía alguna elección; mientras que los inactivos y contemplativos continúan meditando sobre la elección que *hicieron* una única vez, cuando entraron en la vida.

367.

Vivir en lo posible sin seguidores. — Lo poco que significan los seguidores solo puede entenderse cuando se ha dejado de ser seguidor de los propios seguidores.

368.

Oscurecerse. — Hay que saber oscurecerse para quitarse de encima los enjambres de mosquitos de los admiradores demasiado molestos.

369.

Aburrimiento. — Existe un aburrimiento de las cabezas más cultas y sutiles para las que lo mejor que puede ofrecer la Tierra ha perdido todo sabor: habituados a degustar alimentos cada vez más selectos y a sentir repugnancia por los más toscos, corren el peligro de morirse de hambre, — pues de lo mejor solo hay poco y a veces se ha vuelto inaccesible y duro como una piedra, hasta el punto de que ni siquiera unos buenos dientes pueden morderlo.

370.

Peligro de la admiración. — La admiración de una cualidad o de un arte puede ser tan intensa como para frenar nuestra aspiración a poseerla.

371.

Qué quiere cada uno del arte. — Uno quiere por medio del arte gozar de la propia naturaleza, el otro por medio de ella quiere salirse, por un tiempo, fuera de la propia naturaleza, lejos de ella. Según estas dos necesidades existen dos tipos de arte y de artistas.

372.

Defección. — Quien se separa de nosotros, quizá no nos ofenda a nosotros pero sin duda sí a nuestros seguidores.

373.

Tras la muerte. — Normalmente solo mucho tiempo después de la muerte de un hombre nos parece incomprensible que él falte: y a menudo, respecto a grandes hombres, solo tras algún decenio. Quien es honesto, suele pensar con ocasión de una muerte que en realidad no se ha perdido gran cosa y que el solemne orador fúnebre era un hipócrita. Solo la necesidad enseña cuánto era necesario un individuo, y el correcto epitafio es un suspiro tardío.

374.

Dejar en el Hades. — Hay que dejar muchas cosas en el Hades de la semiconsciencia y no querer liberarlas de su realidad de sombras; en caso contrario, pensamientos y palabras se convierten en nuestros amos demoníacos, y cruelmente exigen nuestra sangre.

375.

Cercanía de la mendicidad. — Incluso el espíritu más rico puede a veces perder la llave de la habitación en la que descansan sus tesoros acumulados, y entonces se parece al más pobre, que tiene que mendigar para vivir.

376.

Pensador-cadena. — Para alguien que ha pensado mucho, todo nuevo pensamiento que escuche o lea se le presenta bajo la forma de una cadena.

377.

Compasión[129]. — En el forro dorado de la compasión a veces se esconde el puñal de la envidia.

378.

¿Qué es el genio?[130] — Querer una meta alta y los medios para alcanzarla.

379.

Vanidad de los combatientes. — Quien no tiene esperanza alguna de vencer una batalla, o es claramente inferior, tanto más quiere que se admire su manera de combatir.

---

[129] Cfr. FP II, 1.ª, 28[59], 30[37 y 40].
[130] Cfr. FP II, 1.ª, 5[141].

380.

La vida filosófica es malinterpretada. — Desde el momento en que uno comienza a tomarse en serio la filosofía, todo el mundo cree lo contrario.

381.

Imitación. — Gracias a la imitación, lo malo adquiere dignidad y lo bueno la pierde — sobre todo en el arte.

382.

Última teoría de la historia. — «¡Ah, si hubiese vivido entonces!» — así dicen las personas insensatas y poco serias. Más bien, para cada momento de la historia que hayamos considerado *seriamente*, aunque fuese la tierra más dotada del pasado, al final se exclamará: «¡Que no se vuelva a esa época! El espíritu de esa época pesaría sobre ti con el peso de cien atmósferas, no podrías gozar de lo bueno y lo bello que hay en ella ni digerir su parte mala». — Por supuesto, la posteridad dará el mismo juicio sobre nuestra época: que ha sido insoportable y la vida en ella invivible. — ¿Y no obstante cada uno sí soporta su época? — En efecto, esta es la razón por la que el espíritu de su tiempo está no solo *por encima* de él sino también *en* él. El espíritu del tiempo es capaz de resistir contra sí mismo, y tirar de sí mismo.

383.

La magnanimidad como máscara. — Al conducirnos con magnanimidad irritamos a nuestros enemigos; dejando en cambio que trasluzca nuestra envidia, casi los reconciliamos: pues la envidia compara y equipara, es una especie de involuntaria y gemebunda modestia. — ¿Acaso sea por esto que a veces, en vista a esta ventaja, la envidia ha sido asumida como máscara por personas que no eran envidiosas? Acaso; pero no hay duda de que a menudo un comportamiento magnánimo ha sido usado para enmascarar la envidia, por parte de ambiciosos que prefieren sufrir perjuicios y exasperar a sus propios enemigos antes que dejar ver que en su interior se equiparan a ellos.

384.

Imperdonable. — Le has proporcionado una posibilidad para que mostrase grandeza de carácter, y él no la ha aprovechado. No te lo perdonará nunca.[131]

385.

Proposiciones contrarias. — Lo más senil que ha sido pensado sobre el hombre está en la famosa sentencia «el yo siempre es odioso»[132]; y la más pueril en el aún más famoso «ama el prójimo como a ti mismo». — En uno el conocimiento del hombre ha cesado, en el otro ni siquiera ha comenzado.

386.

El oído faltante. — «Se sigue perteneciendo al vulgo mientras se eche la culpa a los demás; se está en el camino de la sabiduría cuando solo y siempre se hace responsable a uno mismo; pero el sabio no considera culpable a nadie, ni a sí mismo ni a los demás»[133]. — ¿Quién dice esto? — Epicteto, hace mil ochocientos años. — Ha sido oído, pero olvidado. — No, no ha sido oído ni olvidado: no todo se olvida. Sino que no se tenía el oído adecuado, el oído de Epicteto. — ¿Entonces se lo dijo al oído a sí mismo? — Así es: la sabiduría es un cuchicheo del solitario consigo mismo en pleno mercado.

---

[131] Cfr. CO III, p. 286: carta 723, a H. Köselitz, 31 de mayo de 1878.
[132] Traducción de la versión alemana en *Gedanken, Fragmente und Briefe*, vol. I, Leipzig, O. Wigand, 186 5, pp. 190 ss. (BN). Cfr. B. Pascal, *Pensamientos*, sección II, serie XXIV, §§ 597-455.
[133] Traducción de la versión alemana de Nietzsche, cfr. Epicteto, *Manual. Fragmentos*, ed. P. Ortíz García, Madrid, Gredos, 1995, cap. V, p. 186.

387.

Error del punto de vista, no del ojo. — Siempre nos encontramos a algún paso demasiado cerca de nosotros mismos; y siempre a algún paso demasiado lejos del prójimo. Así ocurre que se lo juzga de manera demasiado global, y a uno mismo según trazos y sucesos demasiado particulares, ocasionales e irrelevantes.

388.

La ignorancia en armas[134]. — Con qué ligereza nos tomamos que alguien sepa o no de algo, — mientras puede ocurrir que ese alguien sude sangre solo al pensar que se lo considere ignorante. Más aún, hay locos escogidos que van por ahí con un carcaj lleno de anatemas y sentencias, dispuestos a matar a cualquiera que dé a entender que hay cosas en que su juicio no cuenta.

389.

En la mesa de la experiencia. — Las personas que por una innata moderación dejan todos los vasos por la mitad, no quieren admitir que en el mundo cada cosa tiene su sedimento y su hez.

390.

Pájaros canoros. — Los seguidores de un gran hombre suelen cegarse para poder cantar mejor sus alabanzas.

391.

No estar a la altura. — Lo bueno nos disgusta cuando no estamos a su altura.

---

[134] Cfr. OSD, § 408 y FP II, 1.ª, 38[1 y 2].

392.

La regla como madre y como hija. — Uno es el estado que engendra la regla y otro el engendrado por la regla.

393.

Comedia. — A veces cosechamos amor y gloria por acciones y obras de las que nos hemos despojado desde hace mucho tiempo como de una piel: entonces nos vemos seducidos con facilidad a hacernos los comediantes de nuestro pasado y echarnos una vez más sobre el hombro la vieja piel — y no solo por vanidad, sino también por benevolencia hacia nuestros admiradores.

394.

Error de los biógrafos[135]. — La pequeña fuerza que hace falta para empujar una barca en la corriente no debe ser confundida con la fuerza de la corriente que la arrastra desde ese momento: pero esto ocurre en casi todas las biografías.

395.

No comprar demasiado caro. — Lo que se compra a un precio demasiado caro normalmente lo usamos mal, porque se usa sin amor y con un recuerdo penoso — y así se obtiene un doble perjuicio.

396.

Qué filosofía necesita siempre la sociedad. — El puntal del orden social descansa sobre la base de que cada uno mire con serenidad lo que es, hace y desea, a su salud o enfermedad, su pobreza o bienestar, su gloria o vileza, y diga «*yo no me cambia-*

---

[135] Cfr. FP II, 1.ª, 28[29].

ría por nadie». — Quien quiera trabajar para el orden social, debe trasplantar continuamente en los corazones esta filosofía del sereno rechazo a cambiarse por alguien y de la ausencia de envidia.

397.

Signos de un alma noble. — Un alma noble no es aquella capaz de los vuelos más altos, sino la que se eleva poco y cae poco, pero habita *siempre* en un aire y altura más libres y luminosos.

398.

La grandeza y su observador[136]. — El mejor efecto de la grandeza es que confiere a quien observa una vista que engrandece y armoniza.

399.

Contentarse. — La madurez alcanzada por el entendimiento se anuncia en el hecho de no ir más allí donde se encuentran las flores raras bajo los arbustos más espinosos del conocimiento, y en contentarse con un jardín, un bosque, un prado y un campo, dado que la vida es demasiado breve para lo raro y fuera de lo común.

400.

Ventaja de la privación[137]. — Quien vive siempre en el calor y la plenitud de corazón, y por decirlo así en el aire veraniego del alma, no puede imaginarse los terribles éxtasis que sobrecogen a las naturalezas más invernales cuando son tocadas ex-

---

[136] Cfr. FP II, 1.ª, 30[94].
[137] Cfr. FP II, 1.ª, 34[22].

cepcionalmente por los rayos del amor y el templado aliento de un soleado día de febrero.

401.

Receta para quien sufre. — ¿El peso de la vida se te ha vuelto demasiado grande? — Entonces multiplica el peso de tu vida. Cuando el que sufre busca al fin, sediento, el río Lete — tiene que convertirse en un *héroe* para encontrarlo.

402.

El juez[138]. — Quien ha visto el ideal de otra persona, se convierte en el juez inexorable de ella y en cierta manera en su mala conciencia.

403.

Utilidad de la gran renuncia. — Lo más útil de una gran renuncia es el transmitirnos ese orgullo de la virtud gracias al cual desde entonces obtenemos fácilmente de nosotros muchas pequeñas renuncias.

404.

Cómo recibe brillo el deber. — El medio para trasformar en oro, a los ojos de cualquiera, tu férreo deber es: cumple siempre más de lo que prometes.

405.

Oración a los hombres. — «Perdónanos nuestras virtudes»[139] — así hay que rezarles a los hombres.

---

[138] Cfr. CO III, p. 299: carta 741, a M. Maier, 6 de agosto de 1878.
[139] Cfr. *Mateo*, 6, 12.

406.

El creador y el degustador[140]. — Todo degustador piensa que al árbol le importaba el fruto, pero en realidad le importaba la semilla. — Aquí está la diferencia entre todos los creadores y todos los degustadores.

407.

La gloria de todos los grandes[141]. — ¡Qué importancia tiene el genio si no comunica a quien lo contempla y lo venera una tal libertad y altura de sentimiento como para no tener más necesidad del genio! *Volverse superfluo* — esta es la gloria de todos los grandes.

408.

Viaje al Hades. —También yo he estado en el mundo subterráneo, como Odiseo, y volveré allí a menudo; y para poder hablar con algunos muertos no solo he sacrificado carneros sino que incluso no he escatimado mi propia sangre. Cuatro fueron las parejas que no se me resistieron a la inmolación: Epicuro y Montaigne[142], Goethe y Spinoza, Platón y Rousseau, Pascal y Schopenhauer. Si durante mucho tiempo he caminado solo, tengo ahora que confrontarme con ellos, de ellos quiero recibir o no razón, a ellos quiero escuchar cuando se dan unos a otros razón o no. Cualquier cosa que diga, decida e imagine para mí y los demás: a esos ocho dirijo mi mirada y veo sus rostros vueltos hacia mí. — Que me perdonen los vivos si *ellos* a veces me parecen unas sombras, tan moribundos y tétricos, tan inquietos y, ¡ay!, tan ansiosos de vida: mientras aquellos me parecen tan vivos como si ahora, *tras* la muerte, ya no pudiesen cansarse de la vida. Pero es *la eterna vitalidad* lo que cuenta: ¡qué importa la «vida eterna» y en general la vida!

---

[140] «Geniessende», participio presente del verbo *geniessen*: gozar, disfrutar, degustar.

[141] Cfr. la redacción previa en FP II, 1.ª, 29[19].

[142] Para el aprecio por Montaigne en esta época, cfr. HH 1, §176, CS §§ 86 y 214; FP II, 1.ª, 29[25, 26], 30[7].

SEGUNDA SECCIÓN
El caminante y su sombra[143]

---

[143] En la primera edición de 1880, después del título venía: «Segundo y último suplemento a la colección de pensamientos aparecida anteriormente «*Humano, demasiado humano*. Un libro para espíritus libres».

La sombra: Como hace tanto tiempo que no te oigo hablar, quiero darte una ocasión para ello.

El caminante: Alguien habla — ¿adónde? ¿y quién? Es casi como si me oyese hablar a mí mismo, solo que con voz más débil que la mía.

La sombra (tras una pausa): ¿No te alegras de tener una ocasión para hablar?

El caminante: Por Dios y por todas las cosas en que no creo, es mi sombra quien habla; la oigo pero no lo creo.

La sombra: Aceptémoslo y no lo pensemos más, dentro de una hora todo habrá terminado.

El caminante: Así pensé cuando en un bosque cerca de Pisa vi primero dos camellos y luego cinco.

La sombra: Es conveniente que ambos seamos indulgentes con nosotros, si por una vez nuestra razón calla: así también en nuestro coloquio no nos irritaremos y no le pondremos en seguida las esposas al otro si su palabra nos suena incomprensible. Cuando no se sabe qué responder, basta con decir algo: esta es la justa condición bajo la que converso con alguien. En un diálogo un poco largo, incluso el más sabio se vuelve loco una vez y bobo tres veces.

El caminante: Tus modestas pretensiones no resultan lisonjeras para aquel a quien las confiesas.

La sombra: ¿Debo entonces lisonjear?

El caminante: Pensaba que la sombra del hombre era su vanidad: pero esta nunca preguntaría: «¿Debo entonces lisonjear?».

La sombra: La vanidad humana, si la conozco bien, ni siquiera pregunta, como yo he hecho ya dos veces; si le permiten hablar: habla siempre.

El caminante: Solo ahora me doy cuenta qué descortés soy contigo, mi querida sombra: ni siquiera te he dicho una palabra sobre cuánto me *alegro* de oírte, y no solo de verte. Lo sabes, amo la sombra como amo la luz. Para que exista la belleza del rostro, la claridad del discurso, la bondad y firmeza de carácter, la sombra es tan necesaria como la luz. No son enemigas: antes bien, se cogen con cariño de la mano, y cuando la luz desaparece, la sombra se escurre detrás.

La sombra: Y yo odio lo mismo que tú odias, la noche; amo a los hombres porque son discípulos de la luz, y me deleita el esplendor de sus ojos cuando conocen y descubren, ellos, infatigables conocedores y descubridores. Esa sombra que muestran todas las cosas cuando el sol del conocimiento cae sobre ellas, — yo soy también esa sombra.

El caminante: Creo entenderte, aunque te hayas expresado de manera un poco sombría. Pero tenías razón: los buenos amigos a veces se dicen una palabra oscura como signo de entendimiento, que debe ser un enigma para cualquier otra persona. Y nosotros somos buenos amigos. Por tanto ¡basta con los preámbulos! Centenares de preguntas oprimen mi ánimo, y el tiempo en que podrás responder quizá sea demasiado breve. Veamos en qué cosas podemos coincidir lo más rápida y pacíficamente.

La sombra: Pero las sombras son más tímidas que los hombres: ¡no le dirás a nadie cómo hemos hablado juntos!

El caminante: ¿*Cómo* hemos hablado juntos? ¡El cielo me guarde de largos y elaborados diálogos escritos! Si Platón hubiese gustado menos de elaborar, sus lectores tendrían más gusto en leerlo. Un diálogo que en la realidad deleita, cuando es trasformado en escritura y leído, es un cuadro de perspectivas completamente falsas: todo es demasiado largo o demasiado corto. — ¿Pero podré comunicar *las cosas* en que nos hayamos puesto de acuerdo?

La sombra: Esto me basta; porque todos reconocerán en ellas solo tus opiniones; nadie se acordará de la sombra.

El caminante: ¡Quizá te equivoques, amiga! Hasta ahora en mis opiniones se ha visto más a la sombra que a mí.

La sombra: ¿Más sombra que luz? ¿Es posible?

El caminante: ¡Sé seria, mi querida loca! ¡Mi primera pregunta exige ya seriedad! —

★ ★ ★

1.

Del árbol del conocimiento. —Verosimilitud, pero no verdad; apariencia de libertad, pero no libertad, — estos son los dos frutos por los que el árbol del conocimiento no puede ser confundido con el árbol de la vida[144].

2.

La razón del mundo. — Que el mundo *no* sea un modelo de eterna racionalidad puede demostrarse de manera definitiva por el hecho de que la *parte del mundo* que conocemos — es decir, nuestra razón humana — no es demasiado racional. Y si *ella* no es siempre y completamente sabia y racional, entonces ni siquiera la restante parte del mundo lo será; aquí vale la deducción *a minori ad majus, a parte ad totum*[145], y con una fuerza decisiva.

3.

«En el principio era»[146]. — Enaltecer el origen — este es el brote metafísico que despunta una y otra vez de la observación

---

[144] Cfr. *Génesis*, 2, 9. Cfr. HH 1, §109.
[145] «De lo menor a lo mayor, de la parte al todo».
[146] Cfr. *Juan*, 1, 1.

de la historia, y hace creer cada vez que al principio de todas las cosas está lo más valioso y esencial.

4.

Medida para el valor de verdad. — Para medir la altura de las montañas, desde luego no es un criterio la fatiga del ascenso. ¡Y en la ciencia debería ser distinto! — nos dicen algunos que se consideran iniciados —, ¡la fatiga padecida para llegar a la verdad debería decidir por sí sola sobre el valor de verdad! Esta insensata moral deriva del pensamiento de que las «verdades» no son más que aparatos gimnásticos con los que habría que ejercitarse valientemente hasta el cansancio, — una moral para atletas y gimnastas domingueros del espíritu.

5.

Uso del lenguaje y realidad[147]. — Se da un desprecio disimulado hacia todas las cosas que los hombres consideran realmente como más importantes, es decir, *todas las cosas más cercanas*. Se dice, por ejemplo, «se come para vivir» — una maldita *mentira* como aquella que dice que la procreación de los hijos es el fin verdadero de toda voluptuosidad. Por el contrario, el aprecio de las «cosas más importantes» casi nunca es del todo auténtico: los curas y los metafísicos nos han habituado efectivamente con este fin a un *uso del lenguaje* hipócritamente excesivo, pero no han convencido al sentimiento, el cual no atribuye a estas cosas más importantes el valor que otorga a esas cosas más cercanas y despreciadas. — Una penosa consecuencia de esta doble hipocresía es que las cosas más cercanas, como, por ejemplo, comer, habitar, vestirse, el trato, no son objeto de una atención y trasformación constante, imparcial y *global*, sino que al ser consideradas degradantes se aparta de ellas la propia seriedad intelectual y artística: de manera que la costumbre y la frivolidad conquistan fácilmente a los irreflexivos, especialmente a la ju-

---

[147] Cfr. FP II, 1.ª, 40[23].

ventud inexperta; mientras, por otra parte, nuestras continuas infracciones de las leyes más simples del cuerpo y del espíritu nos llevan a todos, jóvenes y viejos, a una humillante dependencia y falta de libertad — es decir, a esa dependencia, en el fondo superflua, de los médicos, profesores y curadores de almas, cuya presión sigue ejerciéndose aún hoy sobre toda la sociedad.

6.

La fragilidad terrenal y su causa principal[148]. — Mirando alrededor encontramos individuos que durante toda la vida han comido huevos sin darse cuenta de que los alargados son los más sabrosos, que no saben que un temporal es sano para el abdomen, que los perfumes huelen con más intensidad en el aire frío y claro, que nuestro sentido del gusto es diferente en los distintos puntos de la boca, que toda comida consumida escuchando o hablando de cosas interesantes perjudica al estómago. Puede que no nos satisfagan estos ejemplos de falta de espíritu de observación: tanto más debe admitirse que *las cosas más cercanas de todas* son mal vistas por la mayoría y muy raramente tomadas en consideración. ¿Y esto es indiferente? — Piénsese que de esta falta derivan *casi todos los defectos físicos y espirituales* de los individuos: no saber lo que nos beneficia, lo que nos perjudica en la organización de la vida, en la distribución del día, del tiempo y en la elección de las relaciones, en la profesión y en el ocio, en el mandar y obedecer, en el sentir la naturaleza y el arte, en el comer, dormir y pensar; *ser ignorantes* y no tener una vista aguda *para lo más pequeño y común* — esto es lo que para muchos convierte la Tierra en un «prado de la desventura»[149]. No se vuelva

---

[148] Cfr. FP II, 1.ª, 40[22].

[149] «Ἄτης ἀν λειμῶνα»: prado de la ceguera o de la fatalidad (Ate, diosa hija de Éride, la discordia, según Hesíodo), expresión de Empédocles de Agrigento, 31B121 DK: «Triste región / donde el Asesinato, el Rencor y otros grupos de deidades funestas, / las míseras Enfermedades, la Corrupción y las obras disolventes, / merodean en la tiniebla sobre los prados de la Fatalidad». *Los presocráticos II*, ed. N. L. Cordero, F. J. Olivieri, E. de la Croce y C. Eggers Lan, Madrid, Gredos, 1979, p. 287. Cfr. A, § 77.

a decir, como siempre, que esto deriva de la *sinrazón* humana: al contrario — aquí hay bastante razón e incluso demasiada, pero está *mal* dirigida y *artificiosamente apartada* de las cosas más pequeñas y cercanas. Curas y profesores, y la sublime avidez de dominio de los idealistas de todas clases, desde los más toscos hasta los más refinados, empiezan en seguida a inculcar en el niño que lo que cuenta es algo completamente diferente: es la salvación del alma, el servicio al Estado, el progreso de la ciencia, o bien la reputación y la propiedad como medios para prestar servicio a toda la humanidad, mientras que las exigencias del individuo, sus necesidades grandes y pequeñas dentro de las veinticuatro horas del día serían algo despreciable e indiferente. — Ya Sócrates se defendía con todas sus fuerzas, a favor del hombre[150], frente a esta desdeñosa desatención de lo humano y le gustaba recordar, con un dicho de Homero, el verdadero ámbito y la esencia de toda cura y de todo pensamiento: es aquello y solo aquello «que de lo bueno y malo me ocurre en casa»[151].

7.

Dos medios de consolación. — Epicuro, el tranquilizador de almas de la Antigüedad tardía, tenía aquella maravillosa concepción, aún hoy tan rara de encontrar, de que para tranquilizar los ánimos no es necesario en absoluto resolver las cuestiones teóricas últimas y extremas. Así le bastaba decirles a aquellos que estaban atormentados por el «miedo a los dioses»: «Si los dioses existen, no se ocupan de nosotros»[152] — en lugar de discutir, de manera infructuosa y lejana sobre la cuestión última de si en general existen dioses. Esta posición es mucho más ventajosa y poderosa: se le da al otro alguna ventaja, consiguiendo así que se vuelva más dispuesto a escuchar y atesorar-

---

[150] Cfr. Diógenes Laercio, *Vidas y opiniones de los filósofos ilustres*, ed. C. García Gual, Madrid, Alianza, 2013, libro II, «Sócrates», 21, p. 111.
[151] Traducción de la versión alemana de Nietzsche, cfr. Homero, *Odisea*, ed. M. Fernández Galiano y J. M. Pabón, Madrid, Gredos, 1993, canto IV, v. 392, p. 153.
[152] Cfr. Epicuro, «Carta a Meneceo», 123-124, en *Obras*, ed. C. García Gual, Madrid, Gredos, 2007, p. 143. Cfr. FP II, 2.ª, 16[8].

lo. Pero en cuanto se empeña en demostrar lo contrario, — que los dioses se ocupan de nosotros — en cuántos errores y zarzales quedará apresado el pobrecito, solo por sí mismo y sin astucia alguna por parte del interlocutor, que le bastará con tener la suficiente humanidad y delicadeza como para esconder la compasión que le produce ese espectáculo. Por último, el otro llega a la náusea, el argumento más fuerte contra cualquier tesis, náusea hacia su propia aserción, y al enfriarse continúa con una disposición de ánimo que es la misma del ateo puro: «¡Qué me importan los dioses! ¡El diablo se los lleve!». — En otros casos, especialmente cuando una hipótesis medio física y medio moral había oscurecido el ánimo, Epicuro no la refutaba, sino que concedía que pudiese ser así, pero añadía una *segunda hipótesis* para explicar el mismo fenómeno: quizá las cosas ocurran también de otro modo[153]. La *pluralidad* de hipótesis, por ejemplo, sobre el origen de los remordimientos, sigue bastando, incluso en nuestra época, para alejar del alma esa sombra que nace con tanta facilidad de rumiar una hipótesis única, la única percibida y por ello sobrevalorada cien veces. — Por tanto, quien desee proporcionar consolación, a los infortunados, malhechores, hipocondríacos, moribundos, debe recordar las dos expresiones tranquilizantes de Epicuro, que pueden aplicarse a muchísimas cuestiones. Bajo su forma más simple sonarían más o menos así: en primer lugar, suponiendo que sea así, no nos importa nada; en segundo lugar, puede que sea así, pero también puede ser de otra manera.

8.

En la noche. — En cuanto cae la noche, cambia nuestra percepción de las cosas más cercanas. Está el viento que se filtra por vías prohibidas, silbando, como si buscase algo, turbado porque no lo encuentra. Está la luz de la lámpara, con su oscuro, rojizo resplandor, que mira cansada y resiste con malas ganas en la noche, esclava impaciente del hombre que

---

[153] Cfr. Epicuro, «Carta a Pítocles», 85-87, en *Obras, op. cit.*, p. 126.

vela. Está la respiración del durmiente, su ritmo horripilante sobre el que una inquietud retornante parece tocar la melodía, — no la oímos, pero cuando el pecho del durmiente se levanta, sentimos oprimirse el corazón y cuando la respiración baja, casi extinguiéndose en una calma mortal, nos decimos «¡descansa un poco, pobre espíritu atormentado!» — a todo viviente le deseamos, ya que vive tan oprimido, una paz eterna; la noche persuade a la muerte. — Si los hombres renunciasen al sol y condujesen la lucha contra la noche bajo el claro de luna o a la luz del aceite, ¡qué filosofía los envolvería con su velo! Ya se nota demasiado, en la naturaleza intelectual y anímica del hombre, hasta qué punto se ve ofuscada en conjunto por esa mitad de oscuridad y privación de sol que vela la vida.

9.

Dónde ha surgido la doctrina de la libertad de la voluntad[154]. — En una persona la necesidad actúa bajo la forma de sus pasiones, en otra como el hábito de escuchar y obedecer, en una tercera como conciencia lógica, en una cuarta como caprichoso y malicioso gusto por la aventura. De cualquier modo, estas cuatro buscan la *libertad* de su voluntad justo allí donde cada una de ellas está más sólidamente atada: es como si el gusano de seda buscase la libertad de su querer justamente en su tejer. ¿De dónde viene esto? Evidentemente del hecho de que cada uno se considera más libre allí donde su *sentimiento de vida* es mayor, y así, como hemos dicho, unas veces en la pasión, otras en el deber, otras en el conocimiento y otras en el capricho. El individuo humano considera de manera espontánea que lo que lo hace fuerte y aquello en que se siente vivificado debe ser siempre también el elemento de su libertad: piensa que dependencia y torpeza, independencia y sentimiento de vida forman parejas necesarias. — Se traslada así al extremo campo metafísico una experiencia que el individuo ha tenido en el campo

---

[154] Cfr. FP II, 1.ª, 41[66], 42[3, 25] y 47[1].

sociopolítico: aquí el hombre fuerte sigue siendo el hombre libre, aquí el sentimiento vital de alegría y dolor, la intensidad de la esperanza, la audacia del deseo, la potencia del odio son pertenencias de los dominantes e independientes, mientras el sometido, el esclavo, vive oprimido y torpemente. — La doctrina de la libertad de la voluntad es una invención de las clases *dominantes*.

10.

No sentir nuevas cadenas[155]. — Mientras no *sentimos* que dependemos de algo, nos consideramos independientes: una conclusión equivocada que demuestra cuán presuntuoso y sediento de dominio es el hombre. En efecto, presume que tiene que notar y reconocer en cualquier circunstancia la dependencia en cuanto la padece, con el presupuesto de que *habitualmente* vive en la independencia y que, si excepcionalmente la perdiese, sentiría inmediatamente un contraste en el sentimiento. — ¿Y si fuese cierto lo contrario: que él *siempre* vive en una dependencia múltiple y se considera *libre* cuando, a causa del prolongado hábito, *ya no siente* el peso de las cadenas? Solo sufre aún por el peso de las *nuevas* cadenas: — «libertad de la voluntad» no significa más que no sentir nuevas cadenas.

11.

La libertad de la voluntad y el aislamiento de los hechos[156]. — Nuestra observación habituada a la imprecisión toma un grupo de apariencias como una unidad y lo llama hecho: entre este hecho y otro ella se imagina un espacio vacío, *aísla* cada hecho. Mas en verdad todo nuestro actuar y conocer no es la consecuencia de hechos y espacios vacíos intermedios, sino un flujo continuo. Ahora bien, justamente la creencia en la

---

[155] Cfr. FP II, 1.ª, 47[1].
[156] Cfr. FP II, 1.ª, 42[66].

libertad de la voluntad es incompatible con la idea de un fluir continuo, homogéneo, indiviso e indivisible: presupone que *cada acción particular* está *aislada* y es *indivisible*; es un *atomismo* en el ámbito del querer y el conocer. —Tal como comprendemos de manera inexacta los caracteres, así hacemos con los hechos: hablamos de caracteres iguales y de hechos iguales: *ninguno de los dos existe*. Ahora bien, nosotros alabamos y censuramos pero solo bajo la falsa presuposición de que hay hechos *iguales*, de que existe un orden graduado de *géneros* de hechos al que corresponde un orden graduado de valores: por tanto, no solo *aislamos* un hecho particular, sino también grupos de hechos considerados iguales (acciones buenas, malas, compasivas, envidiosas, etc.) — en ambos casos erróneamente. — La palabra y el concepto son la razón más evidente por la que creemos en este aislamiento de grupos de acciones: con ellos no solo *designamos* cosas, sino que originariamente pretendemos apresar con ellos su misma *esencia*. Por las palabras y los conceptos aún hoy seguimos tentados a imaginar las cosas más simples de lo que son, separadas unas de otras, indivisibles, cada una existiendo en sí y por sí. En el *lenguaje* se esconde una mitología filosófica que, por muy prudentes que seamos, vuelve a irrumpir en cada instante. La creencia en la libertad de la voluntad, es decir, en hechos *iguales* y hechos *aislados*, — halla en el lenguaje su fiel evangelista y abogado.

12.

Los errores fundamentales. — Para que el hombre sienta cualquier placer o displacer anímico, tiene que estar dominado por una de estas dos ilusiones: *o bien* cree en la *igualdad* de ciertos hechos, de ciertas sensaciones, y entonces obtiene, por la comparación de los estados actuales con los pasados y su equiparación o separación (tal como se produce en todo recuerdo), un placer o displacer anímico; *o bien* cree en la *libertad de la voluntad*, como cuando piensa «no debería haber hecho esto» , «esto habría podido acabar de otro modo» , e igualmente saca de ello placer o displacer. Sin los errores que operan en todo placer y displacer anímico, nunca habría surgido una humanidad, — cuyo sentimiento fundamental es y sigue siendo que el hombre es el único ser libre en el mundo de la no-libertad, el eterno *taumaturgo*, actúe bien o mal, la asombrosa excepción, el superanimal, el casi-dios, el sentido de la creación, el que no puede pensarse como inexistente, la clave del enigma cósmico, el gran soberano de la naturaleza y despreciador de la misma, ¡el ser que llama a su historia *historia universal*! — *Vanitas vanitatum homo*[157].

13.

Decir dos veces. — Está bien expresar en seguida una cosa doblemente y ponerle un pie derecho y uno izquierdo. La verdad puede tenerse sin duda sobre una sola pierna, pero con dos andará y viajará.

14.

El hombre, el comediante del mundo[158]. — Debería haber criaturas más dotadas de espíritu que los hombres, aunque solo fuese para saborear a fondo el humor que reside en el hecho de que el hombre se considere el fin de toda la existencia del mundo y de que la humanidad solo se dé por satisfecha seriamente con la perspectiva de una misión universal. Si un dios ha creado el mundo, creó al hombre como el *mono de Dios*, como el continuo motivo de diversión en sus larguísimas eternidades. La música de las esferas alrededor de la Tierra sería entonces las carcajadas burlonas de todas las demás criaturas alrededor del hombre. Ese inmortal aburrido cosquillea con el *dolor* a su animal favorito a fin de disfrutar con los gestos trágicos y orgullosos, con las interpretaciones de sus sufrimientos y en general con la inventiva espiritual de la criatura más vanidosa — disfruta como inventor de este

---

[157] «El hombre es vanidad de vanidades».
[158] Cfr. FP II, 1.ª, 42[17].

inventor. Pues quien inventó al hombre por diversión tenía más espíritu que este, y también más disfrute en el espíritu.
— Incluso ahora, cuando nuestra humanidad quiere humillarse voluntariamente, la vanidad nos juega una mala pasada, pues al menos en *esta* vanidad querríamos los hombres ser algo incomparable y prodigioso por completo. ¡Nuestra unicidad en el mundo! ¡ay, es algo demasiado inverosímil! Los astrónomos, a quienes toca realmente escrutar un horizonte despegado de la tierra, nos hacen entender que la gota de *vida* que hay en el mundo no tiene significación alguna para el carácter total del monstruoso océano del devenir y perecer; que incontables astros tienen condiciones similares a las de la Tierra para la producción de la vida, es decir, muchísimos, — por supuesto, apenas un puñado en comparación con la infinita cantidad de los que nunca han tenido una erupción de vida o han sanado de ella hace mucho tiempo; que la vida en cada uno de estos astros, conforme a la duración de su existencia, ha sido un instante, un centelleo, con largos y largos espacios de tiempo tras de sí, — por tanto, en modo alguno la meta y el propósito último de su existencia. Tal vez la hormiga en el bosque se imagine con la misma intensidad que es la meta y el propósito de la existencia del bosque, como hacemos nosotros cuando casi involuntariamente asociamos en nuestra fantasía el hundimiento de la humanidad y el de la Tierra: sí, aún somos modestos si nos detenemos ahí y no organizamos, para los funerales del último hombre, un crepúsculo universal del mundo y de los dioses. Incluso el más desprejuiciado astrónomo no puede apenas ver la Tierra sin vida más que como el túmulo brillante y flotante de la humanidad.

15.

Modestia del hombre. — ¡Qué poco placer basta a la mayoría para encontrar buena a la vida! ¡Qué modesto es el hombre!

16.

Dónde es necesaria la indiferencia. — Nada sería más absurdo que querer esperar qué es lo que la ciencia algún día establecerá definitivamente sobre las primeras y últimas cosas, y hasta entonces seguir pensando (¡y sobre todo creyendo!) a la manera *tradicional*, — como se aconseja tan a menudo. El instinto de no querer tener en este campo *más que certezas* es un *atavismo religioso*, nada más, — una especie solapada y solo aparentemente escéptica de «necesidad metafísica», acoplada al secreto pensamiento de que aún durante mucho tiempo no se tendrá una visión de estas certezas últimas y hasta entonces el «creyente» está en su derecho de no preocuparse de todo este ámbito. No tenemos *necesidad* en absoluto de estas certezas acerca de los horizontes más lejanos, para vivir una humanidad plena y valiosa: tan poco como lo necesitaría una hormiga para ser una buena hormiga. Más bien, tenemos que poner en claro de dónde proviene efectivamente esa fatal importancia que durante tanto tiempo hemos atribuido a esas cosas, y para ello precisamos de la *historia* de los sentimientos éticos y religiosos. Pues solo bajo el influjo de estos sentimientos se han vuelto tan graves y terribles para nosotros las cuestiones más espinosas del conocimiento: se ha arrastrado hasta dentro de los ámbitos más extremos, *adonde* llega la vista intelectual pero sin penetrar *en ellos*, conceptos tales como culpa y castigo (¡e incluso castigo eterno!); y esto de manera tanto más incauta cuanto más oscuros eran estos ámbitos. Desde antiguo se ha fantaseado con temeridad allí donde no se podía establecer nada, y se ha persuadido a la posteridad a adoptar estas fantasías como lo serio y la verdad, y al final con la execrable baza: la fe tiene más valor que el saber. Hoy, en relación con esas últimas cosas no es necesario oponer el saber al creer, ¡sino la *indiferencia frente al creer y al presunto saber* en esos campos! — *Todo* lo demás tiene que estar más cerca de nosotros que las cosas que hasta ahora se nos han predicado como más importantes: me refiero a esas preguntas, ¿para qué el hombre? ¿cuál es su destino después de la muerte? ¿cómo se reconcilia con Dios? y como suenen estas curiosidades. Tan poco como estas preguntas de los religiosos, nos interesan las cuestiones de los filósofos dogmáticos, sean idealistas, materialistas o realistas. Todos ellos nos empujan a tomar una decisión en ámbitos donde no es necesario ni el creer ni el saber; incluso para los más grandes amantes del conocimiento es más útil que en torno a todo lo indagable y accesible con la razón se extienda un pantanoso cinturón ilusorio y nebuloso, el cordón de lo impenetrable, de lo eternamente fluido e indeterminable. Precisamente por comparación con el reino de la oscuridad en las lindes de la tierra del saber, *aumenta* continuamente de valor el claro y cercano mundo del saber. — Tenemos que volver a convertirnos en *buenos vecinos de las cosas más cercanas* y dejar de apartar la mirada de ellas tan despectivamente como hasta ahora, hacia las nubes y los monstruos nocturnos. En bosques y cavernas, en zonas pantanosas y bajo cielos cubiertos — allí el hombre ha habitado durante mucho tiempo como sobre grados de cultura de milenios enteros y ha vivido míseramente. Allí ha *aprendido a despreciar* el presente, la vecindad, la vida y a sí mismo — y nosotros, habitantes de tierras *más luminosas* de la naturaleza y del espíritu, recibimos aún en nuestra sangre, por herencia, algo de este veneno del desprecio hacia lo más cercano.

17.

Explicaciones profundas. — Quien «explica» la posición de un autor, «de manera más profunda» a cómo se había entendido, no ha aclarado al autor sino que lo ha *oscurecido*. Así hacen nuestros metafísicos con el texto de la naturaleza; o incluso peor. Pues para colocar sus explicaciones profundas, a menudo arreglan el texto para este fin: es decir, lo *corrompen*. Por poner un caso curioso de corrupción del texto y oscurecimiento del autor, se pueden citar las reflexiones de Schopenhauer acerca del embarazo de las mujeres. El indicio de la permanente existencia de la voluntad de vivir, dice él, es el coito; el indicio de la luz del conocimiento asociada de nuevo a esta voluntad, que mantiene abierta la posibilidad de redención, y precisamente en el grado más alto de claridad, es la renovada encarnación de la voluntad de vivir. El signo de esta es el embarazo, que por tanto avanza franco y libre, incluso orgulloso, mientras que el coito se esconde como un malhechor. Él afirma que *toda mujer*, sorprendida en el acto de la generación, podría morir de vergüenza, pero «*exhibe su embarazo sin rastro de vergüenza, más aún, con una especie de orgullo*»[159]. Ante todo, este estado no se deja mostrar *más* de cuanto él mismo se muestra; pero Schopenhauer justamente al subrayar *solo* la intencionalidad del mostrarse prepara el texto de tal manera que se adapte a la «explicación» establecida de antemano. Después, lo que dice acerca de la universalidad del fenómeno que hay que explicar no es verdad: habla de «toda mujer», pero muchas, especialmente las mujeres jóvenes, muestran en este estado, incluso ante los familiares más cercanos, un penoso pudor; y si las mujeres de edad madura o muy madura, especialmente las del pueblo bajo, presumen de hecho de su estado, lo hacen solo para dar a entender que *aún* son deseadas por sus maridos. Que al verlas el vecino, la vecina o un extraño digan «¿cómo es posible —?», esta limosna es siempre aceptada con placer por la vanidad femenina de bajo nivel intelectual. En cambio, según se deduce de la tesis de Schopenhauer, deberían ser precisamente las mujeres más inteligentes e intelectuales las que se regocijasen en público por su estado: ellas tienen la mayor posibilidad de generar un maravilloso hijo del entendimiento en el que «la voluntad se niegue» otra vez en vista al bien común; en cambio, las mujeres necias tendrían todos los motivos para esconder su embarazo de manera aún más vergonzosa que todo lo que ocultan. — No puede decirse que estas cosas estén extraídas de la realidad. Pero suponiendo que en sentido completamente general Schopenhauer tuviese razón en que las mujeres muestran en el estado de embarazo una autocomplacencia mayor que en otros casos, habría sin embargo una explicación más inmediata que la suya. Podría pensarse en un cacareo de la

---

[159] A. Schopenhauer, *Parerga y paralipomena II*, ed. P. López de Santa María, Madrid, Trotta, 2009, cap. XIV, § 166, p. 332.

gallina aun *antes* de poner el huevo, de significado: ¡Mirad, mirad! ¡Voy a poner un huevo! ¡Voy a poner un huevo!

18.

El Diógenes moderno. — Antes de buscar al hombre, habría que haber encontrado la linterna. — ¿Tendrá que ser la linterna del cínico?[160]

19.

Inmoralistas. — Hoy los moralistas tienen que consentir que los tachen de inmoralistas, pues diseccionan la moral. Pero quien quiere diseccionar tiene que matar, aunque solo para que se sepa mejor, se juzgue mejor, se viva mejor; no para que todo el mundo diseccione. Pero desgraciadamente los hombres siguen suponiendo que todo moralista tiene que ser también, en todo su actuar, un modelo que los demás tendrían que imitar; lo confunden con el predicador moral. Los antiguos moralistas no diseccionaban lo suficiente y predicaban con demasiada frecuencia: de aquí derivan esa confusión y esas desagradables consecuencias para los moralistas actuales.

20.

No confundir. — Los moralistas que tratan las mentalidades grandiosas, poderosas y desinteresadas, por ejemplo, en los héroes de Plutarco, o el estado anímico puro, iluminado, muy templado de los hombres y mujeres propiamente buenos, como difíciles problemas de conocimiento e indagan su origen revelando la complejidad de la aparente simplicidad y dirigiendo la mirada al entrelazamiento de los motivos, a los dulces engaños conceptuales entretejidos y a los sentimientos individuales y colectivos heredados desde tiempos antiguos y lenta-

---

[160] Cfr. Diógenes Laercio, *op. cit.*, lib. VI, «Diógenes», 41, p. 325.

mente aumentados, — estos moralistas son los más *diferentes* justo de aquellos con los que, sin embargo, son más *confundidos*: por los espíritus mezquinos que no creen en absoluto en esas mentalidades y en esos estados anímicos, y que, tras el esplendor de la grandeza y la pureza, se imaginan oculta su propia mezquindad. Los moralistas dicen: «he aquí problemas», y los miserables dicen: «he aquí embusteros y embustes»; *niegan* por tanto la *existencia* precisamente de lo que aquellos se esfuerzan por *explicar*.

21.

El hombre como el medidor. — Quizá toda la moralidad de la humanidad tiene su origen en la tremenda agitación interna que conmovió a los hombres primitivos cuando descubrieron la medida y el medir, la balanza y el pesar (la palabra «hombre» significa en efecto el medidor, ¡ha querido *llamarse* según su más grande descubrimiento!). Con estas representaciones se elevaron hacia ámbitos que son absolutamente inconmensurables e imponderables, pero que en su origen no parecían serlo.

22.

Principio de equilibrio[161]. — El bandido y el poderoso, que promete a una comunidad que la protegerá frente al bandido, probablemente sean en el fondo seres completamente parecidos, solo que el segundo consigue su beneficio de modo diferente al primero: esto es, con impuestos regulares que le abona la comunidad y ya no con saqueos. (Es la misma relación que entre comerciante y pirata, que durante mucho tiempo son una y la misma persona: cuando una función parece que no le da resultado, entonces recurre a la otra. Propiamente aún hoy en día toda la moral comercial es solo un *perfeccionamiento en astucia* de la moral pirata: comprar lo más barato posible — en lo posible por nada más que los gastos de operación —, y

---

[161] Cfr. FP II, 1.ª, 41[56] y 43[4].

vender lo más caro posible[162]). Lo esencial es: ese poderoso promete mantener el *equilibrio* frente al bandido; en ello los débiles ven una posibilidad de vivir. Pues o tienen que unirse para formar un poder de *contrapeso*, o someterse a uno que contrapese (rendirle servicios por sus prestaciones). Se prioriza con ganas a este último procedimiento, porque en el fondo mantiene en jaque a *dos* seres peligrosos: el primero mediante el segundo y el segundo mediante el punto de vista de la ventaja; pues este último saca su ganancia al tratar a los sometidos con clemencia o de manera soportable para ellos, con el fin de que puedan alimentarse no solo a sí mismos sino también al dominador. Efectivamente también estas serían unas condiciones bastante duras y crueles, pero en comparación con la total *aniquilación* siempre posible antes en este estado, los hombres ya respiran con desahogo. — La comunidad es al principio la organización de los débiles para *contrapesar* poderes amenazadores. Una organización para el predominio sería más aconsejable, si con ella uno se volviese tan fuerte como para *aniquilar* en una sola vez al poder contrario: y cuando se trata de un único malhechor poderoso sin duda se *intenta*. Pero si ese es un jefe de tribu, o tiene muchos seguidores, entonces la rápida y decisiva aniquilación es improbable y es esperable una larga y duradera *hostilidad*: esta conlleva el estado menos deseable para la comunidad, porque a causa de ella pierde el tiempo para ocuparse con la necesaria regularidad del propio sustento, y en cada momento ve amenazado el fruto de su trabajo. Por ello, la comunidad prefiere llevar su poder de agresión y defensa exactamente al nivel del poder del peligroso vecino, y hacerle entender que ahora en el plato de su balanza hay la misma cantidad de metal: ¿por qué no ser buenos amigos? — El *equilibrio* es por tanto un concepto muy importante en la más antigua doctrina del derecho y de la moral; el equilibrio es la base de la justicia. Cuando en las épocas más toscas esta

---

[162] La fuente de Nietzsche es el economista estadounidense Henry Charles Carey (1793-1879), *Lehrbuch der Volkswirthschaft und Sozialwissenschaft [Teoría de economía política y sociología]*, trad. di K. Adler, Wien, 1870, pp. 103 ss. (BN).

dice «ojo por ojo, diente por diente»[163], presupone un equilibrio alcanzado y quiere *conservarlo* mediante esa recompensa: de manera que si ahora uno ofende al otro, el otro ya reacciona con una venganza de ciega desesperación. Y gracias al *jus talionis* es *reconstituido* el perturbado equilibrio de relaciones de poder: pues un ojo, un brazo *más* es en tales estados primitivos un trozo de poder, un peso más. — En el interior de una comunidad en la que todos se consideran de igual peso, contra las violaciones, esto es contra las infracciones del principio del equilibrio, existen el *deshonor* y la *pena*: el deshonor, un peso introducido contra el individuo transgresor, que mediante la transgresión se ha asegurado ventajas, y ahora con el deshonor sufre de nuevo perjuicios que anulan o *superan* la ventaja precedente. Lo mismo ocurre con el castigo: opone al predominio que se adjudica todo criminal, un contrapeso mucho mayor, contra el acto de violencia la reclusión, contra el robo la recompensa y la pena pecuniaria. Así se le *recuerda* al reo que con su acción se ha *excluido* de la comunidad y de sus *ventajas* morales: la comunidad lo trata como diferente, débil, alguien que está fuera de ella; por tanto, la pena no solo es una recompensa sino *algo más*, un trozo de la *dureza del estado de naturaleza*; *esto* es lo que quiere *recordarle*.

23.

¿Tienen derecho a penalizar los partidarios de la voluntad libre?[164] — Los hombres que juzgan y penalizan por profesión, intentan en todos los casos establecer si el delincuente es en general responsable de su acción, si *pudo* usar su razón, si ha actuado sobre la base de *razones*, y no de manera inconsciente o bajo constricción. Si se lo penaliza, se penaliza el que haya preferido las razones peores a las mejores: que por ello tiene que haber *conocido*. Pero cuando falta este conocimiento, según la opinión dominante la persona no es libre ni responsable: a

---
[163] *Éxodo*, 21, 24.
[164] Cfr. FP II, 1.ª, 42[54, 58 y 60].

menos que su ignorancia, por ejemplo, su *ignorantia legis*[165], no sea la consecuencia de una dejadez intencionada en aprenderlas; porque en el momento en que él no quiso aprender lo que debía, había ya preferido las razones peores a las mejores, por lo que ahora tiene que pagar las consecuencias de su mala elección. Si en cambio no ha visto las razones mejores, por ejemplo, por obtusidad o por idiotez, no se suele penalizar: le ha faltado, como se dice, la elección, ha actuado como animal. La renuncia intencionada a la razón mejor es hoy el presupuesto necesario para el criminal merecedor de la pena. ¿Pero cómo puede ser alguien intencionalmente más irracional de lo que tiene que ser? ¿De dónde viene la decisión de si los platillos de la balanza están cargados de mejores o peores motivos? Tampoco del error, de la ceguera, de ninguna constricción externa o interna (piénsese por lo demás que toda llamada «constricción externa» no es otra cosa que una constricción interna por el miedo o el dolor). ¿De dónde? se pregunta una y otra vez. ¿La *razón* no podría ser la causa, porque ella no puede decidirse contra las razones mejores? En este punto se llama en ayuda a la «voluntad libre»: lo que decide sería el *completo arbitrio*, llega un momento en que se actuaría sin motivo alguno, en el que la acción ocurre como un milagro desde la nada. Se penaliza esta presunta *arbitrariedad* en un caso en que ningún arbitrio debería dominar: la razón, que conoce la ley, la prohibición y el orden, no debería haber permitido ninguna elección, se piensa, y debería haber funcionado como constricción y poder superior. El criminal es por tanto penalizado porque hizo uso de su «libre voluntad», es decir, porque él ha actuado sin razón, cuando tendría que haber actuado con razones. ¿Pero *por qué* lo ha hecho? Precisamente esto es lo que ya no se debe *preguntar*: es una acción sin «porqué», sin motivo, sin origen, sin propósito y sin razón.
— ¡*Pero una acción así no debería ser penalizada,* se acuerdo con las condiciones revisadas antes para toda penalización! Ni siquiera se puede hacer valer el otro aspecto de la culpabilidad, como si aquí algo *no* hubiese sido hecho o hubiese sido omi-

---

[165] «Ignorancia de la ley».

tido, como si *no* se hubiese usado la razón; ¡porque en todo caso la omisión ocurrió *sin intención*! Y solo la omisión intencional de lo ordenado resulta penalizable. El delincuente sí ha preferido las razones peores a las mejores, pero *sin* razón ni intención: sin duda, él no ha empleado su razón, pero no *por* no querer emplearla. Esa presuposición que se hace para el delincuente merecedor de la pena, de que él ha renunciado intencionalmente a su razón, — precisamente ella es eliminada al admitir la «voluntad libre». ¡No *tenéis derecho* a penalizar, partidarios de la doctrina de la «voluntad libre», sobre la base de vuestros propios principios! — Pero en el fondo estos no son más que una muy extravagante mitología conceptual; y la gallina que los ha encubado, se ha sentado sobre sus huevos, apartada de toda realidad.

24.

Para el enjuiciamiento del delincuente y su juez. — El delincuente, que conoce todo el flujo de las circunstancias, no encuentra su acción tan fuera del orden y de la comprensibilidad como sus jueces y censuradores; pero su pena se mide precisamente por el grado de *asombro* que experimentan ellos a la vista de la acción como algo incomprensible. — Si el conocimiento que el defensor de un delincuente tiene del caso y de sus precedentes llega bastante lejos, las llamadas circunstancias atenuantes que él expone en serie ordenada, *deben* terminar por borrar completamente la culpa. O dicho más claramente: el defensor *atenuará* progresivamente y al final anulará totalmente ese *asombro* que condena y mide la pena, obligando a todo oyente honesto a la íntima confesión: «él tenía que actuar como ha actuado; si nosotros penalizamos, penalizaríamos la eterna necesidad». — Medir el grado de la pena según el *grado de conocimiento* que se tiene *o en general se puede obtener* de la historia de un delito, — ¿no choca esto contra toda equidad?

25.

El trueque y la equidad. — En el trueque se procedería de manera honesta y recta solo si cada una de las partes del trueque exigiese tanto como le parece que vale su objeto, teniendo en cuenta el esfuerzo para obtenerlo, la rareza, el tiempo empleado, etc., además del valor afectivo. Desde el momento en que establece el precio *en consideración a la necesidad del otro*, uno se convierte en un ladrón y chantajista más sutil. — Cuando el dinero es uno de los dos objetos del trueque, hay que considerar que un tálero en manos de un rico heredero, de un jornalero, de un comerciante, o de un estudiante, es algo completamente diferente: cada uno debería recibir por él poco o mucho, según hubiese hecho casi nada o mucho para ganarlo — así sería equitativo: en realidad, las cosas ocurren notoriamente de manera diferente. En el gran mundo del dinero, el tálero del rico más perezoso es más fructífero que el del pobre y laborioso.

26.

Los estados de derecho como medios. — El derecho que se basa en los contratos entre *iguales* se mantiene mientras el poder de los pactantes es igual o parecido; la sabiduría ha creado el derecho para poner fin a la guerra y al derroche *inútil* entre potencias parecidas. Pero a todo ello también se pone fin *de manera igual de definitiva* cuando una parte se *vuelve* decididamente *más débil* que la otra: entonces se introduce la sumisión y el derecho *cesa*, pero el efecto es el mismo que el que se alcanzaba hasta entonces con el derecho. Pues ahora es la *sabiduría* del más fuerte la que aconseja *ahorrar* y no derrochar inútilmente la fuerza del sometido: a menudo la situación del sometido es más favorable que la del equiparado. — Los estados de derecho son por tanto *medios* temporales que la sabiduría aconseja, no fines.

27.

Explicación de la alegría del mal ajeno. — La alegría del mal ajeno surge del hecho de que cada uno, en muchos aspectos bien conocidos por él, no se encuentra bien, tiene preocupaciones, arrepentimiento o dolor: el daño que golpea al otro lo vuelve *igual* a él, reconcilia su envidia. — Si en cambio se encuentra realmente bien, acumula no obstante en su conciencia la infelicidad del prójimo como un capital para emplearlo, en el caso de que sobrevenga la propia infelicidad, contra esta: también así experimenta «alegría del mal ajeno». Los sentimientos dirigidos hacia la igualdad proyectan, por tanto, su criterio en el campo de la suerte y la casualidad: la alegría del mal ajeno es la expresión más común de la victoria y el restablecimiento de la igualdad, también en el orden superior del mundo. Solo desde que el hombre ha aprendido a ver en los otros hombres a sus semejantes, es decir, desde la fundación de la sociedad, existe la alegría del mal ajeno.

28.

Lo arbitrario de la medida de la pena. — La mayor parte de los delincuentes llegan a sufrir penas del mismo modo que las mujeres tienen hijos. Han hecho decenas y centenares de veces lo mismo, sin sufrir malas consecuencias: de repente se produce un descubrimiento y tras él la penalización. El hábito debería de todos modos hacer que pareciese más excusable la culpa del acto por el que el delincuente es penalizado. En cambio, cuando subsiste la sospecha de culpabilidad habitual el delincuente es penalizado con mayor dureza; su carácter habitual se hace valer como razón contra toda atenuación. ¡Una vida hasta entonces ejemplar, en la que el delito contrasta de manera tanto más terrible, debería mostrar intensificada la culpabilidad! Y en cambio suele atenuar la penalización. Así, todo es medido, no sobre la base del delincuente, sino de la sociedad, su daño y su peligro — la utilidad precedente de un individuo se hace valer contra el daño causado por él una sola vez; los daños precedentes se añaden a los descubiertos sucesivamente, y a partir de ello se calcula la pena máxima. Pero si de esta manera se penaliza o se premia el pasado de un individuo (esto en el primer caso, donde la penalización menor es un premio), entonces habría que remontarse aún más al pasado y penalizar o premiar las causas de este o aquel pasado, es decir, padres, educadores, sociedad, etc.: en muchos casos entonces los mismos *jueces* se verían implicados de algún modo en la culpa. Es arbitrario atenerse solo al delincuente, cuando se penaliza el pasado; en el caso de que no se quisiese admitir la absoluta excusabilidad de toda culpa, habría que atenerse al caso particular y no conectarla en absoluto al pasado — de otro modo pecaríamos contra la lógica. Sacad más bien, vosotros los de la voluntad libre, la necesaria conclusión de vuestra teoría de la «libertad de la voluntad» y decretad valientemente que «*ninguna acción tiene un pasado*».

29.

La envidia y su hermana más noble. — Donde ha penetrado de verdad la igualdad y está fundada de manera estable, surge esa tendencia, considerada en general inmoral, que sería difícilmente concebible en el estado de naturaleza: la *envidia*. El envidioso advierte cualquier emerger del otro por encima de la medida común y lo quiere rebajar hasta ella — o alzarse hasta él: de aquí nacen dos diferentes maneras de actuar que Hesíodo definió como la mala y la buena Eris[166]. Del mismo modo, en el estado de igualdad se desarrolla la indignación frente al hecho de que las cosas le vayan mal a uno *por debajo* de su mérito e igualdad, y a otro le vayan bien por encima de su igualdad: estos son afectos de naturalezas *más nobles*. Ellas sienten la carencia de justicia e igualdad en las cosas que no dependen del arbitrio del hombre: es decir, pretenden que esa igualdad que el hombre reconoce, sea reconocida también por

---

[166] Cfr. Hesíodo, *Trabajos y días*, vv. 11-41, en *Obras y fragmentos*, ed. A. Pérez Jiménez, Gredos, Madrid, 2000, pp. 62-64.

la naturaleza y la casualidad; se irritan porque a los iguales las cosas no les vayan igual.

30.

Envidia de los dioses[167]. — La envidia de los dioses nace cuando el considerado inferior se pone en algún aspecto a la par del superior (como Ayante), o bien se ve puesto a la par de él por el favor del destino (como Níobe, madre excepcionalmente bendecida). Dentro de la jerarquía *social* esta envidia crea la exigencia de que nadie tenga un mérito *por encima* de su clase, y que su felicidad también se conforme a esta y, en especial, que la consideración que tiene uno de sí mismo no se salga de estos límites. A menudo el general victorioso padece la «envidia de los dioses», como el alumno que ha logrado una obra magistral.

31.

La vanidad como rebrote del estado asocial. — Dado que por su seguridad los hombres se han puesto mutuamente *como iguales*, para la fundación de la comunidad, y que, sin embargo, esta concepción en el fondo va en contra de la naturaleza del individuo y es algo forzado, entonces cuanto más garantizada está la seguridad general, tanto más se hacen valer los nuevos rebrotes del antiguo instinto de predominio: en la delimitación de las clases, en las pretensiones de dignidad y privilegios profesionales, en general en la vanidad (maneras, vestimenta, lenguaje, etc). En cuanto vuelve a sentirse el peligro para la comunidad, la mayoría, que en condiciones de paz general no había podido afirmar el propio predominio, restablece el estado de igualdad: desaparecen por algún tiempo los privilegios absurdos y la vanidad. Pero si la comunidad se hunde completamente y todo cae en la anarquía, entonces reaparece en seguida el estado de naturaleza, la desigualdad temeraria y sin

---

[167] Cfr. FP II, 1.ª, 41[10].

escrúpulos, como ocurrió en Córcira, según el relato de Tucídides[168]. No hay derecho natural ni injusticia natural.

32.

Equidad. — Un desarrollo ulterior de la justicia es la equidad, que nace entre quienes no atentan contra la igualdad de la comunidad: en los casos en los que la ley no prescribe nada se transfiere esa observación más sutil del equilibrio que mira hacia adelante y hacia atrás y cuya máxima es: «como tú a mí, así yo a ti». *Aequum* significa precisamente «es *conforme a nuestra igualdad*; esta también atenúa nuestras pequeñas diferencias, llevándolas a una apariencia de igualdad, y quiere que nos perdonemos muchas cosas que no *tendríamos* que perdonarnos».

33.

Elementos de la venganza[169]. — Se pronuncia con mucha facilidad la palabra «venganza»: parece casi que no puede contener más que una única raíz conceptual y sentimental. Y así se las ingenia uno también para hallarla: igual que nuestros economistas no se han cansado aún de husmear una unidad parecida en la palabra «valor», y de buscar el concepto-raíz originario del valor. ¡Como si todas las palabras no fuesen unas bolsas en las que se han metido unas veces esto, otras aquello, y otras muchas cosas juntas! Así, también la «venganza» es unas veces esto, otras aquello, y otras algo muy[170] compuesto. Distíngase por lo pronto ese contragolpe defensivo que se desata casi involuntariamente incluso contra objetos inanimados que nos han hecho daño (como contra máquinas en movimiento): el sentido de nuestro contra-movimiento es el de parar el daño haciendo que la máquina se detenga. A veces para conseguirlo

---

[168] Cfr. Tucídides, *Historia de la guerra del Peloponeso*, ed. J. J. Torres Esbarranch, Madrid, Gredos, 2000, lib. III, pp. 70-85.
[169] Cfr. FP II, 1.ª, 42[7, 8, 9, 21 y 26].
[170] Corrección de los *Nachberichte*: «etwas sehr Zusammengesetztes» en lugar de «etwas mehr Zusammengesetztes».

la fuerza del contragolpe es tan grande que termina haciendo pedazos la máquina; pero si es demasiado sólida como para poder ser destruida por el individuo, él ejecutará de todos modos el golpe más intenso del que sea capaz, — casi como un último intento. Del mismo modo nos comportamos con respecto a las personas que hacen daño, en la sensación inmediata del daño mismo; si se quiere, podría también llamarse este acto un acto de venganza; pero téngase en cuenta que aquí solo la *autoconservación* ha puesto en marcha el engranaje de su razón, y que en el fondo no se piensa en el autor del daño, sino solo en uno mismo: actuamos así, *no* porque a la vez queramos dañar, sino solo para *salir de ahí* sanos y salvos. — Se necesita *tiempo* para apartar el pensamiento de uno mismo y redirigirlo hacia el enemigo, y preguntarse cómo podemos golpearlo de la manera más sensible. Esto ocurre en el segundo tipo de venganza: su premisa es una reflexión sobre la vulnerabilidad del otro y su capacidad de sufrir; se quiere hacer daño. Por el contrario, ponerse a cubierto de daños ulteriores entra tan poco en el horizonte del que se toma venganza, que casi regularmente se busca un nuevo daño y muy a menudo lo aguarda con tiempo a sangre fría. Si en el primer tipo de venganza era el miedo al segundo golpe lo que hacía que el contragolpe fuese lo más fuerte posible, aquí en cambio hay una indiferencia casi total hacia lo que el enemigo *haga*; la intensidad del contragolpe está determinada únicamente por lo que él nos *ha* hecho. ¿Qué es entonces lo que ha hecho? ¿Y en qué nos beneficia que ahora él sufra, tras sufrir nosotros por su causa? Se trata de una *reparación*: mientras el acto de venganza del primer tipo solo sirve para la *autoconservación*. Quizá por culpa de nuestro enemigo hemos perdido propiedad, rango, amigos, hijos — estas pérdidas no son resarcidas por la venganza, la reparación se refiere solo a una *pérdida secundaria*, respecto a todas esas pérdidas. La venganza de reparación no preserva de un daño ulterior, no repara el daño padecido — salvo en un caso. Si a causa del enemigo ha sufrido nuestro *honor*, la venganza puede *restablecerlo*. Pero en todo caso ha sufrido un daño, cuando se nos ha hecho sufrir intencionalmente: pues de esa manera el enemigo demostraba que no *nos temía*. Con la venganza demostramos que tampoco nosotros le tememos: en esto consiste la compensación, la reparación. (El propósito de mostrar una total carencia de miedo lleva a algunas personas incluso a considerar la peligrosidad para ellas mismas de la venganza — pérdida de la salud, de la vida u otras pérdidas, — como condición imprescindible de toda venganza. Por esto toman la vía del duelo, a pesar de que los tribunales les ofrezcan la posibilidad de obtener también una satisfacción por la ofensa: pero ellas no se contentan con un restablecimiento no peligroso de su honor, en cuanto que con ello no se demuestra su carencia de miedo). — En el primer tipo de venganza es justamente el miedo lo que desencadena el contragolpe: aquí en cambio, como se ha dicho, es la ausencia de miedo lo que *quiere demostrarse* con el contragolpe. — Por tanto, nada parece más diferente que la motivación interna de los dos modos de actuar que se les llama con el único nombre de «venganza»: y sin embargo ocurre muy a menudo que para el que ejercita la venganza no le resulta completamente claro qué es lo que lo ha determinado efectivamente a la acción; quizá ha desatado el contragolpe por miedo y por conservarse a sí mismo, pero luego, cuando ha tenido tiempo de reflexionar sobre el punto de vista del honor herido, se convence de que se ha vengado por honor: — este motivo es *más noble* que el otro. También es esencial si él considera que su honor se ve comprometido a los ojos de los demás (del mundo), o solo a los ojos del ofensor: en el segundo caso preferirá la venganza secreta, en el primero, en cambio, la pública. Según crea verse fuerte o débil en el ánimo del ofensor y de los espectadores, su venganza será más dura o más suave; si le falta completamente esta clase de fantasía, no pensará en modo alguno en la venganza, porque en él el sentido del honor no existe y por tanto ni siquiera puede ser herido. Así mismo no pensará en la venganza si *desprecia* al ofensor y a los testigos del hecho: porque ellos, en cuanto despreciados, no pueden darle ni por tanto quitarle honor alguno. Por último, renunciará a la venganza en el caso nada raro de que ame al ofensor: desde luego perderá honor a los ojos de este y quizá se vuelva menos digno de ser correspondido en el amor. Pero también renunciar a toda correspondencia en el amor es un sacrificio que el amor está dispuesto a hacer solo si no *tiene que hacer daño* al ser amado: pues significaría hacerse a sí mismo más daño de lo que pueda suponer el sacrificio. — Por tanto: todo el mundo se venga, a menos que se olvide de su propio honor, o esté lleno de desprecio o de amor por quien lo ha dañado y ofendido. También cuando se dirige a los tribunales quiere la venganza como persona privada: pero al mismo tiempo, como reflexivo y previsor miembro de la sociedad, quiere la venganza de la sociedad contra quien no la *respeta*. Así con la pena judicial se *restablece* tanto el honor privado como el de la sociedad: es decir — la pena es una venganza. — Existe indudablemente en la pena también ese elemento de la venganza que hemos descrito en primer lugar, en cuanto que con ella la sociedad provee a su *propia conservación* y reacciona en *legítima defensa*. La punición quiere impedir un daño ulterior, quiere *atemorizar*. De esta manera en la pena están realmente asociados los dos elementos tan diferentes de la venganza, lo que probablemente contribuye muchísimo a mantener esa mencionada confusión de ideas por la que el individuo que se venga normalmente no sabe exactamente lo que quiere.

34.

Las virtudes de la pérdida. — Como miembros de la sociedad creemos que no está permitido ejercitar esas virtudes que como personas privadas nos proporcionan el máximo honor y algún placer, por ejemplo, la clemencia y la tolerancia hacia quien se equivoca, — en general esa manera de actuar por la que el interés de la sociedad sufriría a causa de nuestra virtud. Ningún colegio de jueces puede permitirse ser clemente; este privilegio ha sido reservado al rey *como individuo*; nos alegramos cuando él lo usa, como prueba de que nos gustaría ser clementes, pero en absoluto como sociedad. esta reconoce solo las virtudes beneficiosas o al menos no perjudiciales (que son practicadas sin pérdidas, o incluso con intereses, por ejemplo, la justicia). Esas virtudes de la pérdida no pueden por tanto haber surgido *en la sociedad*, dado que aún hoy, en el interior de toda sociedad más pequeña que se va formando, se les opone resistencia. Son pues virtudes entre no-iguales, inventadas por el superior, son virtudes de *dominadores*, con el pensamiento oculto: «soy lo bastante poderoso como para soportar una pérdida evidente, es la prueba de mi poder» — por tanto, virtudes emparentadas con el *orgullo*.

35.

Casuística de la ventaja. — No existiría una casuística de la moral si no existiese una casuística de la ventaja. La inteligencia más libre y sutil a menudo no es suficiente para elegir entre dos cosas de tal manera que su elección implique necesariamente la ventaja mayor. En tales casos se elige porque se tiene que elegir, y luego se sufre de una especie de mal de mar del sentido[171].

36.

Volverse hipócritas. — Todo mendigo se vuelve hipócrita; como todo el que crea su profesión a partir de una carencia, de un estado de necesidad (sea personal o público). — El mendigo está muy lejos de sentir su carencia en la medida en que tiene que *hacerla* sentir, si quiere vivir del mendigar.

37.

Un tipo de culto de las pasiones[172]. — Vosotros, hombres lúgubres y ciegas culebras filosóficas, para condenar toda la esencia del mundo habláis del *carácter terrible* de las pasiones humanas. ¡Como si dondequiera que ha habido pasiones, también hubiera esa terribilidad! — ¡Por negligencia *en lo pequeño*, por falta de auto-observación y de observación de aquellos que deben ser educados, habéis hecho que las pasiones se convier-

---

[171] «eine Art Seekrankheit der Empfindung».
[172] Cfr. FP II, 1.ª, 47[12].

tan en unos monstruos tales que hoy ante la palabra «pasión» sentís miedo! Os toca a vosotros y nos toca a nosotros *quitar* a las pasiones su carácter terrible y precaverlas de tal modo que no se conviertan en torrentes devastadores. — No se debe inflar los propios errores hasta convertirlos en fatalidades eternas; trabajemos honestamente, más bien, en trasformar todas las pasiones de la humanidad en alegrías.

38.

Remordimiento. — El remordimiento es, como el mordisco de un perro a una piedra, una tontería.

39.

Origen de los derechos. — Los derechos se remontan en primera instancia a una *tradición*, y la tradición a un *acuerdo* ocurrido una sola vez. En un tiempo se estuvo primero de acuerdo por ambas partes en las consecuencias del acuerdo alcanzado, y luego se fue demasiado perezoso para renovarlo formalmente; así se siguió viviendo como si el acuerdo fuese siempre renovado, y gradualmente, cuando el olvido cubrió con sus brumas los orígenes, se creyó poseer un estado sagrado e inmutable, sobre el que toda generación *tenía* que seguir construyendo. La tradición se volvió entonces *constricción*, a pesar de que ya no proporcionaba aquella utilidad sobre cuya base se había estipulado el acuerdo. — Los *débiles* de todos los tiempos han encontrado en él su sólida roca: y tienden a *eternizar* aquel acuerdo de antaño, aquella concesión de merced.

40.

Importancia del olvido en el sentimiento moral. — Las mismas acciones que dentro de la sociedad primitiva fueron dictadas al principio por la *utilidad* común, fueron cumplidas luego por las generaciones sucesivas por motivos diferentes: por temor o respeto hacia aquellos que las exigían y aconsejaban, o por hábito, porque desde niños han visto realizarlas ante sí, o por benevolencia, porque el hacerlas causaba en todas partes alegría y caras de aprobación, o por vanidad, porque eran elogiadas. Estas acciones de las que se ha *olvidado* el motivo fundamental, el de la utilidad, se llaman luego *morales*: no porque sean cumplidas sobre la base de esos motivos *diferentes*, sino porque *no* son cumplidas conscientemente por utilidad. — ¿De dónde procede este *odio* hacia la utilidad que se hace *aquí* visible, donde todo actuar digno de elogio se separa formalmente de todo actuar por utilidad? — Evidentemente ha sido la sociedad, horno de toda moral y de todo elogio hacia el actuar moral, la que ha debido combatir durante demasiado tiempo y demasiado duramente contra la utilidad personal y el egoísmo del individuo, como para llegar a estimar *cualquier otro motivo* como superior a la utilidad. Se genera así la apariencia de que la moral *no* ha nacido de la utilidad; mientras en el origen ella era la utilidad de la sociedad que con gran esfuerzo se había afirmado contra todas las utilidades privadas y había hecho que se considerase superior a ellas.

41.

Los ricos herederos de la moralidad. — También en el campo moral existe una riqueza *hereditaria*: la poseen los afables, los buenos, los compasivos, los caritativos, todos ellos han recibido de sus antepasados la buena *manera de actuar*, pero no la razón (que es su fuente). Lo agradable de esta riqueza es que uno tiene que ofrecerla y repartirla continuamente, si en general debe ser sentida, y contribuye de este modo involuntariamente a disminuir la distancia entre los moralmente ricos y los moralmente pobres; es decir, y esto es lo más singular y mejor, *no* a favor de una futura vía intermedia entre pobre y rico, sino a favor de un enriquecimiento y superenriquecimiento *general*. — Como hemos hecho aquí, quizá sea posible resumir la opinión dominante sobre la riqueza moral hereditaria: pero me parece que ella es mantenida más *in majorem gloriam* de la moral que no en honor de la verdad. La experiencia al menos enuncia una proposición que, si no como refutación, tiene que valer de todos modos como significativa limitación de esa universalidad. Sin el entendimiento más selecto, así dice la experiencia, sin la capacidad de la elección más sutil y una *fuerte tendencia a la medida*, los herederos de la moral se convierten en derrochadores: dejando desahogar de manera ilimitada sus impulsos compasivos, caritativos, conciliadores, sosegadores, hacen que el mundo a su alrededor se vuelva más negligente, más ansioso y sentimental. Por tanto, los hijos de estos derrochadores altamente morales son fácilmente —y, como desgraciadamente hay que decir, en el mejor de los casos— unos agradables y débiles haraganes.

42.

El juez y las circunstancias atenuantes. — «Hay que ser honestos también con el diablo y pagar las propias deudas», dijo un viejo soldado cuando le contaron más detalladamente la historia de Fausto, «¡Fausto debe ir al infierno!» — «¡Oh, terribles hombres!», exclamó su esposa, «¡Cómo es posible! ¡No ha hecho nada, salvo que ya no tenía tinta en el tintero! Escribir con sangre es desde luego un pecado, ¿pero por ello un hombre tan bello debe ser quemado?».

43.

Problema del deber de la verdad. — El deber es un sentimiento coercitivo que empuja a la acción, que decimos que es bueno y consideramos indiscutible (— sobre su origen, límites y justificación no queremos hablar, ni haberlo hecho). Pero el pensador lo considera todo como devenido y todo lo devenido como discutible, es decir, es el hombre sin deber — mientras sea precisamente solo pensador. Como tal, no reconocería por tanto ni siquiera el deber de ver y decir la verdad y no tendría este sentimiento; él pregunta: ¿de dónde viene? ¿adónde va?, pero este mismo preguntar él lo ve problemático. ¿Pero esto no tendría como consecuencia que la máquina del pensador trabajaría mejor si él, en el acto de conocer, pudiese realmente *no sentirse obligado a ello*? A este respecto parece necesario, para *calentar* la máquina, el mismo elemento que ella debería investigar. — La fórmula podría ser: *admitiendo* que existe un deber de conocer la verdad, ¿cómo suena entonces la verdad en relación a cualquier otra especie de deber? — ¿Pero un sentimiento hipotético del deber no es un contrasentido? —

44.

Grados de la moral. — La moral es ante todo un medio para conservar, en general, la comunidad y evitar la decadencia; luego es un medio para mantener la comunidad a un cierto nivel y dentro de una cierta bondad. Sus motivos son el *miedo y la esperanza*: y tanto más rudos, potentes y toscos, cuanto más fuerte es la tendencia al error, a la parcialidad, al individualismo. Aquí deben actuar los medios de intimidación más terribles, hasta que no puedan funcionar medios más suaves y no se pueda alcanzar de otra manera esa doble especie de conservación (entre sus medios más fuertes está la invención de un más allá con un infierno eterno). Allí tiene que haber torturas del alma y ayudantes de verdugo. Otros grados de la moral, y por tanto medios para el fin indicado, son los dictados de un dios (como la ley de Moisés); grados ulteriores y más elevados, los dictados de una idea absoluta de deber con el «tú debes» — escalones todos aún toscamente esbozados pero *largos*, porque los hombres aún no saben poner el pie sobre los más estrechos y sutiles. Viene luego una moral de la *inclinación*, del *gusto*, y al final la del *conocimiento* — la cual se sitúa por encima de todos los ilusorios motivos de la moral, pero ha entendido claramente cómo durante mucho tiempo la humanidad no podía tener otros.

45.

La moral de la compasión en boca de los inmoderados. —Todos los que no tienen un suficiente dominio de sí y no conocen la moral como constante ejercicio de autocontrol y autosuperación en lo grande y lo pequeño, se convierten sin quererlo en los exaltadores de los sentimientos buenos, compasivos, bondadosos, de esa moralidad instintiva que no tiene cabeza sino que parece estar hecha solo de corazón y manos solícitas. Su interés está precisamente en volver sospechosa una moralidad de la razón y hacer de la otra la única moral.

46.

Cloacas del alma. — También el alma tiene que tener sus propias cloacas en las que dejar fluir su inmundicia; para ello sirven las personas, las relaciones, las clases o la patria, o el mundo, o en fin —para los muy soberbios (quiero decir, nuestros queridos modernos «pesimistas»)— el buen Dios.

47.

Un tipo de calma y contemplación. — Guárdate de que tu calma y tu contemplación no se parezcan a las del perro ante una carnicería, que el miedo no lo deja avanzar y el deseo no lo deja volver atrás: y con los ojos tan abiertos como la boca.

48.

La prohibición sin razones. — Una prohibición cuya razón de ser no comprendemos o no admitimos es, no solo para el hombre testarudo, sino también para el sediento de conocimiento, casi una orden: uno se arriesga a ensayarla para conocer por experiencia *por qué* esa prohibición ha sido impuesta. Prohibiciones morales como las del decálogo solo se adecuan a épocas de la razón sometida: hoy una prohibición como «no matarás», «no cometerás adulterio», presentada sin razones, produciría un efecto más dañino que útil.

49.

Retrato de carácter. — ¿Qué hombre puede decir de sí mismo: «Desprecio con mucha facilidad pero nunca odio. En todo hombre hallo en seguida algo que me merece respeto y por lo que lo respeto: las llamadas cualidades amables me atraen poco»?

50.

Compasión y desprecio. — Exteriorizar la compasión se siente como un signo de desprecio, porque la persona a la que se manifiesta compasión ha dejado claramente de ser objeto de *temor*. Uno ha bajado por debajo del nivel de equilibrio, lo que no satisface la vanidad humana, pues solo el distinguirse y el infundir temor le dan al alma el más deseado de todos los sentimientos. Por tanto, es un problema cómo ha surgido la *estimación* de la compasión, y también cómo hay que explicar que hoy se alabe al hombre no egoísta: originalmente era *despreciado,* o *temido* como zaino.

51.

Saber ser pequeños. — Tenemos que seguir estando tan cerca de las flores, la hierba y las mariposas como el niño, que no las sobrepasa por mucho. Nosotros adultos somos en cambio más altos y tenemos que inclinarnos hacia ellas; pienso que las hierbas nos *odian* cuando declaramos nuestro amor por ellas. — Quien quiera participar de *todo* lo bueno, tiene que saber ser pequeño a ratos.

52.

Contenido de la conciencia moral. — El contenido de nuestra conciencia moral es todo aquello que en los años de la infancia se nos *exigía* regularmente sin razón por parte de personas que venerábamos o temíamos. Desde la conciencia moral, por tanto, se estimula ese sentido del deber («esto debo hacer, y no hacer aquello») que no pregunta: ¿*por qué* debo? — En todos los casos en que algo se hace por un «porqué», el hombre actúa *sin* conciencia moral; no por ello en contra suya. — La fe en autoridades es la fuente de la conciencia moral: esta no es pues la voz de Dios en el corazón del hombre, sino la voz de algunos hombres en el hombre.

53.

Superación de las pasiones. — El hombre que ha superado las pasiones ha entrado en posesión del terreno más fértil: como el colonizador que se ha convertido en señor de bosques y marjales. La tarea más urgente e inmediata es entonces *sembrar* sobre el terreno de las pasiones sometidas la semilla para buenas obras intelectuales. La superación misma es solo un *medio*, no un fin; si no se la considera así, en ese graso terreno desocupado nacerán pronto toda suerte de maleza y cizaña, y en seguida las cosas irán de manera más confusa y más alocada que nunca.

54.

Habilidad de servir. — Todos los llamados hombres prácticos poseen la habilidad de servir: precisamente esto los hace prácticos, tanto para los demás como para sí mismos. Robinson poseía un sirviente aún mejor que Viernes: era Crusoe.

55.

Peligro del lenguaje para la libertad espiritual. — Toda palabra es un prejuicio.

56.

Espíritu y aburrimiento. — El refrán «El magiar es demasiado perezoso como para aburrirse» da que pensar. Solo los animales más finos y activos son capaces de aburrirse. — Un tema para un gran poeta sería el *aburrimiento de Dios* en el séptimo día de la creación.

57.

En el trato con los animales. — Aún puede observarse el nacimiento de la moral en nuestro comportamiento con los animales. Cuando *no* entran en consideración la utilidad o el daño, tenemos un sentido de irresponsabilidad total; matamos y herimos, por ejemplo, insectos, o bien los dejamos vivir, por lo general sin pensar en ello. Somos tan torpes que incluso nuestras delicadezas hacia las flores y los pequeños animales son casi siempre mortíferas: lo que no compromete en absoluto el placer que sacamos de ellos. — Hoy es la fiesta de los pequeños animales, el día más bochornoso del año: todo pulula y hormiguea a nuestro alrededor, y nosotros aplastamos sin querer *pero también* sin prestar atención, ora aquí ora allá, un gusanito o un pequeño escarabajo alado. — Si los animales nos producen daño, intentamos de todas las maneras *destruirlos*, y los medios son bastante crueles, sin que lo queramos expresamente: es la crueldad de la distracción. Si sirven para algo, entonces los *esquilmamos*: hasta que una mayor astucia nos enseña que ciertos animales rinden más con un tratamiento diferente, es decir, con el cuidado y la cría. Solo entonces nace la responsabilidad. Se evita el maltrato de los animales domésticos; un hombre se indigna si otro es despiadado con su vaca, en plena conformidad con la primitiva moral comunitaria que ve peligrar la utilidad *común* cada vez que un individuo comete una falta. Quien en la comunidad se da cuenta de una transgresión, teme el daño indirecto para sí: y nosotros tememos por la calidad de la carne, de la agricultura y los medios de transporte cuando vemos que los animales domésticos no son tratados bien. Además, quien es brutal con los animales levanta sospechas de ser brutal también con los hombres débiles, diferentes, incapaces de vengarse; es considerado innoble, carente de un orgullo más refinado. Nace así un enfoque para juicios y sentimientos morales: la superstición añade entonces lo mejor. Con miradas, sonidos y movimientos algunos animales estimulan al hombre a *imaginarse dentro de ellos*, y algunas religiones enseñan a ver en los animales en ciertos casos la residencia del alma de hombres y dioses: por esto en general aconsejamos en el trato con los animales una cautela mayor e incluso un temor reverencial. Aún después de la desaparición de esta superstición, los sentimientos suscitados por ella continúan actuando, madurando y floreciendo. — Sobre este punto el cristianismo ha demostrado ser notoriamente una religión pobre y retrasada.

58.

Nuevos actores. — No existe entre los hombres una banalidad mayor que la muerte; en el segundo puesto viene el nacimiento, porque no nacen todos los que en cambio mueren; le sigue luego el matrimonio[173]. Pero todas estas pequeñas y abusadas tragicomedias son recitadas en cada una de sus infinitas e innumerables representaciones por actores siempre nuevos, y por tanto no cesan de tener espectadores interesados en ellas: en caso contrario, podría pensarse que todo el público del teatro de la Tierra desde hace tiempo ya se habría colgado por aburrimiento de todos los árboles. Tanto depende de los nuevos actores y tan poco de la pieza.

59.

¿Qué es «obstinado»? — El camino más corto no es el más recto posible, sino aquel en el que los vientos favorables inflan nuestras velas: esto dice la ciencia de los navegantes. No seguir ese camino significa ser *obstinados*: entonces la firmeza del carácter se ve contaminada por la estupidez.

---

[173] Cfr. CO III, p. 259: carta 674, a C. v. Gersdorff, 21 de diciembre de 1877.

60.

La palabra «vanidad». — Es un fastidio que ciertas palabras de las que nosotros moralistas no podemos prescindir en absoluto, lleven ya consigo una especie de censura moral desde los tiempos en que se denigraban los impulsos más inmediatos y naturales del hombre. Así esa convicción fundamental según la cual, entre las olas de la sociedad, nosotros tenemos una corriente favorable o naufragamos mucho antes por lo que nos hacemos *valer* que por lo que *somos* —convicción que debe ser el timón de todo actuar en relación a la sociedad— es indicada y estigmatizada con el comunísimo término de «vanidad», *vanitas*: una de las cosas más llenas y ricas de contenido con una expresión que la define como absolutamente vacía y nada, algo grande con un diminutivo, más aún con los rasgos de una caricatura. No hay nada que hacer, debemos usar estas palabras, pero al punto cerrar los oídos a las sugerencias de un antiguo hábito.

61.

Fatalismo turco[174]. — El fatalismo turco tiene el defecto principal de contraponer uno a otro al hombre y al hado como dos cosas separadas: el hombre, dice, puede oponerse al hado, intentar desbaratarlo, pero al final siempre consigue la victoria; por esto es razonable resignarse o vivir como a uno le gusta. En realidad cada hombre es un fragmento de hado; cuando cree oponerse al hado de dicha manera, también con ello se está cumpliendo el hado; esa lucha es un producto de la imaginación, pero también lo es esa resignación al hado; todos estos productos de la imaginación están incluidos en el hado. — El miedo que la mayoría tiene con respecto a la teoría de la no-libertad del querer es el miedo del fatalismo turco: ellos piensan que el hombre se pondrá frente al futuro con débil resignación y de brazos cruzados, porque no puede cambiar

[174] Cfr. FP II, 1.ª, 42[6].

nada de él: o bien que dará rienda suelta a todos sus caprichos, porque ni siquiera esto podría empeorar lo que ya está establecido. Las locuras del hombre son un fragmento de hado tanto cuanto lo son sus actos inteligentes: también ese miedo a creer en el hado es hado. Tú mismo, pobre miedoso, eres la invencible *Moira*, que también reina sobre los dioses, para todo lo que ocurre; eres la bendición o la maldición, y en todo caso la cadena en la que el más fuerte yace atado; en ti está predeterminado todo futuro de la humanidad, y de nada te sirve horrorizarte de ti mismo.

62.

Abogado del diablo. — «Solo nuestro daño nos hace *inteligentes*, solo el daño ajeno nos hace *buenos*» — así suena esa singular filosofía que hace derivar toda moralidad a partir de la compasión y toda intelectualidad a partir del aislamiento del hombre: de este modo es, de manera inconsciente, el abogado de toda imperfección terrenal. Pues a la compasión le hace falta el sufrimiento, y al aislamiento le hace falta el desprecio de los demás.

63.

Las máscaras de carácter morales. — En las épocas en las que las máscaras de carácter de las clases sociales se consideran tan estables y definitivas como las clases mismas, los *moralistas* tienen la tentación de considerar como absolutas también las máscaras de carácter moral y de trazarlas de ese modo. Así, Molière es comprensible como contemporáneo de la sociedad de Luis XIV; en nuestra sociedad de transiciones y grados intermedios parecería un genial pedante.

64.

La virtud más noble. — En la primera era de la humanidad superior el valor es considerado la virtud más noble, en la segunda la justicia, en la tercera la moderación, en la cuarta la sabiduría. ¿En qué era vivimos nosotros? ¿En cuál vives tú?

65.

Qué es necesario primero. — Un hombre que no quiere vencer su cólera, su ira, su deseo de venganza, su lujuria, e intenta conseguir la maestría en cualquier otro asunto, es tan necio como el campesino que cultiva sus campos cerca de un torrente sin protegerse de él.

66.

¿Qué es la verdad? — *Schwarzert* (Melanchthon)[175]: «A menudo se predica la propia fe precisamente cuando se ha perdido y se la busca por todas partes — ¡y no se predica entonces de la peor manera!». — *Lutero*: «¡Hoy dices la verdad como un ángel, hermano!». — *Schwarzert*: «¡Pero es el pensamiento de tus enemigos, y ellos se sirven de él contra ti!» — *Lutero*: «Entonces era una mentira salida del trasero del diablo».

67.

Hábito de las antítesis. — La imprecisa observación común ve por todas partes antítesis en la naturaleza (por ejemplo, «calor y frío»), donde no las hay en absoluto, sino solo diferencias de grado. Ahora bien, este mal hábito nos ha llevado a querer comprender y descomponer también, sobre la base de tales antítesis, la naturaleza interior, el mundo moral-espiritual. Una indecible cantidad de sufrimiento, arrogancia, dureza, extrañamiento y frialdad ha sido introducida de este modo en el sen-

---

[175] Uno de los principales reformadores, Philipp Schwarzert, llamado Melanchton, participó en el Coloquio de Ratisbona (Baviera) en 1541. Nietzsche le dedica un largo aforismo en HH 1, § 226. En 1521, Melanchton había redactado los *Loci communes rerum theologicorum*, primera exposición de la doctrina de la Reforma.

timiento humano, puesto que se ha creído ver antítesis en lugar de transiciones.

68.

¿Se puede perdonar? — ¡En general, cómo *puede* uno perdonarlos si no saben lo que hacen![176] No *hay* nada en absoluto que perdonar. — ¿Pero un hombre *sabe* alguna vez *completamente* lo que hace? Y si esto es siempre al menos *cuestionable*, los hombres no tienen nada que perdonarse nunca, y emplear la clemencia es, para el más razonable, algo imposible. Por último: *si* los delincuentes hubiesen sabido realmente lo que hacían — nosotros tendríamos el derecho a *perdonarlos* solo si tuviésemos el derecho a acusar y penalizar. Pero este derecho no lo tenemos.

69.

Vergüenza habitual. — ¿Por qué sentimos vergüenza cuando se nos atribuye algo bueno que nos honra, y que nosotros, como se dice, «no hemos merecido»? Nos parece entonces haber penetrado en una zona a la que no pertenecemos, de la que tendríamos que estar excluidos, por así decirlo un lugar sagrado o santísimo, que nuestros pies no pueden hollar. Sin embargo, hemos llegado por un error ajeno: y ahora nos vemos sobrecogidos en parte por el miedo, en parte por el respeto y en parte por la sorpresa, no sabemos si huir o gozar el instante bendito y los beneficios de su gracia. En toda vergüenza hay un misterio que parece profanado o en peligro de serlo por nuestra causa; toda *gracia* produce vergüenza. — Pero si se considera que en general nosotros nunca hemos «merecido» nada, el sentimiento de *vergüenza*, en el caso de que uno se abandone a esta opinión dentro de una visión cristiana global de las cosas, se vuelve *habitual*: porque a un hombre así le parece que Dios bendice y ejercita misericordia *continuamente*. Pero pres-

---

[176] *Lucas*, 23, 34.

cindiendo de esta interpretación cristiana, ese estado de *vergüenza habitual* sería posible también para el sabio totalmente ateo, que sostuviese la fundamental irresponsabilidad e inmerecibilidad de todo actuar y de todo ser: en el momento en que se le trata *como si* hubiese merecido esto o aquello, le parece haber penetrado en un orden superior de seres que en general pueden *merecer* algo, que son libres y capaces de mantener realmente la responsabilidad de su propio querer y poder. Quien le dice «lo has merecido», parece gritarle «tú no eres un hombre sino un dios».

70.

El educador más desmañado. — En uno, sus virtudes están todas plantadas en el terreno de su espíritu de contradicción; en el otro, en su incapacidad de decir no, es decir, en su espíritu aprobatorio; un tercero ha hecho crecer toda su moralidad a partir de su solitario orgullo; un cuarto, a partir de su fuerte instinto de sociabilidad. Ahora bien, suponiendo que, a causa de desmañados educadores y de la casualidad, en estos cuatro las semillas de las virtudes no se hubieran sembrado en el terreno de su naturaleza con la capa de tierra más rica y más grasa: ellos se quedarían sin moralidad como hombres débiles y desagradables. ¿Y quién habría sido justamente el más desmañado de todos los educadores y el mal hado de estos cuatro hombres? El fanático moral, que cree que lo bueno solo puede nacer de lo bueno y en lo bueno.

71.

La manera de escribir de la prudencia. — A: Pero si *todos* supiesen esto, entonces sería dañino para *la mayoría*. Tú mismo dices que estas opiniones son peligrosas para aquellos que se hallan en peligro, ¿y no obstante las comunicas públicamente? B: Yo escribo de tal manera que ni la plebe, ni los *populi*, ni los partidos de cualquier clase puedan leerme. Por lo que estas opiniones nunca serán públicas. A: ¿Pero cómo escribes entonces? B: De manera ni útil ni agradable — para esos tres.

72.

Misioneros divinos. — También Sócrates se siente un misionero divino: pero no sé qué clase de huella de ironía ática y de gusto por la broma se rastrea aún en ello, que mitiga ese concepto insoportable y presuntuoso. Él habla de ello sin unción: sus imágenes, del freno y del caballo[177], son simples y no sacerdotales, y la verdadera tarea religiosa que se siente asignada, de *poner a prueba* al dios de cien maneras, para ver *si* ha dicho la verdad, hace adivinar el gesto atrevido y franco con el que el misionero se pone aquí al lado de su dios. Ese poner a prueba al dios es uno de los más sutiles compromisos entre piedad y libertad de espíritu que nunca ha sido pensado. — Hoy ya ni siquiera necesitamos ese compromiso.

73.

Pintura honesta. — Rafael, a quien le importaba mucho la iglesia (mientras ella pudiese pagar), pero poco los objetos de la fe eclesiástica, como a los mejores de su tiempo, no siguió ni siquiera un paso la exigente y extática religiosidad de muchos de sus comitentes: conservó su honestidad, incluso en ese cuadro excepcional que originalmente estaba destinado a ser un estandarte de procesión, la Madonna Sixtina. Por una vez quiso aquí pintar una visión: pero una visión como pueden tenerla *también,* y la tendrán, jóvenes nobles sin «fe», la visión de la futura esposa, de una mujer sabia, de alma noble, silenciosa y muy bella, que lleva en brazos a su primogénito Que los viejos acostumbrados a rezar y a adorar, como el honorable anciano de la izquierda, puedan venerar algo sobrehumano: nosotros

---

[177] Cfr. Platón, *Apología*, 30e (en este pasaje Nietzsche lee «freno», cuando suele leerse «tábano», como en la edición siguiente) y 20c-23c, ed. J. Calonge, en *Diálogos*, vol. I, Madrid, Gredos, 1985, pp. 169 y 153-158. Cfr. HH 1, § 433.

jóvenes, parece gritarnos Rafael, queremos quedarnos del lado de la bella joven a la derecha, que con mirada provocadora, absolutamente no devota, dice a quien observa el cuadro: «¿No es verdad que esta madre y su hijo son una visión agradable e invitadora?». Ese rostro y esa mirada brillan de alegría en la cara de los espectadores; el artista que inventó todo esto goza de sí mismo de la misma manera y añade su alegría a la de los destinatarios del arte. — Con respecto a la expresión «redentora» en el rostro de un niño, Rafael, el honesto que no quiso pintar ningún estado de ánimo en cuya existencia no creyese, ha entrampado modosamente a sus espectadores *creyentes*; pintó ese juego natural que se observa no raramente, el ojo del hombre en el rostro de un niño, es decir, el ojo del hombre valeroso y socorrido que ve una situación de necesidad. A ese ojo le pega una barba, el hecho de que falte y que desde un mismo rostro hablen dos edades diferentes es la agradable paradoja que los creyentes han interpretado según su fe en los milagros: tal y como el artista debía esperar del arte de interpretación e interpolación de los creyentes.

74.

La oración. — Solo bajo dos presupuestos rezar —esta usanza de los tiempos antiguos no aún completamente extinguida— tenía un sentido: debía ser posible persuadir o disuadir a la divinidad, y quien reza debía saber mejor que nadie qué necesita, qué es para él realmente deseable. Ambos presupuestos, acogidos y mantenidos en todas las demás religiones, fueron negados precisamente por el cristianismo; si de todos modos conservó la oración, a pesar de su fe en una razón divina omnisciente y omniprovidente, que precisamente en el fondo vuelve la oración sin sentido, más aún, sacrílega, — también en esto mostró una vez más su admirable astucia de serpiente; porque un mandamiento claro, «no debes rezar», habría llevado a los cristianos, por aburrimiento, a un no-cristianismo. En el *ora et labora* cristiano, el *ora* ocupa el lugar del *placer*: ¡y qué habrían hecho sin el *ora* esos infelices que se negaron al *labora*, los santos! — mas conversar con Dios, preguntarle toda clase de cosas agradables, e incluso divertirse un poco sobre el hecho de ser tan locos como para tener aún deseos, a pesar de un padre tan excelente, — esta fue para los santos una invención muy buena.

75.

Una santa mentira. — La mentira, con la que Arria murió en los labios (*Paete, non dolet*)[178], oscurece todas las verdades jamás pronunciadas por moribundos. Es la única *mentira* santa que se ha hecho famosa; mientras que en otros casos el olor de santidad solo quedó adherido a *errores*.

76.

El apóstol más necesario. — Entre doce apóstoles, uno debe ser siempre duro como una piedra, para que sobre él pueda construirse la nueva iglesia[179].

77.

¿Qué es más transitorio, el espíritu o el cuerpo? — En las cosas jurídicas, morales y religiosas tiene mayor *duración* el elemento más exterior, más intuitivo, es decir, la usanza, el gesto, la ceremonia: ellos son el *cuerpo*, al que se le añade un *alma* siempre *nueva*. El culto, como un texto de palabras fijo, es interpretado una y otra vez; los conceptos y sentimientos son lo fluido, las costumbres lo sólido.

---

[178] «Peto, no duele». Famosas palabras de Arria Mayor al quitarse la vida ante los ojos de su marido Cécina Peto en la prisión. Arria no quiso sobrevivir a su marido por amor, quien tenía que darse muerte por haber participado en una revuelta dirigida por Arruncio Escriboniano, en Dalmacia, contra el emperador Claudio en el 42 d. C. El episodio lo cuenta Plinio el Joven, donde aparece esa famosa frase: *Cartas*, ed. J. González Fernández, Madrid, Gredos, 2005, lib. III, carta 16, pp. 185-188. Plasmado también en un epigrama de M. V. Marcial, *Epigramas*, ed. A. Ramírez de Verger, Madrid, Gredos, 2001, vol. I, lib. I, 13, p. 28.
[179] Cfr. *Mateo*, 16, 18.

78.

La fe en la enfermedad en cuanto enfermedad. — Solo el cristianismo ha pintado el diablo sobre el muro del mundo; solo el cristianismo ha llevado el pecado al mundo. La fe en los remedios que él ha ofrecido contra el pecado ha sido poco a poco removida hasta en sus más profundas raíces: pero sigue existiendo la *fe en la enfermedad,* que el cristianismo ha enseñado y difundido.

79.

Palabra y escritura de los religiosos. — Si ya el estilo y la expresión general del sacerdote, cuando habla y escribe, no revelan a un hombre *religioso*, no hace falta seguir tomando en serio sus opiniones sobre la religión y a favor de esta. Ellas *carecen de fuerza* para su mismo poseedor, si él, como denota su estilo, posee, igual que el más irreligioso de los hombres, ironía, presunción, malicia, odio y todos los tumultos y cambios de humor; — ¡y cuánto más débiles serán esas opiniones para sus lectores y oyentes! En suma, él servirá para hacerlos más irreligiosos.

80.

Peligro de la persona. — Cuanto más ha sido considerado Dios como una persona en sí, tanto menos se le ha sido fiel. Los hombres son mucho más fieles a sus imágenes ideales que a la más amada de las personas amadas: por ello se sacrifican por el Estado, por la Iglesia y también por Dios — mientras siga siendo solo *su* producto, *su pensamiento*, y no sea tomado de manera muy personal. En este último caso casi siempre se contrarían con Él; incluso al más piadoso se le escapó la frase «¡Dios mío, por qué me has abandonado!»[180].

---

[180] Cfr. *Mateo*, 27, 46.

81.

La justicia del mundo. — Es posible sacar de quicio la justicia del mundo — con la teoría de la total irresponsabilidad e inocencia de cada uno: y ya se ha hecho un intento en esa misma dirección justamente sobre la base de la teoría opuesta, de la total responsabilidad y culpabilidad de cada uno. Fue el fundador del cristianismo quien quiso abolir la justicia terrenal y borrar del mundo el juicio y la pena. Él en efecto entendía toda culpa como «pecado», es decir, como ofensa hacia *Dios* y *no* como ofensa hacia el mundo; por otro lado, consideraba a todos en grandísima medida y casi en todos los aspectos como pecadores. Pero los culpables no pueden ser jueces de sus iguales: así sentenció su equidad. *Todos* los jueces de la justicia terrenal eran entonces a sus ojos tan culpables como los condenados, y su aire de inocencia le parecía hipócrita y fariseo. Además, él atendía a los motivos de las acciones y no a sus resultados, y consideraba que solo alguien tenía la agudeza necesaria como para juzgar los motivos: uno mismo (o como él decía: Dios).

82.

Una afectación en la despedida. — Quien quiere separarse de un partido o de una religión piensa que ahora le hace falta refutarlos. Pero este es un pensamiento muy arrogante. Solo es necesario que comprenda claramente qué pinzas lo tenían atado a ese partido o a esa religión, y que ya no lo consiguen, qué propósitos lo empujaron hacia ellos y ahora lo llevan a otra parte. Nosotros *no* nos hemos adherido a ese partido o a esa religión por *rigurosas razones de conocimiento*: al separarnos de ellos, no debemos tampoco *afectarlo*.

83.

Salvador y médico. — El fundador del cristianismo no fue, lo que es evidente, un conocedor del alma humana carente de grandísimos defectos y prejuicios, y como médico del alma, profesó la creencia tan sospechosa y profana en una medicina universal. A veces en su método se parece a un dentista que pretende curar cualquier dolor extrayendo el diente; así, por ejemplo, cuando combate la sensualidad con el consejo: «Si tu ojo te escandaliza, arráncatelo»[181]. — Pero aún queda la diferencia de que el dentista al menos alcanza su objetivo, la ausencia de dolor del paciente — desde luego de una manera tan torpe como para hacer el ridículo, mientras que el cristiano que sigue ese consejo, y cree haber matado la propia sensualidad, se engaña: ella continúa perviviendo de manera inquietante, vampírica, y lo atormenta bajo repugnantes tapujos.

84.

Los prisioneros. — Una mañana los prisioneros entraron en el patio donde trabajaban; el vigilante faltaba. Algunos de ellos se pusieron en seguida a trabajar como de costumbre, otros se quedaron ociosos mirando alrededor con orgullo. Entonces se adelantó uno y dijo: «Trabajad cuanto queráis, o no hagáis nada: da lo mismo. Vuestras maquinaciones secretas han sido descubiertas, recientemente el vigilante os ha espiado y en los próximos días quiere pronunciar sobre vosotros un terrible juicio. Lo conocéis, es duro y vengativo. Pero ahora prestad atención: hasta ahora no me habéis conocido bien: yo no soy lo que parezco sino mucho más: soy el hijo del vigilante y puedo conseguirlo todo de él. Puedo salvaros, quiero salvaros; pero, bien entendido, solo a aquellos de vosotros que *crean* que yo soy el hijo del vigilante; los demás recogerán el fruto de su incredulidad». — «Pero», dijo tras un silencio un viejo prisionero, «¿qué puede importarte que te creamos o no? Si eres realmente el hijo y puedes hacer lo que dices, dile una buena palabra por todos nosotros: sería muy bueno de tu parte. ¡Pero deja a un lado el discurso sobre el creer o el no creer!» — «Y», gritó entretanto un joven, «yo no creo en él: solo es algo que

---

[181] Cfr. *Mateo*, 18, 9.

se le ha metido en la cabeza. Apuesto a que dentro de ocho días nosotros estaremos exactamente igual que ahora, y que el vigilante no sabe *nada*. — «Y si sabía algo, ya no lo sabe», dijo el último de los prisioneros que solo entonces había llegado al patio, «el vigilante acaba de morir, de repente». — «¡Eh!» gritaron todos confusamente, «¡Eh! Señor hijo, señor hijo, ¿qué pasa con la herencia? ¿Acaso somos ahora *tus* prisioneros?» — «Os lo he dicho», respondió este dulcemente, «dejaré libre a quienquiera que crea en mí, tan cierto como que mi padre vive aún». — Los prisioneros no se rieron, se encogieron de hombros y lo dejaron allí.

85.

El perseguidor de Dios. — Pablo concibió, y Calvino elaboró, el pensamiento de que para innumerables hombres la condenación está establecida desde la eternidad, y que este bello plan del mundo está concebido para que se manifieste la majestad de Dios[182]; por tanto, cielo, infierno y humanidad existen — ¡para satisfacer la vanidad de Dios! ¡Qué cruel e insaciable vanidad tiene que haber flameado en el alma de aquel que en primer o en segundo lugar pensó una cosa así! — Pablo siguió siendo siempre Saulo — *el perseguidor de Dios*.

86.

Sócrates[183]. — Si todo va bien, vendrá el tiempo en que, para promover el propio avance moral e intelectual, se tomarán en mano los *Memorabilia* de Sócrates[184] más que la Biblia, y Montaigne y Horacio serán usados como precursores y guías para la comprensión del más sencillo e imperecedero sabio de la meditación, Sócrates. Hasta él conducen los ca-

---

[182] Cfr. *Romanos*, 8, 11-12, 22-23.
[183] Cfr. FP II, 1.ª, 18[47], 28[11] y 41[2].
[184] Nietzsche se refiere a la obra de Jenofonte, *Recuerdos de Sócrates*, cfr. *Recuerdos de Sócrates. Económico. Banquete. Apología de Sócrates*, ed. J. Zaragoza Botella, Madrid, Gredos, 2006.

minos de las formas más diferentes de vida filosófica, que en el fondo son los modos de vida de los distintos temperamentos, consolidados por la razón y el hábito, y dirigidos todos hacia la alegría de vivir y el propio yo; de lo que se podría deducir que el elemento peculiar de Sócrates ha sido el de participar de todos estos temperamentos. — Con respecto al fundador del cristianismo, Sócrates tiene además esa manera alegre de ser serio y esa *sabiduría llena de picardía*, que son la mejor condición espiritual del hombre. Además, tenía una inteligencia mayor.

87.

Aprender a escribir bien. — Ha pasado el tiempo del hablar bien, porque ha pasado el tiempo de las culturas ciudadanas. El límite último que Aristóteles permitía a la gran ciudad —el heraldo debía ser capaz de hacerse oír por toda la comunidad reunida— este límite nos preocupa tan poco como en general las comunidades ciudadanas, nosotros que queremos ser entendidos más allá de los pueblos. Por lo que hoy, quienquiera que guarde buenos principios europeos debe aprender a *escribir bien y siempre mejor*: no hay nada que hacer, aunque haya nacido en Alemania, donde se considera el escribir mal como un privilegio nacional. Pero escribir mejor significa al mismo tiempo también pensar mejor; hallar cosas siempre más dignas de ser comunicadas, y poderlas comunicar claramente; volverse traducible a los idiomas de los vecinos; hacerse accesible a la comprensión de esos extranjeros que aprenden nuestra lengua; hacer que todas las cosas buenas lleguen a ser efectivamente un bien común, y que todo sea libre para los libres; en fin, *preparar* ese estado de cosas, hoy aún tan lejano, en el que los buenos europeos serán investidos con su nueva tarea: la dirección y el control de toda la cultura de la Tierra. — Quien predica lo contrario, el *no* preocuparse por escribir bien y leer bien —las dos virtudes crecen juntas y disminuyen juntas—, en realidad indica a los pueblos la vía para volverse aún más *nacionales*: incrementa la enfermedad de nuestro siglo y es un enemigo de los buenos europeos, un enemigo de los espíritus libres.

88.

La teoría del mejor estilo. — La teoría del estilo puede ser en primer lugar la de hallar la expresión con la que poder transferir al lector y al oyente *cada* estado de ánimo; en segundo lugar, la teoría de hallar la expresión para el más deseable estado de ánimo del hombre, cuya comunicación y transmisión es por tanto también máximamente deseable: el estado de ánimo del hombre conmovido en el fondo de su corazón, de espíritu jubiloso, claro y sincero, que ha superado las pasiones. esta será la teoría del mejor estilo: el correspondiente al mejor hombre.

89.

Prestar atención a la andadura. — La andadura de las frases indica si el autor está cansado; las expresiones concretas pueden ser, no obstante, fuertes y buenas, porque fueron halladas de manera separada y con anterioridad: cuando el pensamiento destelló por primera vez en la mente del autor. Así le ocurre a menudo a Goethe, que dictó demasiadas veces cuando estaba cansado.

90.

Ya y aún. — A: La prosa alemana es aún muy joven; Goethe considera que Wieland ha sido el padre de ella[185]. B: ¡Tan joven y ya tan fea! C: Pero — por lo que sé, ya el obispo Ulfila escribía prosa alemana; ella tiene por tanto cerca de mil quinientos años. B: ¡Tan vieja y aún tan fea!

---

[185] Cfr. J. P. Eckermann, *Gespräche mit Goethe in den letzten Jahren seines Lebens*, Leipzig, F. A. Brockhaus, parte I, 1868, 18 de enero de 1825, p. 136 (BN, *Conversaciones con Goethe*, ed. R. Sala Rose, Barcelona, Acantilado, 2005).

91.

Alemán original. — La prosa alemana, que en efecto no se ha formado según un modelo y tiene que ser considerada como producto original del gusto alemán, podría sugerir, a los celosos abogados de una futura y original cultura alemana, cómo serían más o menos, sin imitación de modelos, un traje verdaderamente alemán, una sociabilidad alemana, un mobiliario alemán, una comida alemana. — Alguien que había reflexionado largamente sobre esta perspectiva al final gritó lleno de espanto: «¡Pero, por amor del cielo, quizá esta cultura original ya la *tengamos* — solo que no nos gusta hablar de ella!»

92.

Libros prohibidos. — No leer nunca lo que escriben esos arrogantes sabelotodo y embrolladores que tienen el peor vicio, el de la paradoja lógica: aplican las formas *lógicas* justo allí donde todo ha sido descaradamente improvisado y construido en el aire[186]. («Por tanto» significa para ellos «tú, asno de lector, este "por tanto" no es para ti — sino para mí» — a lo que la respuesta suena: «Tú, asno de escritor, ¿para qué escribes entonces?»).

93.

Mostrar ingenio. — Quienquiera mostrar el propio ingenio da a entender que posee mucho también de lo contrario. Ese vicio de los franceses ricos en ingenio de acompañar sus mejores ocurrencias con un toque de *dédain*[187], nace de la intención de parecer más ricos de cuanto lo son: quieren donar con indolencia, como si estuviesen cansados de dispensar continuamente desde sus tesoros repletos.

---

[186] En la redacción previa, Nietzsche mencionaba el nombre, luego borrado, del orientalista y estudioso de la Biblia Paul de Lagarde (1827-1891), conocido por sus teorías antisemitas que sirvieron de fuente principal para el Nazismo.
[187] «Desdén».

94.

Literatura alemana y literatura francesa. — La desgracia de la literatura alemana y de la francesa de los últimos cien años consiste en el hecho de que los alemanes han salido demasiado pronto *de la* escuela de los franceses — y que más tarde los franceses han entrado demasiado pronto *en la* escuela de los alemanes.

95.

Nuestra prosa. — Ninguno de los pueblos cultivados actuales tiene una prosa tan mala como el pueblo alemán; y cuando los franceses ricos de espíritu y malacostumbrados dicen que «no *existe* una prosa alemana» — en realidad no hay que enfadarse, porque está dicho con más cortesía de la que merecemos. Si se buscan las razones, se llega al final al curioso resultado de que el alemán *solo conoce la prosa improvisada,* y no tiene ni idea de una prosa de otro tipo. Le resulta casi inconcebible que un italiano diga que la prosa es más difícil que la poesía, exactamente tanto como es más difícil para un escultor representar la belleza desnuda que vestida. Hay que ocuparse del verso, la imagen, el ritmo y la rima de manera cabal —esto lo entiende también el alemán, y no es propenso a atribuirle un valor particularmente elevado a la poesía improvisada. ¿Pero trabajar en una página de prosa como en una estatua? — es como si le contasen cosas del país de las hadas.

96.

El gran estilo. — El gran estilo nace cuando lo bello triunfa sobre lo extraordinario.

97.

Esquivar. — En los espíritus excelentes no se sabe adonde está la finura de la expresión, de la frase, si antes no se sabe decir en qué palabra, al expresar lo mismo, habría caído inevitablemente cualquier escritor mediocre. Todos los grandes artistas se muestran inclinados, guiando su carro, a esquivar, a desviar — pero no a volcarse.

98.

Algo como el pan. — El pan neutraliza el sabor de los otros alimentos, lo borra; por esto va bien para toda comida prolongada. En todas las obras de arte debe haber algo como el pan, para que en ellas puedan darse efectos diferentes: los cuales, si se siguiesen directamente y sin esas pausas temporales e interrupciones, pronto cansarían y provocarían disgusto, de manera que una comida de arte *prolongada* sería imposible.

99.

Jean Paul. — Jean Paul sabía muchísimo pero no tenía ciencia, entendía de todos los trucos artísticos pero no tenía arte, no encontraba casi nada indisfrutable pero no tenía gusto, poseía sentimiento y seriedad pero, cuando los daba a saborear, vertía encima un repulsivo caldo de lágrimas; sí tenía gracia — pero demasiado poca, por desgracia, en comparación con el hambre que tenía de ella: así que llevaba al lector a la desesperación precisamente por su carencia de gracia. En conjunto fue la maleza multicolor, de intenso olor, que brotó de noche en los delicados frutales de Schiller y Goethe; fue un hombre bueno y cómodo, y no obstante una fatalidad, — una fatalidad en bata de casa[188].

100.

Saber degustar también lo contrario. — Para degustar una obra del pasado como la sintieron los contemporáneos, hay que tener en la lengua el gusto dominante de entonces respecto al cual *resaltó*.

---

[188] En la redacción previa seguía FP II, 1.ª, 41[30].

101.

Autores con espíritu de vino. — Bastantes escritores no son ni espíritu ni vino, sino espíritu de vino: pueden llegar a arder y entonces dan calor.

102.

El sentido mediador. — El sentido del gusto, como verdadero sentido mediador, a menudo ha convencido de su opinión sobre las cosas a los otros sentidos y les ha dado sus leyes y hábitos. En la mesa se pueden obtener aclaraciones sobre los más sutiles secretos artísticos: obsérvese qué es lo que gusta, cuándo gusta, a qué sabe y durante cuánto tiempo.

103.

Lessing. — Lessing posee una virtud auténticamente francesa, y como escritor ha frecuentado en general con la mayor diligencia la escuela de los franceses: sabe ordenar y exponer bien sus cosas en el escaparate. Sin este *arte* real, sus pensamientos y los objetos de ellos se habrían quedado bastante en la sombra, sin que la pérdida fuese demasiado grave. Pero de su *arte* han aprendido muchos (sobre todo las últimas generaciones de estudiosos alemanes) e innumerables han disfrutado. — En realidad esos aprendices no habrían tenido necesidad, como ha ocurrido tan a menudo, de aprender también el desagradable manierismo de su tono, con esa mezcolanza de inclinación a pleitear y de probidad. — Sobre el Lessing «lírico», hoy en día hay unanimidad: sobre el «dramático» la habrá. —

104.

Lectores indeseables. — ¡Qué tormento para el autor esos bien educados lectores de ánimo corpulento y desmañado, que siempre que tropiezan con algo se caen y todas las veces se hacen daño!

105.

Pensamientos de poetas. — En los verdaderos poetas, los verdaderos pensamientos van siempre velados, como las egipcias: solo el profundo *ojo* del pensamiento mira libremente tras el velo. — Los pensamientos de los poetas, por término medio, no valen tanto como se piensa: se paga también por el velo y la propia curiosidad.

106.

Escribir de manera sencilla y útil. — Transiciones, desarrollos, juegos cromáticos de los afectos — todo esto se lo regalamos al autor, porque lo aportamos nosotros y se lo brindamos a su libro, siempre que él mismo nos brinde algo.

107.

Wieland. — Wieland ha escrito en alemán mejor que nadie, y ha tenido sus justas satisfacciones e insatisfacciones de maestro (sus traducciones de las cartas de Cicerón y de Luciano son las mejores traducciones alemanas); pero sus pensamientos no nos proporcionan nada más para pensar. Soportamos sus agradables moralidades tan poco como sus agradables inmoralidades: ambas están muy bien juntas. No obstante, los hombres que disfrutaban de ellas eran en el fondo hombres mejores que nosotros, — pero también bastante más pesados, y ellos por tanto *necesitaban* un escritor así. — *Goethe* no hacía falta a los alemanes, por tanto ellos no saben hacer ningún uso de él. Considérese bajo esta perspectiva a nuestros mejores hombres de Estado y artistas: todos ellos no han tenido a Goethe como educador — no han podido tenerlo.

108.

Fiestas raras. — Vigorosa concisión, calma y madurez — cuando encuentras en un autor estas cualidades, detente y festeja una larga fiesta en medio del desierto: por mucho tiempo no volverá a ocurrirte algo tan bueno.

109.

El tesoro de la prosa alemana[189]. — Si se prescinde de los escritos de Goethe, y particularmente de las conversaciones de Goethe con Eckermann[190], el mejor libro alemán que existe: ¿qué queda propiamente de la literatura alemana en prosa, que merezca ser leído una y otra vez? Los aforismos de Lichtenberg[191], el primer libro de la biografía de Jung-Stilling[192], el *Verano tardío* de Adalbert Stifter[193] y la *Gente de Seldwyla* de Gottfried Keller[194], — y por el momento eso es todo.

110.

Estilo escrito y estilo oral. — El arte de escribir exige ante todo *sustitutivos* para los modos de expresión que solo tiene el que habla: es decir, gestos, acentos, tonos y miradas. Por tanto, el estilo escrito es completamente diferente al oral, y mucho más difícil: quiere con menos hacerse entender tan bien como aquel. Demóstenes dio sus discursos de manera diferente a como los leemos: los reelaboró para que fuesen leídos. — Los discursos de Cicerón deberían, con el mismo fin, ser demostenizados antes: hay en ellos mucho más foro romano de lo que el lector pueda soportar.

---

[189] Cfr. FP II, 1.ª, 42[45].

[190] J. Eckermann, *Conversaciones con Goethe, op. cit.*

[191] G. C. Lichtenberg, *Aforismos*, ed. M. Montesinos Caperos, Madrid, Cátedra, 2009.

[192] Johann Heinrich Jung (Jung-Stilling), *Lebensgeschichte, oder dessen Jugend, Jünglingsjahre, Wanderschaft, Lehrjahre, häusliches Leben und Alter. Eine wahrhafte Geschichte [Biografía, o de su juventud, años de adolescencia, peregrinaje, estudio, vida doméstica y ancianidad. Una historia verdadera]*, Stuttgart, Nieger, 1857 (BN).

[193] A. Stifter, *Verano tardío*, ed. C. Gauger, Valencia, Pre-Textos, 2008.

[194] G. Keller, *La gente de Seldwyla*, ed. I. Hernández y G. Tamames, Madrid, Cátedra, 1996.

111.

Prudencia al citar[195]. — Los jóvenes autores no saben que la buena expresión, el buen pensamiento producen buena presencia solo entre sus iguales, y que una cita excelente puede destruir páginas enteras, más aún todo el libro, en cuanto pone en guardia al lector y parece gritarle: «¡Atención, yo soy la piedra preciosa y a mi alrededor hay plomo, pálido y vil plomo!». Cada palabra, cada pensamiento quiere vivir solo en *su sociedad*: esta es la moral del estilo selecto.

112.

¿Cómo hay que decir los errores? — Se puede discutir si es más dañino decir mal los errores, o decirlos tan bien como las mejores verdades. Lo que está claro es que en el primer caso dañan doblemente la mente y es más difícil alejarlos; pero sin duda no influyen tan seguramente como en el segundo: son menos contagiosos.

113.

Limitar y engrandecer. — Homero ha limitado la amplitud del material, la ha empequeñecido, pero ha aumentado y engrandecido las escenas individualmente — y así continuaron haciendo más adelante los trágicos: cada uno toma el material en fragmentos aún *más pequeños* de su precedente, pero cada uno realiza una floritura *más rica* dentro de estos jardines delimitados y cercados.

114.

Literatura y moralidad se explican. — En la literatura griega se puede mostrar con qué fuerzas se desplegó el espíritu griego, cómo se volvió en distintas direcciones y por qué causas

---

[195] Cfr. FP II, 1.ª, 39[10].

se debilitó. Todo ello proporciona también un cuadro de cómo en el fondo las cosas fueron con la *moralidad* griega, y de cómo irán para toda moralidad: cómo al inicio la moralidad fue constricción, mostraba dureza, y luego se hizo poco a poco más suave, y al final nació el placer por determinadas acciones, por determinadas convenciones y formas, y desde aquí a su vez una tendencia a practicarlas y a poseerlas de manera exclusiva: cómo la pista se llena y rebosa de concurrentes, cómo sobreviene una saturación y se buscan nuevos objetos de competición y ambición y son reanimadas viejas cosas, cómo el espectáculo se repite y los espectadores en general se cansan del espectáculo, porque parece haber sido recorrido todo el círculo — y luego llega una parada, un resuello: los arroyos se pierden en la arena. Es el fin, o al menos *un* fin.

115.

Qué parajes dan alegría duradera. — Este paraje posee rasgos significativos para un cuadro, pero no puedo hallar la fórmula para él, como conjunto me resulta inaprensible. He notado que los paisajes que me gustan poseen de manera duradera, bajo su multiplicidad, un sencillo esquema de líneas geométricas. Sin un substrato matemático así ningún paraje se convierte en algo que dé alegría artística. Y quizá esta regla pueda ser aplicada por similitud al hombre.

116.

Leer en voz alta. — Leer en voz alta presupone que se sepa *recitar*: hay que emplear en todo momento colores pálidos, pero con el grado de palidez en proporción exacta respecto al cuadro de fondo, plena y profundamente coloreado, que está siempre presente y dirigiendo, es decir, según la *recitación* de la misma parte. Por tanto, hay que dominar esta última.

117.

El sentido dramático[196]. — Quien no posee los cuatro sentidos más refinados del arte, intenta comprender todo con el quinto, el más grosero: el sentido dramático.

118.

Herder. — Herder no es nada de lo que quiso hacer creer de sí mismo (y que él mismo deseaba creer): no un gran pensador e inventor, no un fecundo terreno nuevo y vivificante, con la fuerza fresca e intacta del bosque primordial. Pero poseía en grandísima medida el sentido del olfato, veía y captaba las primicias de la estación antes que nadie, que luego se podía creer que las había hecho crecer él: su espíritu estaba entre la luz y la oscuridad, entre lo viejo y lo nuevo y, como un cazador al acecho, dondequiera que hubiese transiciones, depresiones, sacudidas, signos de un manar y devenir interior, la intranquilidad de la primavera lo empujaba fuera, ¡pero él no era primavera! — A ratos lo intuyó pero no quiso creer en sí mismo, ¡él, el cura ambicioso que con muchas ganas habría sido el papa espiritual de su tiempo! este es su sufrimiento: parece haber vivido mucho tiempo como pretendiente de varios reinos, incluso de un imperio universal, y tenía un séquito que creía en él: el joven Goethe estaba entre ellos. Pero dondequiera que se distribuyesen realmente coronas, se volvió con las manos vacías: Kant, Goethe y luego los primeros historiadores y filólogos alemanes le quitaron aquello que él pensaba que estaba reservado a él, — aunque a menudo en el mayor silencio y secreto *tampoco* lo pensaba. Pero justamente cuando dudaba de sí, se revestía de dignidad y entusiasmo: pero estos eran en él con demasiada frecuencia sayos que tenían que esconder muchas cosas y engañar y consolarlo a él mismo. Poseía realmente fuego y entusiasmo, ¡pero mucho más grande era su ambición! esta atizaba con impaciencia el fuego, que flameaba, crepitaba,

---

[196] Cfr. FP II, 1.ª, 39[3].

humeaba —su *estilo* flamea, crepita, y humea— pero él quería la *gran* llama, ¡y esta nunca brotó! No se sentó a la mesa de los que realmente crean: y su ambición no le permitió sentarse honestamente entre aquellos que disfrutan realmente. Así fue un huésped inquieto, el catador de todas las bebidas espirituales que los alemanes acumularon en medio siglo desde todos los reinos del mundo y del tiempo. Nunca realmente saciado y contento, Herder estaba además con demasiada frecuencia enfermo; entonces junto a su cama se sentaba a veces la envidia, y también la hipocresía lo visitaba. Se le quedó pegado algo de lastimado y falto de libertad: y más que a ningún otro de nuestros llamados «clásicos» le faltó la simple y valiente virilidad.

119.

Olor de las palabras[197]. — Cada palabra tiene su olor: hay una armonía y desarmonía de los olores y por tanto de las palabras.

120.

El estilo rebuscado. — El estilo encontrado es una ofensa para el amigo del estilo rebuscado.

121.

Promesa. —Ya no quiero leer más a ningún autor en el que se note que quería hacer un libro: sino solo aquellos cuyos pensamientos se convirtieron de imprevisto en un libro.

122.

La convención artística. — Las tres cuartas partes de Homero son convención; y algo parecido ocurre con todos los artistas griegos, que no tenían ningún motivo para abandonarse a la moderna manía de originalidad. Les faltaba todo temor

---

[197] Cfr. la redacción previa en FP II, 1.ª, 39[10].

por la convención; pues por medio de ella se comunicaba con su público. Es decir, las convenciones son los medios artísticos *conquistados* para la comprensión de los oyentes, la lengua común trabajosamente aprendida, con la que el artista puede realmente *comunicar*. Especialmente si él, como el poeta o el músico griego, quiere vencer *en seguida* con cada una de sus obras de arte —ya que está acostumbrado a competir públicamente con uno o dos rivales—, por lo que la primera condición es ser *entendido en seguida*: lo que solo es posible mediante la convención. Lo que el artista inventa fuera de la convención, lo añade espontáneamente a ella y se pone en riesgo, en el mejor de los casos con el resultado de *crear* una nueva convención. A menudo al original se le mira con estupor, a veces incluso se le adora, pero raramente se le entiende; evitar obstinadamente la convención significa: no querer ser entendido. ¿Qué indica entonces la moderna manía de originalidad?

123.

Afectación de cientificidad en los artistas. — Schiller creía, como otros artistas alemanes, que, si uno tiene ingenio, puede *improvisar con la pluma* sobre toda clase de temas difíciles. Y ahí están sus ensayos en prosa, — en todos los aspectos un modelo de cómo *no* es lícito afrontar problemas científicos de estética y moral — y un peligro para los lectores jóvenes, que, en su admiración por el poeta Schiller, no tienen la valentía de estimar poco al pensador y escritor Schiller. — La tentación que tan fácil y comprensiblemente le asalta al artista, de pasar por una vez sobre el prado prohibido *para él* y de decir también él unas palabras sobre la *ciencia* —pues hasta al más diligente le resulta alguna vez insoportable su oficio y su oficina—, esta tentación lleva al artista tan lejos como para mostrar a todo el mundo lo que el mundo no necesita ver en absoluto, esto es, que la habitacioncita de su pensamiento es estrecha y desordenada —¿y por qué no? ¡él no vive en ella!—, que los almacenes de su saber están en parte vacíos y en parte llenos de trastos

—¿y por qué no? en el fondo no le queda mal al artista-niño—, pero especialmente que, incluso para los más sencillos usos del método científico, familiares incluso para el principiante, sus articulaciones están muy poco ejercitadas y demasiado pesadas —¡y también de ello no tiene realmente por qué avergonzarse!— Por el contrario, despliega a menudo no poco arte en *imitar* todos los defectos, las torpezas y malos hábitos de los estudiosos, tal como se dan en la corporación científica, en la creencia de que forman parte, si no del asunto, al menos de la apariencia del asunto; justamente es lo divertido de esa clase de escritos de artistas, que aquí el artista, sin quererlo, cumple una vez más con lo que es su oficio: *parodiar* las naturalezas científicas y antiartísticas. Una aproximación respecto a la ciencia, diferente a la paródica, no debería tenerla, en tanto que precisamente es artista y solo artista.

124.

La idea del Fausto.[198] — Una pequeña costurera es seducida y hecha infeliz; un gran estudioso de las cuatro facultades es el malhechor. ¿Podría haber ocurrido en circunstancias normales? ¡No, sin duda no! Sin la complicidad del diablo en carne y hueso, el gran estudioso no lo habría conseguido. — ¿Sería este realmente el mayor «pensamiento trágico» alemán, como se oye entre los alemanes? — Pero para Goethe este pensamiento era aún demasiado terrible; su corazón templado no pudo menos que trasportar la pequeña costurera, «el alma buena, que solo una vez se olvidó de sí misma»[199], tras su muerte voluntaria, al lado de los santos; más aún, incluso al gran estudioso, lo llevó hasta el cielo justo a tiempo, con una jugada al diablo en el momento decisivo, a él, «el hombre bueno» con el «impulso oscuro»[200]: allí en el cielo los amantes se reencuentran. —

---

[198] Cfr. FP II, 1.ª, 29[1 y 15].
[199] J. W. Goethe, *Fausto*, ed. J. M. Valverde, Madrid, Planeta, 1980, parte II, acto V, «Barrancos en una montaña», vv. 12065 ss., p. 353.
[200] J. W. Goethe, *Fausto, op. cit.*, parte I, «Prólogo en el cielo», v. 328, p. 13.

Goethe dijo una vez que para la auténtica tragicidad él tenía una naturaleza demasiado conciliadora.

125.

¿Hay «clásicos alemanes»? — Sainte-Beuve observa una vez que, para algunas clases de literatura, no hay forma de que suene bien la palabra «clásicos»: ¿quién hablaría fácilmente, por ejemplo, de «clásicos alemanes»?[201] — ¿Qué dicen de ello nuestros editores que están en camino de aumentar en otros cincuenta los cincuenta clásicos alemanes en los que ya debemos creer? En cualquier caso, parece que es suficiente haber muerto desde hace treinta años y yacer públicamente como presa consentida, ¡para oír de repente y de imprevisto la trompeta de la resurrección como clásico! Y esto en una época y en un pueblo donde, de los seis grandes fundadores de la literatura, cinco sin duda están envejeciendo o han envejecido, — ¡sin que esta época y este pueblo tengan que avergonzarse *de ello*! Ya que están retrasados respecto a los *fuertes* de esta época — ¡reflexiónese por tanto con equidad! — De Goethe, como he indicado, prescindo, pertenece a un género superior a las «literaturas nacionales»: por tanto, él no está en relación ni con la vida, ni con el ser-nuevo, ni con el envejecimiento de su *nación*. Solo para unos pocos él ha vivido y vive aún: para la mayoría no es más que una fanfarria de la vanidad, que se toca de vez en cuando más allá de la frontera alemana. Goethe, no solo un hombre bueno y grande, sino también una *cultura*, Goethe es en la historia de los alemanes un incidente sin consecuencias: ¿quién podría indicar, por ejemplo, un fragmento de Goethe en la política alemana de los últimos setenta años? (Mientras en ella, de todos modos, ha estado activo un fragmento de Schiller, y quizá incluso un pedacito de Lessing). ¡Pero esos otros cinco! Klopstock envejeció ya en vida de una manera bastante venerable: y tan radicalmente que el con-

---

[201] Cfr. *Les Cahiers de Sainte-Beuve*, París, 1876 (BN), pp. 108-109: «Hay lenguas y literaturas tan abiertas y no circunscritas a las que no me imagino que pueda aplicárseles el término "clásico": no me imagino a alguien diciendo "clásicos alemanes"».

cienzudo libro de sus últimos años, la *República de los estudiosos*, hasta el día de hoy no ha sido tomado en serio por nadie. Herder tuvo la mala suerte de que sus escritos fueron siempre o demasiado nuevos o demasiado viejos; para las mentes más sutiles y más fuertes (como para Lichtenberg), por ejemplo, la misma obra maestra de Herder, sus *Ideas para la historia de la humanidad*[202], envejecieron en seguida nada más aparecer. Wieland, que vivió e hizo vivir ricamente, previno, como hombre sabio, que con su muerte su influjo habría desaparecido. Lessing acaso siga viviendo aún hoy, — ¡pero entre estudiosos jóvenes y cada vez más jóvenes! ¡Y Schiller ha pasado hoy de las manos de los jóvenes a las de todos los muchachos alemanes! Desde luego es una notable manera de envejecer esta para un libro, la de ir bajando cada vez a edades más inmaduras. — ¿Y qué ha empujado atrás a estos cinco, de modo que los hombres bien formados y trabajadores ya no los leen? El gusto mejor, el saber mejor, la mejor atención a la verdad y a lo real: es decir, puras virtudes que justamente gracias a esos cinco (y gracias a diez o veinte nombres menos ilustres) fueron *plantadas* por primera vez en Alemania, y que ahora, como alto bosque, extienden sobre sus tumbas, junto a la sombra de la veneración, también algo de la sombra del olvido. — Pero los *clásicos* no son *plantadores* de virtudes intelectuales y literarias, sino *perfeccionadores* y altísimas cimas luminosas de ellas, que permanecen por encima de los pueblos incluso cuando estos perecen: puesto que ellos son más ligeros, más libres, más puros que aquellos. Es posible un estado superior de humanidad en el que la Europa de los pueblos sea un oscuro olvido, pero en el que Europa *viva* aún en treinta libros muy viejos, que nunca han envejecido: en los clásicos.

126.

Interesante pero no bello. — Este paraje oculta su sentido, pero tiene uno que nos gustaría adivinar: dondequiera que mire, leo palabras y alusiones de palabras, pero no sé dónde

---

[202] En J. G. Herder, *Obra selecta*, ed. P. Ribas, Alfaguara, Madrid, 2002.

comienza la frase que solucionará el enigma de estas alusiones, y me entra dolor de cuello a fuerza de probar si hay que leer empezando por una parte o por otra.

127.

Contra los innovadores del lenguaje. — Introducir innovaciones en el lenguaje o usarlo de manera anticuada, preferir lo raro y extraño, aspirar a enriquecer en lugar de limitar el vocabulario, es siempre signo de un gusto inmaduro o estropeado. Una noble pobreza, pero una libertad magistral dentro la exigüidad de los medios poseídos, distingue a los artistas griegos de la palabra: ellos quieren poseer *menos* que el pueblo —pues es muy rico de cosas viejas y nuevas— pero ese poco quieren tenerlo *mejor*. Pueden contarse rápidamente sus arcaísmos y extrañezas, pero no se termina nunca de admirar, si se tiene buen ojo para su manera delicada y ligera de tratar, en las palabras y las expresiones, lo ordinario y lo aparentemente desgastado desde hace tiempo.

128.

Autores tristes y autores serios. — Quien pone en el papel lo que él *sufre*[203] se vuelve un autor triste: pero *serio* si nos dice lo que *ha sufrido* y por qué ahora descansa en la alegría.

129.

Salud del gusto. — ¿Cómo es que la salud no es tan contagiosa como las enfermedades — en general, y en particular en el gusto? ¿O acaso existen epidemias de salud? —

---

[203] Cfr. J. W. Goethe, *Torquato Tasso. Ein Schauspiel*, Leipzig, G. J. Göschen, 1816, V, 5, vv. 3431 ss., pp. 220-221 (BN): «¡No, todo está perdido! — Solo una cosa queda: / El llanto que la Naturaleza nos otorga, / el grito de dolor, cuando el hombre al fin / ya no puede soportar —Y a mí aún sobre todo — / me dejó en el dolor melodía y palabra, / para lamentar la más profunda afluencia de mi pena; / y cuando el humano en su tormento enmudece, / me concedió un dios decir cuánto sufro.». Cfr. FP II, 1.ª, 12[27].

130.

Propósito. — No leer más un libro que haya nacido y haya sido bautizado (con la tinta) al mismo tiempo.

131.

Mejorar el pensamiento. — Mejorar el estilo — esto significa mejorar el pensamiento, ¡nada más! — Quien no admite esto en seguida, no podrá nunca ni siquiera dejarse convencer.

132.

Libros clásicos. — El lado más débil de todo libro clásico es el estar excesivamente escrito en la lengua materna del autor.

133.

Libros malos. — El libro debe exigir la pluma, la tinta y el escritorio: pero normalmente son la pluma, la tinta y el escritorio los que exigen el libro. Por esto hoy los libros valen tan poco.

134.

Presencia de sentido. — Reflexionando sobre los cuadros, el público se vuelve poeta, y reflexionando sobre las poesías se vuelve investigador. En el momento en que el artista invoca al público, a este siempre le falta el sentido *justo*, es decir, no la presencia de espíritu sino de sentido.

135.

Pensamientos selectos. — El estilo selecto de una época importante selecciona no solo las palabras sino también los pensamientos — y ambos según lo *usual* y *predominante*: los pensamientos atrevidos y demasiado frescos le repugnan a un gusto más maduro, no menos que las imágenes y expresiones nuevas y temerarias. Más tarde, ambos —el pensamiento selecto y la palabra selecta— olerán a mediocridad, porque el olor de lo selecto se desvanece rápidamente, y en él solo se degustará lo usual y ordinario.

136.

Razón principal de la corrupción del estilo. — Querer *mostrar* por algo mayor sentimiento del que realmente se *tiene*, corrompe el *estilo*, en la lengua y en todas las artes. Todo gran arte tiende más bien a lo contrario: como todo hombre moralmente significativo, ama detener el sentimiento en el camino y no dejar que llegue completamente hasta el final. Este pudor de la semivisibilidad del sentimiento puede observarse, por ejemplo, de la manera más bella en Sófocles; los rasgos del sentimiento parecen transfigurarse cuando se presenta de manera más sobria de lo que es.

137.

Como excusa para los estilistas pesados. — Lo dicho de manera ligera raramente llega al oído con el peso que el asunto tiene realmente — pero esto depende de oídos mal educados, que, en la educación mediante lo que hasta ahora se ha llamado música, deben pasar a la escuela del arte sonoro superior, es decir, el *discurso*.

138.

Perspectiva a vuelo de pájaro. — Aquí aguas salvajes se precipitan a una garganta desde muchos lados: su movimiento es tan impetuoso y arrastra consigo la vista de tal manera que las peladas y boscosas escarpaduras de los montes alrededor parecen, más que inclinarse, *fugarse hacia abajo*. Con esta vista se tensa uno lleno de angustia, como si tras todo ello se ocultase algo hostil, de lo que todo tuviese que huir, y contra lo que el abismo nos ofrece protección. Este paraje no se puede pintar en absoluto, a menos que no se sobrevuele por encima de él como un pájaro en el aire libre. La llamada perspectiva a vuelo de pájaro es aquí, por una vez, no una arbitrariedad artística, sino la única posibilidad.

139.

Comparaciones atrevidas. — Cuando las comparaciones atrevidas no son pruebas de la petulancia del escritor, lo son de su fantasía cansada. Pero en todos los casos son pruebas de su mal gusto.

140.

Danzar con cadenas. — Frente a todo artista, poeta o escritor griego hay que preguntarse: ¿cuál es la *nueva constricción* que él se impone y consigue hacerla fascinante para sus contemporáneos (de manera que halla imitadores)? Pues lo que se llama «invención» (en la métrica, por ejemplo) es siempre una atadura de esa clase que se ha impuesto a sí mismo. «Danzar con cadenas», ponérselo difícil a uno mismo y luego extender encima de ello la ilusión de la facilidad, — esta es la habilidad artística que nos quieren mostrar. Ya en Homero se puede observar una cantidad de fórmulas heredadas y de leyes narrativas épicas, *dentro* de las cuales él tuvo que danzar: y él mismo creó por añadidura nuevas convenciones para aquellos que llegaron después. esta fue la escuela de educación de los poetas griegos: es decir, ante todo dejarse imponer múltiples constricciones por los poetas precedentes; luego inventar ellos mismos una nueva constricción, imponérsela y vencerla con gracia: de manera que constricción y victoria fuesen sentidas y admiradas.

141.

Plenitud de los autores. — Lo último que recibe un buen autor es la plenitud; quien la trae ya consigo, no se convertirá nunca en un buen autor. Los más nobles caballos de carrera son delgados, hasta que pueden *descansar* de sus victorias.

142.

Héroes jadeantes. — Los poetas y artistas que sufren de asma del sentimiento son los que hacen jadear más a sus héroes: ellos no entienden de respiración ligera.

143.

El medio ciego. — El medio ciego es el enemigo mortal de todos los autores que se dejan llevar. estos deberían conocer la rabia con la que él cierra de golpe un libro en el que se trasluce que el autor necesita cincuenta páginas para comunicar cinco pensamientos: la rabia por el hecho de haber puesto en peligro, casi sin compensación, lo que le queda de vista. — Un medio ciego dijo: *todos* los autores se han dejado llevar. — «¿También el Espíritu santo?». — También el Espíritu Santo. Pero él podía hacerlo; escribía para ciegos totales.

144.

El estilo de la inmortalidad. — Tanto Tucídides como Tácito, al redactar sus obras pensaban ambos en su duración inmortal: si no se conociera de otro modo, podría adivinarse por su estilo. Uno creyó darles duración a sus pensamientos mediante la salazón, el otro recociéndolos; y ninguno de los dos, parece, se ha equivocado en sus cálculos.

145.

Contra las imágenes y las comparaciones. — Con las imágenes y las comparaciones se convence, pero no se demuestra. Por ello en la ciencia se le tiene tanto horror a las imágenes y comparaciones; en ella precisamente no se quiere lo que convence, lo que hace *creíble*, y se exige más bien la más fría desconfianza mediante el modo de expresión y las paredes desnudas y la desnudez de las paredes: porque la desconfianza es la piedra de toque para el oro de la certeza.

146.

Prudencia. — A quien le falta un saber fundado, guárdese de escribir en Alemania. Ya que entonces el buen alemán no dice: «Él es ignorante», sino: «él tiene un carácter dudoso». — Esta conclusión apresurada hace gran honor a los alemanes.

147.

Esqueletos pintados. — Esqueletos pintados: son esos autores que querrían sustituir con colores artificiales lo que les falta de carne.

148.

El estilo grandioso y lo superior. — Se aprende más rápido a escribir de manera grandiosa que a hacerlo de manera ligera y sencilla. Las razones de ello se pierden en lo moral.

149.

Sebastian Bach. — Siempre que *no* se oiga la música de Bach como perfectos conocedores del contrapunto y de todos los tipos de estilo fugado, y por tanto se tenga que prescindir del auténtico goce artístico, tendremos, como oyentes de su música, la impresión casi (por expresarnos grandiosamente con Goethe) de haber estado presentes *cuando Dios creó el mundo*[204].

---

[204] «En el caso del buen organista de Berka, al principio, con perfecta compostura y sin distracciones externas, me vino a la mente la concepción de su gran maestro [Johann Sebastian Bach]. Me dije a mí mismo, es como si la armonía eterna estuviera hablando consigo misma, como habría sucedido en el seno de Dios poco antes de la creación del mundo.» Carta de J. W. Goethe a E. Zelter, 17 de julio de 1827, en *Goethe's Briefe in den Jahren 1768 bis 1832 (Ein Supplement-*

Es decir: sentimos que algo grande está en devenir, pero aún no es: nuestra *gran* música moderna. esta ha vencido ya al mundo, por haber vencido a la iglesia, a las nacionalidades y al contrapunto. En Bach hay aún demasiado cristianismo crudo, demasiado germanismo y demasiada dura escolástica; él se halla en el umbral de la música europea (moderna), pero desde ahí mira atrás hacia la Edad Media.

150.

Händel. — Händel, audaz al inventar su música, deseoso de renovación, auténtico, poderoso, vuelto hacia el heroísmo, y emparentado con él, del que es capaz un *pueblo*, — se volvía a menudo en la elaboración cohibido y frío, incluso cansado de sí mismo; entonces aplicaba algunos probados métodos de modulación, escribía rápidamente y mucho y estaba contento cuando había terminado, — pero no como Dios y otros creadores en la noche de su jornada de trabajo.

151.

Haydn. — Hasta donde la genialidad puede llegar en un hombre sencillamente *bueno*, Haydn la ha poseído. Él llega precisamente hasta el confín que la moralidad le traza al entendimiento; solo hace música que «no tiene pasado».

152.

Beethoven y Mozart. — La música de Beethoven se muestra a menudo como una *contemplación* profundamente emocionada, producida al volver a oír inesperadamente un trozo de «inocencia en sonidos», que se creía perdido desde hace mucho: es música *sobre* la música. En el canto de los mendigos y niños de la calle, en las monótonas tonadas de los italianos ambulantes,

band zu des Dichters sämmtlichen Werken), ed. Heinrich Döring, Leipzig: J. Wunder, 1837, p. 399 (BN).

en la danza de la taberna del pueblo o en las noches de carnaval, — aquí descubre él sus «melodías»: las pone juntas como una abeja, cazando aquí y allí un sonido, una breve secuencia. Son para él los transfigurados *recuerdos* de un «mundo mejor»: de modo parecido a lo que Platón pensó de las ideas. — Mozart está en una relación completamente diferente con sus melodías: no halla inspiración escuchando música, sino mirando la vida, la animadísima vida *meridional*: él soñaba siempre con Italia, cuando no estaba allí.

153.

Recitativo. — Una vez el recitativo era seco: hoy vivimos en la época del *recitativo mojado*[205]: ha caído en el agua y las olas lo arrastran adónde quieren.

154.

Música «serena»[206]. — Si durante mucho tiempo se ha prescindido de la música, ella entra luego muy rápidamente en la sangre, como un pesado vino meridional, y deja tras sí al alma aturdida como por un narcótico, medio despierta y con mucho sueño; esto lo produce sobre todo la música *serena*, que da al mismo tiempo amargura y heridas, saciedad y nostalgia, y obliga a sorberlo de nuevo todo una y otra vez como en una azucarada bebida venenosa. Entonces la sala de la alegría que murmura serenamente parece restringirse, la luz parece perder claridad y volverse más oscura: por último, se tiene la impresión de que la música resuena como en una prisión, en la que un pobre hombre no puede dormir por la nostalgia.

---

[205] Nietzsche hace un juego de palabras entre el término estrictamente musical «recitativo seco» y el inventado por él «recitativo mojado», para referirse a lo que suele llamarse «recitativo acompañado».
[206] Cfr. FP II, 1.ª, 40[13].

155.

Franz Schubert. — Franz Schubert, artista inferior a los otros grandes músicos, tuvo no obstante entre todos ellos el mayor *patrimonio hereditario* musical. Lo derrochó a manos llenas y de buen corazón: de manera que los músicos tendrán para *alimentarse* de sus pensamientos e invenciones aún durante un par de siglos. En sus obras tenemos un tesoro de invenciones *no consumadas*; otros encontrarán su grandeza en consumar. — Si está permitido llamar a Beethoven el oyente ideal de un trovador, Schubert tendría el derecho a llamarse el trovador ideal mismo.

156.

La interpretación musical más moderna. — La gran interpretación musical trágico-dramática recibe su carácter de la imitación de los gestos del *gran pecador*, tal como se lo imagina y desea el cristianismo: que cavila apasionadamente mientras camina lento, que se ve arrojado de un lado a otro por el tormento de la conciencia, que huye aterrorizado, que intenta cazar maravillado, que se detiene desesperado — y todos los demás signos de una gran culpabilidad. Solo bajo el presupuesto cristiano de que todos los hombres son pecadores y no hacen más que pecar, se podría justificar la aplicación de este estilo interpretativo a *toda* la música: en tanto que la música es la imagen de todo hacer y obrar humano y como tal debería hablar continuamente el lenguaje de gestos del gran pecador. Sin duda, un oyente que no fuese lo bastante cristiano para entender esta lógica, podría exclamar espantado, frente a tal interpretación: «¡por amor del cielo, pero cómo ha llegado el pecado a la música!»

157.

Felix Mendelssohn. — La música de Felix Mendelssohn es la música del buen gusto por todo lo bueno que ha existido: siempre alude a algo tras de sí. ¿Cómo podría tener mucho «delante de sí», mucho futuro? — ¿Pero acaso *quiso* él tenerlo? Poseía una rara virtud entre los artistas, la de la gratitud sin segundas intenciones: también esta virtud siempre alude a algo tras de sí.

158.

Una madre de las artes. — En nuestra época escéptica, para la *devoción* hace falta casi un brutal heroísmo de la *ambición*: el fanático cerrar los ojos y doblar las rodillas ya no basta. ¿No sería posible que la ambición, de ser en la devoción el último de todos los tiempos, se convirtiese en la madre de una última música católica de iglesia, como ya ha sido la madre del último estilo arquitectónico de iglesia? (Se le llama estilo jesuita).

159.

Libertad con cadenas — una libertad principesca. — El último de los músicos modernos que ha mirado y adorado la belleza como Leopardi, el polaco Chopin, el inimitable —todos los venidos antes y después de él no tienen ningún derecho a ese epíteto— Chopin tuvo la misma principesca nobleza de la convención que muestra Rafael en el uso de los colores más tradicionales y sencillos, pero no en relación a los colores sino a las tradiciones melódicas y rítmicas. Él las dejó valer, como persona *nacida en la etiqueta* que era — pero jugando y danzando con estas cadenas como el espíritu más libre y encantador — es decir, *sin* mofarse de ellas.

160.

La «Barcarola» de Chopin. — Casi todas las situaciones y las maneras de vivir tienen un momento *bendito*. *Esto* es lo que saben sacar fuera los buenos artistas. Un momento así lo posee incluso la vida en la playa, tan tediosa, sucia, malsana, desenvolviéndose junto a la gentuza más ruidosa y codiciosa; — en la

«Barcarola» Chopin ha puesto en música este bendito momento tan bien como para entrarles ganas incluso a los dioses de tenderse durante largas noches de verano sobre una barca.

161.

Robert Schumann. — El «joven», tal como lo soñaron los líricos románticos alemanes y franceses en torno al primer tercio de este siglo — este joven ha sido traducido plenamente en canto y música — por Robert Schumann, el eterno joven mientras se sentía en la plenitud de sus fuerzas: existen en cambio momentos en los que su música recuerda la eterna «vieja solterona».

162.

Los cantantes dramáticos. — «¿Por qué canta este mendigo?» — probablemente no sabe lamentarse. — «Entonces hace bien: pero nuestros cantantes dramáticos que se lamentan porque no saben cantar — ¿también ellos hacen bien?»

163.

Música dramática. — Para quien no sabe lo que ocurre en la escena, la música dramática es un absurdo; tal como es un absurdo la continuación de un comentario para la parte perdida del texto. Ella exige en especial que donde se tiene vista se tenga también oído; pero de esta manera se violenta a Euterpe: esta pobre musa quiere que se dejen la vista y el oído allí donde los tienen todas las demás musas.

164.

Victoria y racionalidad. — Desgraciadamente también en las guerras estéticas que los artistas desencadenan con sus obras y las apologías de ellas, al final lo que decide es la fuerza y no la razón. Hoy todos aceptan como hecho histórico que Gluck tuvo *razón* en su batalla contra Piccinni[207]: en cualquier caso él ha *vencido*; de su parte tenía la fuerza.

165.

Del principio de la interpretación musical. — ¿Acaso creen de verdad los actuales artistas de la interpretación musical que el mandato más alto de su arte es el de darle a cada pieza el mayor *alto relieve* posible, y hacerle hablar a toda costa un lenguaje *dramático*? Si se aplica esto, por ejemplo, a Mozart, ¿no es quizá un auténtico pecado contra el espíritu sereno, solar, delicado, ligero de Mozart, cuya seriedad es una seriedad bondadosa y no temible, y cuyas imágenes no quieren saltar fuera de la pared para aterrorizar y poner en fuga a quien las mira? ¿O bien pensáis que la música de Mozart es sinónimo de «música del convidado de piedra»? ¿Y no solo la de Mozart, sino toda música? — Vosotros replicáis que a favor de vuestro principio habla el mayor *efecto* — ¡y tendríais razón, si no quedase la cuestión contraria, en quién se produce efecto de ese modo, y en quién, un artista noble, *debe* en general *querer* producir efecto! ¡Nunca en el pueblo! ¡Nunca en los inmaduros! ¡Nunca en los sensibles! ¡Nunca en los enfermizos! Mas sobre todo: ¡nunca en los embotados!

166.

Música de hoy. — Esta música modernísima, con sus fuertes pulmones y sus débiles nervios, ante todo tiene siempre miedo de sí misma.

---

[207] Niccolò Piccinni (también Piccini), 1728-1800, compositor italiano. Nietzsche se refiere a la *Querelle* de París (1777-1778) sobre la estética de la ópera seria francesa entre gluckistas y piccinistas (cfr. G. Pestelli, *Historia de la música 7: La época de Mozart y Beethoven*, Madrid, Turner, 1986, pp. 77-78).

167.

Dónde la música tiene su hogar. — La música solo alcanza su gran poder entre hombres que no saben o no les está permitido discutir. Sus primeros promotores son por tanto los príncipes que quieren que en su cercanía no se critique mucho, y que ni siquiera se piense mucho; luego las sociedades que, sometidas a alguna presión (principesca o religiosa), tienen que habituarse al silencio, pero buscan encantamientos tanto más fuertes contra el aburrimiento del sentimiento (a menudo, el eterno enamorado y la eterna música); en tercer lugar pueblos enteros en los que no existe «sociedad» alguna, pero tanto más individuos con tendencia a la soledad, a los pensamientos semioscuros y a la veneración de todo lo inexpresable: son estas las verdaderas almas musicales. — Por tanto, los griegos, pueblo amante de la palabra y de la discusión, soportaron la música solo como *condimento* de artes sobre las que realmente es posible discutir y hablar: mientras que sobre la música es apenas posible *pensar* de manera nítida. Los pitagóricos, griegos excepcionales en muchos aspectos, fueron también, como se dice, grandes músicos: los mismos que inventaron el silencio de cinco años pero *no* la dialéctica.

168.

Sentimentalismo en la música[208]. — Cuanto más se ama la música seria y rica, tanto más quizá, en ciertas horas, se siente uno vencido, hechizado y casi disuelto por su opuesto. Pienso en esos sencillísimos melismas de ópera italiana que, a pesar de la uniformidad rítmica y de las puerilidades armónicas, parecen cantarnos a veces como el alma misma de la música. Que lo admitáis o no, fariseos del buen gusto: *es así*, y a mí solo me interesa ahora dar a adivinar este enigma de por qué es así, e intentar yo mismo explicarlo un poco. — Cuando éramos todavía niños, degustamos por primera vez la miel virgen de muchas cosas;

---

[208] Cfr. FP II, 1.ª, 40[13].

nunca más la miel ha sido tan buena como entonces, seducía a la vida, a una vida más larga, bajo forma de la primera primavera, de las primeras flores, de las primeras mariposas, de la primera amistad. Entonces —quizá hacia los nueve años— escuchamos la primera música: y fue aquella que *entendimos* primero, por tanto la más sencilla e infantil, no mucho más del desarrollo del canto de la niñera y del músico ambulante. (Pues hay que estar *preparados* e *instruidos* incluso para las «revelaciones» mínimas del arte: un efecto «inmediato» del arte no existe, a pesar de la gran cantidad de bellos cuentos que han fabricado sobre ello los filósofos). A esos primeros arrobos musicales —los más fuertes de nuestra vida— se remonta nuestro sentimiento cuando escuchamos esos melismas italianos: la beatitud infantil y la pérdida de la infancia, el sentido de lo irrecuperable como del bien más preciado — esto toca con tanta fuerza las cuerdas de nuestra alma como no puede hacerlo por sí sola la más rica y seria presencia del arte. — Esta mezcla de la alegría estética con un afán moral, que hoy normalmente se define como «sentimentalismo» de manera demasiado soberbia, me parece —es el estado de ánimo de Fausto al final de la primera escena[209]—, este «sentimentalismo» de los oyentes se vuelve a favor de la música italiana, que, en caso contrario, los expertos degustadores del arte, los «estetas» puros, aman ignorar. — Por lo demás, casi cualquier música solo produce un efecto *mágico* desde el momento en que sentimos hablar en ella el lenguaje de nuestro *pasado*: y en tal sentido al profano le parece que toda música *vieja* se vuelve siempre mejor, y que la que acaba de nacer vale poco: pues aún no suscita ningún «sentimentalismo»; el cual, como hemos dicho, es el momento esencial de la felicidad en la música para quienquiera que no pueda disfrutar de este arte como artista.

169.

Como amigos de la música. — Al final tenemos y mantenemos una buena disposición hacia la música, tal como lo ha-

[209] Cfr. J. W. Goethe, *Fausto, op. cit.*, parte I, «De noche», vv. 602-807, pp. 21-26.

cemos hacia el claro de luna. Ambas no quieren, en efecto, suplantar al sol, — solo quieren, tanto como puedan, alumbrar las *noches*. Pero, ¿no es verdad? ¿podemos a pesar de ello bromear y reírnos de ellas? ¿al menos un poco? ¿y de vez en cuando? ¡Sobre el hombre en la luna! ¡Sobre la mujer en la música!

170.

El arte en la época del trabajo. — Nosotros tenemos la conciencia moral de una época *trabajadora*, lo que no nos consiente dar al arte, aunque fuese al arte más grande y digno, las horas y mañanas mejores. Para nosotros es asunto de ocio, de descanso: le dedicamos los *restos* de nuestro tiempo, de nuestras fuerzas. — este es el hecho principal que ha mudado la posición del arte respecto a la vida: el arte, si requiere *mucho* tiempo y *mucha* energía de sus destinatarios, tiene *contra* sí la conciencia de los laboriosos y de los capaces, está obligado a dirigirse a los faltos de conciencia y a los indolentes, que, sin embargo, según su propia naturaleza, no aman el *gran* arte y hallan pretenciosas sus propuestas. Podría por tanto ser su fin, ya que le faltan el aire y la libre respiración: o bien — el gran arte busca, en una especie de enrudecimiento y enmascaramiento, familiarizarse con ese otro aire (o por lo menos resistir en él) que es propiamente el elemento natural del *pequeño* arte, del arte del descanso, de la divertida distracción. Esto ocurre hoy en todas partes: también los artistas del gran arte prometen descanso y distracción, también ellos se dirigen a la persona cansada, también ellos le piden las horas tardías de su jornada de trabajo — justo igual que los artistas del entretenimiento, que están contentos de vencer la grave seriedad de las frentes, lo absorto de sus miradas. ¿Cuál es el artificio de sus compañeros mayores? Ellos tienen en sus tarros los estimulantes más enérgicos, gracias a los cuales incluso un medio muerto se vería obligado a dar un salto de espanto; tienen medios de anestesiar, embriagar, estremecer y producir espasmos de lágrimas: con estos avasallan al hombre cansado y lo llevan a una cansada sobreexcitación de trasnochar, en un fuera de sí de arrobo y terror. ¿Por la peligrosidad de sus medios, uno podría enojarse con el gran arte, tal como vive hoy bajo la forma de ópera, tragedia y música — como con una pérfida pecadora? No desde luego: él mismo viviría cien veces más a gusto en el puro elemento del silencio matutino, y más a gusto se dirigiría a las almas matutinas expectantes, intactas y llenas de vigor, de los oyentes y espectadores. Démosle las gracias porque prefiere vivir así antes que salir huyendo: pero reconozcamos también que, para una época que introducirá de nuevo días de fiesta y alegría libres y plenos, *nuestro* gran arte será inservible.

171.

Los empleados de la ciencia y los otros. — A los estudiosos realmente capaces y consumados se los podría definir en conjunto como «empleados». Si en los años juveniles su ingenio está suficientemente ejercitado, su memoria llena, si su mano y su ojo han adquirido seguridad, ellos son dirigidos por un estudioso más anciano hacia un puesto en la ciencia en el que sus cualidades puedan volverse útiles; más tarde, habiendo ellos mismos alcanzado la conciencia de las carencias e imperfecciones de su ciencia, se ponen por sí mismos allí donde se los necesita. Estas naturalezas existen en conjunto para la ciencia: pero existen naturalezas más raras, que raramente se consiguen y llegan a plena madurez, «para las que existe la ciencia» —al menos así les parece a ellas—: hombres a menudo desagradables, a menudo pretenciosos, a menudo extravagantes, pero casi siempre de alguna manera encantadores. No son empleados, pero tampoco empleadores, y se sirven de todo aquello que ha sido conquistado a fuerza de trabajar y consolidado por los primeros, con una cierta dejadez principesca y con pocos e infrecuentes elogios: como si perteneciesen a un género inferior de seres. Y no obstante ellos poseen ni más ni menos las mismas cualidades gracias a las que los demás se han distinguido, y a veces sin desarrollar suficientemente: además les es propia una *limitación* que les falta a los otros, y sobre cuya base es imposible colocarlos en un puesto y ver en ellos unos instrumentos útiles, — ellos solo pueden vivir *en su propio aire*, sobre su propio suelo. Esta limitación les inspira todo lo que de una ciencia «les pertenece», es decir, lo que ellos pueden llevar a habitar dentro de su aire y su morada; creen siempre estar recogiendo su «patrimonio» disperso. Si se les impide trabajar en su propio nido, perecen como pájaros desamparados; la no-libertad es para ellos una tisis. Cuando, igual que los otros, cultivan campos científicos particulares, serán siempre campos en los que prosperan frutos y semillas necesarios para ellos; ¿qué les importa que la ciencia, vista en conjunto, tenga campos incultos y dejados? Les falta cualquier clase de participación *impersonal* a un problema del conocimiento; tal como ellos mismos son hombres de arriba a abajo, así todas sus opiniones y sus consecuencias crecen juntas hasta formar una persona, una viviente multiplicidad, cuyas partes individuales dependen unas de otras, se compenetran entre ellas y son alimentadas juntas, y que como totalidad tiene un aire propio y olor propio. — Tales naturalezas producen, con estas creaciones *personales* suyas de conocimiento, esa *ilusión* de que una ciencia (o incluso toda la filosofía) está completa y ha llegado a su meta; la *vida* que hay en sus creaciones produce este hechizo: el cual a veces ha sido muy funesto para la ciencia y causa de errores en esos realmente diligentes trabajadores del espíritu descritos antes, y que otras veces en cambio, cuando reinaba la aridez y la fatiga, ha funcionado como un solaz, parecido al soplo de un fresco y reconfortante lugar de reposo. — A tales hombres se les llama normalmente *filósofos*.

172.

Reconocimiento del talento. — Mientras pasaba por el pueblo de S., un muchacho se puso a sacudir su látigo con todas sus fuerzas, — había llegado bastante lejos en este arte y lo sabía.

Le arrojé una mirada de reconocimiento, — pero en el fondo aquello me producía *amargo dolor*. — Así hacemos muchas veces al reconocer muchos talentos. Cuando nos producen dolor, les hacemos un bien.

173.

Reír y sonreír. — Cuanto más alegre y seguro se vuelve el espíritu, tanto más el hombre desaprende la carcajada sonora; en cambio, le brota continuamente en la cara una sonrisa inteligente, signo de su sorprenderse por las innumerables cosas agradables ocultas de la buena existencia.

174.

Entretenimiento para los enfermos. — Tal como cuando se tienen disgustos anímicos, uno se tira de los pelos, se golpea la frente, se retuerce las mejillas, o incluso, como Edipo, se saca los ojos; así, contra los dolores físicos intensos, se recurre a veces a un intenso sentimiento de amargura, recordando a los calumniadores y difamadores, ofuscando el propio futuro, y lanzando mentalmente maldades y puñaladas contra los ausentes. Y a veces es verdad: que un diablo expulsa a otro, — pero luego se tiene al otro. — Por ello se recomienda a los enfermos ese otro entretenimiento con el que los dolores parecen mitigarse: reflexionar sobre los beneficios y las amabilidades que se pueden emplear con amigos y enemigos.

175.

La mediocridad como máscara. — La mediocridad es la máscara más feliz que el espíritu superior puede llevar, puesto que no hace pensar a la gran masa, es decir, a los mediocres, que se trata de un enmascaramiento —: él se la pone precisamente por ellos, — para no irritar*los*, más aún, no raramente por compasión y bondad.

176.

Los pacientes[210]. — El pino parece escuchar, el abeto esperar, y ambos sin impaciencia: — ellos no piensan en el pequeño hombre bajo ellos, que es devorado por su impaciencia y su curiosidad.

177.

Las mejores bromas. — La broma que más me agrada es aquella que está en el sitio de un pensamiento grave, no carente de dificultades, como seña del dedo y parpadeo del ojo.

178.

Accesorio de toda veneración. — Dondequiera que se venera el pasado, no se admiten a las personas limpias consigo mismas y con lo que les rodea. La piedad no se encuentra bien sin un poco de polvo, basura y suciedad.

179.

El gran peligro para los estudiosos. — Precisamente los estudiosos más trabajadores y concienzudos corren el riesgo de ver el fin de su vida colocado siempre más abajo e, intuyéndolo, de volverse en la segunda mitad de su vida siempre más descontentos e intratables. Al principio nadan con grandes esperanzas en su ciencia y asumen tareas más osadas, cuyas metas a veces ya anticipan en su fantasía: luego hay momentos, como en la vida de los grandes navegantes y exploradores — en que ciencia, intuición y fuerza se alzan mutuamente cada vez más hasta que la mirada descubre por primera vez una nueva y lejana costa. Pero entonces el hombre riguroso reconoce cada vez más, de año en año, cuán importante es que la tarea particular del investigador sea asumida de la manera más limitada posible,

---

[210] Cfr. FP II, 1.ª, 32[19].

con el fin de que pueda ser llevada a cabo *sin residuos* y se evite ese intolerable derroche de fuerzas que afligió a los períodos precedentes de la ciencia: todos los trabajos se hacían diez veces, y luego era siempre el décimo primero el que decía la última y mejor palabra. Pero cuanto más conoce y aplica el estudioso este resolver enigmas sin residuos, tanto más crece la alegría que experimenta: pero también tanto más crece la severidad de sus exigencias respecto a lo que hay que llamar «sin residuo». Deja a un lado todo lo que en este sentido está destinado a quedar incompleto, adquiere aversión y olfato para todo lo que se puede resolver solo a medias, — para todo aquello que puede dar una especie de seguridad solo si se toma en conjunto y de manera indefinida. Sus proyectos juveniles se hunden ante sus ojos: quedan apenas algunos nudos y nuditos, que al desatarlos el maestro experimenta ahora placer y demuestra su fuerza. Y entonces, justo en medio de esta actividad tan útil e incesante, de repente y luego con una frecuencia cada vez mayor, él, envejecido, se ve asaltado por un profundo descontento, por una especie de angustia: él se mira a sí mismo como a alguien que ha sufrido una metamorfosis, como si se hubiese empequeñecido, humillado, trasformado en un hábil *enano*, y se atormenta preguntándose si el magistral dominio de un pequeño campo no es una comodidad, una huida frente a las incitaciones hacia la grandeza en el vivir y crear. Pero ya no puede pasar *al otro lado*, — el tiempo ha pasado.

180.

Los profesores en la época de los libros[211]. — Puesto que la educación autodidacta y la educación en grupo se están volviendo un fenómeno generalizado, el profesor, bajo la forma hoy usual, se volverá superfluo. Amigos deseosos de aprender, que quieran apropiarse juntos un saber, hallan en nuestra época de los libros un camino más breve y natural de cuanto lo son la «escuela» y los «profesores».

---

[211] Cfr. la redacción previa en FP II, 1.ª, 40[19].

181.

La vanidad como la gran ventaja. — En origen el individuo fuerte trata, no solo a la naturaleza, sino también a la sociedad y a los individuos más débiles, como objeto de explotación abusiva: saca el mayor provecho posible de ellos y luego sigue adelante. Al vivir de manera muy insegura, en el alternarse de hambre y abundancia, él mata más animales de los que puede devorar, y saquea y maltrata a los hombres más de lo que sería necesario. Su manifestación de poder es al mismo tiempo una manifestación de venganza contra su estado de sufrimiento y angustia: luego quiere ser considerado más poderoso de lo que es y por tanto abusa de las ocasiones: el aumento de miedo que produce es aumento de su poder. No tarda en darse cuenta de que lo que lo mantiene o lo aplasta no es lo que él *es* sino lo que él *es considerado*: este es el origen de la *vanidad*. El poderoso busca por todos los medios acrecentar la *creencia* en su poder. — Los hombres sometidos a él, que tiemblan ante él y le sirven, saben a su vez que valen tanto como él los *considere*: por lo que buscan esta consideración y no su propia satisfacción. Nosotros conocemos la vanidad solo en sus formas más atenuadas, en sus sublimaciones y en pequeñas dosis, puesto que vivimos en un estado de la sociedad tardío y mitigado: originariamente ella era *la gran ventaja*, el medio más fuerte de supervivencia. Y la vanidad será tanto más grande cuanto más astuto sea el individuo: ya que aumentar la creencia en el poder es más fácil que acrecentar el poder mismo, pero solo para *quien* tiene ingenio, — o bien, como hay que decir para las situaciones primitivas, para aquel que es *astuto* e *insidioso*.

182.

Signos meteorológicos de la cultura. — En la cultura existen tan pocos signos meteorológicos decisivos que hay que agradecer el hecho de tener al menos uno seguro para la propia casa y el propio jardín. Para probar si alguien es de los nuestros o no

—quiero decir, si pertenece a los espíritus libres—, examínese su sentimiento frente al cristianismo. Si respecto a él tiene una actitud cualquiera que no sea la *crítica*, démosle la espalda: él nos trae aire impuro y mal tiempo. — *Nuestra* tarea no es ya la de enseñar a tales hombres qué es el viento Siroco; ellos tienen a Moisés y a los profetas del tiempo y de la Ilustración: si no quieren escucharlos, entonces...

183.

Enojarse y castigar han tenido su tiempo. — Enojarse y castigar son el regalo que hemos recibido de la animalidad. El hombre solo llegará a la mayoría de edad cuando restituya a los animales este don de nacimiento. — Aquí se oculta uno de los más grandes pensamientos que pueden tener los hombres, el pensamiento del progreso de todos los progresos. — ¡Avancemos juntos en algún milenio, amigos míos! ¡A los hombres les está reservada aún *muchísima* alegría, que nuestros contemporáneos ni siquiera pueden oler! ¡Y podemos confiar en esta alegría, e incluso prometérnosla y jurárnosla como algo necesario, solo si la evolución de la razón humana *no sufre paradas*! Entonces ya *no se tendrá ánimo* para cometer el pecado *lógico* implícito en enojarse y castigar, no solo como individuos sino como sociedad: cuando corazón y cabeza hayan aprendido a vivir tan juntos cuanto hoy se hallan alejados. Que ellos *ya no están tan lejos* como al principio es bastante evidente si se mira en su conjunto el camino de la humanidad; y el individuo que quiera abarcar con la mirada una vida de trabajo interior, tomará conciencia con alegría orgullosa de la distancia superada, del acercamiento conseguido, y por tanto tendrá derecho a arriesgarse con esperanzas incluso mayores.

184.

Origen de los «pesimistas». — A menudo una buena alimentación decide si miramos al futuro con ojos vacíos o bien llenos de esperanza; esto vale también para las cosas más elevadas y espirituales. La generación de hoy ha *heredado* el descontento y el pesimismo de los hambrientos de ayer. También en nuestros artistas y poetas se nota a menudo, por muy ricamente que vivan, que no tienen un buen origen, que de antepasados vividos bajo la opresión y mal alimentados han heredado algo en la sangre y en el cerebro que se hace visible de nuevo en los argumentos y los colores elegidos para sus obras. La cultura de los griegos es una cultura de acomodados, incluso de acomodados desde muy antiguo: durante un par de siglos ellos vivieron *mejor* que nosotros (mejor en todos los sentidos, y sobre todo con un tipo de comida y bebida más sencillos): y al final los cerebros se volvieron tan llenos y a la vez tan finos, la sangre circuló con tanta rapidez, como un vino claro y alegre, que lo bueno y lo mejor brotó en ellos, ya no oscuro, extasiado y violento, sino bello y soleado.

185.

De la muerte racional. — ¿Qué es más racional, parar la máquina cuando la obra que se esperaba de ella está terminada, — o bien dejarla ir hasta que se detenga por sí sola, es decir, hasta que se estropee? ¿Esto último no es un derroche de los costes de manutención, un abuso de fuerza y atención de los que se encargan de ella? ¿De esta manera no se está tirando lo que sería necesario en otra parte? ¿No se difunde una especie de desprecio hacia las máquinas, manteniendo y sirviendo a algunas de ellas de una manera tan inútil? — Hablo de la muerte involuntaria (natural) y de la voluntaria (racional). La muerte natural es la muerte independiente de cualquier razón, la muerte propiamente *irracional*, en la que la miserable sustancia de la cáscara decide cuánto tiempo debe durar o no la semilla: en que por tanto el carcelero atrofiado, a menudo enfermo y obtuso, es el señor que establece el momento en el que su noble prisionero debe morir. La muerte natural es el suicidio de la naturaleza, es decir, la destrucción de la esencia racional por obra de la esencia irracional que va unida a ella. Solo bajo una luz religiosa puede parecer lo contrario: porque en tal caso, como es justo, la razón superior (de Dios) emana el mandato al que debe atenerse la razón inferior. Fuera de la mentalidad religiosa, la muerte natural no merece ninguna glorificación. — Una sabia ordenación y disposición de la muerte pertenece a esa moral del futuro, hoy totalmente incomprensible y aparentemente inmoral, y ver su aurora debe suponer una indescriptible felicidad.

186.

Involución[212]. — Todos los delincuentes hacen retroceder a la sociedad a niveles culturales anteriores al que se encuentra: actúan en sentido involutivo. Piénsese en los instrumentos que la sociedad tiene que procurarse y mantener para legítima defensa: el astuto policía, el carcelero, el verdugo; no se olvide al fiscal público y al abogado; y al final pregúntese si el juez mismo, la pena y todo el proceso judicial no producen, en los no delincuentes, un efecto más deprimente que exaltante: pues nunca se conseguirá extender sobre la legítima defensa y la venganza el manto de la inocencia; y cada vez que se emplea y se sacrifica al hombre como un medio para el fin de la sociedad, toda la humanidad sufre por ello.

187.

La guerra como remedio. — A los pueblos que se vuelven apagados y abatidos se les puede aconsejar como remedio la guerra, siempre que quieran de verdad seguir viviendo: pues para la tisis de los pueblos existe también una cura de brutalidad. El eterno querer vivir y el no ser capaces de morir es en sí mismo ya un signo de vejez del sentimiento: cuanto más plena y valientemente se vive, con tanta mayor rapidez está uno dispuesto a dar la vida por un único sentimiento bueno. Un pueblo que viva y sienta así no necesita las guerras.

---

[212] Cfr. FP II, 1.ª, 42[20].

188.

Trasplante físico y anímico como remedio. — Las diferentes culturas son diferentes climas espirituales, y cada uno es particularmente dañino o beneficioso para este o aquel organismo. La *historia* en su conjunto, como ciencia de las diferentes civilizaciones, es la *teoría de los remedios*, pero no la ciencia de la medicina. Pues aún hace falta el *médico* que se sirva de esa teoría de los remedios para recetarle a cada uno el clima más conveniente para él — temporalmente o para siempre. Vivir en el presente, dentro de una única cultura, no basta como receta general: morirían por ello demasiadas clases de hombres muy útiles, que en ella no pueden respirar de manera sana. Con la historia hay que darles *aire* e intentar conservarlos; también los hombres de culturas atrasadas tienen su valor. — Esta cura del ánimo va junto al hecho de que, en cuanto al físico, la humanidad tiene que esforzarse en descubrir, a través de una geografía médica, a qué generaciones y enfermedades da pie cada lugar de la tierra, y viceversa qué factores de salud ofrece: y entonces pueblos, familias, e individuos tendrán que ser trasplantados gradualmente, a lo largo de tanto tiempo y con tanta continuidad, hasta que se superen las imperfecciones físicas heredadas. Al final toda la Tierra se convertirá en una suma de estaciones sanitarias.

189.

El árbol de la humanidad y la razón. — Lo que vosotros con senil miopía teméis como superpoblación de la Tierra pone en manos del más lleno de esperanza la gran tarea: un día la humanidad deberá convertirse en un árbol que con su sombra cubra toda la Tierra, con muchos miles de millones de flores que deberán convertirse, unas junto a otras, en frutos, y la Tierra misma deberá estar preparada para alimentar este árbol. Que la plantita, hoy *aún pequeña*, adquiera linfa y vigor, que la linfa fluya por innumerables canales para alimentar el conjunto y las partes — de este y otros parecidos cometidos hay que sacar el *criterio* según el cual un hombre de hoy es útil o inútil. La tarea es indeciblemente grande y audaz: ¡contribuyamos todos a que el árbol no se marchite antes de tiempo! La mente histórica consigue muy bien representarse al hombre y su acción en el conjunto del tiempo, tal como todos nosotros tenemos ante los ojos las hormigas con sus cúmulos levantados con arte. Juzgado superficialmente, también la humanidad entera daría lugar a que se hablase, como en las hormigas, de «instinto». En un examen más riguroso constatamos cómo pueblos enteros, siglos enteros se esfuerzan en descubrir y *probar* nuevos medios que puedan beneficiar al gran conjunto humano y finalmente a todo el gran árbol de la humanidad; y por mucho daño que hayan sufrido en este probar individuos, pueblos y épocas, gracias a este daño en cada ocasión algunos individuos se han vuelto *sabios*, y desde ellos la sabiduría se ha difundido lentamente en las medidas adoptadas por pueblos enteros, épocas enteras. También las hormigas se equivocan y se confunden; la humanidad puede perfectamente, a causa de la necedad de los medios, estropearse y secarse antes de tiempo; ni para esta ni para aquellas existe un instinto que guíe con seguridad. Tenemos más bien que *mirar cara a cara* a la gran tarea de *preparar* la Tierra para una planta de la mayor y más gozosa fecundidad, — ¡una tarea de la razón para la razón!

190.

El elogio del desinterés y su origen[213]. — Entre dos jefes vecinos reinaba desde hace años la discordia: se devastaban mutuamente las siembras, se llevaban los ganados, se quemaban las casas, todo con éxito incierto puesto que su fuerza era más o menos igual. Un tercero que, gracias a la posición aislada de sus tierras, podía mantenerse alejado de estas hostilidades, pero de todos modos tenía motivos de temer el día en el que uno de estos belicosos vecinos consiguiese prevalecer de manera decisiva, se colocó al fin entre los contendientes con

[213] Cfr. FP II, 1.ª, 41[32, 56 y 58].

buena voluntad y solemnidad: y en secreto puso sobre su propuesta de paz un gran peso, haciendo saber a cada uno que en adelante se habría aliado con el otro y contra el que hubiese puesto en peligro esta paz. Se encontraron delante de él, se puso vacilando sobre sus manos lo que hasta entonces habían sido instrumentos y con demasiada frecuencia causa del odio — y de verdad se probó a estar en paz en serio. Cada uno constató con asombro cómo de repente su bienestar y su placer crecieron, cómo tenían ahora en el vecino, en lugar de un delincuente malvado o aparentemente despectivo, un mercader dispuesto a vender y a comprar, e incluso cómo, en imprevistas situaciones de necesidad, se podían sacar mutuamente del apuro en lugar de aprovecharse, como había pasado hasta entonces, de la necesidad del vecino y aumentarla al máximo; pareció incluso que la raza de los dos países se había vuelto más bella: la vista se había despejado, las frentes distendido, todos habían adquirido confianza en el futuro: y nada es más beneficioso para el alma y el cuerpo de los hombres que esta confianza. Se reunían en cada aniversario de la alianza, tanto los jefes como sus séquitos y precisamente delante del mediador, cuya manera de actuar se admiraba y veneraba cada vez más, cuanto mayor era la utilidad que le sacaban. Se le llamó *desinteresado* — con demasiada fijeza se miraba al interés personal que desde entonces se había recogido, como para ver en la manera de actuar de ese vecino algo más que el hecho de que, gracias a él, su situación no había cambiado tanto como la propia: ella había en cambio permanecido igual, y así parecía que él no había perseguido ninguna utilidad. Por primera vez se dijeron a sí mismos que el desinterés es una virtud: sin duda, en pequeña medida y en privado podían haberles ocurrido a menudo cosas parecidas, pero solo se tuvo vista para esta virtud cuando fue escrita por primera vez sobre la pared en letras muy grandes, legibles por toda la comunidad. Reconocidas como virtudes, estimadas, nombradas, apreciadas, aconsejadas, las cualidades morales solo lo son desde el momento en que decidieron *visiblemente* la suerte o desgracia de sociedades enteras: entonces en muchos hombres la altura del sentimiento y el estímulo de las fuerzas creativas interiores son tan grandes que a esta cualidad se le ofrecen regalos, de lo mejor que cada uno posee. El hombre serio pone a sus pies la propia seriedad, el digno la propia dignidad, las mujeres la propia dulzura, los jóvenes todo el tesoro de esperanza y futuro de su ser; el poeta le proporciona palabras y nombres, la inserta en el corro de danza de los seres afines, le da un árbol genealógico y en fin, como hacen los artistas, adoran la creación de su fantasía como una nueva divinidad — él *enseña* a adorarla. Así, puesto que el amor y la gratitud de todos trabajan alrededor de una virtud como de una estatua, al final se convierte en un *cúmulo* de cosas buenas y venerables, una especie de templo y a la vez de persona divina. De ahora en adelante ella existe como virtud particular, como ser en sí, algo que ella no era hasta ahora, y ejercita los derechos y el poder de una sobrehumanidad santificada. — En la Grecia tardía las ciudades estaban llenas de tales abstracciones divinhumanizadas (perdónese la extraña palabra por mor del extraño concepto); el pueblo se había construido a su manera un platónico «cielo de las ideas» en medio de su tierra, y no creo que los habitantes de este cielo fuesen sentidos como seres menos vivos que cualquier divinidad homérica antigua.

191.

Períodos de oscuridad. — «Períodos de oscuridad» se llaman en Noruega a esos períodos en los que el sol se queda todo el día bajo el horizonte, y la temperatura baja de manera lenta y continua. — Una bella comparación para todos aquellos pensadores para los que el sol del futuro humano por el momento ha desaparecido.

192.

El filósofo de la opulencia. — Un jardincito, unos higos, pequeños quesos y tres o cuatro buenos amigos, — esta era la opulencia de Epicuro.

193.

Las épocas de la vida. — Las auténticas épocas de la vida son esos breves períodos de estancamiento entre el ascender y el descender de un pensamiento o de un sentimiento dominante. En esos momentos hay aún *saciedad*: todo lo demás es sed y hambre — o bien aburrimiento.

194.

El sueño. — Nuestros sueños, cuando de manera excepcional llegan a completarse —el sueño suele ser un trabajo chapucero— son encadenamientos simbólicos de escenas e imágenes como un lenguaje poético narrativo; ellos parafrasean nuestras experiencias, expectativas o relaciones con audacia y exactitud poética, de modo que por la mañana, al recordar nuestros sueños, nos asombramos siempre de nosotros mismos. En el sueño gastamos demasiado arte — y es por ello que a menudo de día somos tan pobres en él.

195.

Naturaleza y ciencia[214]. — Igual que en la naturaleza, también en la ciencia se cultivan primero las zonas peores e infructíferas — ya que para este fin son más o menos suficientes los medios de la ciencia *principiante*. El cultivo de las zonas más fértiles presupone unos métodos adecuadamente desarrollados y de una enorme fuerza, el haber conseguido resultados parciales y un equipo organizado de trabajadores, de trabajadores bien adiestrados; — todas estas cosas juntas solo se hallarán más tarde. — La impaciencia y la ambición quieren adueñarse demasiado pronto de esas zonas más fértiles; pero los resultados luego son nulos. En la naturaleza estos ensayos se vengarían de los colonos haciéndolos morir de hambre.

---

[214] Cfr. FP II, 1.ª, 40[21].

196.

Vivir sencillamente. — Hoy un estilo sencillo de vida es difícil: para ello hace falta mucha más reflexión e inventiva de lo que puedan tener incluso personas muy listas. Quizá el más sincero de ellos diga: «No tengo tiempo de reflexionar tanto sobre ello. Un modo sencillo de vida es para mí un fin demasiado noble, quiero esperar a que lo encuentren personas más sabias que yo».

197.

Puntas y puntitas. — La escasa fecundidad, el frecuente celibato y en general la frialdad sexual de los espíritus más elevados y cultivados, y de las clases a las que pertenecen, son esenciales para la economía de la humanidad; la razón conoce y hace uso del hecho de que, llegado a un punto extremo de desarrollo intelectual, el peligro de una descendencia mala de los *nervios* es muy grande: estos hombres son *puntas* de la humanidad — no deben derrocharse en puntitas.

198.

Ninguna naturaleza da saltos. — Por muy intensamente que el hombre siga evolucionando y parezca saltar de un extremo a otro, bajo una observación más atenta se hallarán los *ensamblajes* sobre los que el nuevo edificio crece sobre el viejo. este es el cometido del biógrafo: tiene que pensar en la vida según el principio de que ninguna naturaleza da saltos.

199.

Limpio, en efecto[215]. — Quien se viste con harapos completamente limpios, sí vestirá limpio, pero siempre como un harapiento.

---

[215] Cfr. FP II, 1.ª, 15[14] y 19[62].

200.

Habla el solitario. — Como recompensa de mucho disgusto, descontento y aburrimiento —cosas todas que una soledad sin amigos, libros, obligaciones y pasiones debe llevar consigo—, se recogen esos cuartos de hora de profundísimo recogimiento de uno mismo en la naturaleza. Quien se atrinchera totalmente contra el aburrimiento, se atrinchera también contra sí mismo: y nunca podrá beber la bebida energética y restauradora que brota de la propia fuente interior.

201.

Falsa fama. — Odio esas presuntas bellezas naturales que en el fondo solo dicen algo gracias al saber, sobre todo al saber geográfico, pero que en sí no dejan de ser mezquinas para un sentido de belleza sediento: por ejemplo, la vista del Mont Blanc desde Ginebra — algo insignificante, salvo que no sea auxiliado por la alegría intelectual del saber; las montañas más cercanas son allí todas más bellas y expresivas — pero «con diferencia no tan altas», como añade, para quitarle importancia, ese absurdo saber. Pero el ojo contradice al saber: ¿cómo es posible alegrarse de verdad en la contradicción?

202.

Viajeros por placer. — Suben la montaña como animales, estúpidamente y sudando; se han olvidado de decirles que por el camino hay bonitas vistas.

203.

Mucho y poco en exceso. — Hoy todos los hombres viven demasiadas experiencias y reflexionan demasiado poco sobre ellas: tienen al mismo tiempo hambre lobuna y cólico, y por ello se vuelven cada vez más delgados, por mucho que coman. — Quien hoy dice «yo no he vivido nada» — es un tonto.

204.

Fin y meta[216]. — No todo fin es la meta. El fin de la melodía no es su meta; pero no obstante: si la melodía no ha llegado a su fin, tampoco ha alcanzado la propia meta. Un símil.

205.

Neutralidad de la gran naturaleza. — La neutralidad de la gran naturaleza (en las montañas, mares, bosques y desiertos) gusta, pero solo por un tiempo breve; tras lo cual nos volvemos impacientes. «¿Estas cosas no quieren decir*nos* nada en absoluto? ¿*Nosotros* estamos aquí por ellas?» Nace el sentimiento de un *crimen laese majestatis humanae*[217].

206.

Olvidar los propósitos. — Generalmente durante el viaje se olvida su objetivo. Casi toda profesión se elige y se emprende como medio para un fin, pero se continúa luego como fin último. Olvidar los propósitos es la tontería que se hace con más frecuencia.

207.

Carrera solar de la idea. — Cuando una idea está apenas saliendo por el horizonte, la temperatura del alma es normalmente muy fría. Solo poco a poco la idea desarrolla su calor y este se vuelve máximo (es decir, obra sus mayores efectos), cuando la fe en la idea está ya descendiendo de nuevo.

---

[216] Cfr. FP II, 1.ª, 42[12].
[217] «Crimen de lesa majestad humana».

208.

De qué manera se tendría a todos contra sí. — Si hoy uno se atreviese a decir: «Quien no está conmigo, está contra mí»[218], en seguida tendría a todos en su contra. — Esta forma de sentir honra a nuestra época.

209.

Avergonzarse de la riqueza. — Nuestra época tolera una sola especie de ricos, los que *se avergüenzan* de su propia riqueza. Si de alguien se oye decir que «es muy rico», en seguida se tiene una sensación parecida a la que se experimenta frente a un tumor repugnante, a una obesidad o una hidropesía: hay que acordarse con fuerza de la propia humanidad para poder tratar a un rico tal sin que él se dé cuenta de nuestro disgusto. Pero cuando incluso él presume de su propia riqueza, en nuestro sentimiento se mezcla un asombro casi piadoso para un grado tan elevado de insensatez humana: así querríamos levantar las manos hacia el cielo y gritar «pobre hombre desnaturalizado, oprimido, cien veces encadenado, para el cual cada uno trae *o puede traer* algo desagradable, en cuyos miembros repercuten *todos* los acontecimientos de veinte pueblos, ¿cómo pretendes que creamos que te sientes bien en tu estado? Cuando apareces en público, — sabemos que es como un paso bajo las picas, bajo miradas que tienen hacia ti solo frío odio, o indiscreción, o tácito desprecio. Tu adquirir puede ser más fácil que el de los demás: pero es un adquirir superfluo, que da poco placer, y tu *guardar* todas las cosas adquiridas es *hoy*, en todo caso, más fatigoso que cualquier fatigoso adquirir. Tú sufres *continuamente*, porque pierdes continuamente. ¡Para qué te sirve que te suministren una y otra vez sangre artificial: no por ello te hacen menos daño las sanguijuelas que tienes pegadas, constantemente pegadas a la nuca! — Pero, para no ser injustos, para ti es difícil, quizá imposible, *no* ser rico: tú *tienes*

---

[218] Cfr. *Mateo*, 12, 30.

que preservar, *tienes* que seguir adquiriendo, la inclinación hereditaria de tu naturaleza es un yugo sobre ti — y por ello no nos engañes y *avergüénzate* sincera y manifiestamente del yugo que llevas: desde el momento en que en el fondo de tu alma estás cansado e indignado por llevarlo. Esta vergüenza no deshonra».

210.

Desenfreno en la arrogancia. — Hay hombres tan arrogantes que no saben elogiar una grandeza, públicamente admirada por ellos, si no es representándola como primer paso y puente que conduce a *ellos*.

211.

En el terreno de la ignominia. — Quien quiere quitarles a los hombres una idea, normalmente no se contenta con refutarla y sacarle el gusano de ilogicidad que hay en ella; sino que, una vez matado el gusano, tira a los excrementos todo el fruto para hacer que se vuelva desagradable a los ojos de los hombres e infundirles disgusto hacia él. Cree así haber hallado el medio de impedir la «resurrección al tercer día», tan frecuente para las ideas refutadas. — Se equivoca, porque justo en el *terreno de la ignominia*, en medio de la inmundicia, el hueso de la idea germina rápidamente. — Por tanto: no se debe escarnecer y enfangar lo que se quiera eliminar de manera definitiva, sino que hay que *ponerlo en hielo* una y otra vez con mucho cuidado, teniendo presente que las ideas tienen una vida muy tenaz. Aquí hay que seguir la máxima: «Una refutación no es una refutación».

212.

Destino de la moralidad. — Puesto que la dependencia de los espíritus disminuye, sin duda también está en disminución la moralidad (el comportarse por herencia, tradición e instinto *según sentimientos morales*): pero no por ello las virtudes particulares, moderación, justicia, tranquilidad de espíritu — pues la más grande libertad del espíritu consciente conduce ya involuntariamente a ellas, y las aconseja además como *útiles*.

213.

El fanático de la desconfianza y su fianza. — *El anciano*: ¿quieres osar lo formidable y enseñar a los hombres la grandeza? ¿Dónde está tu garantía? — *Pirrón*[219]: aquí está: quiero poner en guardia a los hombres contra mí, quiero reconocer públicamente todos los defectos de mi naturaleza y desnudar ante los ojos de todos mis ligerezas, mis contradicciones y mis estupideces. No me escuchéis, quiero decirles, hasta que no me haya convertido en el más miserable de vosotros, y aún más miserable que él; oponeos a la verdad el mayor tiempo que podáis, por náuseas hacia quien es su portavoz. Seré vuestro seductor y engañador, si aún veis en mí la más mínima luz de respetabilidad y dignidad. — *El anciano*: prometes demasiado, tú no puedes llevar ese peso. — *Pirrón*: les diré a los hombres también esto, que soy demasiado débil y no puedo mantener lo que prometo. Cuanto más grande sea mi indignidad, tanto más ellos desconfiarán de la verdad, cuando salga de mi boca. — *El anciano*: ¿quieres ser entonces el maestro de la desconfianza hacia la verdad? — *Pirrón*: De la desconfianza como nunca ha existido en el mundo, de la desconfianza hacia todo y todos. Es el único camino que conduce a la verdad. El ojo derecho no debe fiarse del izquierdo, y la luz tendrá que llamarse por algún tiempo tiniebla: este es el camino que tenéis que recorrer. No creáis que os llevará hacia árboles frutales y bonitas praderas. Hallaréis sobre ella unos granos pequeños y duros, — son las verdades: durante decenas de años tendréis que tragaros las mentiras a puñados para no moriros de hambre, a pesar de saber que son mentiras. Pero esos granos serán sembrados y enterrados, y quizá, quizá alguna vez venga el día de

---

[219] Nietzsche utiliza como personaje al filósofo, iniciador del escepticismo antiguo, Pirrón de Elis (360-270 a. C.).

la cosecha: nadie se permite *prometerlo*, a menos que no sea un fanático. — *El anciano*: ¡Amigo! ¡Amigo! ¡También tus palabras son las de un fanático! — *Pirrón*: ¡Tienes razón! Desconfiaré de todas las palabras. — *El anciano*: Entonces tendrás que callarte. — *Pirrón*: Diré a los hombres que tengo que callar y que ellos deben desconfiar de mi silencio. — *El anciano*: ¿Te retiras entonces de tu empresa? — *Pirrón*: Al contrario — acabas incluso de mostrarme la puerta por la que tengo que pasar. — *El anciano*: No sé —: ¿aún nos entendemos bien? — *Pirrón*: Probablemente no. — *El anciano*: ¡Con que te entiendes bien a ti mismo! — *Pirrón* se gira y ríe. — *El viejo*: ¡Oh, amigo! Callar y reír — ¿es esta ahora toda tu filosofía? — *Pirrón*: No sería la más mala. —

214.

Libros europeos. — Leyendo a Montaigne, La Rochefoucauld, La Bruyère, Fontenelle (sobre todo el *Dialogues des morts*[220]), Vauvenargues, Chamfort, está uno más cerca de la Antigüedad que con cualquier otro grupo de seis autores de otro pueblo. Gracias a esos seis ha resurgido el *espíritu de los últimos siglos* de la edad *antigua* — ellos forman juntos un anillo importante en la aún no interrumpida cadena del Renacimiento. Sus libros se elevan por encima de los cambios del gusto nacional y de las coloraciones filosóficas, en las que hoy, normalmente, todo libro brilla y tiene que brillar para hacerse famoso: ellos contienen más *pensamientos reales* que todos los libros de los filósofos alemanes juntos: pensamientos de esa clase que generan pensamientos, que... me encuentro en apuros para definirlos bien: basta, me parecen autores que no han escrito ni para niños ni para fanáticos, ni para muchachas ni para cristianos, ni para alemanes ni para... me encuentro en apuros también para terminar la lista. — Para expresar un elogio claro: escritos en griego habrían sido entendidos también por los griegos. — Por el contrario, ¿cuánto habría *podido* entender

---

[220] B. Le Bovier de Fontenelle, *Dialogues des morts, suivis du Jugement de Pluton*, Librairie de la Bibliothèque Nationale, París, 1876 (BN).

incluso Platón de los escritos de nuestros mejores pensadores alemanes, por ejemplo de Goethe y Schopenhauer, por no hablar de la irritación que habría suscitado en él el estilo de ellos, es decir, la oscuridad, la exageración y a veces también la sequedad, — defectos de los que estos autores son los que sufren menos entre los pensadores alemanes, y sin embargo todavía demasiado (Goethe como pensador ha abrazado las nubes con más ganas de lo adecuado, y no sin impunidad Schopenhauer deambula casi continuamente entre las semejanzas de las cosas en lugar de entre las cosas mismas)[221]. — ¡En cambio, qué luminosidad y delicada precisión en esos franceses! Incluso los griegos más finos de oídos habrían tenido que aprobar este arte, y hay una cosa que habrían admirado e incluso adorado, la agudeza francesa en la expresión: algo así a ellos les *gustaba* mucho, sin ser especialmente fuertes en ello.

215.

Moda y moderno. — Dondequiera que aún están difundidas la ignorancia, la suciedad y la superstición, donde la circulación languidece, la agricultura es pobre y el clero poderoso, allí hallamos aún los *trajes nacionales*. En cambio, donde se hallan los signos de lo contrario domina la *moda*. La moda se halla por tanto junto a las *virtudes* de la Europa de hoy: ¿sería realmente su imagen invertida? — Ante todo, la vestimenta *masculina* que sigue la moda y ya no es nacional dice, del que la adopta, que el europeo ya no quiere *mostrarse* como *individuo* ni como *miembro de una clase o de un pueblo*, y que ha convertido en regla la represión voluntaria de estas formas de vanidad; puesto que es trabajador y no tiene mucho tiempo de arreglarse y acicalarse, y que le parece que contrastan con su trabajo las preciosidades y el fasto en las telas y los ropajes; en fin, que con su manera de vestir él alude a las profesiones más cultas e intelectuales como a *aquellas* a las que está o querría estar más cerca como hombre europeo: mientras que los trajes

---

[221] Cfr. FP II, 1.ª, 42[18].

nacionales aún existentes aluden a la del bandido, del pastor o del soldado como las posiciones sociales más deseables y que dan el tono. Dentro de este carácter general de la moda masculina existen luego esas pequeñas oscilaciones producidas por la vanidad de los jóvenes, de los pisaverdes y de los vagos de las grandes ciudades, es decir, de *aquellos que aún no han madurado como hombres europeos*. — Las mujeres europeas lo son *aún menos*, por lo que las oscilaciones son para ellas mucho mayores: tampoco ellas quieren lo nacional, y detestan ser reconocidas por la ropa como alemanas, francesas, rusas, pero les gusta mucho llamar la atención como singulares; así también, por su ropa nadie debe dudar de que pertenecen a una clase social respetable (a la «buena» , «alta» o «grande» sociedad), y tanto más desean dar la impresión de que pertenecen a ella cuanto menos pertenecen, o no pertenecen en absoluto. Pero sobre todo la mujer joven no quiere llevar nada que lleve una mujer mayor, puesto que piensa que la sospecha de una edad más madura disminuye su precio: a su vez la mujer mayor querría con su ropa juvenil engañar el mayor tiempo posible, — y de esta competición derivan modas siempre nuevas, en las cuales los rasgos realmente juveniles son evidenciados de una manera muy inequívoca e inimitable. Si en tal exhibición de la juventud, la inventiva de las jóvenes artistas se ha complacido durante algún tiempo, o, por decir toda la verdad — si una vez más se ha tomado consejo de la inventiva de las antiguas civilizaciones cortesanas, como también de la de las naciones aún existentes y en general de todas las formas de vestir del globo terrestre, y se han juntado los españoles, los turcos y los antiguos griegos para poner en escena la bella carne: se termina cada vez por descubrir que no siempre se ha entendido de la mejor manera la propia ventaja; que, para producir un efecto sobre los hombres, el juego de ocultar un bonito cuerpo tiene más éxito que una desnuda o semidesnuda sinceridad; y entonces la rueda del gusto y de la vanidad gira una vez más en la dirección opuesta: las mujeres jóvenes un poco más maduras ven que su reino ha llegado, y de nuevo la competición arrasa entre las criaturas más amables y absurdas. Pero *cuanto más* crecen interiormente las mujeres y dejan de conceder el primer puesto entre ellas, como hasta ahora, a las edades inmaduras, tanto menores se vuelven estas oscilaciones de su forma de vestir, y más sencillo su ornato: sobre este no se puede pronunciar un juicio equitativo a partir de modelos antiguos, es decir, *no* según la manera de vestirse de las mujeres meridionales que viven en la costa, sino teniendo en cuenta las condiciones climáticas de las zonas medias y septentrionales de Europa, de aquellas donde el genio de Europa, inventor del espíritu y la forma, tiene hoy su patria. — En conjunto, por tanto, el signo característico de la *moda* y de lo *moderno* no será lo *cambiante*, puesto que precisamente el cambio es algo atrasado y alude a los europeos, hombres y mujeres, todavía *inmaduros*: sino más bien el rechazo de la vanidad nacional, de clase e individual. De manera correspondiente, es elogiable, porque significa un ahorro de energía y tiempo, que ciudades y países concretos de Europa piensen e inventen para todos los demás en cuanto a la indumentaria, considerando que el sentido de la forma no es un don de todos; y tampoco es una ambición demasiado alta que, mientras que duren esas oscilaciones, París, por ejemplo, pretenda ser la única inventora e innovadora en este campo. Si un alemán, por odio contra estas pretensiones de una ciudad francesa, quisiera vestirse de manera distinta, por ejemplo, como se vestía Alberto Durero, que sepa que así lleva sin duda una vestimenta de los alemanes de entonces, pero ni mucho menos inventada por los alemanes, — *nunca* ha existido una forma de vestir que señalase al alemán como alemán; por lo demás, que se fije en qué aspecto tiene con esa ropa, y que se pregunte si una fisonomía moderna, con toda la caligrafía de dobleces y pequeños pliegues grabada por el siglo diecinueve, no levanta objeciones contra una arreglo a lo Durero. — Aquí, donde los conceptos «moderno» y «europeo» son casi equivalentes, por Europa se entiende una extensión territorial mucho mayor de lo que se entiende por la Europa geográfica, la pequeña península de Asia: sobre todo forma parte de ella América, en cuanto que es hija de nuestra cultura. Por otra parte, no toda Europa está incluida en el concepto cultural de «Europa», sino solo aquellos pueblos y partes de ellos que tienen su pasado común en el helenismo, la romanización, el judaísmo y el cristianismo.

216.

La «virtud alemana». — No se puede negar que, desde finales del siglo pasado, Europa se ha visto recorrida por una corriente de despertar moral. Solo entonces la virtud volvió a hallar la elocuencia; aprendió a encontrar los gestos espontáneos de la exaltación, de la emoción, no se avergonzó más de sí misma e inventó filosofías y poesías para glorificarse. Si se buscan las fuentes de esta corriente, hallamos ante todo a Rousseau, pero el Rousseau mítico, inventado sobre la base de la impresión de sus escritos —casi podríamos decir: de sus escritos interpretados míticamente— y sobre la base de las alusiones que él mismo dio (él y su público trabajan constantemente en esta figura ideal). El otro origen está en la resurrección del gran estoicismo romano, con el que los franceses han continuado de la manera más digna la gran tarea del Renacimiento. Pasaron de la recreación de formas antiguas, con estupendos resultados, a la recreación de antiguos caracteres: así que tendrán siempre derecho a los mayores honores, como el pueblo que hasta ahora ha dado a la humanidad los mejores libros *y* los mejores hombres. Qué efecto ha tenido sobre sus vecinos más débiles este doble modelo, el del Rousseau mítico y el de ese resurgido espíritu romano, se puede ver sobre todo en Alemania: la cual, tras su nuevo y totalmente insólito impulso hacia la seriedad y la grandeza de la voluntad y del dominio de sí, al final se maravilló de su propia virtud y lanzó al mundo el concepto de «virtud alemana», como si no hubiese nada más originario y hereditario que esta. Los primeros grandes hombres que se aplicaron a sí mismos ese impulso francés, a la grandeza y a la conciencia del querer moral, fueron más honestos y no olvidaron la gratitud. El moralismo de Kant, — ¿de dónde viene? Lo da a entender continuamente: de Rousseau y del resurgido estoicismo romano. El moralismo de Schiller: el mismo origen, la misma exaltación del origen. El moralismo de Beethoven en música: es el eterno himno de alabanza a Rousseau, a los antiguos franceses y a Schiller. Solo el «joven alemán» ha olvidado la gratitud, pues entretanto se ha prestado atención a quien predicaba el odio contra los franceses: ese joven alemán que por cierto tiempo se ha puesto en primer plano con mayor conciencia de sí de lo que se les permite a otros jóvenes. Buscando en sus padres, podía con razón pensar en la cercanía de Schiller, Fichte, Schleiermacher: pero sus antepasados habría tenido que buscarlos en París, en Ginebra, y fue muy miope al creer lo que creyó: que la virtud no tenía más de treinta años. Entonces nos acostumbramos a exigir que junto a la palabra «alemán» se entendiese también la virtud: y todavía hasta hoy no se ha desaprendido del todo. — Dicho sea de paso, el citado despertar moral solo ha supuesto para el *conocimiento* de los fenómenos morales desventajas y movimientos involutivos, como se puede casi adivinar. ¿Qué es toda la filosofía moral alemana, a partir de Kant, con todos sus brotes y sus secundarias ramificaciones francesas, inglesas e italianas? Un atentado semiteológico contra Helvétius, un rechazo de los horizontes libres, lenta y trabajosamente conquistados o de las indicaciones de la recta vía que él por último reunió y expresó bien. Aún hoy Helvétius es en Alemania el más denostado de todos los buenos moralistas y de todos los buenos hombres.

217.

Clásico y romántico. — Tanto los espíritus clásicos como los románticos —estos dos géneros existen siempre— se revisten de una visión del futuro: pero los primeros la sacan de la *fuerza* de su tiempo, y los segundos de su *debilidad*.

218.

La máquina como maestra. — La máquina enseña, a través de sí misma, la interacción de masas humanas en acciones en las que cada uno ha de hacer una sola cosa: proporciona el modelo de la organización de partido político y de la conducta bélica. No enseña, en cambio, el autodominio: de muchos hace *una* máquina, y de cada individuo un instrumento para un *único* fin. Su efecto más general es enseñar la ventaja de la centralización.

219.

No sedentarios[222]. — Se vive a gusto en una pequeña ciudad; pero de vez en cuando ella nos empuja hacia la naturaleza más solitaria y desconocida: es decir, cuando aquella se nos ha vuelto demasiado falta de misterio. Al final, para *descansar* de esta naturaleza, vamos a la gran ciudad. Nos bastan algunos sorbos — y adivinamos el fondo de la copa — el círculo, con la pequeña ciudad al inicio, vuelve a empezar. — Así viven los modernos: que son en todo demasiado *radicales* para ser *sedentarios* como los hombres de otras épocas.

220.

Reacción contra la cultura de las máquinas[223]. — La máquina, ella misma producto de la fuerza de pensamiento más alta, pone en marcha, en las personas a las que sirve, casi exclusivamente las energías más bajas y carentes de pensamiento. Ella desencadena así una gran cantidad general de fuerzas, que en otros casos dormirían, esto es cierto; pero *no* da el impulso a subir más arriba, a hacer mejor, a llegar a ser artistas. Vuelve *activos* y *uniformes* — pero esto produce a la larga un efecto contrario, un desesperado aburrimiento del alma, que por su causa aprende a tener sed de un ocio rico en cambios.

221.

Peligrosidad de la Ilustración. — Toda la medio locura, el histrionismo, la crueldad bestial, la voluptuosidad y sobre todo

---

[222] Cfr. FP II, 1.ª, 40[20].
[223] Cfr. FP II, 1.ª, 40[4].

el sentimentalismo y la embriaguez de sí, que juntos constituyen la auténtica *sustancia revolucionaria,* y que antes de la revolución se habían convertido en carne y espíritu en Rousseau — toda esta forma de ser, para colmo, se puso *la Ilustración,* con pérfido entusiasmo, sobre su cabeza fanática, y gracias a ello comenzó a brillar con un esplendor transfigurador: justamente la Ilustración, que en el fondo es tan ajena a toda esa forma de ser y que, valiéndose por sí misma, habría pasado tranquila como un esplendor luminoso entre las nubes, contenta por mucho tiempo con trasformar solo a los individuos; de manera que solo muy lentamente habría trasformado también las costumbres y las instituciones del pueblo. Ahora en cambio, ligada a un ser violento y brusco, la misma Ilustración se vuelve violenta y brusca. Su peligrosidad se ha vuelto así mayor que la utilidad liberadora y esclarecedora que otorgó al gran movimiento revolucionario. Quien comprende esto, sabrá también de qué mezcolanza hay que destilarla y de qué contaminación hay que purificarla: para *continuar* luego, *sobre sí misma,* la *obra* de la Ilustración y tras esto asfixiar en su nacimiento y hacer como no ocurrida la revolución.

222.

La pasión de la Edad Media. — La Edad Media es la época de las pasiones más fuertes. Ni la Antigüedad ni nuestra época poseen esa dilatación del alma: su *espaciosidad* nunca ha sido tan grande, y nunca medida con metros más largos. La corpulencia física, de bosque virgen, de los pueblos bárbaros, y los ojos demasiado espirituales, demasiado despiertos, demasiado brillantes de los iniciados a los misterios cristianos[224], lo más infantil y lo más joven, así como lo más maduro y decrépito, la bruteza del animal de presa, y el debilitamiento junto al refinamiento de la Antigüedad tardía — todo ello no raramente confluía entonces en una misma persona: entonces, cuando uno estaba dominado por la pasión, el rápido del sentimiento era

---

[224] Cfr. FP II, 1.ª, 41[4] y CO III, p. 114: carta 485, a E. Rohde, 18 de septiembre de 1875.

más impetuoso que nunca, los remolinos más vertiginosos y la caída más profunda. — Nosotros, hombres modernos, podemos estar contentos de lo que a este respecto hemos perdido.

223.

Robar y ahorrar. — Siguen adelante todos esos movimientos espirituales en los que los grandes esperan *robar* y los pequeños *ahorrar*. La Reforma alemana, por ejemplo, siguió adelante gracias a ello.

224.

Almas alegres. — Cuando se aludía, aunque fuese de lejos, a la bebida, a la embriaguez y a una especie de maloliente obscenidad, las almas de los antiguos alemanes se alegraban — si no, estaban descontentas; justo ahí tenían ellas su clase de comprensión interior.

225.

La disoluta Atenas. — Incluso cuando el mercado del pescado en Atenas tuvo sus pensadores y poetas, el libertinaje griego poseyó siempre un aspecto más idílico y fino del que tuvo nunca el libertinaje romano o alemán. La voz de Juvenal habría sonado como una cavernosa trompeta: y le habrían respondido unas risas desenfadas y casi infantiles.

226.

Inteligencia de los griegos. — Puesto que el querer vencer y querer prevalecer es un rasgo natural invencible, más antiguo y primitivo que cualquier estima y satisfacción de la paridad — el Estado griego había sancionado competiciones gimnásticas y musicales entre iguales, es decir, había delimitado un campo de juego en el que ese instinto podía descargarse sin poner en peligro el orden político. Con la caída definitiva de la competición gimnástica y musical, el Estado griego entró en una fase de desorden y disolución interna.

227.

«El eterno Epicuro». — Epicuro ha vivido y sigue viviendo en todas las épocas, desconocido para aquellos que se definían y se definen como epicúreos, y sin fama entre los filósofos. Incluso él mismo olvidó su propio nombre: fue el equipaje más pesado que jamás había arrojado.

228.

Estilo de la superioridad. — El alemán de estudiante, la manera de hablar del estudiante alemán, tiene su origen en los estudiantes que no estudian, que saben conseguir una especie de superioridad entre los compañeros más serios, destapando toda mascarada en la cultura, la moralidad, los conocimientos, el orden y la moderación, y poniéndose continuamente en los labios la terminología propia de esos campos, como los mejores y mayores conocedores, pero acompañándolo de una malicia en la mirada y una mueca. Este lenguaje de la superioridad —el único original de Alemania— lo hablan involuntariamente también los políticos y los críticos de los periódicos: es un continuo, irónico citar, un inquieto, peleón mirar de reojo, a derecha y a izquierda, un alemán de comillas y muecas.

229.

Los enterrados. — Nosotros nos retiramos en un escondite: pero no por algún malhumor personal, como si la situación política y social del presente no nos satisficiera, sino porque, retirándonos, queremos ahorrar y acumular fuerzas de las que *más tarde* la cultura tendrá urgente necesidad, tanto más que este presente es *este* presente y como tal cumple con *su* cometido. Nosotros estamos creando un capital y queremos ponerlo en lugar seguro: pero, como ocurre en tiempos muy peligrosos, *enterrándolo*.

230.

Tiranos del espíritu. — En nuestro tiempo, se consideraría enfermo a quienquiera que fuese expresión de una tendencia moral de manera tan rigurosa como los personajes de Teofrasto[225] o Molière, y se hablaría de «idea fija». La Atenas del siglo tercero, si pudiésemos visitarla, nos parecería casi poblada por locos. Hoy en todo cerebro domina la democracia de las *ideas: muchas a la vez* son las amas: una idea particular, que *quisiese* predominar, hoy se llama, como hemos dicho, «idea fija». esta es *nuestra* manera de matar a los tiranos — señalando el manicomio.

231.

Peligrosísima emigración. — En Rusia existe una emigración de la inteligencia: se pasa la frontera para leer y escribir buenos libros. Pero así se da lugar a que la patria, abandonada por el espíritu, se convierta cada vez más en las fauces abiertas de Asia que querrían tragarse a la pequeña Europa.

232.

Los locos de Estado. — En los griegos, el amor casi religioso por el rey se transfirió a la *polis*, cuando terminó la monarquía. Y como una idea soporta más amor que una persona, y sobre todo no molesta tan a menudo a quien la ama, como ocurre con las personas amadas (— porque cuanto más saben que son amadas, tanto más pierden todo miramiento, de modo que al final ya no son dignas de amor y se genera una fractura efectiva), la veneración por la *polis* y el Estado fue mayor que cualquier veneración precedente hacia un príncipe. Los griegos eran los *locos de Estado* de la historia antigua — en la moderna lo son otros pueblos.

---

[225] Cfr. Teofrasto, *Caracteres. Alcifrón. Cartas*, ed. E. Ruiz García, Gredos, Madrid, 2007.

233.

Contra la negligencia con la visión. — ¿No se podría demostrar, en las clases cultas de Inglaterra que leen el *Times*, una disminución de la visión cada diez años?

234.

Grandes obras y gran fe. — aquel tenía las grandes obras, pero su compañero tenía una gran fe en estas obras. Eran inseparables: pero claramente el primero dependía en todo y por todo del segundo.

235.

El sociable. — «No me satisfago conmigo mismo», decía uno para explicar su inclinación a la compañía. «Pero el estómago de la sociedad es más fuerte que el mío, me soporta».

236.

Cerrar los ojos del espíritu. — Si uno se ha ejercitado y habituado a reflexionar sobre el actuar, entonces todavía hace falta, en la acción misma (aunque fuese solo la de escribir cartas, de comer y beber), cerrar el ojo interior. Más aún, al hablar con personas comunes hay que saber *pensar* cerrando los ojos del pensador — para captar y comprender el pensamiento común. Este cerrar los ojos es un acto tangible, que se puede efectuar con la voluntad.

237.

La venganza más tremenda. — Si uno quiere *vengarse* de un enemigo, tiene que esperar hasta tener toda la mano llena de verdades y justicias para poder jugarlas contra él, a sangre fría: de manera que la efectuación de la venganza venga a coincidir con la efectuación de la justicia. Es la clase de venganza más terrible: pues, más allá de sí misma, no tiene instancias a las que poder apelar. Así Voltaire se vengó de Piron[226], en cinco líneas que hacen justicia a toda su vida, su obra y su voluntad: tantas palabras, tantas verdades; y así se vengó de Federico el Grande (en una carta que le envió desde Ferney)[227].

238.

Impuesto de lujo. — En los negocios se compra lo necesario y más urgente, y hay que pagarlo caro, porque a la vez se pagan las cosas expuestas a la venta pero que solo raramente hallan compradores: las cosas lujosas y suntuosas. Así, para una persona de gustos sencillos que puede prescindir del lujo, este le impone un impuesto continuo.

239.

Por qué los mendigos sobreviven. — Si todas las limosnas hubiesen sido solo por compasión, todos los mendigos se habrían muerto de hambre.

240.

Por qué los mendigos sobreviven. — La mayor donante de limosnas es la cobardía.

241.

Cómo el pensador aprovecha una conversación. — Aún sin estar a la escucha atenta, se pueden oír muchas cosas, siempre que se sepa mirar bien pero también perderse de vista a sí mismo por momentos. Pero los hombres no saben aprovechar una

---

[226] Cfr. C.-A. Sainte-Beuve, «Alexis Piron», IV, en *Oeuvres choisies de Piron*, ed. J. Troubat, Paris, Garnier Frères, 1866, pp. 49-50.
[227] Nietzsche se refiere a la carta que Voltaire envió a Federico II el 21 de abril de 1760 (no desde Ferney sino desde Tourney), cfr. Voltaire, *Lettres choisies. Avec le traité de la connaissance Des beautés et des défauts de la poésie et De l'éloquence dans la langue française*, ed. Louis Moland, París, Garnier Frères, vol. I, 1876, pp. 393 ss. (BN).

conversación; con diferencia, prestan demasiada atención a lo que quieren decir y replicar, mientras que el auténtico *oyente* a menudo se contenta con responder brevemente y en general con *decir* algo como cortesía, mientras insidiosamente su memoria registra todo lo que el otro ha dicho, y además la manera de sentir y gesticular, *cómo* el otro se ha expresado. — En una conversación común cada uno cree ser quien la lleva, como cuando dos barcos, que navegan uno junto a otro y se dan de vez en cuando un pequeño toque, creen ambos de buena fe que el otro lo sigue o incluso es remolcado por él.

242.

El arte de disculparse. — Cuando alguien se disculpa ante nosotros, tiene que hacerlo muy bien: en caso contrario, fácilmente nos parece que nosotros somos los culpables, y experimentamos un sentimiento desagradable.

243.

Trato imposible. — El barco de tus pensamientos pesca demasiado en profundidad como para que tú puedas navegar bien en las aguas de estas personas gentiles, decentes y condescendientes. Hay ahí demasiados bajíos y bancos de arena: tendrías que girar y volver a girar y te encontrarías continuamente en apuros, y ellos también se sentirían pronto así — sin poder adivinar la causa de su apuro.

244.

Zorra de las zorras[228]. — Una auténtica zorra no califica de ácidas solo las uvas que no ha podido conseguir, sino también las que ha conseguido y tomado antes que los demás.

---

[228] Cfr. Esopo, *Fábulas*, n.º 15: «La zorra y las uvas», en *Fábulas. Vida de Esopo. Vida de Babrio*, ed. P. Bádenas de la Peña y J. López Facal, Madrid, Gredos, 1985, p. 48.

245.

En las relaciones más estrechas. — Por muy estrechamente que los hombres puedan pertenecerse, dentro de su horizonte común siguen estando todos los cuatro puntos cardinales, y a ciertas horas lo notan.

246.

El silencio de la náusea[229]. — A veces uno lleva a cabo, como pensador y como hombre, una profunda y dolorosa trasformación, y luego rinde testimonio público de ello. ¡Y sus oyentes no se dan cuenta de nada! ¡Y siguen creyéndolo la persona de antes! — Esta experiencia habitual ya ha inspirado náusea a unos cuantos escritores: habían sobrevalorado la intelectualidad de los hombres, y, dándose cuenta del error, se prometieron el silencio.

247.

La seriedad en los negocios. — Para muchos hombres ricos y distinguidos, los asuntos son su manera de *descansar* de un *ocio* habitual demasiado largo: por tanto, se los toman con tanta seriedad y pasión como otra gente se toma sus raras diversiones y pasatiempos.

248.

Doble sentido del ojo. — Igual que el agua a tus pies se ve sacudida de repente por un escamoso temblor, así también en el ojo humano se dan de repente inseguridades y ambigüedades en las que uno se pregunta: ¿es un estremecimiento? ¿es una sonrisa? ¿son las dos cosas?

---

[229] Cfr. FP II, 1.ª, 28[12].

249.

Positivo y negativo. — Este pensador no necesita a nadie que lo refute: para ello se basta a sí mismo.

250.

La venganza de las redes vacías. — Hay que guardarse de todas las personas que tienen el amargo sentimiento del pescador que, tras un largo día de trabajo, al anochecer se vuelve a casa con las redes vacías.

251.

No hacer valer el propio derecho. — Ejercer el poder produce cansancio y exige valor. Por ello muchos no hacen valer su buen, óptimo derecho, porque este derecho es una especie de *poder*, pero son demasiado perezosos o viles para ejercerlo. *Tolerancia* y *paciencia* se llaman las virtudes con las que se cubren estos defectos.

252.

Los portadores de la luz. — En la sociedad no habría sol, si no lo llevasen consigo los obsequiosos natos, quiero decir, las llamadas personas amables.

253.

Caritativo al máximo. — Apenas el hombre se ha visto muy honrado y ha comido un poco, es caritativo al máximo.

254.

Hacia la luz. — Los hombres se agolpan hacia la luz, no para ver mejor, sino para brillar mejor. — aquel delante del cual se brilla, se le considera de buen grado como luz.

255.

El hipocondríaco. — El hipocondríaco es un hombre que posee precisamente el espíritu y el gusto del espíritu suficientes como para tomarse en serio sus dolores, sus pérdidas y sus defectos: pero el campo en el que se alimenta es demasiado pequeño; él pasta tanto que al final se ve obligado a buscar los hilos de hierba desperdigados. Con ello al final se vuelve envidioso y agarrado — y solo entonces es insoportable.

256.

Restituir. — Hesíodo aconseja devolver en buena medida, y si es posible de manera más abundante, al vecino que nos ha ayudado, en cuanto podamos hacerlo. Pues de esa manera el vecino obtiene una alegría, porque su bondad puntual le reporta frutos. Pero también quien restituye obtiene una alegría, en cuanto que compensa, con un pequeño exceso, volviéndose donador, la pequeña humillación de tener que hacerse ayudar[230].

257.

Más aguda de lo necesario. — Nuestra tendencia a observar si los otros se dan cuenta de nuestras debilidades es mucho más aguda que nuestra inclinación a observar las debilidades de los demás: de lo que deriva que aquella es mucho más aguda de lo necesario.

258.

Una clase luminosa de sombra. — Junto a los hombres totalmente nocturnos se halla regularmente, como ligados a ellos, un alma de luz. Es como la sombra negativa que ellos proyectan.

---

[230] Cfr. Hesíodo, *Trabajos y días*, vv. 349-351, en *Obras y fragmentos*, ed. A. Pérez Jiménez, Madrid, Gredos, 2000, p. 82.

259.

¿No vengarse? — Existen tantas y tan sutiles clases de venganza, que uno que tuviese motivos de vengarse en el fondo podría hacer y no hacer lo que quisiera: tras algún tiempo todos estarían de acuerdo en que él se *ha* vengado. El no vengarse, por tanto, depende muy poco de una persona: y ni siquiera puede decir que no *quiere* hacerlo, porque el desprecio de la venganza es interpretado y *sentido* como una venganza sublime y muy áspera. — De lo que se deriva que nunca debe hacerse nada *superfluo*. — —

260.

Error de los que honran. — Cada uno cree decir algo que honra y agrada al pensador cuando le muestra que ha llegado por sí mismo exactamente al mismo pensamiento e incluso a la misma formulación; y sin embargo, tales comunicaciones solo raramente agradan al pensador, y a menudo, en cambio, uno desconfía del propio pensamiento y de la propia formulación: decide dentro de sí reexaminar ambos. — Si se quiere honrar a alguien, hay que evitar expresar el propio acuerdo: pues se lo coloca a un mismo nivel. — En muchos casos es una cuestión de conveniencia social escuchar una opinión como si no fuese también la nuestra y, más bien, sobrepasar nuestro horizonte: por ejemplo, cuando una persona anciana, de mucha experiencia, abre como excepción el cofre de sus conocimientos.

261.

Carta. — La carta es una visita inesperada, y el hombre de correos es el mediador de sorpresas descorteses. Habría que tener para las cartas una hora cada ocho días, y luego tomar un baño.

262.

El prevenido. — Alguien decía: estoy *prevenido* contra mí mismo desde niño: por esto en toda censura hallo algo de verdad, y en todo elogio un poco de estupidez. Suelo estimar muy poco el elogio y demasiado la censura.

263.

Vía hacia la igualdad. — Algunas horas de escalada hacen de un bribón y un santo dos criaturas bastante iguales. El cansancio es la vía más corta hacia la *igualdad* y la *fraternidad* — y el sueño, en fin, le añade también la *libertad*.

264.

Calumnia. — Cuando se siguen los rastros de una calumnia realmente infame, no se busque nunca el origen en los propios *enemigos* claros y sinceros; pues si ingeniasen contra nosotros algo parecido, al ser enemigos no hallarían crédito. Pero aquellos a los que hemos beneficiado muchísimo durante cierto tiempo, pero que por alguna razón pueden sentir la secreta certeza de no sacar nada más de nosotros — estos son capaces de hacer circular la infamia: ellos hallan crédito, ante todo porque se supone que no inventarían nada que pudiese dañarles a ellos mismos; además, porque nos han conocido más de cerca. — Para consolarse, el calumniado con tanta malicia puede decir: las calumnias son enfermedades de los demás que explotan en tu propio cuerpo; demuestran que la sociedad es un único cuerpo (moral), de manera que puedes emprender sobre *ti* mismo la cura que debe beneficiar a los demás.

265.

El reino de los cielos de los niños. — La felicidad del niño es un mito tan grande como la felicidad de los hiperbóreos que contaban los griegos. — *Si* de algún modo la felicidad habita sobre la Tierra, pensaban ellos, entonces habita sin duda lo más lejos posible de nosotros, en algún lugar en los confines de la Tierra. Lo mismo piensan las personas adultas: *si* la persona puede ser feliz de algún modo, lo será sin duda lo más lejos posible de *nuestra* edad, en los confines y los inicios de la vida. Para muchas personas ver a los niños *a través* del velo de este mito es la felicidad más grande de la que puede participar: ella misma llega hasta la entrada del reino de los cielos, cuando dice «dejad que los niños se acerquen a mí, porque de ellos es el reino de los cielos»[231]. — El mito del reino de los cielos de los niños está activo dondequiera que exista, en el mundo moderno, un poco de sentimentalismo.

266.

Los impacientes. — Justamente el que deviene no quiere lo que deviene: es demasiado impaciente para ello. El joven no quiere esperar hasta que, tras largos estudios, sufrimientos y privaciones, su cuadro de los hombres y de las cosas esté completo: así, de buena fe acepta otro, que está ya listo y se le ofrece, como si este pudiese anticiparle líneas y colores de *su* cuadro: se tira a los brazos de un filósofo, de un poeta, y entonces tiene que estar durante largo tiempo a su servicio y renegar de sí mismo. De esta manera aprende muchas cosas: pero a menudo un joven olvida así lo más valioso de ser aprendido y conocido: a sí mismo; y toda la vida se queda en el seguidor de un partido. ¡Ah, hay que superar mucho aburrimiento, es necesario mucho sudor, antes de hallar los propios colores, el propio pincel, la propia tela! — Y ni siquiera entonces uno es maestro en el propio arte de vivir — pero al menos es dueño del propio taller.

267.

No existen educadores. — Como pensadores se debería hablar solo de autoeducación. La educación de los jóvenes por obra de otros, o es un experimento conducido sobre un ser aún desconocido e incognoscible, o bien es una nivelación por principio, dirigida a convertir al nuevo ser, sea cual sea,

---

[231] *Marcos*, 10, 14.

conforme a los hábitos y costumbres dominantes: por tanto, en ambos casos es algo indigno del pensador; es obra de padres y maestros, a quienes alguien valiente y sincero ha llamado *nos ennemis naturels*[232]. — Un día, cuando según la opinión del mundo uno ya está educado desde hace tiempo, se *descubre uno a sí mismo*: entonces comienza la tarea del pensador; entonces es tiempo de pedirle ayuda — no como educador, sino como a uno que se ha educado a sí mismo, que tiene experiencia.

268.

Compasión por la juventud. — Para nosotros es desolador oír que a un joven se le caen ya los dientes, o que otro pierde la vista. Si conociésemos todo lo irrevocable y desesperado que esconde en su ser, ¡cuán grande sería entonces nuestra aflicción! — ¿Por qué *sufrimos* exactamente en este caso? Porque la juventud debe continuar lo que *nosotros* hemos iniciado, y toda demolición y ruptura de su fuerza se convertirá en daño para *nuestra* época, que pasará a sus manos. Es la aflicción por la mala garantía de nuestra inmortalidad: o bien, si nos sentimos solo como ejecutores de esta misión de la humanidad, es el afligirse por el hecho de que esta misión pasará a manos más débiles que las nuestras.

269.

Las edades de la vida[233]. — La comparación entre las cuatro edades de la vida y las cuatro estaciones es una venerable estupidez. Ni los primeros veinte años de la vida, ni los últimos veinte años corresponden a una estación: suponiendo

---

[232] «Nuestros enemigos naturales» Palabras de Stendhal recordadas por Merimée: «"Nuestros padres y nuestros maestros, decía, son nuestros enemigos naturales cuando entramos en la vida." Era uno de sus aforismos». P. Merimée, «Notes et souvenirs», en Stendhal, *Correspondance inédite. Précédée d'une introduction par Prosper Mérimée*, Paris, 1855, Primera Serie, p. VI (BN).
[233] Cfr. FP II, 1.ª, 46[3].

que en la comparación no nos contentemos con la blancura del pelo y el de la nieve y juegos cromáticos parecidos. Esos primeros veinte años son una preparación a la vida en su conjunto, a todo el año de la vida, como una especie de largo día de año nuevo; y los últimos veinte años son una mirada de conjunto, una interiorización, una reconexión y armonización de todo lo que se ha vivido antes: tal como se hace, en pequeño, en el día de San Silvestre con todo el año que ha pasado. Pero en medio está efectivamente un período que sugiere la comparación con las estaciones: el período de los veinte a los cincuenta años (por calcular aquí por decenios, mientras que es obvio que cada uno tendrá que afinar según la propia experiencia esta aproximación rudimentaria). Esos tres decenios corresponden a las tres estaciones: al verano, a la primavera y al otoño — en la vida humana no hay invierno, a menos que no se quiera definir como períodos invernales del hombre esas *largas enfermedades* que desgraciadamente no raras veces tejen su vida, duros, fríos, solitarios, sin esperanzas, infructuosos. Los veinte: cálidos, fastidiosos, borrascosos, llenos de exuberancia, que producen cansancio, años en los que, al anochecer, cuando el día ha terminado, se lo exalta secándose la frente: años en los que el trabajo nos parece duro pero necesario — estos años son el *verano* de la vida. Los treinta son en cambio la *primavera*; el aire a veces es demasiado caliente, a veces demasiado frío, pero siempre inquieto y estimulante: brotar de la linfa, repleto de florecimientos, olores de flores por todas partes: muchas mañanas y noches encantadoras, el trabajo, para el que nos despierta el canto de los pájaros, un auténtico fervor, una especie de goce del propio vigor, potenciado por esperanzas anticipadoras de alegría. En fin los cuarenta: misteriosos, como todo lo que se detiene; parecidos a un elevado y vasto llano de montaña sobre el que sopla un viento fresco; dominado por un cielo claro y sin nubes, que mira todo el día, y también en la noche, con la misma dulzura: el tiempo de la cosecha y de la más cordial serenidad — es el *otoño* de la vida.

270.

La inteligencia de las mujeres en la sociedad de hoy. — Lo que las mujeres piensan hoy sobre el espíritu de los hombres, se adivina por el hecho de que en el arte de adornarse ellas piensan en todo salvo en subrayar especialmente la intelectualidad en sus líneas o los rasgos cargados de intelectualidad de su rostro: más aun, los esconden y, poniéndose, por ejemplo, el pelo sobre la frente, saben darse más bien la expresión de una viva y deseosa sensualidad y de carencia de espiritualidad, sobre todo cuando están escasamente dotadas de ella. Su convicción de que la inteligencia de las mujeres espanta a los hombres es tan grande que llegan a esconder de buena gana la agudeza de su entendimiento e intencionalmente se buscan la fama de *miopía*; creen conseguir así que los hombres sean más confiados; es como si a su alrededor se difundiese un suave e invitador crepúsculo.

271.

Grandeza y caducidad. — Lo que conmueve hasta las lágrimas al observador es la mirada de entusiasmada felicidad que una mujer joven y bella dirige al marido. Se siente en ese momento toda la otoñal melancolía tanto por la grandeza como por la caducidad de la felicidad humana.

272.

Sentido del sacrificio. — Muchas mujeres poseen el *intelletto del sacrifizio*[234] y no están contentas con su vida si el marido no quiere sacrificarlas: entonces no saben qué hacer con su propio entendimiento y sin darse cuenta se convierten, de corderos sacrificiales, en sacerdotisas del sacrificio.

---

[234] «Entendimiento del sacrificio».

273.

Lo no-femenino. — «Estúpido como un hombre», dicen las mujeres: «cobarde como una mujer», dicen los hombres. La estupidez es en la mujer lo *no-femenino.*

274.

El temperamento masculino, el femenino y la mortalidad. — Que el sexo masculino tiene un temperamento peor que el femenino se ve también en que los niños están más expuestos que las niñas a la mortalidad, evidentemente porque «salen fuera de sí» con mayor facilidad: su carácter salvaje e intratable trasforma fácilmente todo mal en una enfermedad mortal.

275.

La época de las construcciones ciclópeas[235]. — La democratización de Europa es imparable: y quien se opone a ella usa precisamente los medios que el pensamiento democrático fue el primero en poner en manos de todos, y hace que esos medios sean más manejables y eficaces: y los más radicales enemigos de la democracia (quiero decir, los espíritus de la subversión) parecen existir solo para empujar hacia adelante siempre con mayor rapidez, a causa del miedo que inspiran a los diferentes partidos, por la vía democrática. Ahora bien, a la vista de aquellos que obran consciente y honestamente por este futuro, puede ocurrir en efecto que sintamos angustia: hay en sus rostros algo de escuálido y uniforme, y un polvo gris parece haber penetrado hasta dentro de sus cerebros. No obstante: es posible que un día la posteridad se ría de esta angustia nuestra y piense en el trabajo democrático de una serie de generaciones, más o menos como nosotros pensamos en la construcción de diques y baluartes — como una actividad que necesariamente

---

[235] Cfr. la redacción previa en FP II, 1.ª, 41[9].

esparce mucho polvo sobre la ropa y las caras e inevitablemente vuelve un poco obtusos también a los obreros; ¿pero quién desearía que tal obra se quedase sin hacer? La democratización de Europa es como un anillo de la cadena de esas *inmensas medidas profilácticas* que son el pensamiento de la época moderna y con las cuales nos diferenciamos de la Edad Media. ¡Solo ahora es la época de las construcciones ciclópeas! ¡Cimientos por fin seguros, para que todo futuro pueda construirse encima sin peligro! ¡Imposibilidad de que en el porvenir los frutales de la cultura sean destruidos de noche una vez más por torrentes salvajes y alocados! ¡Diques y baluartes contra los bárbaros, contra las epidemias, contra el *esclavizamiento físico y espiritual*! ¡Y todo ello entendido al principio en el sentido más tosco y literal, pero luego poco a poco en un sentido cada vez más elevado y noble, de manera que todas las medidas aquí señaladas parezcan el inteligente trabajo preliminar del mayor artista de la jardinería, que puede dedicarse a su verdadera obra solo cuando ese trabajo ha sido efectuado completamente! — Desde luego, con los largos espacios de tiempo que median entre medio y fin, con el gran, enorme esfuerzo que empeña la fuerza y el espíritu de siglos y que es necesario ya solo para crear y conseguir cada medio particular, no se les puede reprochar a los obreros que trabajan en el presente si declaran en voz alta que el muro y la espaldera *son* ya el fin y la última meta; porque nadie ve aún al jardinero y a los árboles frutales *por los que* existe la espaldera.

276.

El derecho al sufragio universal. — El pueblo no se ha dado a sí mismo el sufragio universal; lo ha recibido, dondequiera que exista, o aceptado temporalmente: en cualquier caso tiene el derecho de restituirlo en cuanto no satisfaga sus esperanzas. Y esto parece ocurrir hoy en todas partes: pues si, en los casos en que se hace uso de él, a las urnas van solo los dos tercios, o incluso ni siquiera la mayoría de todos los que tienen derecho a voto, esto es en conjunto un voto *contra* todo el sistema de votación. — Más aún, aquí hay que juzgar con mucha más severidad. Una ley que dispone que la mayoría tiene la última decisión sobre el bien de todos, no puede ser a su vez edificada sobre la misma base que es proporcionada solo por ella; le hace falta necesariamente una base más amplia, y esta es la *unanimidad de todos*. El sufragio universal no puede ser solo el resultado de la expresión de la mayoría: lo tiene que querer todo el país. Por tanto, basta con la oposición de una pequeñísima minoría para ponerlo de nuevo a un lado como irrealizable: y en la *abstención* de una votación consiste precisamente esa oposición, que hace caer todo el sistema de votación. El «veto absoluto» del individuo o, para no caer en pequeñeces, el veto de algunos millares, amenaza sobre este sistema como la consecuencia de una justicia: en cada uso que se hace de él, hay que demostrar antes, según la clase de participación, que todavía tiene *derecho a subsistir*.

277.

El mal razonar. — ¡Qué mal se razona en los campos que no son familiares, aun cuando, como hombre de ciencia, está uno habituado al buen razonamiento! ¡Es vergonzoso! Y ahora está claro que, en el gran movimiento del mundo, en los asuntos de la política, en todo lo repentino y urgente, tal como se presentan casi cada día, es justamente este *mal razonar* lo que decide: ya que para nadie es totalmente familiar lo nuevo que crece de un día a otro; todo politizar, también para los más grandes hombres de estado, significa improvisar a suerte.

278.

Premisas de la época de las máquinas. — La imprenta, la máquina, el ferrocarril y el telégrafo son premisas de las que nadie se ha atrevido aún a sacar una conclusión milenaria.

279.

Un freno para la cultura. — Cuando oímos decir: allí los hombres no tienen tiempo para los asuntos productivos; el ejercicio de las armas y los desfiles les quitan todo el día, y el resto de la población tiene que alimentarlos y vestirlos; su vestimenta es además vistosa, a menudo colorida y extravagante; allí se reconocen solo pocas cualidades distintivas, los individuos se asemejan entre sí más que en otra parte o, de todos modos, son tratados como iguales; allí se exige y se presta obediencia sin comprensión: se ordena, pero se guardan de convencer; allí las penas son pocas, pero estas pocas son duras y pronto llegan a ser extremas, las más terribles; allí la traición está considerada el delito más grande, incluso la crítica de los abusos solo se atreven a hacerla los más valientes; allí una vida humana tiene poco valor, y la ambición asume a menudo una forma tal que pone en peligro la vida; quien oiga todo ello dirá enseguida: «es la imagen de *una sociedad bárbara que se halla en peligro*». Quizá uno añada: «es la descripción de Esparta»; otro se pondrá reflexivo y presumirá que de esa manera ha sido descrito *nuestro militarismo moderno*, tal como existe en medio de nuestra cultura y sociedad heterogéneas, como un anacronismo viviente, como la imagen, se ha dicho, de una sociedad bárbara que se halla en peligro, como una obra póstuma, que para las ruedas del presente solo puede valer como freno. — Pero a veces un freno también puede ser lo más necesario de todo para la cultura: esto es, cuando corre demasiado deprisa cuesta abajo o, como quizá en este caso, *en subida*.

280.

¡Más respeto para el que sabe! — En la competición del trabajo y de los vendedores, el *público* se convierte en juez del oficio: pero este no posee rigurosos conocimientos específicos y juzga según la *apariencia* de bondad. En consecuencia, bajo el dominio de la competencia aumentará el arte de la apariencia (y quizá el gusto), y en cambio tendrá que disminuir la calidad

de todos los productos. En consecuencia, para que la razón no pierda su valor, alguna vez habrá que poner fin a esa competencia, sobre la que tendrá que prevalecer otro principio. Solo quien es maestro en un oficio debería juzgar sobre el oficio, y el público debería depender de la confianza en esa persona y su honestidad. ¡Por tanto, ningún trabajo anónimo! Como garante del trabajo tendría que haber por lo menos un experto y poner *su* nombre como fianza, donde falte el nombre del autor o tenga escasa resonancia. El *precio económico* de una obra constituye para el profano otra clase de apariencia y de engaño, puesto que solo la *durabilidad* decide si y en qué medida una cosa es barata; pero juzgar esto es difícil, y para el profano incluso imposible. — Por tanto: lo que produce efecto para la vista y cuesta poco es aquello que tiene la mejor parte — y será naturalmente el trabajo a máquina. En compensación la máquina, es decir, la causa de la máxima rapidez y facilidad de producción, también por su parte favorece el género *más vendible*: en caso contrario, no produciría ninguna ganancia relevante; sería usada demasiado poco y estaría parada demasiado a menudo. Pero acerca de lo que es más vendible es el público el que decide, como se ha dicho: tiene que ser lo más ilusorio, es decir, lo que *parece* bueno y a la vez *parece* barato. Por tanto, también en el campo del trabajo nuestro lema sea: «¡Más respeto para el que sabe!»

281.

El peligro para los reyes. — Sin medios violentos, solo con una presión constante y legal, la democracia puede *vaciar* la monarquía y el imperio: hasta reducirlos a un cero, quizá, si se *quiere*, con el significado que tienen los ceros que, siendo en sí mismos nada, si se ponen en la parte derecha multiplican por diez el *efecto* de un número. El imperio y la monarquía se quedarían en un lujoso ornamento sobre la vestimenta sencilla y práctica de la democracia, lo bello superfluo que ella se concedería, el residuo de todos los adornos de los antepasados históricamente venerables, más aun, el símbolo de la misma historia — y en esta unicidad, serían algo muy eficaz si, como se ha dicho, no estuviesen solos sino *colocados* en el lugar adecuado. — Para prevenir el peligro de ese vaciamiento, los reyes mantienen agarrada con los dientes su dignidad de *príncipes de la guerra*: por lo que tienen necesidad de guerras, es decir, de situaciones de excepción en las cuales se interrumpa esa lenta y legal presión de las fuerzas democráticas.

282.

El profesor, un mal necesario. — ¡El menor número posible de personas entre los espíritus productivos y los espíritus hambrientos y receptivos! Pues los *mediadores* adulteran casi involuntariamente el alimento que transmiten: además, como compensación a su mediación quieren demasiado *para sí*, lo que por tanto se les sustrae a los espíritus originales y productivos: es decir, interés, admiración, tiempo, dinero y otras cosas. — Por tanto: considérese al *profesor* como un mal necesario, exactamente igual que el comerciante: ¡como un mal que hay que *disminuir* lo más posible! Si la miseria actual de la situación alemana quizá tiene su causa principal en que demasiada gente quiere vivir, y vivir bien, del comercio (buscando por tanto, bajar lo más posible los precios al productor y elevarlos lo más posible al consumidor, para obtener el beneficio del mayor daño posible a ambos): se puede ver sin duda que una causa fundamental del estado de miseria espiritual está en el número exorbitante de profesores: es a causa de esto que se aprende tan poco y tan mal.

283.

El impuesto de la estima. — A quien conocemos y honramos, sea un médico, un artista o un artesano, el cual hace algo y trabaja para nosotros, le pagamos de buena gana lo más posible, a menudo incluso por encima de nuestras posibilidades; en cambio, se paga lo menos posible a quien no se conoce; aquí tiene lugar una batalla en la que cada uno combate y se hace combatir por un palmo de tierra. En el trabajo que una persona conocida hace *para nosotros* hay algo de *impagable*, el sentimiento y la inventiva que ella pone en su trabajo *por nuestra causa*; y creemos no poder expresar de otra manera el sentimiento de ello si no es con una especie de *sacrificio* de nuestra parte. — El impuesto más alto es el *impuesto de la estima*. Cuanto más domina la competencia, y se compra a desconocidos y se trabaja para desconocidos, tanto más disminuye este impuesto; mientras que él constituye precisamente la medida de la altura a la que llegan las *relaciones espirituales* entre los hombres.

284.

El medio para una paz real[236]. — Hoy no hay gobierno que admita mantener el ejército para satisfacer las eventuales veleidades de conquista; el ejército debe servir, en cambio, para la defensa. Pero esto significa reservar la moralidad para uno mismo y la inmoralidad para el vecino, que tiene que ser pensado como codicioso de agresión y conquista, si nuestro Estado se ve obligado a pensar en los medios de defensa; además, motivando de esta manera nuestra necesidad de un ejército, declaramos que nuestro vecino, el cual niega exactamente igual que nuestro Estado su deseo de conquista, y mantiene también un ejército por razones defensivas, es un impostor y un astuto malhechor, que con demasiadas ganas le gustaría *atrapar* sin combatir a una víctima pacífica e inexperta. Esta es la posición recíproca de todos los Estados: presuponen en el vecino malas intenciones, y en ellos mismos buenas intenciones. Pero tal presuposición es una *inhumanidad* tan mala como la guerra, incluso peor: en el fondo es ya una incitación y causa de guerras porque, como se ha dicho, atribuye la inmoralidad al enemigo y parece provocar de esa manera sentimientos y acciones hostiles. A la teoría del ejército como medio de legítima defensa hay que renunciar de manera tan radical como a la veleidad de conquista. Y acaso venga un día en que un pueblo insigne por sus guerras y victorias, por su perfeccionamiento

---

[236] Cfr. la redacción previa en FP II, 1.ª, 42[38 y 50]. Cfr. también FP II, 1.ª, 42[3].

superior del orden y la inteligencia militares, y acostumbrado a dedicarle a tales cosas los sacrificios más duros, exclame libremente: «¡*Rompamos las espadas*!» — y destruya todo su sistema militar hasta los cimientos. *Desarmarse cuando uno era el más armado*, por *altura* de sentimiento — este es el medio para la *verdadera* paz, que siempre debe fundarse en la paz del sentimiento: mientras que la llamada paz armada que hoy se va difundiendo en todos los países es la discordia del sentimiento, que no se fía ni de sí ni del vecino y, en parte por odio en parte por temor, no depone las armas. Mejor hundirse que odiar y temer, y *dos veces mejor hundirse que hacerse odiar y temer* — ¡ésta tendrá que ser algún día la máxima más alta de toda sociedad estatal! — A nuestros representantes del pueblo liberales les falta, como se sabe, el tiempo de reflexionar sobre la naturaleza humana: en caso contrario, sabrían que están trabajando en vano, cuando están trabajando por una «progresiva disminución de la carga militar». Más bien: solo cuando esta especie de miseria sea máxima, estará también cercanísima esa sola especie de Dios que aquí puede ayudar. El árbol de las glorias militares solo puede ser abatido de golpe, con un rayo: pero, como sabéis, el rayo viene de la nube — y de arriba. —

285.

¿La propiedad puede ser compensada con la justicia? — Cuando la injusticia de la propiedad se siente intensamente —las agujas del gran reloj se hallan de nuevo en esta posición— se citan dos medios para poner remedio: por un lado, una distribución equitativa, y por otro la abolición de la propiedad y la devolución de todas las posesiones a la comunidad. — Este último medio les gusta especialmente a nuestros socialistas, que al antiguo judío le reprochan haber dicho: no robarás. Según ellos, en cambio, el séptimo mandamiento debería sonar: no poseerás[237]. — Intentos de usar la primera receta fueron llevados a cabo a menudo en la Antigüedad, aunque siempre, es

---

[237] Cfr. FP II, 1.ª, 42[19].

verdad, en pequeña medida, pero de todos modos con un fracaso que debería ser una lección también para nosotros. «Partes iguales de tierra», se dice pronto; pero cuánta amargura se crea por la separación y disolución que se hacen necesarias, por la pérdida de una propiedad antigua y venerada, ¡cuánto amor es herido y sacrificado! Se socava la moralidad cuando se socavan los mojones fronterizos. Y además, cuánta nueva amargura entre los nuevos propietarios, y cuántos celos y cuánta envidia, ya que dos parcelas iguales de terreno nunca han existido, y aunque las hubiese, la envidia humana hacia el vecino no lo creería. ¡Y cuánto duró esta igualdad envenenada e insana desde las mismas raíces! En pocas generaciones la herencia les había asignado una única parcela a cinco cabezas, y cinco parcelas a una única cabeza; y aun cuando se previnieron estos inconvenientes con leyes severas sobre la sucesión, sí se dieron entonces parcelas iguales, pero también gente necesitada y descontenta que solo poseía envidia hacia los parientes y vecinos y ganas de subvertirlo todo. — Pero si, sobre la base de la *segunda* receta, se quiere restituir la propiedad a la *comunidad* y convertir al individuo en un mero arrendatario temporal, se destruye la tierra de cultivo. Pues el hombre no se preocupa ni se sacrifica por las cosas que solo posee temporalmente, y abusa de ellas como un bandido o un disoluto derrochador. Cuando Platón dice que, aboliendo la propiedad, se abole también el egoísmo, hay que responderle que, una vez quitado el egoísmo, al hombre tampoco le quedarían las cuatro virtudes cardinales — así como hay que decir: ni la peste mayor dañaría tanto a la humanidad como la desaparición de la vanidad algún día. Sin vanidad y egoísmo —¿qué son las virtudes humanas? Con lo que tampoco se quiere decir que sean solo nombres o máscaras de ellas. La utopista melodía fundamental de Platón, cantada todavía por nuestros socialistas, descansa sobre un conocimiento deficiente de los hombres: le faltaba la historia de los sentimientos morales, la captación del origen de las cualidades buenas y útiles del alma humana. Como toda la Antigüedad, creía en el bien y en el mal como en el blanco y negro, es decir, en una diferencia radical entre hombres buenos y malos, entre cualidades buenas y malas. — Con el fin de que en el porvenir la propiedad inspire más confianza y se vuelva más moral, déjense abiertas a la *pequeña* propiedad todas las posibilidades de trabajo, pero impídase el enriquecimiento fácil y rápido: sustráigase de las manos de los particulares y de las sociedades privadas todas las ramas del trasporte y del comercio que favorecen la acumulación de grandes fortunas, por tanto sobre todo el comercio del dinero — y considérese tanto a los demasiado ricos como a los necesitados, como seres peligrosos para la comunidad.

286.

El valor del trabajo. — Si se quisiese establecer el valor del trabajo por la cantidad de tiempo, de aplicación, de buena o mala voluntad, de constricción, de inventiva o de pereza, de honestidad o de ficción que se emplean en él, este valor nunca podría ser *justo*; pues habría que poner en la balanza a toda la persona, lo que es imposible. Aquí viene al caso decir: «¡no juzguéis!»[238]. Pero sí que es una llamada a la justicia la que hoy oímos de aquellos que no están satisfechos por la valoración del trabajo. Si lo seguimos pensando, hallamos que ninguna personalidad es responsable del propio producto, el trabajo: del que por tanto nunca se puede sacar un *mérito*, todo trabajo es bueno o malo tal como tiene que serlo según esta o aquella constelación de fuerzas o debilidades, de conocimientos o exigencias. No depende del trabajador *que* él trabaje; ni tampoco, *cómo* trabaja. Solo los puntos de vista de la utilidad, más o menos amplios, han creado la valoración del trabajo. Lo que hoy nosotros llamamos justicia se incluye perfectamente en este campo como una refinadísima utilidad, que no se limita a tener en cuenta el momento inmediato o a explotar la ocasión, sino que piensa también en la duración de todas las condiciones y mira por tanto también al bien del trabajador, a su bienestar físico y espiritual, — *con el fin* de que él y sus descendientes también trabajen bien para nuestros

---

[238] *Mateo*, 7, 1.

descendientes y se pueda contar con ellos para períodos de tiempo más largos que una sola vida humana. La *explotación* del trabajador fue, hoy lo entendemos, una estupidez, una obra rapaz a expensas del futuro, un poner en peligro la sociedad. Hoy hemos llegado ya casi a una guerra: y, de todas maneras, los costes para mantener la paz, estipular pactos y obtener confianza serán de ahora en adelante muy altos, puesto que la locura de los explotadores fue inmensa y duró mucho tiempo.

287.

Sobre el estudio del cuerpo social. — Lo peor para quien quiera hoy estudiar economía y política en Europa, sobre todo en Alemania, reside en que la situación efectiva, en lugar de ejemplificar las *reglas*, ejemplifica la *excepción*, o bien fases de *transición* y de *conclusión*. Por tanto, hay que aprender ante todo a mirar mas allá y a volver la mirada, por ejemplo, a Norteamérica — adonde, *queriéndolo*, se pueden *ver* aun con los propios ojos, y rebuscar, los movimientos iniciales y normales del cuerpo social —, mientras en Alemania para esto hacen falta difíciles estudios históricos, o bien, como se ha dicho, unos prismáticos.

288.

En qué medida humilla la máquina. — La máquina es impersonal, quita al trozo de trabajo su fiereza, su *calidad* y *defectuosidad* individual, lo que queda adherido a cualquier trabajo que no está hecho a máquina, — por tanto, su pedacito de humanidad. Antaño todas las compras en un artesano eran una *distinción de las personas,* de cuyos distintivos se rodeaba uno: los objetos de casa y los vestidos se volvían así en símbolos de estima mutua y de afinidad personal, mientras hoy parece que solo vivimos en medio a una anónima e impersonal esclavitud. — No se debe comprar demasiado caro el aligeramiento del trabajo.

289.

Cuarentena de cien años[239]. — Las instituciones democráticas son establecimientos de cuarentena contra la antigua peste de los deseos tiránicos: como tales muy útiles y muy tediosas.

290.

El partidario más peligroso. — El partidario *más* peligroso es aquel cuya defección destruiría todo el partido: es decir, el partidario mejor.

291.

El destino y el estómago. — Un panecillo con mantequilla de más o de menos, en el cuerpo del jinete, decide a veces la carrera y las apuestas, es decir, la felicidad e infelicidad de miles de personas. — Hasta que el destino de los pueblos siga dependiendo de los diplomáticos, los estómagos de los diplomáticos serán siempre objeto de angustia patriótica. *Quousque tandem*[240] —

292.

Victoria de la democracia. — Todos los poderes políticos intentan hoy explotar el miedo al socialismo para reforzarse. Pero a la larga solo la democracia se beneficia: ya que *todos* los partidos hoy están obligados a adular al «pueblo» y a concederle facilidades y libertades de toda clase, por lo que al final se vuelve omnipotente. El pueblo está alejadísimo del socialismo como teoría del cambio respecto a la adquisición de la propiedad: y si un día tiene en sus manos el timón, a través de la gran mayoría de sus parlamentos, entonces atacará con el impuesto

---

[239] Cfr. FP II, 1.ª, 47[10].
[240] «¿Hasta cuándo?», evocación del discurso de Cicerón contra Catilina: «¿Hasta cuándo ya, Catilina, seguirás abusando de nuestra paciencia?» Cfr. Cicerón, *En contra de Lucio Sergio Catilina (Catilinarias)*, I, 1, en *Discursos*, vol. V, ed. J. Aspa Cereza, Madrid, Gredos, 2010, p. 301.

progresivo a los príncipes del capital, del comercio y de la bolsa, y creará una clase media, que podrá *olvidarse* del socialismo como una enfermedad superada. — El resultado *práctico* de esta difundida democratización será en principio una federación europea en la que cada pueblo, delimitado según conveniencias geográficas, poseerá la posición de un cantón y sus derechos particulares: con los recuerdos históricos del pasado se podrá entonces contar poco, puesto que el sentido de respeto por ellos, bajo el dominio del principio democrático, ansioso de innovar y experimentar, será poco a poco socavado desde la base. Las correcciones de las fronteras, que en estas circunstancias resultarán necesarias, serán efectuadas de tal modo que sirvan para la *utilidad* de los grandes cantones y a la vez de la entera federación, no ya para la memoria de algún pasado gris; el hallar las perspectivas para estas correcciones será la tarea de los *diplomáticos* del porvenir, que tendrán que ser a la vez estudiosos de culturas, agricultores y conocedores de los tráficos, y tendrán tras de sí, no ejércitos, sino razones y utilidades. Solo entonces la política *exterior* estará unida de manera inseparable con la *interior*: mientras que hoy esta última corre aun detrás de su soberbia patrona, recogiendo en míseras cestillas las espigas que quedan tras la cosecha de la primera.

293.

Fines y medios de la democracia. — La democracia quiere crear y garantizar la *independencia* para el mayor número posible de personas, independencia de las opiniones, de la forma de vida y de las ganancias. Para tal fin necesita negar el sufragio político tanto a los carentes de bienes como a los realmente ricos: en cuanto las dos clases ilícitas de individuos, a cuya eliminación ella tiene que trabajar continuamente, porque ponen en cuestión una y otra vez la tarea. Así, ella también tiene que impedir todo lo que parece dirigido a la organización de partidos. Puesto que los tres grandes enemigos de la independencia, en ese triple sentido, son los necesitados, los ricos y los partidos. — Hablo de la democracia como algo por venir. Lo que ya ahora se llama así solo se distingue de las precedentes formas de gobierno por que viaja con *nuevos caballos*: las carreteras son aun las viejas, y las ruedas son también las antiguas. — ¿Se ha vuelto realmente menor el peligro, con *estos* carruajes que llevan el bien de los pueblos?

294.

La prudencia y el éxito. — La gran cualidad de la prudencia, que en el fondo es la virtud de las virtudes, su progenitora y reina, en la vida ordinaria no tiene en modo alguno el éxito siempre de su parte: y el pretendiente que solo hubiese pedido esas virtudes en vista al éxito se decepcionaría. Es decir, entre las personas *prácticas* la prudencia pasa por sospechosa y se confunde con la doblez o la astucia hipócrita: aquel al que, en cambio, le falta claramente la prudencia, — el hombre que en seguida coge la ocasión, y que quizá incluso se le escapa, tiene como ventaja el prejuicio de ser un compañero leal y fiel. A las personas prácticas, por tanto, no les gusta el hombre prudente, para ellas es un peligro, así lo creen. Por otro lado, al hombre prudente se le toma fácilmente por miedoso, torpe, pedante — las personas no-prácticas y disfrutonas lo encuentran realmente incómodo, *puesto que* no vive a la ligera como ellas, sin pensar en las acciones y en los deberes: para ellas es la encarnación de su conciencia y, cuando lo ven, todo pierde color a plena luz del día ante sus ojos. Si a él por tanto le faltan el éxito y la popularidad, puede siempre decirse para consolarse: «así de altos son los *impuestos* que tienes que pagar por la posesión del bien más preciado entre los hombres, — ¡pero vale la pena!».

295.

Et in Arcadia ego[241]. — Miré abajo, sobre olas de colinas, hacia un lago de un verde lechoso, a través de abetos y pinos

---

[241] En la redacción previa figuraba como inicio, FP II, 1.ª, 43[3]. Cfr. también FP II, 1.ª, 43[2].

cargados de vejez: astillas rocosas de todas clases a mi alrededor, la tierra coloreada de flores y hierbas. Un rebaño se movía, se alargaba y se esparcía delante de mí; vacas aisladas en grupos más lejanos, bajo la más nítida luz del atardecer, junto a las coníferas; otras más cercanas, más oscuras; todo en la paz y en la saciedad del atardecer. El reloj señalaba más o menos las cinco y media. El toro del rebaño había entrado en el blanco arroyo espumoso y avanzaba lentamente, resistiendo y abandonándose a su rápida corriente: así disfrutaba de su propio rabioso placer. Dos criaturas de un marrón oscuro, de Bérgamo, eran los pastores: la joven estaba vestida casi como un joven. A la izquierda, despeñaderos y campos de nieve sobre vastas zonas boscosas, a la derecha dos monstruosas puntas heladas, altas sobre mí, nadaban en el velo del aire solar — todo grande, silencioso y claro. Toda esa belleza producía escalofríos y tácita admiración hacia el instante de su revelación; involuntariamente, como si no hubiese nada más natural, uno se imaginaba en este puro y nítido mundo de luz (que no tenía nada del anhelo o de la espera, nada que mirase hacia atrás o hacia adelante) a héroes griegos; uno se veía obligado a sentir como Poussin[242] y su discípulo: de manera a la vez heroica e idílica. — Y así ciertos hombres incluso han *vivido*, así se han *sentido* de manera permanente en el mundo y han sentido el mundo en sí, y entre ellos uno de los hombres más grandes, el inventor de un modo de filosofar heroico-idílico: Epicuro.

296.

Calcular y medir. — Ver muchas cosas, ponderarlas entre sí, calcularlas una respecto a otra y sacar una rápida conclusión, una suma bastante segura — esto es lo que hace al gran político, al gran estratega, al gran hombre de negocios: — es decir,

---

[242] Referencia al célebre cuadro de Nicolas Poussin que lleva por título *Et in Arcadia ego*. Goethe puso como lema al principio de su *Viaje a Italia*: «¡Yo también en la Arcadia!», cfr. J. W. Goethe, *Viaje a Italia*, tr. M. Scholz Rich, y A. Ackermann Pilári, Barcelona, Ediciones B, 2001, p. 5.

la rapidez en un tipo de cálculo mental. Ver *una* cosa y hallar en ella el único motivo para actuar, el juez de todo otro actuar, esto es lo que hace al héroe y también al fanático — es decir, la habilidad en medir con un solo criterio.

297.

No querer mirar intempestivamente. — Mientras se vive algo, hay que abandonarse a la vivencia y cerrar los ojos, es decir, no ser observadores ya *dentro de ella*. Pues esto destruiría la buena digestión de esa vivencia: en lugar de sabiduría, se obtendría una indigestión.

298.

A partir de la praxis del sabio. — Para llegar a ser sabios hay que *querer* vivir determinadas vivencias, es decir, tirarse a sus fauces. Es muy peligroso, sin duda; más de un «sabio» ha sido devorado así.

299.

El cansancio del espíritu. — Nuestra indiferencia y frialdad hacia los hombres, que es interpretada como dureza y falta de carácter, a menudo es solo cansancio de espíritu: por él los demás nos resultan, como nosotros a nosotros mismos, indiferentes o molestos.

300.

«Una sola cosa es necesaria»[243]. — Si uno es inteligente, tiene que preocuparse por una sola cosa, el tener alegría en el corazón. — ¡Ah!, añadió alguien, si uno es inteligente, lo mejor que puede hacer es ser sabio.

---

[243] *Lucas*, 10, 42.

301.

Un testimonio de amor. — Alguien dijo: «Sobre dos personas nunca he reflexionado a fondo: es el testimonio de mi amor hacia ellas».

302.

Cómo se intenta corregir los malos argumentos. — Muchos arrojan tras sus malos argumentos también un trozo de su personalidad, como si estos pudiesen recorrer así mejor su camino y pudiesen transformarse en argumentos correctos y buenos; justamente como los jugadores de bolos, que tras el lanzamiento intentan aun darle la dirección a la bola con gestos agitados.

303.

La rectitud. — Es poca cosa ser una persona modelo respecto a los derechos y a la propiedad; por ejemplo, de muchachos no coger nunca fruta de los jardines ajenos y, de hombres, no correr sobre prados no segados, — por hablar de cosas pequeñas que, como se sabe, dan mejor prueba de este tipo de ejemplaridad que las grandes. Es aún poca cosa: de esa manera uno sigue siendo siempre solo una «persona jurídica», con ese grado de moralidad del que es capaz incluso una «sociedad», una masa de hombres.

304.

¡Hombre! — ¡Qué es la vanidad del hombre más vanidoso frente a la que posee el más modesto de los hombres, cuando se siente «hombre» en la naturaleza y en el mundo!

305.

La gimnasia más necesaria. — Si falta el autodominio en las cosas pequeñas, se desmorona la capacidad de dominarse en las grandes. Está mal empleado y constituye un peligro para el día siguiente cada día en el que no se haya negado uno a sí mismo alguna cosa pequeña: esta gimnasia es indispensable si se quiere conservar la alegría de ser el propio amo.

306.

Perderse a sí mismo[244]. — Solo cuando uno se ha encontrado a sí mismo, hay que aprender a *perderse* a sí mismo de vez en cuando — y luego reencontrarse: suponiendo que uno sea un pensador. Pues para estos es dañino estar ligados siempre a una misma persona.

307.

Cuándo es necesario despedirse. — De lo que quieres conocer y medir tienes que despedirte, al menos por un cierto tiempo. Solo cuando hayas dejado la ciudad podrás ver cuán altas se yerguen sus torres sobre las casas.

308.

A mediodía. — A quien ha tenido una mañana de la vida activa y tempestuosa, en el mediodía de su vida su alma se siente sobrecogida por un extraño deseo de paz, que puede durar lunas y años. A su alrededor todo se vuelve silencioso, las voces suenan siempre más lejanas; los rayos de sol caen en picado sobre su cabeza. En un oculto prado del bosque, ve dormir al gran Pan; todas las cosas de la naturaleza se han dormido junto a este, con una expresión de eternidad en el rostro — así le parece. Él no quiere nada, no se preocupa de nada, su corazón está tranquilo, solo su ojo vive, — es una muerte con los ojos abiertos. El hombre ve entonces muchas cosas que nunca había visto, y hasta donde llega la mirada, todo está envuelto en una red de luz y como sepultado en ella. Se siente entonces

---

[244] Cfr. GC, «Broma, astucia y venganza», § 33.

feliz, pero es una felicidad pesada. — Al final se levanta el viento entre los árboles, el mediodía ha pasado, la *vida* lo arranca nuevamente de sí mismo, la vida de ojos ciegos, tras la cual se precipita su cortejo: deseo, engaño, olvido, goce, destrucción, caducidad. Y así llega el atardecer, más rico en tempestades y obras que la misma mañana. — Al hombre realmente activo, los estados de conocimiento que perduran largo tiempo le parecen casi inquietantes y morbosos, pero no desagradables.

309.

Guardarse del propio pintor. — Un gran pintor que haya desvelado y puesto en un retrato la expresión y el instante más plenos de los que una persona es capaz, encontrándose luego con esta persona en la vida real creerá casi siempre estar viendo en él solo una caricatura.

310.

Los dos principios de la nueva vida. — *Primer principio*: se debe organizar la vida sobre la base de lo más seguro y demostrable: no, como se ha hecho hasta ahora, sobre lo más lejano, indeterminado y bajo el horizonte más nublado. *Segundo principio*: se debe establecer la *sucesión* de lo más y menos cercano, de lo más y menos seguro, antes de organizar la propia vida y dirigirla hacia una dirección definitiva.

311.

Irritabilidad peligrosa. — Los hombres bien dotados, que sin embargo son indolentes, se muestran siempre bastante irritados, cuando uno de sus amigos ha terminado un buen trabajo. Su envidia se despierta, se avergüenzan de su pereza — o más bien, temen que el activo los desprecie en ese momento aún *más* que antes. En este estado de ánimo ellos critican la nueva obra — y su crítica se convierte en una venganza, para gran sorpresa del autor.

312.

Destruir las ilusiones. — Las ilusiones son sin duda placeres costosos: pero destruirlas es aún más costoso — si se considera un placer, como es indudablemente para muchos hombres.

313.

La monotonía del sabio. — Las vacas tienen a veces una expresión de asombro que se queda parada en el camino de *preguntarse*. Por el contrario, en el ojo de la inteligencia superior está difundido el *nil admirari*[245] como la monotonía del cielo sin nubes.

314.

No estar enfermos demasiado tiempo. — Hay que guardarse de estar enfermo demasiado tiempo: pues pronto los espectadores se impacientan por la obligación habitual de mostrar compasión, dado que mantener por largo tiempo dentro de sí este estado les cuesta demasiado esfuerzo — y entonces pasan inmediatamente a hacer sospechoso nuestro carácter, con la conclusión: «usted *merece* estar enfermo, y ya no es necesario que nos esforcemos en tener compasión».

315.

Advertencia para los entusiastas. — Quien ama sentirse arrastrado y le gustaría dejarse llevar fácilmente hacia lo alto, debe tener cuidado de no volverse demasiado *pesado*, es decir, por ejemplo, no aprender mucho y especialmente no dejarse *llenar* por la ciencia. ¡Ésta vuelve pesados! — ¡Tened cuidado, entusiastas!

---

[245] Cfr. «El no asombrarse de nada, Numicio, es casi la única y la sola cosa que a uno puede hacerlo y mantenerlo feliz» Horacio, *Epístolas*, lib. I, 6, 1, en *Sátiras. Epístolas. Arte poética*, ed. J. L. Moralejo, Gredos, Madrid, 2008, p. 254.

316.

Saber sorprenderse. — Quien quiera verse a sí mismo tal como es, tiene que ser capaz de *sorprenderse* a sí mismo con la antorcha en la mano. Pues con lo intelectual ocurre como con lo corporal: quien está acostumbrado a mirarse en el espejo, olvida siempre su fealdad: solo gracias al pintor recibe de nuevo la impresión de ella. Pero se acostumbra también al retrato y olvida su fealdad por segunda vez. — Esto según la ley general de que el hombre *no soporta* lo inmutablemente feo: salvo por un momento; lo olvida o lo niega en todos los casos. — Los moralistas tienen que contar con ese momento para poder decir sus verdades.

317.

Opiniones y peces. — Uno es dueño de las propias opiniones como es dueño de los peces, — esto es, en tanto que uno sea dueño de un vivero. Hay que ir a pescar y tener suerte, — entonces se consiguen los *propios* peces, las *propias* opiniones. Hablo aquí de opiniones vivas, de peces vivos. Otros están contentos con poseer un gabinete de fósiles — y, en la cabeza, «convicciones». —

318.

Signos de libertad y no-libertad[246]. — Satisfacer todo lo posible por uno mismo, aunque sea imperfectamente, las propias necesidades, es la dirección que lleva a la *libertad de espíritu y de la persona*. El hacerse satisfacer, lo más perfectamente posible, muchas necesidades, incluso superfluas, — educa a la *no-libertad*. El sofista Hipias, que había hecho por sí mismo todo lo que llevaba por dentro y por fuera[247], corresponde por ello

---

[246] Cfr. FP II, 1.ª, 40[3].
[247] Cfr. *Sofistas. Testimonios y fragmentos*, ed. A. Melero Bellido, Madrid, Gredos, 1996, «Hipias», fr. 12, pp. 303-304.

a la dirección que lleva a la más alta libertad del espíritu y de la persona. No importa que todo sea elaborado de manera igualmente buena y perfecta: el orgullo remeda las partes defectuosas.

319.

Creer en sí mismo. — En nuestra época se desconfía de cualquiera que crea en sí mismo; antaño bastaba para hacer que los demás creyesen en uno mismo. La receta para hallar *hoy* credibilidad es: «¡No te respetes! ¡Si quieres poner tus opiniones bajo una luz *creíble*, entonces empieza por incendiar tu propia cabaña!»

320.

Más rico y más pobre al mismo tiempo. — Conozco a un hombre que se había acostumbrado ya desde niño a pensar bien de la intelectualidad de los hombres, es decir, de su verdadera dedicación a las cosas intelectuales, de su desinteresada preferencia por lo que fuese reconocido como verdadero y cosas parecidas, y a tener un concepto modesto, incluso bajo, de la propia mente (juicio, memoria, presencia de espíritu, fantasía). Se consideraba a sí mismo nada cuando se comparaba con los demás. Pero a lo largo de los años se vio obligado, primero una vez y luego cien, a cambiar de parecer sobre este punto, — podríamos pensar que con gran alegría y satisfacción por su parte. En realidad, hubo también algo de eso; pero «hay en ello no obstante», como dijo una vez, «mezclada una amargura del tipo más amargo, que no había conocido en la vida precedente: pues desde que valoro de manera más correcta a los hombres y a mí mismo con respecto a las necesidades intelectuales, mi espíritu me parece menos provechoso; creo que es difícil hacer aún algo bueno con él, pues el espíritu de los otros no es capaz de aceptarlo: ahora siempre veo ante mí el terrible abismo que separa al dispuesto a ayudar siempre y al necesitado de ayuda. Y así me atormenta la necesidad de guardar mi espíritu para mí y gozar de él yo solo, suponiendo que pueda ser disfrutable. Pero el *dar* proporciona más felicidad que el *tener*: ¡y qué es el más rico en la soledad de un desierto!»

321.

Cómo se debe atacar. — Las razones por las que se cree o no se cree en algo, solo en rarísimos hombres son en general tan fuertes *como puedan serlo*. Normalmente, para sacudir la fe en algo no se necesita en absoluto hacer avanzar a la artillería pesada; con muchas personas ya se alcanza el objetivo atacando con un poco de ruido: de manera que a menudo bastan los petardos. Contra personas muy vanidosas es suficiente con *poner la cara* de un ataque pesadísimo: se ven tomadas muy en serio — y se rinden de buena gana.

322.

Muerte. — La segura perspectiva de la muerte podría mezclar en toda vida una exquisita y perfumada gota de ligereza — y en cambio vosotros, extravagantes almas de farmacéuticos, habéis hecho de ella una gota de veneno con mal sabor, ¡que vuelve repugnante la vida entera!

323.

Remordimiento. — Nunca dejar sitio al remordimiento, sino decirse en seguida: esto supondría añadir una segunda estupidez a la primera. — Si se ha hecho daño, piénsese en hacer algo bueno. — Si se es castigado por las propias acciones, sopórtese el castigo con el sentimiento de estar haciendo ya algo bueno: desanimando a los demás de caer en la misma locura. Todo malhechor castigado puede sentirse como un benefactor de la humanidad.

324.

Llegar a ser pensador[248]. — ¿Cómo puede uno llegar a ser pensador, si no pasa al menos la tercera parte de cada día sin pasiones, hombres ni libros?

325.

El mejor medicamento. — Un poco de salud de vez en cuando es el mejor medicamento para el enfermo.

326.

¡No tocar![249] — Hay personas terribles que en vez de resolver un problema lo embrollan y lo vuelven más difícil de resolver para todos aquellos que se quieren ocupar de él. Quien no sabe darle al blanco se ruega que no tire.

327.

La naturaleza olvidada. — Hablamos de naturaleza y en ello nos olvidamos de nosotros: nosotros mismos somos naturaleza, *quand même*[250] —. Por tanto, la naturaleza es algo completamente distinto de las sensaciones que tenemos al llamarla con ese nombre.

328.

Profundidad y aburrimiento. — En los hombres profundos, como en los pozos profundos, pasa mucho tiempo hasta que algo que haya caído en ellos llegue a tocar el fondo. Los espectadores, que no suelen esperar bastante, fácilmente consideran a estos hombres como inmóviles y duros — o también aburridos.

---

[248] Cfr. FP II, 1.ª, 41[46].
[249] Cfr. FP II, 1.ª, 23[68].
[250] «Pese a todo».

329.

Cuándo es el momento de prometerse fidelidad. — A veces nos perdemos en una dirección intelectual contraria a nuestro talento; por cierto tiempo luchamos heroicamente contra viento y marea, y en el fondo contra nosotros mismos: nos cansamos, empezamos a respirar sofocadamente; lo que llevamos a término no da ninguna alegría, pensamos que hemos pagado demasiado caro esos éxitos. Más aún, nos *desesperamos* de nuestra propia fecundidad, de nuestro propio futuro, quizá ya justo en medio de la victoria. — Por fin, por fin *volvemos* atrás — y ahora el viento sopla *en* nuestra vela y nos empuja por *nuestro* rumbo. ¡Qué felicidad! ¡Qué *seguros* nos sentimos *de la victoria*! Solo ahora sabemos lo que somos o lo que queremos, solo ahora nos prometemos fidelidad y lo *podemos* hacer — como alguien que sabe.

330.

Profetas del tiempo. — Igual que las nubes nos dicen en qué dirección corren los vientos allí arriba sobre nosotros, así los espíritus más ligeros y libres hacen presagiar con sus direcciones qué tiempo hará. El viento en el valle y las opiniones del mercado de hoy nada dicen de lo que será, sino solo de lo que ha sido.

331.

Aceleración constante. — Esas personas que empiezan lentamente y que con dificultad se familiarizan con una cosa, a veces tienen luego la cualidad de la aceleración constante, — de modo que al final nadie sabe adónde podrá arrastrarlas la corriente.

332.

Las tres cosas buenas[251]. — Grandeza, tranquilidad, luz del sol — estas tres cosas comprenden todo lo que un pensador desea

---

[251] Cfr. FP II, 1.ª, 17[25] y 40[16].

e incluso exige de sí mismo: sus esperanzas y deberes, sus exigencias en el campo intelectual y moral, incluso en la vida cotidiana y en el paisaje alrededor de su vivienda. A estas tres cosas les corresponden ante todo pensamientos que *elevan*, después pensamientos que *tranquilizan*, y en tercer lugar pensamientos que *esclarecen,* — pero en cuarto lugar pensamientos que participan de estas tres cualidades, y en los cuales cada cosa terrenal se transfigura: es el reino en el que gobierna la gran *trinidad de la alegría*.

333.

Morir por la «verdad». — Por nuestras opiniones no nos dejaríamos quemar: no estamos tan seguros de ellas. Pero quizá lo hagamos para que se nos permita tener y cambiar nuestras propias opiniones.

334.

Tener la propia tasa. — Si queremos ser *considerados* exactamente por lo que *somos*, tenemos que ser algo que tenga *su propia tasa*. Pero solo las cosas comunes tienen una tasa. Así, ese deseo es consecuencia o de una prudente modestia — o bien de una necia inmodestia.

335.

Moral para constructores. — Hay que quitar el andamiaje cuando la casa está ya construida.

336.

Sofocleísmo. — ¿Quién ha puesto más agua en el vino que los griegos? Sobriedad y gracia unidas — este fue el privilegio de nobleza del ateniense en tiempos de Sófocles y después de él. ¡Lo imite quien pueda! ¡En el vivir y en el crear!

337.

El heroísmo. — El heroísmo consiste en hacer una cosa grande (o en *no* hacer, de manera grande, algo), sin sentirse en competencia *con* los otros, *ante* los otros. El héroe lleva siempre consigo el desierto y la sagrada y vedada zona de frontera, dondequiera que vaya.

338.

El doble en la naturaleza. — En algún paraje de la naturaleza nos descubrimos de nuevo a nosotros mismos, con un agradable escalofrío; es el caso más bello de un doble. — Qué feliz deber ser quien tiene ese sentimiento precisamente aquí, en este aire de octubre constante y soleado, en ese travieso y feliz juguetear del viento de la mañana al atardecer, en esta purísima claridad y templadísimo frío, en todo el airoso y serio carácter de colinas, lagunas y bosques de esta meseta, que ha acampado sin miedo entre los horrores de las nieves eternas, aquí, donde Italia y Finlandia han estrechado una alianza y donde parece estar la patria de todos los tonos plateados de la naturaleza: — qué feliz debe ser el que pueda decir: «hay en la naturaleza desde luego cosas más grandes y bellas, pero *esta* es para mí íntima y familiar, consanguínea, incluso más que eso»[252].

339.

Afabilidad del sabio. — El sabio se comporta involuntariamente con las otras personas tan afablemente como un príncipe y, a pesar de toda la diferencia de ingenio, posición o costumbre, fácilmente los tratará como iguales: algo que, en cuanto se note, se tomará muy a mal.

---

[252] Se trata de la Alta Engadina, en el Cantón de los Grisones en Suiza. Cfr. CO III, p. 361: carta 859, a F. Overbeck, 23 de junio de 1879, desde St. Moritz.

340.

Oro. —Todo lo que es oro no brilla. Es propia del metal más noble una radiación dulce.

341.

Rueda y freno. —La rueda y el freno tienen tareas diferentes, pero tienen también una igual: hacerse daño mutuamente.

342.

Molestias del pensador. —Todo lo que lo interrumpe en sus pensamientos (lo molesta, como se dice) el pensador tiene que mirarlo pacíficamente, como a un nuevo modelo que entra por la puerta para ofrecerse al artista. Las interrupciones son los cuervos que llevan comida al solitario.

343.

Tener mucho ingenio. —Tener mucho ingenio mantiene *joven*: pero hay que tolerar el ser considerado precisamente por esto *más viejo* de lo que uno es. Pues los hombres leen los rasgos del ingenio como huellas de la *experiencia de vida*, es decir, del haber vivido mucho y mal, del dolor, del error, del lamento. Por tanto: para ellos uno es más viejo y *peor* de lo que es, cuando se tiene y se muestra mucho ingenio.

344.

Cómo hay que vencer. —No se debe querer vencer cuando se tiene la perspectiva de superar al enemigo solo por un *pelo*. La buena victoria tiene que alegrar al vencido, tiene que poseer algo de divino que ahorre la *vergüenza*.

345.

Ilusión de los espíritus superiores. —A los espíritus superiores les cuesta trabajo liberarse de una ilusión: pues se imaginan que despiertan la envidia de la mediocridad y que los considera excepciones. Pero realmente la mediocridad los considera superfluos y que, si faltasen, se podría prescindir de ellos.

346.

Exigencia de limpieza. — Cambiar las propias opiniones es para algunas naturalezas una exigencia de limpieza, igual que cambiarse de ropa: pero para otras naturalezas es una exigencia de su vanidad.

347.

Digno también de un héroe. — He aquí a un héroe que no ha hecho más que sacudir el árbol, en cuanto los frutos estaban maduros. ¿Y os parece demasiado poco? Mirad primero el árbol que ha sacudido.

348.

Según qué hay que medir la sabiduría. — El aumento de sabiduría se puede medir con exactitud según la disminución de bilis.

349.

Decir el error de manera desagradable. — No es del gusto de todos que la verdad sea dicha de manera agradable. Pero al menos que nadie crea que el error se convierte en verdad cuando se dice de manera *desagradable*.

350.

El lema áureo. — Al hombre se le han puesto muchas cadenas, para que desaprenda a comportarse como un animal: y en efecto se ha vuelto más templado, espiritual, alegre y sensato que todos los animales. Pero ahora aún sufre por haber llevado tanto tiempo las cadenas, por haberle faltado tanto tiempo el aire puro y el movimiento libre: — estas cadenas son, lo repetiré una y otra vez, esos errores graves y a la vez sensatos de las ideas morales, religiosas y metafísicas. Solo cuando sea superada también la *enfermedad de las cadenas*, la primera gran meta se habrá alcanzado completamente: la separación del hombre de los animales. — Ahora estamos dedicados a nuestro trabajo de quitar las cadenas y necesitamos para ello la máxima prudencia. Solo *al hombre ennoblecido* puede serle dada *la libertad de espíritu*; solo a él se le acerca *el aligeramiento de la vida* y pone bálsamo en sus heridas; él es el primero que puede decir que quiere vivir para la *alegría* y para ningún otro fin; y en cualquier otra boca su lema sería peligroso: *paz a mi alrededor y el disfrute de todas las cosas más cercanas*. — Con este lema para individuos, él se acuerda de una antigua, grande y emocionante palabra, que valía para *todos*, y que se ha quedado parada detenida sobre toda la humanidad, como un lema y un símbolo, por la que debe perecer todo aquel que adorne demasiado pronto su bandera con ella, — por la que ha perecido el cristianismo. Aún *no es tiempo*, así parece, de que a *todos* los hombres les pueda pasar como a aquellos pastores que vieron aclararse el cielo sobre sí y oyeron esa palabra: «Paz en la tierra y a los hombres el disfrute mutuo»[253]. — Sigue siendo aún *el tiempo de los individuos*.

★ ★ ★

---

[253] Nietzsche cita por la traducción de Lutero, que difiere de la vulgata, cfr. *Lucas*, 2, 14. Cfr. además CO III, p. 322: carta 785, a A. Baumgartner 23/12/1878.

La sombra: De todo lo que has dicho, nada me ha gustado *más* que una promesa: vosotros queréis volver a ser buenos vecinos de las cosas más cercanas. Esto nos beneficiará también a nosotras, pobres sombras. Porque, debéis admitirlo, hasta ahora nos habéis calumniado con demasiadas ganas.

El caminante: ¿Calumniado? ¿Pero por qué no os habéis defendido? Teníais bien cerca nuestros oídos.

La sombra: Nos parecía precisamente que estábamos demasiado cerca de vosotros como para poder hablar de nosotras mismas.

El caminante: ¡Delicado! ¡Muy delicado! ¡Ah, sombras, sois «mejores personas» que nosotros! ¡me doy cuenta!

La sombra: Y sin embargo nos llamáis «inoportunas» — a nosotras, que al menos sabemos hacer bien una cosa: callar y esperar — ningún inglés sabe hacerlo mejor. Es verdad, se nos ve muy, muy a menudo en el séquito del hombre, pero no en su servidumbre. Cuando el hombre huye de la luz, nosotras huimos del hombre: así de lejos llega nuestra libertad.

El caminante: Ay, mucho más a menudo la luz huye del hombre, y entonces vosotras también lo abandonáis.

La sombra: Yo te he dejado a menudo con dolor: para mí, que estoy deseosa de saber, muchas cosas del hombre se han quedado oscuras, porque no puedo estar siempre alrededor de él. Pagaría el total conocimiento del hombre, siendo de buena gana incluso tu esclava.

El caminante: ¿Pero sabes tú, o sé yo, si de esa manera no te volverías de repente de esclava en ama? ¿O si seguirías siendo esclava, pero llevarías, despreciando a tu amo, una vida de humillación y náusea? Contentémonos ambos con la libertad que a ti te ha quedado — ¡a ti *y* a mí! Pues la vista de un ser no-libre me amargaría las mayores alegrías; lo mejor se me haría repugnante, si alguien *tuviese* que compartirlo conmigo, — no quiero saber nada de esclavos a mi alrededor. Por tanto, tampoco me gusta el perro, el perezoso y coleante parásito, que solo como siervo de los hombres ha llegado a ser «perruno», y al que suelen además elogiar diciendo que es fiel al amo y lo sigue como su...

La sombra: Como su sombra, así dicen. ¿Acaso hoy también yo te he seguido demasiado tiempo? Ha sido el día más largo, pero estamos ya en su final, ¡ten todavía un poco de paciencia! La hierba está húmeda, estoy tiritando de frío.

El caminante: Oh ¿ya es tiempo de separarse? Y al final tenía aún que hacerte daño: lo he visto, te has vuelto más oscura.

La sombra: He enrojecido, en el color en que puedo hacerlo. Me ha venido a la cabeza que a menudo he estado a tus pies como un perro, y que tú entonces...

El caminante: ¿Y no podría hacer todavía, a toda velocidad, algo que te gustase? ¿No tienes ningún deseo?

La sombra: Ninguno, salvo el deseo que el «perro» filosófico tuvo frente al gran Alejandro: quítate un poco del sol, tengo demasiado frío.[254]

El caminante: ¿Qué debo hacer?

La sombra: Avanza bajo estos pinos y mira alrededor hacia las montañas; el sol desciende.

El caminante: — ¿Dónde estás? ¿Dónde estás?[255]

---

[254] Cfr. Diógenes Laercio, *op. cit.*, VI, «Diógenes», 38 y 60, pp. 324 y 335.
[255] Cfr. FP II, 1.ª, 41[31].